Doublé Réserve,
Y 4380.
A.

Cy est le Romāt de la roze
commencé par guillaume de loris et fini par Jean de meung.
Du tout lart Damour est enclose
Histoires et auctoritez
Et maintz beaulx propos vsitez
Qui a este nouuellement
Corrige suffisantement
Et cotte bien a laurantaige
Com on voit en chascune page.

Ex Catalogo ffru Discalc. S.ti Augustini Conuentus Parisiensis

☞ On les vend a Paris en la grand salle du Palais au premier pillier en la boutique de Galliot du pre Libraire iure de Luniuersite.

☞ Auec priuilege.

¶ Priuilege pour le present liure.

Tous ceulx qui ces presentes lettres verront Gabriel baron et seignr daleigre/sainct iust/millau/torzet/sainct dier ¶ de puissol/conseiller chambellam du Roy nostre sire ¶ garde de la preuoste de paris salut. Scauoir faisons que ouye la requeste se iourdhuy a nous faicte par honnorable homme Galiot du pre marchant libraire iure en luniuersite de paris a ce q̄ luy voulsissions permettre reffaire imprimer et vendre ce present liure Intitule le rommant de la rose/lequel auroit puis nagueres faict rescripre reueoir et corriger/et pour ce faire auroit fraye grans sommes de deniers. Et ordōner deffences estre faictes a tous imprimeurs et aultres quil appartiendra de ne imprimer ne faire imprimer ledit liure sur la coppie dudit suppliāt ne en son preiudice en quelque maniere que ce soit ne icelluy vendre ne distribuer iusques a trois ans ensuyuans sur peine de confiscation desditz liures et damende arbitraire a ce quil se puisse rembourser des fraitz et mises quil luy a conuenu et cōuiendra faire tant a la correction que impression dudit liure. ¶ Considere laquelle requeste et oy sur ce le procureur du Roy nostre sire audit chastellet pour ¶ au nom dudit seigneur et tout considere nous audit Galiot du pre auons permis et permettons de faire imprimer et vendre led liure/et auons faict et faisons deffences a tous imprimeurs libraires ¶ autres q̄ appartiendra de ne imprimer ne faire īprimer led liure sur la coppie dudit Galiot ne en son preiudice en quelque maniere que ce soit ne icelluy vendre iusques a deux ans ensuyuans. Et ce sur peine de confiscation desd liures et damende arbitraire a ce que ledit du pre se puisse rembourser des fraitz ¶ mises quil luy a conuenu faire a la correction et impression dudit liure. En tesmoing de ce nous auons faict mettre a ces presentes le seel de ladicte preuoste de paris ce fut fait le ieudy dixneufiesme iour dapuril Mil cinq cēs vingtsix apres pasques. Et signe.

p. morfait.

¶ Prologue.

¶ Preambule du liure.

Il est ainsi que les choses dignes de memoire pour leur proffit et vtilite soient a demeurer perpetuellemēt sans estre du tout assopies par trop longue saison et labilite de tēps caduc et transitoire/lesguillon et stimulement de iuste raison et non simulce cause ma semont et enhorte comme tuteresse de tout bien et honneur a reintegrer et en son entier remettre le liure qui par long temps deuant ceste moderne saison tant a este de tous gens desprit estime que bien la daigne chascun veoir et tenir au plus hault anglet de sa librairie pour les bonnes sentences propos et ditz naturelz & moraulx qui dedans sont mis et inserez. C'est le plaisant liure du rommant de la rose/lequel fut poetiquement compose par deux nobles aucteurs dignes de lestimation de tout bon sens & louable scauoir maistre Jehan de meūg et maistre Guillaume de loris. Cestuy liure present a este au parauāt par la faulte comme ie croy des imprimeurs assez mal correct/ou par aduanture de ceulx qui ont baille le double pour limprimer/car lung et lautre peult estre cause de son incorrection. Pour laquelle chose restituer en meilleur estat et plus expediente forme pour lintelligēce des lecteurs et auditeurs non obstant la foyblesse du mien puetril entendemēt & indignite de rural engin iay bien voulu relire ce present liure des le cōmencement iusques a la fin/a laquelle chose faire fort laborieuse me suis employe et lay corrige au moins mal que iay peu y adioustāt les quottations des plus principaulx notables et auctoritez venans a propos sans le mien voluntaire consentement comme devez entendre/mais comme iay dict a lunstigation priere et requeste de honnorable personne Galiot du pre libraire marchant iure en luniuersite de Paris/qui nouuellement la faict imprimer apres auoir veu

Prologue.

sa correction tant du mauuais & trop ancien langaige sentant son inueterne commencement & origine de parler que de limparfaicte quantite des mettres tous quasi corrompuz. Et pour autant on pourroit dire comme ia plusieurs ont dict que ce liure parlant en vain de lestat damours peult estre cause de tourner les entendemens a mal et les applicquer a choses dissolues a cause de la persuasible matiere de fol amour dedans tout au long contenue pour cause que fol appetit sensuel ou sensualite nourrisse de tout mal & marastre de vertu est moteur dicelluy propos/ tout honneur saulue et premis ie responz que lintention de laucteur nest point simplement et de soy mesmes mal fondee ne mauuaise/car bien peult estre que led aucteur ne gettoit pas seullement son penser et fantasie sus le sens litteral/ ains plustost attiroit son esprit au sens allegoric et moral come lung disant et entendant laultre. Je ne veulx pas ce que ie dis affermer/mais il me semble quil peult ainsi auoir faict. Et si cestuy aucteur na ainsi son sens reigle et nest entre soubz la moralle couuerture penetrant iusques a la moelle du nouueau sens misticque/ touteffois lon le peult morallement exposer et en diuerses sortes. Je dis doncques premierement que par la rose qui tant est appettee de lamant est entendu lestat de sapience bien et iustement a la rose conforme pour les valeurs doulceurs et odeurs qui en elle sont/ laquelle moult est a auoir difficile pour les empeschemens entreposez/ausquelz arrester ne me veulx pour le present. Et en ceste maniere dexposer sera la Rose figuree par la rose papalle/ qui est de trois choses composee/ cest assauoir doz/de musq/ et de basme/car vraye sapience doit estre doz signifiant lhonneur et reuerece que nous deuons a dieu le createur/ de musq a cause de la fidelite et iustice que deuos auoir a nostre prochain/ et de basme quant a nous mesmes/ entant que nous deuons tenir noz ames cheres et precieuses comme le basme pur et cher sur toutes les choses du monde. Secondement on peult entendre par la rose lestat de grace qui semblablement est a auoir difficile/non pas de la part de celluy qui la donne/car cest dieu le tout puissant/mais de la partie du pecheur q tousiours est empesche et eslongne du collatent dicelle grace. Ceste maniere de rose spirituelle tant bien spirat & re fragant pouons aux roses figurer par la vertu desquelles retourna en sa premiere forme le grat apulee selon ql est escript au liure de lasne dore quat il eut trouue le chappelet de fleurs de rosier pendant au sistre de Ceres deesse des bledz/ car tout ainsi que ledit apulee qui auoit este transmue en asne retrouua sa premiere figure dhomme sense et raisonnable/pareillement le pecheur humain faict et conuerty en beste brute par irraisonnable similitude reprēt son estat premier dinnocence par la grace de dieu qui luy est conferee lors quil trouue le chappelet ou couronne de roses/ cest assauoir lestat de penitence pendu au doulx sistre de Ceres/ cest a la doulceur de la misericorde diuine. Tiercement nous pouons entendre par la rose la glorieuse vierge Marie pour ses bontez doulceurs et perfectiōs de grace/desquelles ie me tais pour le present. Et sachez que ceste virginalle rose nest aux hereticqs facile dauoir et ny eust il seullement que malle bouche qui les empesche dapprocher de sa bonte/car ilz ont mal delle par le voulant maculer et denigrer son honneur maternel/en disant quil ne la fault saluer et appeller mere de pitie et misericorde. Cest la blanche rose que nous trouuerons en Hierico plantee comme dit le saige/quasi plantatio rose in hierico. Quartement nous pouōs par la rose comprendre le souuerain bien infiny et la gloire deter-

Prologue.

nelle beatitude laquelle comme vrays amateurs de sa doulceur et amenite perpe-
tuelle pourrons obtenir en euitant les vices qui nous empeschent/et ayant secours
des vertus qui nous introduiront au verger dinfinie lyesse/iusques au rosier de tout
bien et gloire qui est la beatificque vision de lessence de dieu. Ce rosier peult estre fi-
guré nompas aux roses de pestum en ytallie qui florissent deux fois en lan/car cest
peu souuent/mais a la rose q̃ presenta au saige roy Salomon la noble royne de Sab-
ba ethiopienne/comme nous lisons au liure de ses problesmes et des questions quel-
le luy demanda pour resprouuer sa sapience/dont tant fut esmerueillee que son sens
defailloit en elle/selon quil est escript au liure des roys. Elle print deux roses desq̃l-
les lune venoit de larbre naturellement et lautre procedoit par simulation/car elle
lauoit faicte sophisticquement et par art bien ressemblãt a la rose naturelle tant estoit
subtillement ouuree. Voy la dit elle deux roses deuant vostre pacificque maieste pre-
sentes/dont lune vrayement est naturelle/mais lautre non. Pourtant dictes moy si-
re qui est la naturelle rose monstrez la moy auec le doy. Salomõ ce voyant fit appor-
ter aulcunes mouches a miel pensant et considerant par la science quil auoit de tou-
tes choses naturelles que lesdictes mouches selon leur propriete yroient incontinent
a la rose naturelle nõpas a la sophisticquee/car telz oyseletz celestes plaisans et mel-
lificques desirent et appetent les doulces fleurs sur toutes choses. Parquoy il mõ-
stra a la royne la vraye rose la decernant de lautre qui estoit faicte de senteurs contre-
faisans nature. Celle rose naturelle peult donc signifier le bien infini et vraye gloi-
re celeste qui point nest sophisticque ne deceuable comme la gloire du mõde present
qui nous decoit entant que nous cuidons quelle soit vraye/mais non est. Doncques
qui ainsi vouldroit interpreter le Rommant de la rose/ie dis quil y trouueroit grant
bien proffit et vtilite cachez soubz lescorce du texte qui pas nest a despriser/car il y a
double gaing/recreation desprit et plaisir delectable quant au sens litteral/et vtili-
te quant a lintelligẽce morale/fables sont faictes et inuentees pour les exposer au
sens misticque/parquoy on ne les doit contemner. Si le grant aigle duq̃l parla Eze-
chiel quant il dist Aquila grandis magnarum allarum plena plumis et varietate/
venit ad libanum et tulit medullam cedri. Ie dis que si celluy aigle qui tant auoit estẽ
du son volatif plumaige se fust seullement arreste sus lescorce du cedre quant il vol-
la au mont du liban poit neust trouue la mouelle de larbre/mais sen fust en vain re-
tourne et eust perdu son vol. Semblablement si nous ne creussions plus auant que
lescorce du sens litteral nous naurions que le plaisir des fables et histoires sans ob-
tenir le singulier proffit de la mouelle neupmaticque/cest assauoir venant par lin-
spiration du sainct esprit quant a lintelligence morale. qui ne peseroit sinon au sens
litteral/encor y a il grant proffit pour les doctrines et diuerses sciences dedans conte-
nues/car neantmoins que le principal soit vng train damours/toutesfois il est tout
confit de bons incidens qui dedans sont comprins et alleguez causans maintes bon-
nes disciplines. Les philosophes naturelz et moraulx y peuent apprendre/les theolo-
gicns/les astrologues/les geometriẽs/les archinistres/faiseurs de mirouers/pain-
tres et autres gens naiz soubz la constellation et influence des bons astres apres leur
aspect sur les ingenieux et autres q̃ desirẽt scauoir toutes manieres dars et sciẽces.

Cy fine le prologue.

iii

¶Briefue recollection des matieres contenues au present liure.

¶Premierement le songe de lacteur
La description du iardin damours
Description de hayne / felonnie/
villanie/couuoitise/ auarice/ enuye/ tristesse/vieillesse/pape lardie/et pourete.
fueillet premier/deux/trois/et quatre.
¶Comment oyseuse ouure la porte du iardin damours a lamant f.v
¶De deduit et sa carolle. f.vi
¶Comment le dieu damours espie lamant au iardin/ affin de le naurer de ses flesches. f.ix
¶Comment narcisus se mire en la fontaine ou tant souspira quil en mourut. fueillet. xi
¶Coment lamant entre au iardin ayma le bouton dont puis apres eut moult dempeschement. f.xii
¶Comment le dieu damours print lamant au iardin seul se rēdit a luy. f.xiii
¶Comment lamant fit hommaige au dieu damours. f.xiiii
¶Comment amours ferma le cueur a lamant. f.xiiii
¶Les reigles que le dieu damours bailse a lamant. f.xv
¶Comment bel acueil offre a lamant veoir les roses que tant desire. f.xix
¶Comment dangier mit lamant hors dauec belacueil. f.xx
¶Comment raison enseigne lamāt nē supure bel acueil. f.xx
¶Response de lamant a raison. f.xxi
¶Comment lamant fit sa complainte a amys. f.xxi
¶Comment lamant requiert mercy a dangier. fueillet.xxi
¶Comment pitie et franchise parlerēt a dangier pour lamant. f.xxii
¶Cōment bel acueil mena lamant au verger pour veoir la rose. f.xxiii

¶Comment le brandon venus ayda a lamant pour baiser la rose. f.xxiii
¶Commēt masse bouche par ialousie fit tenser belacueil. f.xxiiii
¶Comment honte et paour vindrent a dangier par soucy luy remōstrer biē garder le verger. f.xxv
¶Comment ialousie fit faire vne tour pour enfermer belacueil. f.xxvi
¶Comment raison veult donner conseil aux paresseux. f.xxix
¶Cōment le souffreteux requiert son amy luy ayder lequel luy met son auoir es mains. f.xxxii
¶Du iugement que apius donna de la fille de virginius et de lexecution. fueillet. xxxvii
¶Comment raison monstre a lamant la roe de fortune/disāt que ne la doit craindre. fueillet. xxxix
¶Comme le cruel et inhumain empeteur neron fit ouurir sa mere pour veoir le lieu dont il estoit sorti. f.xli
¶Cōme neron fit mourir son maistre senecque. fueillet.xli
¶De la cruelle mort de neron. f.xlii
¶Cōment phanie predit a son pere ql seroit pendu. f.xliii
¶La respōse de cresus a sa fille. f.xliiii
¶Comment raison laissa lamant fort dolent lequel se tourna vers amys pour auoir secours. f.xlvii
¶Comment lamant monstre a amys ses trois ennemys, disant que de brief au iuge deulx se plaindra. f.li
¶Cōment pourete faict requeste a richesse q̄ riens ne prise tous ses ditz. f.lii
¶Comment amys recorde a lamant q̄ en sa pourete vng amy auoit / lequel luy offroit tous ses biens. f.liii
¶Comment au temps passe les biens estoient cōmuns et nauoient nulz prices fueillet. lv
¶Comment le ialoux print a tencer sa

femme disant quelle est ribaulde. f.lv
¶ Comment le ialoux reprent sa femme de demener trop grant liesse. f.lvi
¶ Comment lucresse se occist. f.lvi
¶ Coment beaulte q laidure chastient chastete. fueillet.lviii
¶ Comment dalida deceut sanson / en luy couppant ses cheueulx. f.lx
¶ Come le ialoux par ire tance et bat sa femme. f.lxi
¶ Comment iason alla oultre mer pour conquerre la toyson. f.lxii
¶ Comment fut faict le premier roy. fueillet. lxiii
¶ Coment lamant prent congie damps pour trouuer bel acueil. f.lxv
¶ Coment lamant trouua richesse gardant le sentier du chasteldamours. f.lxv
¶ Comment le dieu damours pardonna son mal talent a lamant. f.lxviii
¶ Comment lamant veult rendre sa lecon au dieu damours. f.lxviii
¶ Comment le dieu damours manda sa gent. f.lxviii
¶ Coment le dieu damours voult getter hors du chastelbel acueil. f.lxix
¶ Comment le dieu damours retient de ses seruiteurs faulx semblant et le fait roy des ribaulx. f.lxxii
¶ Comment faulx semblant emble le cueur des gens. f.lxxiii
¶ Comment faulx semblant dit la verite de tous les cas de mendicite. f.lxxv
¶ Comment faulx semblant sermone puis sen retourne auec fainte abstinence vers malle bouche. f.lxxix
¶ Comment abstinence reprouche les parolles a malle bouche. f.lxxx
¶ Coment malle bouche escouta faulx semblant. f.lxxxi
¶ Comment la langue fut couppee a malle bouche par faulx semblat. f.lxxxi
¶ Comment faulx semblant auec largesse et courtoisie entra au chasteau.

fueillet. lxxxi
¶ Comment la vieille compte a bel acueil le faict de lamant. f.lxxxiii
¶ Coment par lenhortement de la vieille bel acueil print le chappel. f.lxxxiiii
¶ Comment la vieille lit a bel acueil sa lecon. f.lxxxv
¶ Comment la royne de carthage se occist pour lamour de son amy eneas. fueillet. lxxxvi
¶ Comment vulcanus blasme fort sa femme quāt la trouua couchee auec mars fueillet. xci
¶ Exemple du pouoir de nature. f.xcii
¶ Comment la vieille enseigne lamant entrer en la tour. f.xcvi
¶ Comment lamant trouua en la tour bel acueil prest a acomplir son vouloir. fueillet. xcvi
¶ Comment lamant se voulut ioindre au rosier dont fut blasme par dangier. fueillet. xcvi
¶ Comment honte paour q dangier batirent et ledangerent moult lamant. fueillet. xcvii
¶ Comment les cheualiers de lost du dieu damours vindrent secourir lamant fueillet. xcviii
¶ Comment lacteur mue propos priāt luy pardonner les parolles par luy dictes. fueillet. xcix
¶ Excusation de lacteur du rommant aux dames. f.xcix
¶ Comment dame franchise cōbat contre dangier. f.c
¶ Comment bien celer surmonte honte et du combat de paour et hardement. fueillet. c.i
¶ Comment les messaigiers au dieu damours vindrēt a dame venus pour auoir secours. fueillet. c.i
¶ Comment venus deffendit a adonis quil ne chassast aux bestes fieres. f.cii
¶ Comment six coulōbeaux menerēt

La Table.

Uenus en lost damours pour luy faire se-
cours. fueillet. ciii
¶ Du grant assault q̃ le dieu damours
donna au chastel. f.clii
¶ Comment nature tousiours forge af-
fin que lignee ne defaille. f.ciiii
¶ Comment le bon paintre zensis con-
trefit la beaulte de nature. f.cv
¶ La confession de dame nature. f.cvi
¶ Introduction pour les hommes que
leurs femmes ne soient iengleresses.
fueillet. cvii
¶ Comment le fol mary se met au col la
hart quant il dit a sa femme son secret.
fueillet. cviii
¶ La confession de nature. f.cix
¶ Comment dame nature se complaint
des accidens qui se font contre elle. f.cx
¶ Comment par le conseil themis deu-
calion et ses amys furent resuscitez.
fueillet. cxiii
¶ Comment nature sceut la verite de
noblesse et dont elle vint premierement.
fueillet. cxx
¶ Comment dame nature auec genius

mue le couraige des amans. f.cxxiii
¶ Comment le dieu damours faict pres-
cher genius. f.cxxv
¶ Comment genius presche les comã-
demens de nature et de sa puissance.
fueillet. cxxvi
¶ Comment genius parle de generation
fueillet. cxxvii
¶ Comment iuppiter fit prescher que
chascun fit a son gre de ce q̃ plus aymoit
fueillet. cxxix
¶ La fiction de lymaige pigmalion.
fueillet. cxxxiii
¶ Comment pigmalion demande par-
don a son ymaige des parolles quil a dit
de luy laides et folles. f.cxxxiiii
¶ Comment ceulx du chastel yssirent
hors dont aulcuns iousterent tous nudz
fueillet. cxxxvi
¶ La conclusion du rommant/ & coment
lamant prent la rose a son plaisir.
fueillet. cxxxix

¶ Fin de la Table de
ce present liure.

fueillet.i.

¶Le rommant de la rose
Du tout lart damour est enclose

Aintee gẽs sõt disant que sõges
Ne sont que fables z mensonges
Mais on peult tel songe songer
Qui pourtant nest pas mensonger
Ains est apres bien apparent
Si en puis trouuer pour garant
Macrobe vng acteur tresuffable
Qui ne tient pas songe a fable
Aincoys escript la vision
Laquelle aduint a Scipion
Quiconques cuyde ne qui die
Que ce soit vne musardie
De croire quaucun songe aduienne
Qui vouldra pour fol si men tienne
Car quant a moy iay confiance
Que songe soit signifiance
Des biens aux gens et des ennuytz
La raison/on songe par nuytz
Moult de choses couuertement
Quon voit apres appertement.

Or le vingtiesme an de mõ aage
Au point quamours prẽt le peage
des ieunes gẽs coucher malloye

Une nuyt comme ie souloye
Et de fait dormir me conuint
En dormant vng songe maduint
Qui fort beau fut a aduiser
Comme vous orrez deuiser
Car en aduisant moult me pleut
Et oncques riens au songe neut
Qui du tout aduenu ne soit
Comme le songe recensoit.
¶Lequel veil en rime deduire
Pour plus a plaisir vous induire
Amours men prie et le commande
Et si daduenture on demande
Comment ie veil que ce rommant
Soit appelle sachez amant
Que cest le rommant de la rose
Ou lart damour est toute enclose.
La matiere est belle et louable
Dieu doint quelle soit agreable
A celle pour qui iay empris
Cest vne dame de hault pris
Qui tant est digne destre amee
Quelle doit rose estre clamee.

Puis mestoit a celle foys
Bien va cinq ans et sly moys
Que ie songeoye au moys de moy
Au temps amoureux sans esmoy
Au temps que tout rit et sesgaye
Quon ne voit ny buysson ne haye
Qui en may parer ne se vueille
Et couurir de nouuelle fueille
Les boys recouurent leur verdure
Qui sont secz tant que lyuer dure
Terre mesme fiere se sent
Pour la rosee qui descend
Et oublie la pourete
Du elle a tout lyuer este
En effect si gaye se treuue
Quelle veult auoir robe neufue
Et scait si cointe robe faire
Que de couleurs a mainte paire
Dherbes et fleurs rouges et perses
Et de maintes couleurs diuerses
Est la robe que ie deuise

Macrobe sur le sõge de scipion.

fueille.

Descriptiõ du temps desté.

Ai

Le Rommant de la Rose.

Parquoy la terre mieulx se prise.
Les oyseletz qui se sont teuz
Durant que les grans froitz ont euz
Pour le fort temps divers mysible
Sont si aysees au temps paisible
De may quilz monstrent en chantant
Quen leurs cueurs a de ioye tant

Nota du rossignol.

Quil leur convient chanter par force.
Le rossignol adonc sefforce
De chanter menant doulce noyse
Lors sesueille et se degoyse
Le papegault et la calendre
Si convient ieunes gens entendre
A estre gays et amoureux
Pour le beau printemps vigoureux.
Dur est qui nayme damour franche
Quant lyoyt chanter sur la branche
Aux oyseaulx les chans gracieulx
En celluy temps delicieux
Du toute rien daymer sestoye.
Par une nuyt que ie songeoye
Me sembla dormant fermement
Quil estoit matin proprement
De mon lict tantost me leuay
Me vesty et mes mains lauay
Et tiray une esguille dargent
Dung aguillier mignon et gent
Et voulant lesguille enfiller
Hors de ville eulx desir daller
Pour ouyr des oyseaulx les sons
Qui chantoient par les buyssons.
En icelle saison nouuelle
Cousant mes manches a widelle
Men allay tout seul esbatant
Et les oysillons escoutant
Qui de bien chanter sefforcoient
Par les iardins qui fleurissoient
Joly et gay plain de lyesse.
Vers une riuiere madresse
Que ioup pres dillecques bruye
Car plus beau lieu pour me deduyre
Ne vy/que sur ceste riuiere
Dung petit mont dillec derriere
Descendoit leaue courant et royde

Fresche bruyant et aussi froide
Comme puys ou comme fontaine
Si creuse nestoit pas que Seine
Mais elle estoit plus espandue
Jamais veue ny entendue
Je navoye ceste eau qui couloit
Parquoy mon oeil ne se saouloit
De regarder le lieu plaisant
De ceste eau claire et reluysant
Jay lors mon visaige laue
Si vy bien couuert et paue
Tout le fons de leau de grauelle
Et la prairie grande et belle
Au pied de cestuy mont batoit
Claire/serie/et belle estoit
La matinee/et temperee
Lors men allay parmy la pree
Tout contre val esbanoyant
Le beau riuaige costoyant
Quant fuz vng peu auant alle
Je vy vng verger long et le
Enclos dung hault mur richement
Dehors entaille viuement
A maintes riches empoinctures
Les ymaiges et les painctures
Du mur par tout ie remiray
Parquoy voulentiers vous diray
Dicelle la forme et semblance
Ainsi que ien ay remembrance.

Chayne.

ffueillet.ii.

Description de hayne.

Ou meiltien haine se tempre
Qui par faulx rapportz et pyre
Sembloit bien estre mouueresse
De noyses aussi tanceresse
Et bien ressembloit cest ymaige
Femme de tresmauuais couraige
Dhabitz nestoit pas bien ornee
Le visaige auoit tout fronce
Le nez large/et loeil enfonce
Flestrye estoit et enroillee
Et par la teste entortillee
Hydeusement dune touaille
De tresorde et villaine taille.

Description de villenie.

Autre ymaige aps felonnie
Estoit nommee Villenie
Seoit prsde haine sur destre
Et estoit presq de tel estre
Que lee deux et de tel facture
Bien sembla faulce creature
Mesdisante et trop courageuse
Ainsi que femme oultrageuse
Brief bien scauoit paindre a pourtraire
Cil qui tel ymaige sceut faire
Car bien sembloit chose villaine
De despit et de chose villayne
Et femme qui bien peu scauoit
Honnorer ce quelle deuoit.

C Felonnie.

Description de felonie.

Ne autre ymage mal rassise
Et fiere a veoir/y eut assise
Prsd haine a senestre de elle
Sur sa teste son nom rebelle
Dy escript cestoit felonnie
Et dicelle pas ie ne nye
Que bien ne fust a sa droicture
Pourtraicte selon sa nature
Car felonnement estoit faicte
Et sembloit collere et deffaicte.

C Villenie.

C Counoytise

A ij

Le rommant de la Rose.

Description de couuoitise

Près fut paincte couuoitise
Cest celle q̃ les gens attise
De prendre et de riẽs dõner
Et les grãs tresors amener
Cest celle qui fait a vsure
Prester pour la tresgrant ardure
Dauoir/conquerre et assembler
Cest celle qui semont demblér
Les larrons plains de meschant vueil
Cest grant pesche/ mais cest grant dueil
A la fin quant il les fault pãdre
Cest celle qui fait lautruy prẽdre
Gentens prẽdre sans achepter
Qui fait tricher et crocheter
Cest celle qui les desuoyeurs
Fait tous et les faulx plaidoyeurs
qui maintes foys par leurs cautelles
Ostent aux varletz et pucelles
Leurs droitz et leurs rentes escheuz

Les mains de cou uoitise a croch.

Courbes/courtes ā moult crocheuz
Auoit les mains icelle ymage
Cest bien painct/ car tousiours enrage
Couuoytise de lautruy prẽdre
Couuoytise ne scait entendre
Fors de lautruy tout acrocher
Couuoytise a lautruy trop cher.

Auarice.

Descrip tiõ da uarice.

Ne autre ymage y eut assise
Coste a coste de couuoytise
Auarice estoit appellee
Dide salle laide τ pellee
De toutes pars maigre et chetiue
Et aussi verte comme cyue
Tant paressoit alangouree
Qua la veoir si descoulouree
Sembloit chose morte de fain
Qui ne vesquist fors que de pain
Poistry en lessiue et vinaigre
Et auec ce quelle estoit maigre
Elle estoit pourement vestue
Cotte auoit vieille et descompue
Comme si des chiens plus de treize
Leussent tinse et si estoit taise
Et plaine de vieil mainct lambeau
Près delle pendoit vng manteau
A vne perche moult greslette
Et vne robbe de brunnette
Au manteau este ou yuer
Nauoit penne de menu ver
Mais daigneaulx veluz et pesans
Et la robbe auoit bien seize ans
Laquelle encore sans mentir
Auarice nosoit vestir
Car sachez que moult luy pesoit
Quant ceste vieille robbe vsoit
Selle fust vsee et mauuaise
Elle en eust eu trop grant malayse
Et de robbe eust eu grant affaire
Quant vne neufue elle eust fait faire
Auarice en sa main tenoit
Vne bource quelle espergnoit
Et la nouoit si fermement
quelle eust demoure longuement
Auant que dy mettre le poing
Aussi de ce nauoit besoing
Car dy rien prendre neust enuye
Et fust ce pour sauuer sa vie.

Enuye.

Fueillet. iii.

Jamais ne cesse enuie infame
De mettre sus quelque diffame
Et croy que selle congnoissoit
Le plus homme de bien qui soit
Ne de ca mer/ne de la mer
Si le vouldroit elle blasmer
Et sil estoit si bien aptie
Quelle ne peu son loz & prie
Du tout abatre et despriser
Si vouldroit elle amenuyser
Pour le moins son bruyt et honneur
Par son parler faulx blasonneur
A la paincture prins esgard
Quenuye auoit mauuais regard
Car iamais nalloit riens voyant
Fors de trauers en bourgnoyant
Elle auoit ce mauuais vsage
Quelle ne pouoit au visage
Personne regarder a plain
Mais clouoit vng oeil par desdain
Et toute de despit ardoit
Quant aucuns quelle regardoit
Estoient beaulx ou preux ou gentz
Du prisez et aymez des gens.

La des-
scriptiō
denuie.

Enuye aussi ie y ay aboqucs
Qui en sa vie ne rit oncques
Et qui na de ioye vne goute
Si elle voit ou escoute
Sur quelquun dommaige aduenir
Rien ne la scauroit mieulx tenir
En plaisir que mal aduenture
Quant elle voit desconfiture
Sur quelque bon prendhomme auoir
Cela luy est plaisant a veoir
Et seisouyt en son couraige
Quant elle voit aucun lignage
Trebucher et aller a honte
Et quant aucun a honneur monte
Par son sens & par sa noblesse
Cest la chose qui plus la blesse
Car sachez que moult luy couuient
Auoir le dueil/quant bien aduient

Note de
la natu-
re denuie

Enuie est de tel cruaulte
Quelle ne porte loyaulte
A compaignon namy expres
Et na parent tant luy soit pres
A qui ne soit toute ennemye
Certes elle ne vouldroit mye
Qua son propre pere vint bien
Mais sachez quelle achepte bien
Sa grant malice cherement
Car elle est en si grant tourment
Quant gens de bien bonne oeure font
Qua peu quen desespoir ne fond
Et souhaite en son cueur immunde
Se venger de dieu et du monde

❡ Tristesse.

Pres denuye estoit paincte aussi
Tristesse plaine de soucy
Qui bien monstroit p̄ sa couleur

A iij

❡ Le Rommant de la Rose.

La description de tristesse.

Quelle auoit au cueur grant douleur
Et sembloit auoir la iaunice
Riẽ neſtoit pres delle auarice
Quant a palleur et maigreſe
Car le dueil en elle atreſte
Et la peſanteur des enuuys
Quelle portoit de iour et nuytz
Lauoient faicte ainſi iaunir
Et palle et maigre deuenir
Oncques nulius en tel martire
Ne fut/ne porta ſi grãt yre
Comme il apparoiſſoit quelle euſt
Je croy quõq̃ homme ne luy pleuſt
Ne fiſt choſe qui luy peuſt plaire
Et ſi ne ſe vouloit retraire
Ny a perſonne conforter
Du dueil que luy failloit porter
Trop auoit ſon cueur courouce
Et ſon dueil pfond commence
Dont bien ſembloit eſtre dolente
Car elle nauoit eſte lente
Deſgratignet ſa face toute
Sa robe auſſi ne priſa goute
En maintz lieux lauoit deſſiree
Comme femme dangoiſſee pree
Ses cheueux ly tous deſtrecez furent
Et ſur ſon dos ça et la cheurent
Car tous deſrompus les auoit
Du courroux quelle conceuoit
Et ſi ſachez certainement
Quelle plouroit moult tendrement
Homme tant ſoit dur ne la veiſt
A qui grande pitie ne feiſt
Elle ſe rompoit et batoit
Et ſes poingz enſemble hurtoit
Brief la dolente et la chetiue
Moult fut a dueil faire ententiue
Et ne therchoit a ſeſiouir
A dancer ou chanſons ouyr

Nota

Car qui le cueur a bien dolent
Sa pour vray deſir ne talent
De rire dancer ou baiſer
Et ne ſcauroit tant ſappaiſer
Quauecques dueil ſceuſt ioye faire

Car dueil eſt a ioye contraire.

❡ Vieilleſſe.

Apres fut Vieilleſſe pourtraicte
Qui eſtoit bien vng pied retraicte
De la forme dont ſon loit eſtre
A grant peine ſe pouoit paiſtre
Tant eſtoit vieille et radotee
Sa beaulte fut toute gaſtee
Et ſi vieille eſtoit deuenue
Quelle auoit la teſte chenue
Toute blanche et toute florie
Pas neuſt eſte grande mourie
Si morte fuſt/ne grant peche
Car tout ſon corps eſtoit ſeche
Pour longueur de temps a vieil aage
Tout flaiſtry eſtoit ſon viſaige
Jadis plain et tenu tant cher
Et aux mains nauoit point de chair
Les oreilles auoit mouſſues
Auſſi les dentz toutes perdues
Parquoy neuſt ſceu maſcher qua peine
De vieilleſſe eſtoit ſi fort pleine
Que chemine neuſt la montance
De quatre toyſes ſans potance

La deſcriptiõ de vieilleſſe.

❡ Le temps qui ſen va nuyt et iour
Sans repos prendre et ſans ſeiour
Et qui de nous ſe part et emble
Si ſecretement quil nous ſemble
Que maintenant ſoit en vng poinct
Et il ne ſi arreſte point

Nota

De la ſuite du temps.

fueillet.iiii.

Ains ne fine doultre passer
Si tost que ne scauriez penser
Quel temps il est presentement
Car auant que le pensement
Fut finy/si bien y pensez
Trois temps seroient desia passez
☞ Le temps qui ne peult seiourner
Ains va tousiours sans retourner
Comme leau qui sauale toute
Et contremont nen reuient goute
Le temps contre qui rien ne dure
Ne fer ne chose tant soit dure/
Car le temps tout gaste & tout mange
Le temps qui toutes choses change
Qui tout fait croistre & tout mourir
Et tout vser et tout pourrir

Le tēps tout consomme.
Le temps qui enuieillist noz peres
Qui vieillist poures et prosperes
Et par lequel tous vieillirons
Du par mort iennes perirons
Le temps par qui sera faillye
Mer/terre/et gent auoit vieillie

Toutes choses retournent a leur premiere nature.
Celle que ie dy de tel sorte
Que moins sembloit viue que morte
De sauder nauoit plus puissance
Mais retournoit en enfance
Car foyble auoit corps et cerueau
Comme vng enfant ne de nouueau
Toutesfoys ainsi que ie sens
Elle fust saige et de grant sens
Quant elle estoit en son droit aage
Mais elle nestoit plus si saige
Ains rassotoit/Et ensertee
Estoit dune chappe fourree
Dont elle auoit/ rien suis recors
Affuble et vestu son corps
Affin destre plus chauldement
☞ Morte de froit fust autrement
Car tousiours subiectz a froidure
Sont vieilles gens cest leur nature.

ℂ Papelardie.

Vne autre apres estoit escripte
qui biē sēbloit estre ypocrite
Papelardie est appellee
Cest celle qui en recelee
Quant on ne sen peult prendre garde
Daucun mal faire ne se tarde
Et fait dehors la marmyteuse
Ayant face palle et piteuse
Comme vne simple creature
Mais il nya mal aduenture
Quelle ne pense en son couraige
Moult bien luy ressembloit lymaige
Paincte et pourtraicte a sa semblance
Qui fut de simple contenance
Elle fust chaussee et vestue
Tout ainsi que femme rendue
En sa main vng psaultier tenoit
Et saichez que moult se penoit
De faire a dieu prieres sainctes
Et dappeller et sainctes et sainctes
Gaye nestoit/mais bien chetiue
Et par semblant fort ententiue
Du tout a bonnes oeuures faire
Aussi auoit vestu la haire
De peur quelle ne deuint grasse
Et de ieusner estoit si lasse
Quelle auoit coulleur palle et morte
A elle et aux siens est la porte
Du ciel fermee sans mercy
Car telles gens se font ainsi
Amaigrir se dit leuangille
Pour auoir loz parmy la ville

La descriptiō de papelardie.

fiction de papelardie.

notable

A iiii

Le rommant de la Rose.

Et pour vng peu de gloire vaine
Qui hors dauecques dieu les maine.

Pourete.

La de/
scriptio
de po/
urete.

Ou tratcte fut tout au dernier
Pourete qui vng seul denier
Neust pas si elle se deust pendre
Tant sceust elle sa robbe vendre
Nue estoit quasi comme vng ver
Et si leust fait vng peu diver
Ie croy que fust morte de froit
Elle auoit vieil sac estroit
Tout plain de pieces et de crotes
Et pour toutes robes et cottes
Neust autre chose a affubler
Si eut bon loysir de trembler
Car des gens fut vng peu loignet
Et comme vng chien a vng coignet
Se cachoyt et acropissoit

Nota.

Aussi pourete ou que soit
Tousiours est honteuse et despite
Or puisse estre lheure mauldicte
Quonques poure homme fut conceu
Entre gens ne sera receu
Ne bien vestu/ne bien chausse/
Ayme/chery/ny epaulce.

Es ymaiges quay aduise
Comme ie vous ay deuise
Furent en or et en azur
De toutes pars painctes au mur
Hault fut le mur et tout carre
Si en estoit clos et barre
En lieu de haye vng beau verger
Si bien assis pour abreger
Quon ne le pourroit dire a droit
Qui dedans mener me vouldroit
Du par eschelle ou par degre
Ie luy en sceusse moult de gre
Car oncq homme ne fut conduict
A telle ioye et tel debuict
Comme a celle de ce verger
Le beau lieu doyseaulx heberger
Nestoit ne desdaigneulx ne chiche
Mais ne fut oncq lieu si riche
Darbres et doysillons chantans/
Car par les buyssons bien sentans
y en eut trois foys plus quen france
Et tant fut belle laccordance
De leur musicque a escouter
Quelle pouoit tout dueil oster
Quant a moy si fort mesiouy
Lors que si bien chanter iouy
Que ie ne prinsse pas cent liures
Sil y eust passaiges deliures
Pour ny entrer/et que ne veisse
Lassemblee que dieu benisse
Des oyseaulx qui leans estoient
Et de gay couraige chantoient

Descri
ptio du
lieu des
ymages
dessusdi
ctes.

Descri
ptio du
Verger.

Dedui
des oy
sillons.

fueillet.ɓ.

Les dances damours et les notes
Plaisans courtoyses & mignotes.

Quant iouy ces oyseaulx chanter
Je me prins fort a guementer
Par quel art et par quel engin
Je pourroye entrer au iardin
Mais ie ne pouoys bien scauoir
Par ou entree y peusse auoir
Et saichez que ie ne scauoye
Sil y auoit pertuys ny voye/
Ne lieu par ou lon y entrast
Et vng homme qui le me mostrast
Nestoit illec/car seul iestoye
Et dennuy maint souspir iectoye
Tant quau dernier il me souuint
Que impossible estoit quil aduint
Quen vng si beau verger neust huys
Du eschelle/ou quelque pertuys
Lors men allay a grant alleure
Enuironnant la compasseure
Et le grant tour du mur carre
Tant que vng huys bien clos et barre
Trouuay fort petit et estroit
Et par ailleurs on ny entroit
Si commencay a y ferir
Sans dautre entree menquerir.

¶ Comment Oyseuse ouurit la
porte a Lamant.

Assez y frappay et boutay
Et par maintesfoys escoutay
Si iorroye gens parler ensemble
Le guichet qui estoit de tremble
Mouuoit/adonc vne pucelle
Qui estoit assez gente et belle
Cheueulx eut blodz comme vng bassin
La chair plus tendre qung poussin
Front reluysant/sourcilz voultiz
Large entroeil et les piedz petis
Tetin poignant blanc de nature
Et le nez bien fait a droicture
Come vng faulcon les yeulx eut vers
Gectans oeillades de trauers
La face blanche et coulouree
Lalaine doulce et sauouree
La bouche petite et grossette
Et au menton vne faulcete
Despaules eut belle croysure
Et le col de bonne mesure
Sans aucune bube ne tache
Brief en ce monde ie ne sache
Femme qui si beau col portast
Poly sembloit et souef au tast
Et la gorge auoit aussi blanche
Comme la neige sur la branche
Quant il a freschement neige
Le corps eut droit/gent et douge
Et ne falloit ia sur la terre
Vng plus beau corps de femme querre
Dor fauelle eut vng chappeau
Proprement fait/mignon/& beau
Et plus riche a bien le priser
Que le scauroye deuiser
Sur ce chappeau dor fauerles
En eut vng de roses fleuries
Et en sa main vng myrouer
Si eut dung riche tressouer
Son chef tresse estroictement
Dung las de soye coinctement
Lassoit en deux endroictz ses manches
Et pour preseruer ses mains blanches
Du halle en chascune eut vng gant
Sa cotte fust dung vert de gant

Oyseuse ouure le iardin a lamant

Description de beaulte quant aux douaires de nature.

Description de beaulte par artifice.

❡ Le Rommant de la Rose.

A broderie tout en tour
Et bien sembloit a son atour
Qua besongner peu se mectoit
Car quant bien pignee elle estoit
Bien paree/et bien atournee
Elle auoit faicte sa iournee
Et auoit si bon temps aussi
Quelle nauoit soing ne soucy
De rien qui soit/fors seulement
De soy acoustrer noblement.

Lettre de la
mant au
iardin
damoᵉˢ

❡ Quant la belle ainsi acoustree
Du verger menst ouuert lentree
Je len merciay humblement
Et si luy demanday comment
Auoit nom/et qui estoit elle/
Elle ne fut vers moy rebelle

Respon
se de da
me oy
seuse a
lamant

Ne de respondre desdaigneuse.
Je me fais appeller oyseuse
Dit elle/a chascun qui me hante
Riche femme suis et puissante
Et dune chose ay fort bon temps
Car a riens du monde ne mentens
Qua me iouer et soullasser
Et mon chef pigner/et tresser/
Priuee suis/iollye et coincte
Et de deduict tousiours macoincte

Deduit
seignr
du iardī
damoᵉˢ

C'est cil a qui est ce iardin
Qui du pays alexandrin
Feit cy les arbres apporter
Quil feist par le iardin planter
Puis quant chascun arbres fut creu
Deduit qui nest mie recreu
Feit tout autour ce hault mur faire
Et si feit au dehors pourtraire
Les ymaiges qui y sont ioinctes
Qui ne sont ne belles ne coinctes
Mais laydes et trapstes a veoir
Comme auez peu apperceuoir.

Seiour
de dedu
it et ses
complices

❡ Maintesfoys pour se sbanoyer
Se vient en ce lieu umbroyer
Deduit et les gens qui le suiuent
Qui en soulas et en ioye viuent

Encor est il leans sans doubte
La ou il entend et escoute
Chanter les douly rossignolletz
Mauuis et autres oyselletz
Allec se ioue et se soulace
Auec ses gens/car telle place
Au monde ne scauroit trouuer
Pour tous passe temps esprouuer
Et maintiendray en toute voye
Que les plus belles gens quon voye
Sont les compaignons que deduit
Auecques luy maine et conduict.

❡ Comment lamant parle a oyseuse.

Dant oyseuse meut tout compte
Et ieuz bien son compte escoute
Je luy dy adoncq/dame oyseuse
Croyez sans en estre doubteuse
Puis quores deduit et ses gens
Sont icy tant iolys et gentz
Je feray tant que lassemblee
De moy ne sera pas emblee
Qui ne la voye ains quil soit nuict
Si ma personne ne vous nuict
Veoir la me fault/cest mon vouloir
Car mieulx nen pourray que valloir
Lors entray au iardin tout vert
Par lhuys quoyseuse ma ouuert
Et quant par dedans ie le vy
Je fuz de ioye si rauy
Que pour tout vray ie cuidoye estre
Venu en paradis terrestre
Tant estoit beau ce lieu ramaige
Que bien sembloit diuin ouuraige
Car comme il me sembla de faict
En aucun paradis ne fect
Si bon estre comme il faisoit
Au verger qui tant me plaisoit
Doyseaulx chantans y eut assez
Par tout le iardin amassez
En ung lieu auoit estourneaulx
En lautre malars et moyneaulx
Pinsons/pyuers/merles/mesanges

Lamāt
est entre
au iar
din das
mours.

La de
scriptiō
des oy
seaulx
du iardī
damoᵉˢ

Fueillet.vi.

Qui ne sembloiēt oyseaulx/mais anges
Brief homme nen vit oncques tant
La estoit le geay caquetant
Le verdyer si esiouyssoit
La tourterelle y gemissoit
Et y desgorgeoit la linote
Le chant que nature luy note
En autre lieu ſy amassees
Force kalandes/qui lassees
Furent de chanter aulx ennis
Car les rossignolz et mauuis
Sceurent si haultement chanter
Quilz vindrent a les surmonter
Ailleurs aussi sont papegaulx
En chantz et plume non egaulx
Qui par ces vertz boys ou ilz hantent
Incessamment sifflent et chantent
Mais par sur tous oyseaulx beccus
Se firent ouyr les cocus
Qui en plus grant nombre se y trouuēt
Car au iardin damours se couuent
Bien fut leur chappelle fournye
Et plaine de grant armonye
Car leur chant estoit gracieulx
Comme vne voix venant des cieulx.

Nota.

Or pensez si de me siouyr
Jauoye raison dainsi ouyr
A mon gre la plus grant doulceur
Quon ouyt oncques/pour tout seur
Tant estoit se chant doulx et beau
Quil ne sembloit pas chant doyseau
Mais le pouoit son estimer
Ung chant de seraines de mer

Seraines.

Qui prindrent ce nom de seraines
De leur voix series et saines
Dont en mer endorment souuent
Ceulx qui mectent voyles au vent/
A chanter furent ententis
Les oysillons qui aprentis
Ne furent pas/ne non saichans
Et saichez quant iouy leurs chantz
Et ie ſy tant beau et pourpris
A esmerueiller ie me pris

Car encor nauoye este oncques
Si gay/que ie deuins adoncques
Tant pour la grande nouueaulte
De ce lieu/que pour sa beaulte
Alors congneu ie bien et ſy
Quoy sen se mauoit bien seruy
De mauoir en tel deduit mis
Et bien me tins de ses amys
Puis quelle mauoit defferme
Le guichet du verger rame.

Or maintenant vous en diray
plus auant/et vous descripray
premier dequoy deduit seruoit
Et quelle compaignie auoit
Sans longue fable vous vueil dire
Puis du verger tout dune tire
Reciteray ce quil me semble
Je ne puis dire tout ensemble
Mais ie le compteray par ordre
Que lon my saiche que remordre.

Beau seruice doulx et plaisant
Chascun oyseau alloit faisant
En chant et musique ramaige
Rendant au dieu damours hommaige
Les cleres voyes diminuerent
Les moyennes continuerent
Et les grosses bien entonnoient
Brief tant de plaisir me donnoient
Que impossible est que melodie
Telle ie vous des mesle ou die
Mais quant ieuz escoute vng peu
Les oyseaulx/tenir ne me peu
Que deduit ie nallasse veoir
Car moult desiroye de scauoir
Sa facon de faire et son estre
Si men allay tout droit a dextre
Par vne bien petite sente
Bordee de fanoul et mente
Et la aupres trouuay deduit
En lieu secret qui bien luy duit
Lors entray ou deduit estoit
Lequel illecques se sbastoit
Auec vne si belle bande

Loffice
de dedu
itz la de
scriptiō
de son
verger.

Comānt
trouue
deduit
au ver
ger.

❡ Le rommant de la Rose.

Que ie fuz en merueille grande
Comment dieu en terre assembloit
Si belles gens/car il sembloit
Que fussent anges empennez
De telz n'en sont au monde nez.

❡ Ci parle lacteur sans frivolle
De deduit et de sa carolle.

Lieffe.

Ses gens dancerent a vne chançon
qui n'eust laitz ne meschans sons
Vne dame les chantoit
Qui liesse appellee estoit
Chanter scauoit moult doulcement
Et a son chant bien proprement
Ses motz et ses reffrains assoyt
Il autre si bien ne seoyt
Et selle eut voix bien clere et saine
Encor moins a dancer fut vaine
Mais scauoit bien se fuertuer
Saulter/tirer/et remuer
Et tousiours comme coustumiere
Dancoyt et chantoit la premiere
Car chanter/dancer/sont mestiers
Quelle faisoit moult voulentiers

Or veissiez les dances aller
Ung chascun a senuy baller
Et faire gambades a saultz
Sus lherbe dure et soubz les saulx
La eussiez veu pour les balleurs
Fleufteurs/harpeurs/et cimballeurs

Les vngz formerent millan noyses
Les autres notes lorraine noyses
Pource quon en fait en lorraine
De plus belles quen nul domaine
Apres y eut farces ioyeuses
Et batelleurs et batelleuses
Qui de passe passe iouoyent
Et en l'air vng baffin enuoyent
Puis le scauoient bien recueillir
Sur vng doy/sans point y faillir.

❡ Deux damoyselles bien mignotes
Je vy adoncq en simples cottes
Et tressees en vne tresse
Lesquelles deduit sans destresse
Faisoit lors deuant luy baller
Mais de ce ne fault ia parler
Comme elles balloyent coinctement
Lune venoit tout bellement
Vers lautre/et quant elles estoient
Pres apres si sentreiectoyent
Les bouches/et vous fust aduis
Quelle se baisoyent vis a vis
Tout bien sceurent leur s'bas briser
Si nen scay plus que deuiser
Fors que de la iamais ne queisse
Men aller/tant comme ie veisse
Telles gens ainsi sabuanser
De rire/chanter/et danser.

Ladance qui me plaisoit tant
Je regarday iusques a tant
Que vne dame dhonneur sayfie
Mentreuit/ce fut courtoysie
La gracieuse et debonnaire
Que dieu gard de chose contraire
Courtoysement lors mapella
Belamy/que faictes vous la
Dit elle/icy vous en venez
Et a la dance vous prenez
Auec entre nous/sil vous plaist
Quant iouy ces motz/sans faire arrest
A menhardir ie commenczy
Et auec les danceurs dançay
Car saichez que moult magrea

La ma/
niere de
la caral
le.

Acueil
de dame
courtoy
sie a la/
mant.

fueillet.BII.

Dont courtoysie me pria
En me disant que dansasse
Plustost leusse fait si iosasse/
Mais iestoys de honte surpris
Adoncq a regarder me pris
Les corps les facons et maintiens
Les cheres et les entretiens
De ceulx qui la dancoyent ensemble
Si vous diray deulx qui me semble.

La forme & composition de deduit.

Deduit fut beau et grant et droit
Plaisant en ditz en faitz a droit
Plus q̃ iamais on ne vit hõme
La face auoit comme vne pomme
Vermeille et blanche tout autour
Miste fut et de bel atour
Les yeulx eut vairs/la bouche gente
Le nez bien fait par grant entente
Et le poil blonc et crespele
Despaules estoit large et le
Et gresle parmy la sainct ure
Brief il sembloit vne painctture
Tant estoit dore et gemine
Et de tous membres bien forme
Le corps eut bon/les iambes vistes
Plus legier homme oncques ne veistes
Et si nauoit barbe au menton
Fors vng petit poil folleton
Comme ses ieunes damoyseaulx
Dung samp pourtraict a oyseaulx
Qui estoit tout a or batu
Fut son corps richement vestu.

La diuise des habillemēs de deduit.

Et la robbe bien deuisee
En maintz lieux estoit incisee
Et decouppee par cointise
Puis fut chausse par mignotise
Dung souliers descouppez a las
Sampe aussi par grant soulas
Luy auoit fait ioly chappeau
De roses qui moult estoit beau.

Lyesse ampe de deduit.

Et scauez vous qui fut samye
Lyesse quil ne hayoit mye
La mieulx disant des bien disans

Qui des son aage de dix ans
De son amour luy fit octroy
Deduit la tint parmy le doy
Et elle luy a ceste dance
Deulx deulx cestoit belle accordance/
Car il fut beau et elle belle
Et bien sembloit rose nouuelle
De la couleur et sa chair tendre
On luy eu peu trencher et fendre
Auecq vne petite ronce
Le front auoit polly sans fronce
Les sourcilz bruns le corps faictis
Et les yeulx doulx et actraictifz/
Car on les voyoit rire auant
Que la bouche le plus souuent
De son nez ne vous scay que dire
Fors que mieulx fait ne fust de cire
Bouche doulce et rougeur parmy
Auoit pour bayser son amy
Et le chef blond et reluysant
Que vous en moys ie disant
Belle fut et bien atournee
Et de fin or par tout ornee
Si auoit vng chappellet neuf
Si beau que parmy trente neuf
En mon viuant droit ne pensoye
Chappeau si bien ouure de soye
Dung samy vert bien dore
Fut son corps vestu et pare
Dequoy son amy robe auoit
Dont bien plus fiere se trouuoit.

Descrip tion de la beaulte de liesse.

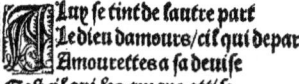
Luy se tint de lautre part
Le dieu damours/cil qui depart
Amourettes a sa deuise
Cest cil qui les amans attise
Et qui abbat lorgueil des braues
Et fait des grans seigneurs esclaues
Qui fait seruir royne et princesse
Et repentir/nonne et abbesse.

Descri ption du dieu da mours.

Le dieu damours de sa facon
Ne ressembloit point vng garson
Ains fut sa beaulte a priser/
Mais de sa robe deuiser

B i

❡ Le Rommant de la Rose.

Crains grandement quempesche soye
Il nauoit pas robe de soye
Mais estoit faicte de fleurettes
Tresbien par fines amourettes
A losenges et a oyseaulx
Et a beaulx petis lyonceaulx
A aultres bestes et lyepardz
Sa robe estoit de toutes pars
Bien faicte et couuerte de fleurs
Par diuersite de couleurs.
Fleurs la estoient de maintes guises
Bien ordonnees par diuises
Aulcune fleur en este nest
Qui ny fust ne fleur de genest
Ne violette ne paruenche
Iaune soit inde/rouge/ou blanche
Par lieulx estoient entremeslees
Fueilles de roses grandz et lees.
Au chief estoit vng chappellet
De roses bel et nettelet
Les rossignolz autour chantoient
Qui doulcement se delectoient.
Il estoit tout couuert doyseaulx
Relulx ans tresplaisans et beaulx
De mauuis aussi de mesange
Si quil ressembloit a vng ange
Descendant droictement du ciel
Amour auoit vng iouuencel
Aupres de luy tout a dele
Qui doulx regard fut appelle.
Ce beau bachelier regardoit
Les oyseaulx et aussi gardoit
Au dieu damours deux arcz turquoys
Dont lung diceulx estoit de boys
Tout cornu et mal aplane
Remply de neudz et mal tourne
Et estoit dessoubz et desseure
Comme ie vis plus noir que meure.
Lautre des arcz fut dung planson
Longuet et de gente facon
Bien faict estoit et bien dole
Et aussi tresbien piole
Les dames y estoient bien painctes
Et ieunes damoiselles cointes.

Ces deux arcz tenoit doulx regard
Et apres portoit daultre part
Iusqua dix fleches de son maistre
Cinq en tenoit en sa main dextre
Desquelles cinq a pointes crochees
Les pennons bien faictz a les coches
Furent bien apoint a or painctes
Trenchantes trop furent les pointes
Et agues pour bien percer/
Mais la nestoit fer ny acier
Qui tresrichement dor ne fust
Fors que les pennons et le fust
Les pointes estoient appellees
Saiettes dor embarbelees.
La meilleure et la plus ysnelle
De ces fleches et la plus belle
Celle qui eut meilleur pennon
Eut de toute beaulte le nom.
Lautre de celles qui moins blesse
Eut nom ce mest aduis simplesse.
La tierce si fut appellee
Franchise tresbien empanee
De valeur et de courtoysie.
La quarte eut a nom compaignie
Qui menoit trop pesante feste
Car point nestoit baller loing preste/
Mais qui de pres en vouloit traire
Bien en pouoit assez mal faire.
La quinte eut a nom beau semblant
De toutes aultres moins greuant
Non pourtant fait elle grand playe
A cellui qui son coup essaye/
Qui de ceste fleche est blesse
Il en doit estre moins presse/
Et si peult tost sante attendre
Et en aura la douleur mendre.
Les autres cinq fleches mal traictes
Mal rabotees sont et faictes
Et les fustz estoient et le fer
Plus noires que les diables denfer
Orgueil auoit nom la premiere
Des aultres portant la baniere.
La seconde fut villennye
Plaine de grande felonnye.

Dendz briement des fleches de cupido es mais de doulx regard

Le nom des cinq pmieres fleches.

Doulx regard.

De doulx regard et des deulx arcz de cupido.

Le nom des cinq dernieres fleches de cupido.

Fueillet.iiii.

¶La tierce estoit honte nommee
Entre gens souuent renommee
¶Et la quarte fut couuoytise
Qui les gens a mal faire attise.
¶La quinte estoit desesperance
Prompte a mal faire sans doubtance
De toutes aultres la derniere.
¶Les cinq fleches dune maniere
Estoient et toutes ressemblables
Et moult leur estoient conuenables
Les deux boutz de larc tresbopteux
Bossu tortu et plain de neux.
Telles fleches deuoient bien traire
Qui des aultres sont au contraire
Je ne vous diray pas leur force
Car a present ne men efforce
Vous orrez la signifiance
Sans y obmettre diligence
Et vous diray que tout ce monte
Deuant que ie fine mon compte.

Descri-
ptiõ des
dames
estans a
la carol-
se.

Je reuiendray a ma parolle
Des nobles gens de la carolle.
Dire me fault leur contenance
Et leur facon et leur semblance
Le dieu damours or cestoit pris
A vne dame de hault pris
Pres se tenoit de son coste

La de-
scriptiõ
de beaul-
te.

Celle dame auoit nom beaulte
Qui point nestoit noire ne brune
Mais aussi clere que la lune
Estoit vers les aultres estoilles
Qui semblent petites chandelles
Tendre chair eut comme rosee
Simple fut comme vne espousee
Et blanche comme fleur de lys
Le vis eut bel doulx et alis
Et estoit gresse et alignee
Fardee nestoit ne pignee
Car elle nauoit pas mestier
De soy farder et nettier
Cheueulx auoit blonez et si longe
Qui luy battoient iusques aux talons
Beaulx peulx auoit nez a la bouche

Moult grãt douleꝛ au cueur me touche
Quant de sa beaulte me remembre
Pour la facon de chascun membre
Si belle femme nest au monde
Jeune soit et de grand faconde
Saige plaisante gaye et cointe
Gresse gente frisque et acointe.

Pres de beaulte estoit richesse
Vne dame de grand haultesse
De grand pris et de grãd affaire
Qui a elle et aux siens meffaire
Osast et par faictz et par dictz
Tenu estoit des plus hardits
Qui luy peult ou nupre ou ayder
Ce nest mye dhuy ne dhier
Que riches gens ont grant puissance
De faire secours et greuance.
Tous les plus grandz et les mineurs
A richesse portoient honneurs
Chascun si lappelloit sa dame
Et craignoit comme riche femme
Tous se mettoient en son dangier
Et la veult chascun calengier
Maintz trahystres e maintz enuieulx
Souuentesfoys sont bien ioyeulx
De despriser ou de blasmer
Tous ceulx qui sont mieulx a aymer
Par deuant comme mocquerie
Iouant les gens en flaterie
Et par doulces parolles oygnent
Mais apres de leur flesches poignent
Par derriere iusques a los
Et abaissent des bons les los
Et desfouent les alouez
Maint preudhomme ont desalouez
Les losengeurs par leur losenges
Et faict tenir de court estranges
Ceulx qui deussent estre priuez
Que mal puissent estre arriuez
Telz losengeurs ou plains denuie
Car nul preudhom nayme leur vie.

De pourpre fut le vestement
De richesse si noblement

Descri-
ptiõ de
richesse.

Riches-
se dame
de nup-
re et dai-
der.

Nota.
Aux ri-
cheschas
cun sa-
uoise.

Nature
de fla-
teurs.

Les
maulx
de flate-
rie.

B ii

¶ Le rommant de la Rose.

Quen tout le monde nest plus beau
Mieulx faict ny aussi plus nouueau
Pourtraicte se furent dor frais
Hystoires dempereurs et roys
Et dauantaige y auoit il
Hng ouurage noble et subtil
A noyaulx dor au col fermant
Et a bendes dazur tenant.
Noblement eut le chief pare
De riches pierres decore
Qui iettoient moult grande clarte
La tout estoit bien assorte
Elle auoit moult riche sainture
Sainte par dessus sa besture
De laquelle la boucle estoit
Dune pierre qui moult luysoit.
Celluy qui dessus soy la porte
Garde est des venins en sorte
Quil nest point en aulcun dangier
Celle sainture ou franc baudrier
De richesses valoit grand somme/
Car si beau on nauoit veu homme.
Daultre pierre estoient les mordens
Qui garissoient du mal des dens/
Et portoit la pierre bon heur
Qui lauoit pouoit estre asseur
De sa sante et de sa veue
Quant a cueur ieun il lauoit veue/
Les cloux estoient dor espure
Par dessus le tissu dore
Qui moult estoient grans et pesans
En chascun auoit deux besans/
Et auoit auecq ce richesse
Hng ceptre dor mis sur sa tresse
Si riche si plaisant et bel
Quonques on ne vit le pareil
De pierres estoit fort garny
Precieuses et aplany
Qui bien en vouldroit diuiser
On ne les pourroit pas priser
La sont rubis/saphirs/iagonces
Esmerauldes plus de cent onces/
Mais deuant est par grand maistrise
Vne escarboucle bien assise.

Celle pierre si clere estoit
Que cil qui deuant la mettoit
Tresbien pouoit veoir au besoing
Se conduyre vne lieue loing.
Telle grand clarte en yssoit
Que richesse en resplendissoit
Par tout son corps de par la face
Aussi faisoit toute la place.

Richesse tenoit par la main   Descri
Hng iouuencel de beaulte plain   ption de
Cest son amy iolyuete   iolyuete
Hng homme qui au temps deste
Ioyeusement se delectoit
Il se chaussoit bien et vestoit
Et auoit les cheueulx de prix
Bien eust cuyde estre reprins
Daulcun meurtre ou larrecin
Sen son estable neust roucin
Pour cela auoit lacointance
De richesse et la bien vueillance
Et tousiours auoit en pourpenses
De maintenir les grans despences
Il les pouoit bien maintenir
Puis quil y pouoit bien fournir
Richesse luy liuroit deniers
A mesures et a septiers

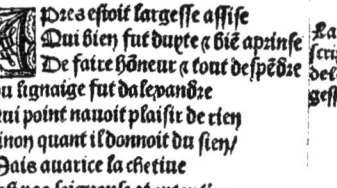
Pres estoit largesse assise   La de
Qui bien fut duyte & bie aprinse scriptiõ
De faire honneur & tout despẽdre de lar
Du lignaige fut dalexandre   gesse.
Qui point nauoit plaisir de rien
Sinon quant il donnoit du sien/
Mais auarice la chetiue
Nest pas soigneuse et ententiue
Comme largesse de donner/
Pource fit dieu tant foysonner
Tous ses biens quelle ne scauoit
Tant donner quelle plus auoit
Moult eut largesse pris et lotz   Larges
Les saiges auoit et les folz   se tous
Communement a son bandon   cueurs
Tant auoit fait par son beau don   a soy at
                                   tire.

fueillet.iy.

Qui si aulcun fust qui la hayst
Cestoit son droit quelle le fist
De ses amys par beau seruice/
Et pource luy estoit propice
Lamour des poures et des riches
Folz sont les aures et les riches

Vitupe=
ratiõ da
uarice.

Mais les riches nont aulcun vice/
Auaricieux sont en paine
Et ne dorment iour de sepmaine
Non obstant ilz ne peuent querre
Ne seigneurie ne grand terre
Dont ilz facent leur voulente

Larges=
se mere
nourri=
ce das
mys.

Car ilz nont pas damys plante/
Mais qui amys vouldra auoir
Chier ne doit auoir son auoir
Ains par beaulx dōs amys doit querre
Car cest la vertu de son erre
Comme la pierre daymant
Attraict le fer subtilement
Ainsi attrait le cueur des gens
Qui a donner est diligens.

Largesse eut robe bonne et belle
Dune couleur toute nouuelle
Et visaige tresbien forme
Nul membre nauoit difforme
Largesse la vaillant et saige
Tint vng cheualier du lignaige
Au bon roy Artus de bretaigne
Cest celluy qui porta lenseigne
De valeur et se gou fanon
Celluy qui a moult grant renom
Duquel lon tient encor grand compte
Deuant roy et deuant maint conte
Ce cheualier nouuellement
Estoit venu en tournoyement
Ou il auoit fait pour samye
Mainte iouste et cheualerie
Et prins par force et abatu
Maint cheualier et combatu.

Descri=
ption de
frāchise

Pres ceulx la estoit franchise
Qui nestoit ne brune ne bise
Ains estoit cōme neige blanche

Courtoyse estoit ioyeuse et franche
Le nez auoit long et traitis
yeulx vers rians/soucilz faitis/
Les cheueulx tresblans et treslongs
Simple estoit comme sont coulons
Cueur ayant doulx et debonnaire
Elle nosoit dire ne faire
Nulle rien que faire ne deust:
Et si vng homme elle congneust
Qui souffrist pour son amytie
Tantost elle en eust eu pitie
Car elle auoit cueur pitoyable
Tresfranc tresdoulx et amyable.
Son habit fut de surquenye
Treshonneste sans villennye/
Mais elle nestoit de bourras
Si belle neust iusqua arras
Si bien estoit cueillie et ioincte
Quil ny eut vne seulle poincte
Qui a son droit ne fust assise
Bien estoit vestue franchise
Car nulle robe nest si belle
De dame ne de damoyselle
ffemme est plus cointe et plus mignote
En surquenie que en sa cote
La surquenie qui fut blanche
Monstroit quelle estoit doulce & frāche
Vng iouuencel qui la estoit
Tout ioignant delle la estoit
Lequel estoit moult renomme
Ne scay comme il estoit nomme
Gent estoit pour tenir grand compte
Et sembloit estre filz de conte.

Descri
ption de
courtoy
sie.

Pres se tenoit courtoysie
Fort prisee comme tolie
Dorgueilleuse nestoit ne folle
Cest celle qui a la carolle
La sienne mercy mappella
Oncques ne sceust quant ie allay la
Et nestoit nice ne vollaige
Mais saige et sans aulcun oultraige
Les beaulx respons et les beaulx dictz
Furent souuent par elle dictz

B iii

❡ Le Rommant de la Rose.

Et a nul ne portoit rancune
Elle estoit clere comme lune
Le visaige auoit reluysant
Visaige ne scay si plaisant
Elle est en toute court bien digne
Soit de roy ou conte condigne
A lhuys se tint vng iour icel
Acointable tresgent et bel
Faisant honneur a toute gent
De ce faire estoit diligent
En armes estoit bien instruict
Tresbien ayment et tresbien duict
De saulx fust bien apine
Comme tresbel et bien forme
Laquelle de pres le suyuoit
Et voulentiers le poursuyuoit
Delle ie vous ay dit sans faille
Toute la facon et la taille
Ia plus ne vous en est compte
Car cest celle qui la bonte
Me fit en ouurant le vergier
Combien que ie fusse estrangier

Description de ieunesse.

Apres fut comme bien seant
Ieunesse au visaige riant
Qui nauoit pas encor assez
Comme ie croy douze ans passez
Nicette estoit et ne pensoit
A nul mal engin quel quil soit
Ains estoit moult ioyeuse et gaye
Car nulle chose ne sesmaye
Fors de ieu comme vous scauez
Son amy fut de luy priuez
En maniere quil la baysoit
Et tout seruice luy faisoit
Deuant tous ceulx de la carolle
Et mesmes qui eust tins parolle
Il neust ia este deulx honteux
Vous les aperceussiez tous deux
Baiser comme deux colunbeaux
Les personnaiges estoient beaulx
Celluy estoit dune mesme aage
Comme sampe et de courage.
Tout ainsi carolloyent illecques

Tous ces gens et daultres auecques
Lesquelz estoit de leur meslee
Comme gent tresbien enseignee
Et de tresbon gouuernement
Qui la estoient communement.

❡ Coment le dieu damours suyuât
Va au iardin en espiant
Lamant tant quil y soit a point
Si que de ses fleches soit point.

Dant ieux regarde la semblance *du dieu*
De ceulx lesqlz menoiêt la dâce *damours*
Ainsi comme iay dit deuant *tenât sô*
Ieux desir daller plus auant *arc & fle*
Et vouloir de me excerpter *che espor*
Pour ce beau vergier visiter *frapper*
Les pins les cedres qui la furent *lamât.*
Et les beaulx arbres qui y creurent
Les carolles ia deffailloient
Et plusieurs des gens sen alloient
Auec leurs dames vmbroyer
Soubz les arbres sans fortoyer
La demenoient ioyeuse vie
De tout plaisance assouuye.
Qui telle vie auoir pourroit
Aultre meilleure ne voulzroit.
Il nest nul moindre paradis
Quauoir ampe a son deuis.

fueillet.v.

Dillecques me party a tant
Et men allay seul escoutant
Parmy le verger/ca et la/
Et le dieu damours appella
Lors par devant luy douly regart
A nul navoit il plus regart
Son arc doré sans plus attendre
Luy a lors commandé a tendre/
Parquoy douly regart le tendit
Et larc bien tendu luy rendit/
Et puis luy bailla cinq saiettes
Fortes grandes da ler loing prestes
Le dieu damours tantost de loing
Me print a supyt larc au poing
Dieu me gard de mortelle playe
Car ie crains que vers moy ne ssaye/
Il me greueroit mallement
Ne vous en doubtez nullement
Par le vergier allay deliure
Et celluy pensa a me suyure/
Mais en aulcun lieu narreste
Tant que ieuz par tous lieux esté.
Le bel vergier par compassure
Estoit trestout dune quarrure
Par tout autant long comme large
De fruict estoit plain le riuage
Au moins excepté vng ou deux
Du quelque mauuais arbre hideux

cupido appelle lamant soy esbanoyant

Douly regart baille larc da mours bande a cupido.

cupido poursuyt lamant.

Descri ptio du verger danors quant luy dres gies.

Les pomiers estoient au vergier
Bien men souuiēt pour abregier
Qui portoiēt les pommes grenades
Proffitables pour les malades
Noyers la estoient a foyson
Qui bien portoient en la saison
Tel fruit comme les noix muscades
Qui ne sont ameres ne fades
La estoient amendiers plantez
Et dedans le verger hantez
Et maint figuier/et maint datier
Y trouuast/qui en eust mestier
La estoit mainte bonne espice
Cloux de giroffle/et regalice
Graine de paradis nouuelle/

Citail/anys/aussi canelle
Et mainte espice delectable
Moult fut celluy lieu conuenable
La estoient les arbres non seiches
Qui portoyēt les bons coings & pesches
Les chataingnes/pommes/et poyres/
Nessles/prunes/blanches et noyres
Serises fresches nouuellettes
Connes/alises/et noysettes
Les haultz lauriers et les hault pins
Estoient la/dedans ces iardins
Oliuiers aussi et ciprés
Dont il nen est gueres si pres
Les ormes y estoient branchez
Et aussi gros chesnes fourchez
Que vous troys ie plus comptant
Des arbres diuers y eut tant
Que ce me seroit grant encombre
De les vous declairer par nombre.
Mais sachez que les arbres furent
Si loing a loing ainsi quilz deurent.
Lung fut de lautre loing assis
De cinq toises voyre de six/
Mais moult furent fueilluz et haultz
Pour garder de leste les chaulx
Si espes par dessus ilz furent
Que chaleurs percer ne les peurent
Ne ne pouuient en bas descendre
Ne faire mal a lherbe tendre.

O verger sont dains a cheueuilz
Et aussi plusieurs escureulx
Qui par sur les arbres sailloyēt
Connins y estoient qui yssoyent
Bien souuent hors de leur tanieres
En moult de diuerses manieres
Par lieux estoient cleres fontaines
Sans barbelotes et sans raines
Qui estoient des arbres enumbrez
Par moy ne vous seront nombrez/
Et petitz ruysseaux que deduit
La auoit trouuez par conduit
Leau alloit aual en faisant
Son/melodieux et plaisant

b iiij

❡Le Rommant de la Rose.

Aux boytz des ruysseaux et des riues
Poignoit lherbe drue et plaisant
Grant soulas et plaisir faisant
Lamy pouoit auec sampe
Se deporter nen doubtez mie/
Et par les ruisseletz venoit
Autant deaue quil contenoit
En tresbeau lieu et delectable
Joyeux plaisant et agreable
La estoient tousiours a plante
Les fleurs fust yuer ou este.
Violette y estoit moult belle
Et aussi paruanche nouuelle
Fleurs y estoient rouges et blanches
Sur toutes autres les plus franches
De toutes diuerses couleurs
De hault pris et de grans valeurs
Qui tresfort estoient souef flairans
Tresdtresfragrans et odorans
Je ne feray pas longue fable
Du lieu plaisant et delectable
Car il men fault en present taire/
Aussi a vous dire et retraire
Du berger toute la beaulte
Et la grant delectablete.
Ma langue ne pourroit suffire
A le vous reciter et dire,
Tant allay a dextre et senestre
Que ie vis tout laffaire et lestre
De ce bel bergier assouuy
Mais le dieu damours ma suyuy
Qui de loing mestoit costoiant
Me regardant et espiant
Comme le veneur fait la beste
Pour me ferir de sa saiecte.

Ung tresbeau lieu arriuay
Dernierement ou ie trouuay
Une fontaine soubz ung pin/
Mais depuis le temps de pepin
Nauoit este tel arbre veu
Et si estoit si tresbien creu
Quen ce verger nauoit tel arbre
Dedans une pierre de marbre

Nature auoit par grant maistrise
Soubz le pin la fontaine mise/
Et estoit dans la pierre escripte
Au bout damont lettre petite
Qui demonstroit que la dessus
Mourut le tresbeau narcisus.

Narcisus fut ung damoyseau
quamour retidret en leur ruisseau
Lequel amours tant fit destraindre
Tant plorer/tant gemir/a plaindre
Quil luy conuint rendre son ame/
Car echo une noble dame
Lauoit plus ayme que riens nay
Et son cueur luy auoit donne/
Qui luy dist quil luy donneroit
Son amour ou elle mourroit
Mais il fut par sa grant beaulte
Plain de desdaing et de fierte
Et ne luy voulut octroyer
Son amour tant le sceust prier
Quant elle se vit esconduyre
Ung tel dueil en eut et tel ire
Quil luy conuint par ce despit
Souffrir mort sans aucun respit
Mais or deuant quelle mourust
Dit a dieu que une foys fust
Narcisus au felon couraige
Qui au cueur luy donnoit la raige
Dont el mourut vilainement
Eschauffee si cruellement
Damours/quil en fust follement
Surprins sans en auoir plaisir
Et que amours tant le peust saisir
Que iamais nen peust ioye attendre
Affin de scauoir et entendre
Quel dueil souffrent les amoureux
Par leurs refus trop rigoreux
La priere fut receuable
De dieu et par luy acceptable
Car narcisus par aduenture
A la fontaine nette et pure
Sen vint soubz le pin umbroyer
Ung iour quil venoit de chasser

Description des fleurettes.

Narcisus reffusa loffre damoyselle dame echo

Echo rauie damours.

La requeste de echo contre narcisus

fueillet.xi.

Lequel souffroit moult grant trauail
Dauoir passe par mont et val
Si quil eut soif per grant oppresse
Du chault aussi par sa foyblesse
Quasi du tout perdant lalaine
Alors quil trouua la fontaine
Que le pin de rame couuroit
Il pensa adonc quil beuroit
A la fontaine seurement
Et se baissa hastiuement.

¶ Comment narcisus se mira
A la fontaine et souspira
Par amour tant quil fit partir
Lame du corps sans departir.

De nar
cisus q̃
se mire
la fon
taine.

Il vit en leaue clere et nette
Son vis/son nez/et sa bouchette
Dont il fut tresfort esbahy
Quant par son ombre fut trahy
Car il cuidoit veoir la figure
Dung bel enfant a desmesure.
Amour qui se vouloit vengier
Du grant orgueil et du dangier
Que narcisus luy auoit fait
Punit narcisus par son fait/
Car tant musa a la fontaine
Quil ayma trop son ombre vaine

Lamort
de narci
sus a la
fontaine.

Et en mourut a la parfin.
De ceste amour telle est la fin
Quant il congneut quil ne pourroit
Acomplir ce quil desiroit

Et quil estoit si prins par sort
Quil ne pouoit auoir confort
En nulle heure ny en nul temps
Ire fut/et si mal contens
Que par grant dueil apres mourut/
Et par ce la vengee fut
Celle quil auoit esconduite
Qui bien luy rendit son merite.

¶ A mes ceste exemple aprenez
Qui vers vos amys mesprenez
Car si vous le laissez mourir
Dieu le vous scaura bien merir.
¶ Quant lescript meust faict assauoir
Que cestoit en ce lieu pour voir
La fontaine au beau narcisus
Ie me tiray ung bien peu sus
Quant du damoyseau me souuint
A qui tant malement aduint/
Et commencay a couarder
Et dedans nosay regarder
Et puis or ie pensay que a seur
Sans point de peur et de malheur
Que a la fontaine aller pouoye
Dont par folie meslongnoye
Ie maprochay de la fontaine
Pour leaue veoir tresclere et saine
Et la grauelle belle et nette
Qui au fons estoit tresparfaicte
Et plus luysante que argent fin
De la fontaine est cy la fin
De tout le monde la plus belle
Car leau estoit fresche et nouuelle
Nuyt et iour saillant a grandz ondes
Par deux fosses creuses et parfondes
Dontau tour croist lherbe menue
Qui par leaue vient fresche et drue
Et en yuer ne peult tarir
Ne faillir cesser ou mourir.
¶ Au fons de la fontaine aual
Estoient deux pierres de cristal
Que ie regarday a merueilles/
Iamais nauoye veu les pareilles.
De ces pierres ie vous vueil dire

Descrip
tion de
la fon-
taine.

Quelque chose sans escondire
Quant le soleil qui tout aguette
Ses rays en la fontaine iecte
Et sa clarte du ciel descent
Et recoyt coulleurs plus de cent
Du cristal qui par le soleil
Devient inde, iaune, et vermeil
Ces cristaulx sont tres merveilleux
Et telle force ont chascun deulx
Que arbres fleurs et toute verdure
Appert/a qui la met sa cure
Et pour faire la chose entendre
Une raison vous veulx aprendre
Ainsi comme ung mirouer monstre
Les choses qui sont a lencontre
Et quon y voit sans couverture
Toute la facon et figure/
Tout ainsi vous dis ie pour veoir
Que le cristal sans decepvoir
Tout lestre du berger accuse
A celluy qui dedans leau muse
Car tousiours quelque part quil soit
Lune moytie du berger voit
Et sil se tourne maintenant
Il peult veoir tout le remanant/
Et nya si petite chose
Tant mussee ne tant enclose
Dont demonstrance ne soit faicte
Comme elle est au berger pourtraicte.

compa-
raisō du
mirouer

Cest le mirouer perilleux
Du narcisus tresorgueilleux
Dit sa face a ses deux yeulx vers
Dont il cheut puis mort tout enuers
Qui en tel mirouer se mire
Ne peult avoir besoing de mire/
Nulnest qui de ses yeulx le voye
Qui daymer ne soit mie en voye.
Maint et baillant homme a mis gaige
Au mirouer/car le plus saige
Le plus preulx et plus affecte
y a este prins/et guette
Illec sur tresmauuais oraige/
Car trop tost change le couraige

peril du
mirouer
damoꝰe

La ne se vont conseiller nulz
Car cupido filz de Venuz
Sema illec damour la graine
Laquelle encombre la fontaine
Et fit ses latz enuiron tendre
Et ses engins y mit pour prendre
Damoyselles et damoyseaulx
Amour ne veult autres oyseaulx
Pour la graine qui fut semee
Ceste fontaine fut nommee
La fontaine damour par droit
Dont plusieurs ont en maint endroit
Parle en rommant et en sine
Mais iamais noirez mieulx descripte
La verite de la matiere
Quant dict vous auray la maniere.
Maintenant me plaist demeurer
A la fontaine et remirer
Les cristaulx qui la demonstroient
Mille choses qui y estoient
En masse heure my suis mire
Jen ay depuis moult souspire.
Le mirouer ma fort deceu/
Mais si ieusse par devant sceu
De sa force et de sa puissance
La pas neusse faict residence
Car fort esbahy me trouuay
Quant cheu es las ie me approuuay.

De la
graine
damoꝰ

Nota.

Ou mirouer entre mille choses
Choisi rosiers chargez de roses
Lesquelz estoient en ung destour
Deau enuironne tout autour.
Alors me vint si grant enuye
Que ne laissasse pour pauye
Ne pour paris que ie ne allasse
La ou ie vy la plusgrant masse
Quant celle rose meut surpris
Dont maint autre a este espris
Vers le rosier tost me retrays/
Et saichez que quant ie fus pres
Lodeur de la plus scuouree
Rose mentra en la pensee
Et en fuz si fort odore

Rencon-
tre du ro-
sier da-
mours.

apprehē-
siō de la
rose da-
mours

fueillet. vii.

Qui la sentir trop demoure
Jamais ie neusse pense estre
Blasme de frequenter cest estre.
Tresvolentiers delles cueillisse
Au moins une que ie tenisse
En ma main pour lodeur sentir/
Mais ieuz or peur du repentir/
Car il eust bien peu de leger
Peser au seigneur du verger.
¶ Roses la estoient a monsseaulx
Rosiers ne vis oncques si beaulx
Ne boutons petis et bien clos
Et aultres qui estoient plus gros.
La y en eut dautre moysson
Lesquelz tendoient a leur saison
Et sapprestoient despanouir
Et a perfection venir.
Les roses ouvertes et lees
Sont en ung iour toutes halees/
Mais les boutons durent tout frais
A tout le moins deux iours ou trois.
Iceulx boutons tresfort me pleurent
Car oncques plus beaulx veuz ne furent.
Qui en pourroit ung acrocher
Il le devroit tenir moult cher.
Si ung chapeau ien peusse avoir
Mieulx laymasse que nul avoir.
Entre tous ces boutons ien vy
Ung si tresbel que nuers cellui
Nul des autres riens ne prisay
Quant sa grant beaulte adui say/
Car une couleur lenlumine
Qui est vermeille et aussi fine
Comme nature le sceust faire.
Des fueilles y eut mainte payre
Que nature par ses maistrises
Y avoit mises et assises.
La queue droicte comme ung ion
Fut/et dessus est le bouton
Qui ne sencline ne ne pend
Son odeur par tout se repend
Et la souefuete qui en yst
Toute la place replanist.
Quant ie leuz senti au flairer

Ailleurs ne voulu repairer/
Se ie y osasse la main tendre
Et moy approcher pour le prendre
Ie le feisse/mais les poignans
Chardons/ men faisoyent eslongnans
Espines trenchans et agues
Orties et ronces crochues
Ne me laissoyent plus avant traire
Car ie craingnois a me mal faire.

¶ Comment amour au beau iardin
Traicta lamant qui de cueur fin
Ayma le bouton tellement
Quil en eust grant empeschement.

¶ Le dieu damours qui larc tendu
M avoit tout le iour attendu
A me poursuyr et espier
Si sarresta soubz ung figuier
Et quant il eut bien aperceu
Que iavoye si bien esleu
Le bouton qui plus me plaisoit
Et qui si fort mon cueur aisoit
Tantost une fleche il a prise
Et la dessus la corde mise.
Il lentesa iusqua loreille
Larc qui estoit fort a merveille
Et tyra a moy par tel guise
Quelpar louyr la fleche a mise
Iusques au cueur par grāt roydeur/
Et lors me print une froideur
Dont iay dessoubz chault pelisson

❡ Le Rommant de la Rose.

Senti au cueur mainte frisson.

Quant ieuz este ainsi verse
A terre fuz tantost verse/
Cueur me faillit/sueur me vint
Pasmer par force me convint.
Quant ie reuins de pasmoyson
Et ieuz mon sens et ma raison
Je fuz moult vain et ay cuide
Beaucoup de sang auoir vuyde.
Mais la saiette qui me point
De mon sang hors ne tyra point
Ains fut la playe toute seiche.
Je prins lors a deux mains la fleche
Et la commencay a tyrer
Et en la tyrant souspirer/
Et tant tiray que ie amenay
A moy le fust tout empenne/
Mais la salette barbelee
Qui beaulte estoit appellee.
Fut dedans mon cueur si fichee
Quelle nen peut estre arrachee
Ains demeura en mon corps toute
Sans en saillir de mon sang goutte.
Angoisseux fus et moult trouble
Pour le peril qui fut double.
Ne sceu que faire ne que dire
Ne pour ma playe trouuer mire/
Car par herbe ne par racine
Je ne sceu trouuer medicine.
❡ Vers le bouton se flechissoit
Mon cueur qui ailleurs ne pensoit.
Si ie leusse eu a mon plaisir
Sante eusse eu a le saisir.
Le veoir sans plus et son odeur
Tresfort alegeoyt ma douleur.
Je me commencay a retraire
Vers le bouton a mon contraire.
Amour auoit ia recouuree
Une autre fleche a or ouuree.
Simplesse eut nom/cest la seconde
Que maint homme parmy le monde
Et mainte femme faict aymer.
Quant amour me vit opprimer

Il tyra vers moy sans menasse
La fleche sans fer par audace/
Si que par loeil au corps mentra
La saiette qui nen istra
Jamais ce croy par homme ne/
Car au tyrer ay amene
Le fust auec moy sans contans
Et le fer demeura dedans
Or saichez bien en verite
Que si ianoye deuant este
Du bouton bien entalente
Plusgrande fut ma voulente/
Et quant le mal plus mengoissoit
Tant plus ma voulente croissoit
Daller tousiours a la rosette
Qui trop mieulx valoit que violette.
Je men voulus bien excuser
Mais cela ne peuz refuser/
Car or tousiours mon cueur tendoit
A la chose quil demandoit.
Aller my conuenoit par force/
Et daultre part larchier sefforce
Et a me greuer moult se paine
Sans me laisser aller sans paine.
Il ma faict pour mieulx maffoler
La tierce fleche au corps voler
Qui courtoysie est appellee.
La playe me fut grande et lee
Parquoy ie cheuz adonc pasme
Dessoubz vng olluier rame
Par moult long temps sans remuer.
Quant ie me peuz euertuer
Jay la fleche prins/et oste
Tantost le fust de mon coste/
Mais oncques ne sceu le fer traire
Pour chose que ie peusse faire.

On me seant me suis rassis
Moult angoisseux & molt pesis.
Fort me destraint icelle playe
Et me semont que ie me traye
Vers le bouton qui mentalente/
Et larchier or me represente
La quarte fleche au pennon dor

fueillet plii.

La quarte saiette de cupido appellee franchise
Nota

Qui le cueur me blessa encor.
Telle fleche auoit nom franchise
Laquelle il tira a sa guise
Donc bien me dois espouenter
Eschaulde doit chaleur doubter/
Mais ie ny scauroye pouruoir
Car si ie veisse la plouuoir
Carreaulx et pierres par meslee
Aussi espes comme greslee
Si falloit il que ie y allasse.

Amour vainct tout.

Amour qui toute chose passe
Me donnoit cueur et hardiement
De faire son commandement.
¶ Ie fuz adonc sur pie dresse
Foyble vain et comme blesse/
Si meschauffay moult de marchier
Non point different pour lascher
Vers le rosier ou mon cueur tent/
Mais despines y auoit tant
De ronces et chardons agus
Non pourtant ie ne fuz confus
Quau rosier ne voulusse attaindre
Et les espines tost enfraindre
Qui le rosier entironnoient
Et de toute part me poignoient.
Mais si bien me vint que iestoye
Si pres du bouton que sentoye
La doulce odeur qui en yssoit
Si que mon mal se adoulcissoit/
De ce me venoit tel guerdon
Quant ie voyois en mon bandon
Que tous mes maulx entreobligeoye
Pour le delict ou me voyoye/
Adonc fuz guery et bien ayse/
Car rien nestoit qui tant me plaise
Comme desire illecque a seiour/
Partir nen voulove nul iour.

Lamāt seuertue p sappro che d la rose.

Dant illec ie fuz longue piece
Le dieu damours q tout despiece
A mon cueur donc il fit versault
Bailla nouuel et fier assault
Et me tira pour mon meschief
La quinte fleche de rechief

Iusques au cueur soubz la mammelle
Dont sa grand douleur renouuelle
De mes playes en vng tenant.
Trois foys me pasmay maintenant/
Au reuenir pleure et souspire/
Car ma douleur deuenoit pire
Si fort que ie neuz esperance
De garison ne dalegeance.
Mieulx valloit estre mort que vis/
Car en la fin par mon aduis
Amour me fera vng martir
Par ainsi ne pouoit partir.
La sixiesme fleche il a prise
Cest celle que tresfort ie prise
Et si la tient a moult pesant.
Cest beau semblant qui ne consent
A nul amant quil se repente
Daymer quelque paine quil sente,
Elle est ague pour percer
Trenchant comme rasoir dacier/
Mais amour auoit bien la pointe
Dung precieux oingnement ointe
Affin quelle ne me peust nuyre/
Car amour ne veult que ie empire/
Mais vouloit que ieusse alegeance
Par la force et par la puissance
De loignement si bon et plain
Que ien eu trestout le corps sain.
Il est pour amans conforter
Et pour leurs maulx mieulx supporter
Celle fleche fut a moy traicte
Qui ma au cueur grant playe faicte/
Mais loignement si sespandit
Par mes playes et me rendit
Le cueur qui mestoit tout failly.
La mort meust en brief assailly
Si le doulx oignement ne fust.
Ie tiray hors a moy le fust/
Mais le fer dedans demeura
Et par chaleur mon cueur naura.
Six fleches y furent crochees
Qui ia nen seront arrachees
Mais loignement moult me valut/
Touteffois tresfort me dolut

La quinte saiette de cupido.

Lamāt se pasme.

La sixiesme saiette de cupido appellee beau sēblant.

Nota.

C i

❡Le rommant de la Rose.

La playe si que n'a douleur
Me faisoit muer la couleur.
En ceste fleche par coustume
Estoit doulceur et amertume.
J'ay bien congneu par sa puissance
Son ayde secours et nuysance.
Grant trou me fit par sa poincture,
Mais fort me soulagea loincture
D'une part moingt d'autre me cuist
Et ainsi m'ayde/ainsi me nuyst.

❡Coment amours sans plus attendre
Alla tout courant l'amant prendre
En luy disant qu'il se rendist
A luy/et que plus n'attendist.

Assault du dieu d'amo{us} cōtre l'amant.

LE dieu d'amours est descendu
Et est incontinent venu
Vers moy puis tantost m'escrya
D'assal prins estes rien n'y a
De s'efforcer ne du deffendre
Ne differe point a te rendre
Tant plus voulentiers te rendras
Et plustost a mercy viendras.
Il est fol qui mene dangier
Vers celluy qu'il doit calengier
Et qu'il luy convient supplier.
Tu ne pourras mieulx employer
Ta paine et pour toy advancer
Vers moy ne te peulx efforcer/

Ta force te seroit contraire
Et te nuyroit en ton affaire.
Et si te veulx bien enseigner
Que tu ne pourras rien gaigner
En la folye de ton orgueil/
Mais rend toy prins/car ie le veuil
En paix et debonnairement/
Et ie respondis simplement.

SIre voulentiers me rendray
Ja vers vous ne me deffendray
A dieu ne plaise que ie pense
faire vers vous quelque deffense/
Car ce n'est pas raison ne droit
Aussi mon cueur ne le vouldroit.
Vous me pouez prendre et tuer
Bien scay que ne vous peulx muer/
Car ma vie est en vostre main.
Vivre ne puis iusques a demain
Sinon par vostre voulente.
J'attens par vous ioye et sante/
Car par aultre ne puis auoir
Reconfort pour tout mon auoir
Voire confort et garison.
Et si de moy vostre prison
Voulez faire comme indigne
Ie ne me tiens pour engigne.
Or saichez que ie n'ay point dire
Tant ay de vous bien ouy dire
Que mettre me veuil par office
Cueur et corps a vostre seruice/
Car si ie fais vostre vouloir
Ie ne m'en peulx en rien douloir/
Et espere qu'en aulcun temps
Auray sa mercy que i'attens.
Adonc me suis agenoille
Pour or vouloir baiser son pie/
Mais il m'a la dextre main prise
Et dit/ie t'ayme bien et prise
Puis que m'as ainsi respondu.
Oncq tel response n'ay entendu
D'homme vilain mal enseigne
Et par ce poinct tu as gaigne
Que ie veuil par ton aduantaige

Redditiō de l'amāt au dieu cupido.

Humiliatiō de l'amant enuers cupido.

fueillet. vliii.

Fome de lhommaige du dieu damo s
Qua present me faces hommaige.
Tu me baiseras en la bouche
A qui aulcun vilain ne touche/
Je ny laisse mye a toucher
Chascun vilain comme ung boucher/
Mais estre doit courtoys et frans
Celluy duquel lhommaige prans/
Ce neantmoins celluy a paine
Qui a moy bien seruir se paine.
Honneur en aura tel doit estre
Joyeulx de seruir si bon maistre
Et si hault seigneur de renom.
Damour porte le gomphanon
De courtoysie sa baniere/
Et si est de telle maniere
Si doulx si franc et si gentil
Que celluy qui est bien subtil
A le seruir et honnorer
Dedans luy ne peult demeurer
Villennye ne mespzison
Ne faulcete ne trahyson.

Coment apres ce beau langaige
Lamant humblement fit hommaige
Par jeunesse qui le deceut
Au dieu damours qui le receut.

On home feuz ie les mais ioites
Et sachez q moult me fis coites
Quat sa bouche toucha la moye

Ce fut ce dont ieuz au cueur ioye.
Il me demanda lors ostage.

Amours parle a lamant.
Amys dist il iay maintz hommaige
Et dungs et daultres gens receu
Dont iay este moult tost deceu.
Les felons plains de faulcete
Mont par maintesfoys barate/
Par eulx ay souffert mainte noyse/
Mais bien scauront comme il me poise
Si ie les peulx a mon droit prendre
Je leur vouldroy cherement vendre.
Et pource que ie suis ton maistre
Je veulx bien de toy certain estre/
Et si te vueil a moy lier
Si que ne me puisses nier
De faire rien doresnauant.
Tien moy donc loyal conuenant/
Peche seroit si tu trichoyes/
Car aduis mest que loyal soyes.

Lamant respond a amours.
Sire dis ie/ or mentendez
Ne scay pourquoy vous demandez
Plaiges de moy ne seurete.
Vous scauez bien la verite
Comment le cueur tolu mauez
Et prins ainsi que le scauez
Si que riens ne fera pour moy
Si ce nest par le vostre octroy.
Le cueur est vostre non pas mien/
Car il conuient soit mal ou bien
Qui face tout vostre plaisir
Nul ne vous en peult dessaisir.
La garnison y auez mise
Qui le guerroye a vostre guise/
Et si de cela vous doubtez
Faictes y clef et lemportez
Et la clef soit en lieu doustaige.

Amours a lamant.
Par mon chief ce nest mye oultraige
Respond amour ie my acors
Il est assez seigneur du corps
Qui a le cueur a sa comande/
Oultrageux est qui plus demande.

Lamāt na le cueur sien.

Cupis do prient le cueur de la mant.

C ii

Le Rommant de la Rose.

Comment amours tresbien et souef
ferma dune petite clef
Le cueur de lamant par tel guise
Quil nentama point la chemise

mours a de sa bourse traicte
Une petite clef bien faicte
Qui fut de fin or esleue.
Soubz elle demoura ferme
Ton cueur qui fera seurement
Contraint ne sera aultrement.
Plus est que mon petit doy mendre
Laquelle a mes amys veulx rendre.

Lamant parle.
La clef mattacha au coste
Qui est de grande poteste
Et ferma mon cueur si tressouef
Qua grand paine senty la clef.
Ainsi fist sa voulente toute
Et quant ie leuz mis hors de doubte
Luy dis/ie suis entalente
De faire vostre voulente/
Mais mon seruice receupuez
En gre et ne me deceupuez.

Note du seruice acceptable.
Ce ne dis comme recreant/
De vous seruir suis agreant/
Mais celluy en vain se trauaille
De faire seruice qui vaille
Quant le seruice nentalente
A cil a qui on le presente.

Amours a lamant.
Amours respond ne tespouente

Puis que consens en mon entente
Ton seruice prandray en gre
Et te mettray au hault degre
Si mauuaystie ne ten retraict/
Mais si tost ne peult estre faict
Grand bien ne vient pas en peu dheure Nota
La conuient grand paine et demeure. Grand
Attens et souffre la destresse bien ne
Qui maintenant te nuyt et blesse/ saquiert
Car ie scay par quelle raison sans pei
Tu seras mis a garison. ne.
Ie te donneray tel beaulte
Si tu te tiens a loyaulte
Qui tes playes te garira
Quant ie scauray et mapperra
Si de bon cueur me seruiras
Et comment tu exploicteras
Ouyt et tout mes commandemens
Que ie commande aux vrays amans.

Lamant parle a amours.
Sire dis ie pour dieu mercy
Auant que vous partez dicy
Enchargez moy vrays mandemens/
Et selon voz enseignemens
Du tout ie les accompliray
Et iamais ny contrediray.
Pource ie les desire apprendre
Affin que ne puisse mesprendre.

Amours respond a lamant.
Amours respond/tu dis tresbien
Si les entens et les retien/ Nota.
Car le maistre pert paine toute
Quant le disciple qui escoute
Ne met tel soing a retenir
Quil luy en puisse souuenir.

Lamant.
Le dieu damours lors menchargea
Tout ainsi que vous orrez ia
Mot a mot ses commandemens/
Et comme disent les rommans
Qui veult aymer si y entende
Ainsi comme amour le commande/
Car il les faict bon escouter
Qui son entente y veult bouter/

fueillet. vi.

Pourtce que la fin en est belle
Et que cest matiere nouuelle
Qui du songe la fin orra
Je vous dis bien quil y pourra
Des ietz bann ours assez aprendre
Pourc eulx qui bien y vueille entendre
Et bien contempler la substance
Du songe cō la significance
La verite qui est couuerte
Vous sera lors toute ouuerte
Quant dec sa et mores le songe
Du point nest fable ne mensonge

Exposition des amours.

¶ Comment le dieu damours enseigne
Lamant/ et dit quil face et tienne
Les reigles quil baille a lamant
Escriptes en ce bel commant.

Histoire du dieu damours pfaict a lamāt.

Villennye premierement
Te dist amour bueil et comment
Que tu delaisses sans reprendre
Si tu ne veulx vers moy mesprendre
Si mauldis et excōmunie
Tous ceulx qui ayment villennie
Villennye le vilain faict/
Ayme nest par dict ne par fuict:
Vilain est felon sans pitie
Sans seruice et sans amptie.
Apres garde toy de suituire.
Chose des gens qui face atraire.
Proesse nest pas de mesdire
En lieulx le seneschal te mire

Qui fut par mesdire iadis
Mal renomme de tous mauldis/
Autant que gauuain eut le pris
Comme courtoys et bien apris
Autant eut kieulx de villennye
Par mesdire et par felonnie
Des mocqueurs le standart porte
Tant a mocquer se delecte
Or soye saige et raisonnable
En doulx parler et conuenable
Aux grans personnes et menues
Et quant tu yras par les rues
Fais que ta soye coustumier
A saluer gens le premier.
Si aucun deuant te salue
Nayes pas lors la langue mue
Ains garny soyt du salut tendre
Sans demeurer et sans attendre

Note de kieulx & messire Gauuain.

Nota.

Humilite a chascun bien siet.

Apres garde que tu ne dye
Nulles motz laitz et ribauldie
Ja pour nommer vilaine chose
Ne doit ta bouche estre desclose
Je ne tien pas a courtoys lhōme
Qui orde chose et laide nomme
Toutes femmes sers et honnore
A les ayder paine et labeure
Et si tu oys nul mesdisant
Qui les femmes soit despisant
Blasme le et fais quil se taise.
Fais si tu peulx chose qui plaise
Aux dames et aux damoyselles
Si quilz ayent bonnes nouuelles
De ton parler et racompter
Par ce pourras en pris monter.

mal siet les da mesblas mer.

Apres de la dorgueil te garde
Et a ce faire bien regarde
Orgueil est folie et peche
Et qui dorgueil est entache
Il ne peut son cueur employer
A seruir ny a employer.
Orgueil luy faict tout le contraire
De ce que vray amant doit faire/

Note dix peches dor gueil

C iii

Le rommant de la Rose.

Mais qui damour se veult pener
Il se doit cointement mener/
Car qui est coint na pas orgueil/
Mais il est tresplaisant a loeil
Quant il nest pas oultrecuide/
De ce doit il estre vuide
De vestement et de chaussure
Selon ta rente ta mesure
Bien te dy que bel vestement
A lhomme fiet bonne estrement
Et si doit son habit baillier
A tel qui le sache taillier
Et faire bien seant les pointes
Et les manches droictes et coinctes
Soulliers/a las aussi bousseaux
Ayes souuent frais et nouueaulx/
Lesquelz soient beaulx et faictz
Ne trop larges ne trop petis
De gans et de bourse de soye
Et de ceincture courtoye
Se tu nas si grant richesse
Que faire ne puisses largesse
Tout au plus que mieulx te dois conduire
Que tu pourroys sans toy destruire
Chapeau de fleurs qui du peu couste
Ou de roses de penthecouste
Peulx bien sur ton chief auoir
La ne conuient pas grant auoir.

Lamāt doit estre pro-pre en vestie-mens.

Ne souffre sur toy nulle ordure/
Laue tes mains et tes dens pure/
Et si en tes ongles a du noir/
Ne le laisse pas remanoir.
Tiens toy bien net/tes cheueulx pigne
Mais ne te farde ne ne guigne/
Telles choses ne sont sinon
Gens folz et de mauuais renom
Qui amour par malle aduenture
Ont trouue en contre nature

Joyeu-sete en lamant

Il te doit apres souuenir
De ioyeusete maintenir/
A ioye et a deduit tatourne
Amour na cure dhomme morne
La melodie est moult courtoyse
Ou est ioyeusete sans noyse.

Amans sentent les maulx dāymer.

Une foys doulx et laultre amer.
Mal dāymer est moult oultraigeaux
Et lamant est tost en ses ieux/
Tost se complaint tost se demente
A ung coup pleure a laultre chante.
Si tu scez nul beau desduit faire
Par lequel aux gens puisses plaire
Je tordonne que tu le faces/
Chascun doit faire en toutes places
Ce qui scet que mieulx luy aduient/
Car bon loz pris et grace en vient.
Si tu te sens iuste et legier
Ne sois pas de saillir dangier
Et si tu es bien a cheual
Tu dois poindre amont et aual/
Et si tu scais lances baiser
Tu ten peulx moult faire priser/
Sauix armes es asseure
De tant plus seras honnore/
Si tu as clere et saine voix
Tu ne dois pas querir foruois
De chanter si lon ten semont
Car beau chanter moult plaist adont.
Aussi dinstrumens de musique
Te fault auoir quelque pratique
Et pareillement de dancer
Ce te pourra moult auancer.

Et te fais tenir pour auer
Car ce te pourroit mōlt greuer
Car cest bien raison que lamāt
Donne du sien plus largement
Que les vilains plains dauarice
Ausquelz amour nest point propice.
A qui il ne plaist de donner
Destre amant ne se doit pener/
Mais qui en veult auoir la grace
Dauarice tost se defface/
Car cil qui par regard plaisant
Ou par doulce chere faisant
Ou par aulcun beau ris serin
Donne son cueur tout enterin
Bien doit apres si riche don

Les exercites de lamāt.

Nota la vertu de lar-gesse.

Fueillet. xvi.

Donner pour auoir a bandon.

Nota.

Maintenant te vueil recorder
Qua mes dis tu dois accorder/
car la pose est tant molt griefue
A retenir quant elle est briefue.
Qui damours veult faire son estre
Bien saige sans orgueil doit estre
De cointise soit bien garni
Gaillard de largesse fourni.
Apres ten ioings par penitance
Que iour et nuyt sans repentance
A bien aymer soit ton penser/
Tousiours pense la sans cesser/
Et recorde de la doulce heure
Dont la ioye tant te demeure.
Et affin que vray amant soyes
Je te commande que tu ayes
En vng seul lieu ton cueur assis
Ferme constant et bien rassis
Sans barat et sans tricherie
Fraude ne nulle tromperie.
Qui en maintz lieux son cueur depart
Par tout en a petite part/
Mais de celluy pas ne me doubte
Qui tient en vng lieu samour toute/
Pource vueil quen vng lieu la mettes
Et quen autre part ne la prestes/
Car si tu la voyes prestee
Elle seroit tost degastee/
Mais donne la en don tout quicte
Tu en auras plus grant merite/
Car bonté de chose prestee
Est tost rendue et acquictee/
Mais de chose donnee en don
Doit estre moult grant le guerdon.

Les conditions quil doit auoir lamant.

lamant doibt estre ferme.

Nota.

Don sans regret n riens donner.

DOnnee la donc quictement
Et le fais debonnairement/
Car on a la chose plus chiere
Qui est donnee a belle chiere.
Peu doit estre ou rien guerdonnee
La chose par regret donnee.
Quant tu auras ton cueur donne

Ainsi que ie tay sermonne
Lors te viendront les aduentures
Qui aux amans sont tresfort dures.
Souuent quant il te souuiendra/
De tes amours te conuiendra
Partir des ieux faisant deuoit
Que nul ne puisse aperceuoir
Le mal que tu souffre et langoisse
A vne seullement tadresse.
En maintes manieres seras
Trauaille/grant mal sentiras/
Vne heure chault a lautre froit
Passer te fault par ce destroit/
Vermeil vne heure lautre pasle
Tu neuz oncques fieure si male
Ne quotidianes ne quartes.
Tu auras bien ainz que tu partes
Les douleurs damours essayees/
Tes forces y seront ployees
Tant quen pensant te troubleras
Et vne grant piece seras
Ainsi comme est limaige mue
Qui ne se croule ne me mue
Sans piedz sans mains sans doy crosler
Sans yeulx mouuoir et sans baller
Au chief de piece reuiendras
En ta memoire et tresfault bras/
Fraieur auras au reuenir
De paour ne te pourras tenir.
Souspirs auras du cueur parfont/
Car saichez bien que ainsi le font
Ceulx qui tel mal ont essaye
Dont tu seras lors esmaye.
Apres droit est quil te souuienne
De tamye selle est loingtaine.
Lors malheureux te iugeras
Quant delle pres tu ne seras/
Et conuiendra que ton cueur soit
En ce que ton oeil napercoyt/
Disant mes yeulx yeulx enuoyer
Apres pour le cueur conuoyer/
Doiuent ilz icy arrester?
Nenny/mais voisent visiter
Ce dont le cueur a tel talent/

cest grant peine daymer

les passions damours.

Dueil de ioye.

Nota

C iiii

¶ Le rommant de la Rose.

Je me peuz bien tenir pour sceu
Quant de mon cueur si loingtain suis
Pour folchier tenir ie me puis
Or iray plus ne laisseray
Ja a mon aise ne seray
Deuant quen bruue enseigne aye
Adonc te mettras en la voye
Et iras songeant te doubtant
Qua ton vouloir fault estre souuent
Et gasteras en vain tes pas
Car ce qui nuit ce ne verras pas
Or conuiendra que tu retournes
Sans rien faire pensif et mornes
Et si seras en grant meschief
Et te tiendras tout desrichief
Gros souspirs plaintes et frissons
Plus poingnantes que herissons
Qui ne sache si le demande
A cil qui damours tient la bande
Tonques tu ne pourras apaiser
Mais vouldras encore baiser
Si tu voirras par auenture
Celle dont tu as si grant cure
Ains tu tays en ta tant pense
Qua puisses ueoir et assenee
Tu vouldras presentement estre
A tes yeulx houser et repaistre
Grant ioye en ton cueur meneras
De la beaulte que tu voirras
Et sojoyras que du regarder
Tousiours seras frit esgarder
Et tout adonc en regardant
Allumeras le feu ardant
Cellui qui ayme plus regarde
Plus enflame son cueur et larde
Si lart alume et faict flamer
Le feu qui faict les gens aymer

¶ Chascun aymât suyt par coustume
Le feu qui lart et qui lalume
Quât le feu de plus pres il sent
Et il sen va plus oppressant
Le feu art cellui qui regarde
Sans ce silne prent bien garde

Car de tant plus pres quil sen tient
A aymer plus fort se maintient.
Cela fect le saige dire sort
Que qui est pres du feu plus a tort
Tant que tampre ainsi soit ros
Jamais paistre ne sen pourras
Et quant partir te conuiendra
Par tout le iour te souuiendra
De celle que tu auras veue
Dont tu te tienderas pour geue
¶ Aultre chose vient mallement
Cest que courage et hardement
Nauras eu pour la raisonner
Ains as este sans mot sonner
Delle pres confuz t'empris
Dont tu cuideras auoir mespris
Que tu nas la belle appellee
Deuant quelle sen fust allee
Tourner te doit a grant contraire
Car si tu nen eusses peu traire
Fors seullement vng beau salut
Plus de cent marcz dor te valut.
Alors prendras a desaller
Querant occasion daller
De rechief dehors en la rue
Ou tu auoyes celle la veue
Que tu nosas mettre a raison.
Tu iroys bien en sa maison
Voulentiers si raison auoyes.
Il est droit que toutes tes voyes
Et tes alees et ton tour
Sen retournent par la entour.
Deuers les gens tresbien te celle
Quiers aultre occasion que celle
Qui en ce lieu te faict aller
Car cest grant sens de se celler.
Et sil est chose que tu voyes
Tampz apoint et que ladoyes
Arraisonner et saluer
Lors te fauldra couleur muer
Car tout le sens te fremira
Parolle et sens tout te fauldra
Quant tu cuideras commencer
Et si tant te veulx auancer

Fueillet. xviii.

Que la raison commencer oses
Lors que deuras dire trois choses
Tu nen diras mie les deux
Tant seras adonc vergondeux.
Aulcuns ne sont si appensez
Quen tel point noublient assez.
Quant ta raison sera finie
Sans vng seul mot de villenye
Moult desplaisant au cueur seras
Si riens oublie tu auras
Qui te estoit aduenant a dire/
Adonc seras en grant martire/
Cest la bataille cest la dure
Cest le contens qui tousiours dure/
Ia fin ne prendra ceste guerre
Jusques quen vueilles la paix querre

Quant les nuitz venues seront
Mille desplaisirs te verront/
Tu te coucheras en ton lit
Ou tu prendras peu de delit/
Car quant tu cuideras dormir
Tu commenceras a fremir
A tressaillir a demener
Dung coste sur lautre tourner/
Une heure enuers et lautre adens
Comme cil qui a mal aux dens.
Lors te viendra a remembrance
Et sa facon et sa semblance
A qui nulle ne sapareille.
Je te diray moult grant merueille.

Telle fois te sera aduis
Que tu tiendras celle au cler vis
Entre tes bras et toute nue
Comme selle fust deuenue
Du tout tamye et ta compaigne/
Lors feras chasteaulx en espaigne/
Et si auras ioye de neant
Pour le temps qui sera beant
En la pensee delectable
La ou nest que mensonge et fable
Mais peu y pourras demeurer
Lors commenceras a pleurer
Et diras/mais ay ie songe

Silis ie remue ou bouge
Dou peult venir ceste pensee.
Pleust or que dix fois la iournee
Chose semblable reuenist
Tant el me plaist et replenist
De ioye et de bonne aduenture/
Mais ceste facon peu me dure.
Las voirray ie point que ie soye
En tel point comme ie songeoye/
La mort ne me greueroit mye
Si ie mouroys es bras mamye.
Moult me griefue amour a tourmente
Souuent me plains et me demente/
Mais si amour tant faict que iaye
De mamye lentiere ioye
Bien seroit mon mal rachete
La chose vueil de grant chierte.
Je ne me tiens mye pour saige
Quant ie demande tel oultraige/
Car celluy qui quiert musardie
Bien dessert que son le scondie.
Ne scay comment ie lose dire
Plus fort que moy et plus grant sire
Que ne suis, auroit grant honneur
En vng loyer assez mineur/
Mais si sans plus dung doulx baiser
La belle me vouloit ayser
Moult auroye riche desserte
De la paine que iay soufferte/
Mais forte chose est a venir.
Je me peulx bien pour fol tenir
Dauoir en tel lieu mon cueur mis
Dont a nul point ne suis submis.
Ce dis comme fol ennuyeux
Car vng regard delle vault mieulx
Que daultres plus de cent entiers
Je la veisse moult voulentiers
Si cestoit le vouloir de dieu
Presentement en cestuy lieu.
Dieu quant sera il aiourne
Trop ay en ce lieu seiourne/
Je nayme mye tel desir
Quant ie nay ce dont iay desir/
Desir est ennuyeuse chose

❡ Le Rommant de la Rose.

Quant la personne ne repose.
Moult mennuye certes et griefue
Quant laube maintenant ne creue
Et que la nuyt tost ne trespasse/
Car sil fust iour ie men allasse.

la oplaite de la mât au soleil.

A soleil pour dieu haste toy
Ne fais seiour apreste toy/
Fais departir la nuyt obscure
Et son ennuy qui trop me dure.
❡ La nuyt ainsi tu contiendras
Et de repos point ne prendras
Tant seras de desir garny.
Et quant tu ne pourras sennuy
Souffrir en ton lit de veiller
Lors te fauldra appareiller
Vestir chausser et atourner
Ains que tu soyes adiourner.
Tu ten iras en recellee
Par pluye soit ou par gelee/
Tout droit vers lhostel de tamye
Qui sera tresbien endormie
Et a toy ne pensera guieré.
Vne heure iras a lhuis derriere
Scauoir sil sera point ouuert
Et guetteras a descouuert
Tout seul a la pluye et au vent/
Et puis iras a lhuis deuant
Scauoir sil ya ouuerture.
Et si tu y trouues faulture
Escouter doibs parmy la fente
Se nul de leuer se demente
Et si la belle sans plus veille.

Nota.

Dy te dis bien et te conseille
Que si el te voit langorer
En congnoissant que reposer
Ne peulx au lit pour samytie
Mieulx ten aymera la moytie.
Quant en ce point ouy taura
En amour se consentira
Et aura vers toy amytie.
Bien doibt dame aucune pitie
Auoir de celluy qui endure
Tel mal pour luy si trop nest dure.

Ie te diray que tu dois faire
Pour lamour de la debonnaire
De qui tu ne peulx aise auoir.
Au departir fais ton deuoir
De baiser lhuis guischet ou porte
A cela faire ie tenhorte.
Et affin que lon ne te voye
Deuant la maison ou en voye
Fais que tu soyes retourne
Ains quil soit quetes aiourne,
Iceulx pas et iceulx allers
Iceulx pensers iceulx parlers
Font aux amâs soubz leurs drapeaulx
Rudement amaigrir leurs peaulx/
Tu le pourras par toy scauoir
Si de bien aymer fais deuoir.
Et saiche bien quamours ne laisse
Sur fin amant couleur ne gresse/
De ce ne sont aparoissans
Ceulx qui dames vont trahissans
Et disent pour eulx losenger
Quilz ont perdu boire et manger
Et ie les voy comme iengleurs
Plus gras que abbez ne que prieurs.

Ncore te commande et charge
Que te faces tenir pour large
A la seruante de lhostel
Quelque beau don donne luy tel
Quelle die que tu es vaillant.
Tamye et tous ses biens vueillans
Dois honnorer et chier tenir/
Grant bien ten peult par eulx venir/
Car cil qui est delle priue
Luy comptera quil ta trouue
Preux et courtois et liberal/
Mieulx ten prisera bon vassal.
Du pays guere ne tesslongne
Et si tu as si grant besongne
Quil te faille trop eslongier
Garde toy de ton cueur changier
En aultre quen la creature
Du est ta pensee et ta cure
En pensant de tost retourner

lamant doit estre liberal habandonné

folle amour faisant amât a sotte.

fueillet.pviii.

Tu ne doys gueres seiourner.
Fais or semblant que veoir te tarde
Celle qui a ton cueur en garde.
Ie tay dit comme et en quel guise
Lamant doibt faire sa devise
Fais donc ainsi sur toute chose
Si fruict veulx auoir de la rose.
   ¶Lamant parle a amours.
¶Quant amours meut ce commande
Ie luy ay adonc demande
Par quel moyen guise et comment
Peult endurer le vray amant
Tout le mal que mauez compte.
Vous mauez fort espouente
De ce que dit lhomme et endure
En telle paine et telle ardure
En dueil en souspirs et en lermes
Et en tous poins et en tous termes/
Et en soucy et en grant dueil
Certainement ie mesmerueil
Comment lhomme sil nest de fer
Peult viure vng moys en tel enfer.
Sus ce propos et ma demande/
Amour respond et sans amende.
   ¶Amours parle a lamant.
¶Beau loyamps par lame mon pere
Nul na bien sil ne le compere/
On ayme trop mieulx lachate
Quant on la bien chier achate
Et en plus grans gre sont receuz
Les biens quon a a griefz receuz
Que ceulx que lon a eu pour neant
Car trop on les va violant
Homme nest qui le mal congnoisse
Que souffre lamant et langoisse/
Nul ne pourroit le mal daymer
Et deust il espuiser la mer
Compter en rommant ou en liure
Et touteffoys il conuient viure
Les amans/il en est mestier
Chascun fuit de mort le sentier.
Cellui quon met en chartre obscure
En la vermine et en lordure
Qui na pain dorge ne dauaine

Ne se meurt mye pour la paine/
Esperance confort luy liure
Quil se cuide trouuer deliure
Encor par quelque cheuissance.
Tout ainsi et en tel balance
Cellui quamours tient en prison
Cuide trop auoir garison/
Celle esperance le conforte
Et cueur et talent luy aporte
De son corps a martyre offrir
Esperance luy faict souffrir
Les maulx dont on ne scet le compte
Pour la ioye qui trop hault monte/
Esperance vainct par souffrir
Et faict lamant a viure offrir.
O benoiste soit esperance
Qui ainsi les amans auance/
Moult est celle dame courtoise
Qui ia ne lairra vne toise
Nul vaillant homme iusques au chief
Ne pour peril ne pour meschief/
Et au larron quon mene pendre
Luy faict telle mercy attendre.
Esperance te gardera
Et ia de toy ne partira
Quelle ne garde ta personne
Au besoing/et oultre te donne
Trois aultres biens qui grant soulas
Font a ceulx qui sont en mes las.

¶Premierement qui bien soulasse
Cellui que mal daymer enlasse
A qui esperance sacorde/
Cest doulx penser que lon recorde/
Car quant lamant plaint et souspire
Et est en dueil et en martire
Doulx penser vient a chief de piece
Qui tire et le courroux despiece
Et a lamant en souuenir
Faict de la ioye souuenir
Et esperance luy promet
Et apres au deuant luy met
Les yeulx rians/le nez traictis
Qui ne sont trop grans ne petis

Lesperance des amoureux.

Esperance paist les chetifz.

lestrois biens confortent lamant.

premier bien doulx penser.

Le rommant de la Rose.

Et la bouchette coulouree/
La laine souefue et odoree.
Ce luy plaist quant il se remembre
De la beaulte de chascun membre.
Amour va ses soulas doutant
Quant dung ris ou dung beau semblant
Luy souuient ou de belle chiere
Que luy a faict sa mye chiere.
Doulx penser ainsi assouage
Les douleurs damour et la raige/
Cest cil que ie vueil que tu ayes.
Et si lautre tu reffusoyes
Qui nest mye nom de doulceur
Tu ne seras ia bien asseur.

Second bien doulx parler.

Le second bien est doulx parler
Qui octroit a maint bachelier
Et a maintes dames secours
Car chascun qui de ses amours
Oyt parler moult sen esbaudit:
Si me semble que pour ce dit
La dame respond a vng mot
Et dit par vng parler mignot/
Moult suis dit elle en bonne escolle
Quant de mon amy oy parolle.
Se maist dieu cellup ma garie
Qui men parle quoy quil men die.
Celle le doulx penser scauoit
Et du penser ce qui estoit
Congnoissoit toutes les manieres
Je te dis et vueil que tu quieres
Vng compaignon saige et celant
Auquel tu diras ton talent
Et descouureras ton couraige.

Nota.

Il te fera grant auantaige
Quant tes maulx tengoisseront fort
A luy iras par grant confort
Et parlerez vous deux ensemble
De la belle qui ton cueur emble/
De sa beaulte de sa semblance
Et de sa simple contenance/
Comment tu pourras chose faire
Qui a ta mye puisse plaire.
Si ceulx qui seront tes amys

Ont a bien aymer leur cueur mys
Mieulx en vauldra sa compaignie.
Raison sera or quil te die
Si sa mye est pucelle ou non/
Ses amys/ses parens/son nom
Par ce nauras paour quil se amuse
A ta dame ne quil tacuse/
Mais vous entreporterez foy
Et toy a luy et luy a toy.
Saiche que cest moult belle chose
Quant on a homme a qui on ose
Tout son conseil dire et son gre.
Ce desdupt prendras a bon gre
Et ten tiendras a bien paye
Quant tu lauras lors essaye.

Le tiers bien vient de regarder
Cest doulx regart q̃ scet tarder
A ceulx q̃ ont amours loingtaines
Pource te dis que tu te tiennes
Pres de luy mets toy en sa garde.
Son soulas aucunessoys tarde/
Mais il est aux fins amoureux
Desdupsant et fort sauoureux.
Moult ont au matin bonne encontre
Les yeulx ausquelz dame dieu monstre
Le sainctuaire precieux
Dequoy ilz sont si curieux/
Car le iour quilz le peuent veoir
Il ne leur doit mye meschoir/
Telz ne doubtent pluye ne vent
Ne nul aultre chose viuant.
Et quant les yeulx ont leurs desduitz
Ilz sont si apris et si dupz
Que eulx seulx or veullent auoir ioye
Parquoy fault que le cueur se sioye
Car les maulx sont assolagier
Ilz sont comme vray messaigier
Lesquelz bien tost au cueur enuoyent
Nouuelles de tout ce quilz voyent
Et pour la ioye qui les sie
Le cueur ses douleurs entroublie
Et sa destresse malle et fiere/
Car tout ainsi que la lumiere

fueillet.xlv.

Les tenebres deuant soy chasse
Tout ainsi doulx regard efface
Les tenebres ou le cueur gist
Qui nuyt et iour damour languist/
Car le cueur de rien ne se deult
Quant loeil regarde ce quil veult.

Cōsola-
tion da-
mours a-
lamant

¶Or tay ie cy tout declaire
Ce dont ie te vis esgare/
Car ie tay comptay sans mentir
Les biens qui peuent garentir
Les amans et garder de mort.
Tu scez quil te fera confort/
Aumoins auras tu esperance
Doulx penser aussi sans doubtance
Puis doulx parler et doulx regard/
Je vueil que chascun deulx te gard
Jusques que mieulx puisses attendre
Aultre bien qui ne sera viendre
Lequel tu auras cy auant/
Mais dauantaige en as autant.

¶Coment lamāt dit cy quamours
Le laissa en ses grans clamours.

Incontinent quamours meut dit
Son plaisir ne fut contredit.
Mais quant il fut esuanouy
Adonc fuz ie bien esbay
Car deuers moy ie ne vis nulz
Dont de mes playes me doluz
Scauant que garir ne pourroye
Fors par le bouton ou iauoye
Tout mon cueur mis et ma sience
Et nauoye en nully fiance
Fors au dieu damours de lauoir/
Car ie seauoye bien de voir
Que de lauoir rien ne mestoit
Samour ne sen entremettoit.
Les rosiers dune claye furent
Clos a lenuiron comme ilz deurent/
Mais ie passasse la cloyson
Moult voulentiers pour lachoyson
Du bouton flairant comme basme
Si ie neusse crains pre ou blasme/

Mais a aulcuns eust peu sembler
Que les roses voulusse embler
Ce que iamais ne penseray
Ne iamais nul iour ne feray.

¶Coment bel acueil humblemēt
Offrit a lamant doulcement
Le passaige pour veoir les roses
Quil desiroit sur toutes choses.

Ainsi que ie me pourpensoye
Se oultre la haye passeroye
Je vis vers moy tout droit venāt
Ung varlet bel et aduenant
En qui nestoit rien a blasmer.
Bel acueil se faisoit nommer
Filz de courtoysie la saige
Qui mabandonna le passaige
De la haye moult doulcement
Et me dit amyablement

Bel a-
cueil filz
de cour-
toysie.

¶Bel acueil parle a lamant

¶Bel amy chier si bien vous plaist
Passer la haye sans arrest
Pour lodeur des roses sentir.
Je vous y peulx bien garantir
Mal ny aurez ne villennie/
Mais que vous gardez de folie.
D i

Le Rommant de la Rose.

Si en riens vous y puis ayder
Je ne me quiers faire prier/
Car de faire vostre plaisir
En tout honneur iay le desir.

⁋Lamant respond.

Sire dis ie a Bel acueil
Ceste promesse en gre recueil
Et vous rendz graces et merites
De la bonte que vous me dictes/
Car moult vous vient de grant franchise
Puis quil vous plaist en ceste guise
Pres suis de passer voulentiers
Par les ronces et esglentiers.
Vers le bouton men vois errant
Les roses tousiours odorant/
Et Bel acueil me convoya
De son bien qui moult magrea.
Si pres allay sans point me faindre
Que ie seusse bien peu attaindre.

⁋Bel acueil moult bien ma seruy
Quant le bouton si pres ie vy/
Mais vng vilain qui rien nauoit
Dillecques pres musse estoit.

Note du
dagier q
est en a=
mours.

Dangier eut nom et fut portier
Et garde de chascun rosier.
En vng destour fut le pervers
Dherbes et de fueilles couuers
Pour ceulx espier et deffendre
Qui vont aux roses les mains tendre.
Il fut de trois acompaigne
Le sourt vilain mal engrongne/
De deux femmes et vng mauuais homme/
Lhomme male bouche se nomme

Male
bouche.

Le faulx trahystre gengleur quil fut
Auec luy honte/et peur eut

Honte &
paour.

Le plus vaillant deulx ce fut honte.
Et saiches que qui a droit compte
Il trouuera par son lignaige
Que raison fut sa mere saige.
Son pere auoit a nom mal faict
Qui fut si hideux contrefaict
Quonques auec raison ne geut/
Mais or de voir honte conceut
Qui puis enfanta chastete

Qui a guerre yuer et este.
Quant dieu eut faict de honte naistre
Chastete qui dame doit estre
De tous les rosiers et boutons
Assaillie fut des gloutons
Si quelle auoit besoing en vie/
Car venus lauoit assaillie
Qui nuyt et iour souuent luy emble
Boutons et roses toutes ensemble.
Lors requist raison comme fille
Chastete que venus pille.
Desconseillee moult estoit
Et de prier raison se hastoit.
Et luy presta a sa requeste
Honte qui est simple et honneste
Et qui tousiours veult sainctement
Faire tout son commandement.

⁋Or sont pour roses garder quatre
Qui se laisseroient deuant batre
Que rose ou bouton on emporte.
Ariue fusse a bonne porte
Si par eulx ne fusse guette/
Car le franc et bien apointe
Bel acueil se penoit de faire
Ce quil scauoit qui me deust plaire.
Souuent me semont dapprocher
Vers le bouton et atoucher
Au rosier qui estoit chargie.
De ce me donna il congie
Pource quil cuidoit que ien vueille
Cueillir or vne verte fueille
Pres du bouton quil ma donne
Pource que pres de la fut ne.

Et la fueille me fis moult coint
Et quant ie me senty acoint
De Bel acueil et si priue
Je cuiday bien estre ariue.
Lors prins ie cueur et hardement
De dire a Bel acueil comment
Amours mauoit prins et naure.
Sire dis ie iamais naure
Ayde sinon par vne chose
Qui est dedans mon cueur enclose/

Chaste
te fille de
honte.

Venus
desrobe
chastete

fueillet.vv.

Ceſt bien peſante maladie
Ne ſcay comment ie la vous die/
Car ie vous crains a courroucier/
Mieulx vouldroye a cousteau dacier
piece a piece eſtre deſpiece
Que vous en fuſſiez courrouce.
    ¶Bel acueil a lamant.
Dictes moy donc voſtre vouloir
Et point ne me verrez douloir
De choſe que me puiſſez dire.
    ¶Lamant.
Lors ie luy dis ſaichez beau ſire
Quamours durement me tourmente
Ne cuidez pas que ie vous mente.
Il ma au cueur cinq playes faictes
Dont les douleurs nen ſeront traictes
Si le bouton ne meſt baille
Qui eſt des aultres mieulx taille.
Il eſt ma mort et eſt ma vie
Daultre choſe plus nay envie.
Lors bel acueil ceſt effrayez
Et diſt
    ¶Bel acueil a lamant.
A frere vous bayez
A ce qui ne peult advenir.
Comment me voulez vous honnir/
Vous me auriez par trop aſſotte
Si le bouton maviez oſte
Du roſier/car ce neſt droicture
Quon loſte de ſa nourriture.
Vilain eſtes du demander
Laiſſez le croiſtre et amender/
Point ne veulx quil ſoit deſerte
Du roſier qui la apporte
Pour aulcun pris tant le tiens chier.
    ¶Lacteur.
Deſcri- ¶Adonc ſaillit vilain dangier
ption de De la ou il eſtoit muſſe:
dangier Grand eſtoit noir et herice/
yeulx ayans rouges comme feux
Le vis fronce/ le nez hideux/
Qui ſeſcrya tout forcene.
    ¶Dangier a bel acueil.
Bel acueil a quoy amene
As tu cy autour ce vaſſault.
Tu fais grand mal ſi dieu moſault
Il ten prendra trop mallement
Mal apt il ſans vous ſeullement
Qui en ce dangier lamena
Et dedans ſi droit laſſena.

    ¶Comment dangier villainement
    Bouta hors deſpiteuſement
    Lamant davecques bel acueil
    Dont il eut en ſon cueur grant dueil

Oyez vaſſal fuyez dicy
A peu que ie ne vous occy
Bel acueil mal vos' cōgnoiſſoit
Qui a vous ſervir ſengoiſſoit.
Vous le voulez cy allier
Mauvais ſe faict en vous fier/
Car en preſent eſt eſprouvee
La trahyſon quavez trouvee.
    ¶Lamant a part ſoy
Ie noſay la plus remanoir
Pour le vilain hideux et noir
Qui me venaſſoit aſſaillir.
La haye ma faicte ſaillir
A treſgrand peur et treſgrand haſte.
Le vilain a parler ſe haſte
Et dit que ſi plus fais retour
Quil me fera prendre vng maltour.
Lors ſen eſt bel acueil fouy
Et ie demeuray eſbay
Honteux et mat dont me repens

Bel a-
cueil deſ-
laiſſe la-
mant a-
vec dan-
gier.

D ii

Le rommant de la Rose.

Quonques ie luy dis mon pourpense.
De ma follye ay ie recors
Et voy que liure est mon corps
A dueil a paine et a martyre.
Mais de ce ay ie plus grand pre
Que ie nosay passer la haye/
Mal nest aulcun quamour nessaye.
Ne cuidez pas que nul congnoisse
Sil na aymé que cest quengoisse.
Amours vers moy tresbien saquitte
De la paine quil mauoit dicte/
Car cueur ne pourroit pas penser
Ne bouche dhomme recenser
De ma douleur la quarte part.
A peu que le cueur ne me part
Quant de la rose me souuient
Dont tant esloingner me conuient.

En a-mou sont *maistes angoisses.*

¶ Comment raison de dieu aymee
Est or de sa tour deualee
Qui lamant chastie et reprent
De ce que folle amour emprent.

En ce point grant piece arreste
Tant que me vie comme mate.
La dame de la haulte garde
Qui de sa tour atual regarde
Cest raison ainsi appellee
Or est de sa tour deuallee
Et tout droit vers moy est venue
Et nestoit vieille ne chenue
Ne trop maigre/maigre ne grasse

Semblablement haulte ne basse.
Les yeulx qui en son chief estoient
Comme deux estoilles luy soient.
Au chief auoit vne couronne
Hier, ressemblant haulte personne
A son semblant et a son vis
Comme formee en paradis/
Car nature ne scauoit pas
Oeuure faire de tel compas.
Saichez si la lettre ne ment
Que dieu la fit nommeement
A sa semblance et son vinaige/
Et luy donna tel auantaige
Quelle a pouoir et seigneurie
De garder lhomme de follye/
Mais quil soit tel que bien la croye.
Ainsi comme me dementoye
Raison a moy parler commence.

La description de raison.

Raison faicte a la seblace d dieu. Nota.

¶ Raison a lamant.

¶ Beaulx amys folye et enfance
Tont mis en paine et en esmoy/
Mal visas au beau temps de may
Qui trop fit ton cueur esgayer.
Tu allas trop mal umbroyer
Au vergier dont oyseuse porte
La clef dont elle ouurit la porte/
Fol est qui sacointe doyseuse/
Son acointance est trop perilleuse.
Bien ta trahy/bien ta deceu/
Car amours iamais ne teust veu
Si oyseuse ne teust conduit
Au douly vergier ou est deduit
Qui daffoler gens a lusaige/
Mais foleur nest pas basse laige.
Si tu as folement ouure
Fais or tant quil soit recouure/
Car la folie moult empire
Celluy qui tost ne sen retire.
Garde donc bien que tu ne croyes
Le conseil par qui tu souloyes/
Bien follaye qui se chastie
Et quant ieune homme faict folie
On ne sen doit esmerueiller.
Je te viens dire et conseiller

Lacointance de oyseuse est fort dangereuse.

Nota.

Raison console lamāt.

fueillet.xxvi.

Que lamour mettes en oubly
Dont ie te voy si affoibly
Si afflige et tourmente.
Ie ne dois mye ta sante
Ne ta garison mesmement/
Car moult desire mallement
Dangier le faulx te guerroyer.
Tu nes pas or a lessayer.
¶ Encor dangier riens ne me monte
Envers ma belle fille honte
Qui les roses deffend et garde
Comme celle qui nest musarde
Et a pour compaignie peur
Dont tu dois avoir grand frayeur/
Et avec eulx est malle bouche
Qui ne seuffre que nul y touche
Auant que la chose soit faicte/
La a il en cent lieux retraicte.
Moult as affaire a malle gent
Regarde lequel est plus gent
Du de laisser ou de poursuiure
Ce qui te fait en douleur viure
Cest le mal qui amours a nom
Qui nest que tout mal sans renom.
Follie si doit chascun croire
Car qui ayme ne peult bien faire
Ne beau vaisselage comprendre.
Sil est clerc il perd son apprendre/
Et puis sil faict aultre mestier
Gueres nen pourra exploicter/
Ainsi a celluy plus de paine
Quaulcun hermite ne blanc moine
La paine en est desmesuree
Et la ioye a courte duree.
Qui ioye en a bien peu luy dure
Et de lauoir est advanture/
Car ie voy que maintz se trauaillent
Qui en la fin du tout y faillent.
Oncques mon conseil nentendis
Quant au dieu damours te rendis/
Le cueur que tu as trop vollaige
Te fit comprendre tel oultraige/
Vne folye est tost emprise/
Mais den yssir est la mesprise.

En sei‍-
gnement
de raiso‍
a lamāt

Amo͛s
nest que
temps (⁊
bien per‍
du.

Nota.

Mais est amour a nonchalloir
Qui te peult nuyre et non valoir/
Car folie est trop acourant
Quant on ne luy court au deuant.
Prens hardiment aux dens le frain
Et dhonte ton cueur a refrain/
Tu dois mettre forte deffence
Encontre ce que ton cueur pense/
Qui tousiours son couraige croit
Ne peult estre que fol ne soit.

¶ Cy respond lamant par rebours
A raison qui luy blasme amours.

Dant ieuz ouy ce chastiment
Respondy furieusement
Dame ie vous vueil moult prier
Que me laissiez de chastier
Vous me dictes que ie refrainne
Mon cueur quamours ne le retienne.
Cupdez vous quamours ce consente
Que ie refrainne et que demente
Le cueur qui est a soy tout quictes.
Estre ne peult ce que vous dictes.
Amour a mon cueur tant dompte
Qui nest plus en ma voulente.
Il a vng mestier si formēt
Quil luy a faicte clef fermant/
Pource laissez moy du tout faire/
Vous pourriez gaster tout laffaire
Et vseriez vostre francoys.
Mieulx vouldroye mourir aincoys
Quamours or meust de faulcete
Ne de raison la arreste.
Il me veult louer ou blasmer
Au dernier de mes maulx daymer/
Dont mennuye qui ne chastie.
Adonc sest raison departie
Qui bien voit que pour sermonner
De ce ne me pourroit tourner.

En for‍
les a‍
mours
raiso na
lieu.

E demeure seul dire plains
Souuent pleurer souuent me plais
Car de moy neuzpoit cheuissāce
D iii

❡ Le Rommant de la Rose.

Tant quil me Bint en remembrance
Quamours me dist lors que ie quiffe
Ung compaignon a qui ie deiffe
Mon conseil tout entierement
Pour moy ofter de grant tourment.
Adonc pourpenfay que iauoye
Ung compaignon que ie fcauoye
Amps. Bon et loyal/amps eut nom
Oncques neuz si bon compaignon

❡ Coment par le conseil damours
Lamant Bint faire ses clamours
A amps qui tout luy compta
Lequel moult le reconforta.

❡ Amps Bins par grand allure
Et luy dis toute senclouenre
Dont ie me sentoye enclone
Sicomme amours mauoit loue.
A luy me plaingny de dangier
Qui tant me Bouloit ledangier
Et Bel acueil fit en aller
Quant il me Bit a luy parler
Du bouton a qui ie tendoye
Et me dift que le compercoye
Si iamais par nulle achoifon
Me Bopoit paffer la cloifon.
Quant amps fceut la Berite
Il ne ma pas espouente.

❡ Coment amps moult doulcement
Donne reconfort a lamant.

Il me dift compaing or foyez
Seur et point ne Bous esmayez/
Je congnois de pieca dangier
Pres a mal dire et ledangier
A menaffer et a mesdire
Ceulx qui luy Beullent contredire/
Je lay de pieca esprouue.
Si Bous lauez felon trouue
Tout aultre fera au dernier
Je le congnois comme Bng denier.
Amolir Bous le pourrez bien
Par prieres et beau maintien.
Je Bous diray que Bous ferez/
Je Bueil que Bous les requerez
Bous pardonner fa malueillance
Par amour et par accordance/
Et luy mettez bien en couuant
Que iamais de lors en auant
Rien ne ferez qui luy desplaife
Mais toute chose qui luy plaife/
Car il Beult bien quon le blandift.
❡ Lamant.
❡ Tant par la amps et tant dift
Qui ma presque reconforte
Et le hardement apporte
En mon cueur daller effayer
Si dangier pourray affyer.

❡ Coment lamant Bint a dangier
Luy prier que plus saidangier
Ne le Bouluft/et par ainsi
Humblement luy crioit mercy.

Le conseil damps a lamant

Dangier suis venu honteux
De ma paix faire convoiteux/
Mais la haye ne passay pas
Pource quil meust nye le pas.
Je le trouvay sur piedz dresse
Par felon semblant courrousse
En sa main vng baston despine.
Je tins vers luy la teste encline
Et luy dis sire ie suis cy
Venu pour vous crier mercy
Moult me desplaist amerement
Que vous courroucay nullement/
Mais ie suis prest de lamender
Comme le vouldrez commander.
Certes amour se me fit faire
Dont ie ne puis mon cueur retraire/
Mais ie nauray iamais plaisance
De chose dont avez nuysance.
Jayme mieulx souffrir ma malaise
Que faire riens qui vous desplaise/
Si vous requiers que vous ayez
Pitie de moy et appaisez
Vostre ire qui fort mespouente/
Et ie vous iure mon entente

La supplication de lamant a dangier

Que vers vous ie me contiendray
Et plus en riens ne mesprendray.
Pource vueillez moy octroyer
Ce que ne me debuez nyer/
Vueillez que layme sans escande
Aultre chose ne vous demande/
Toutes voz aultres volentez
Feray si ce me consentez.
Vous ne me pouez destourber
Je ne vous quiers de ce lober/
Car iaymeray puis quil me plaist
Quoy quil en soit bel ou desplaist/
Mais ie ne vouldroye pour finance
Quil fut a vostre desplaisance.

Oust trouvay dangier laits sent
A pardonner son maltalent
Touteffoys il ma pardonne
En la fin tant lay sermonne
Et me dit par sentence briefue

¶ Dangier a lamant.
¶ Ta parolle riens ne me griefue
Si ne te vueil pas esconduyre
Certes ie nay vers toy point dyre.
Si tu aymes il ne men chault
Se ne me faict ne froit ne chault
Dz aymes donc/mais que tu soyes
Loing de mes roses/toutes voyes
Tu nen auras mal/paour nen ayes
Si tu passes iamais les hayes.
¶ Lamant.
¶ Ainsi moctroya ma requeste
Et ie la lay compter en feste
A amys qui sen esiouyt
Comme courant quant il me ouyt.
¶ Amys a lamant.
¶ Or va bien dit il vostre affaire/
Encor vous sera debonnaire
Dangier qui faict a maintz tourment
Quant vers eulx est marry forment.
Sil estoit pris en bonne vaine
Pitie auroit de vostre paine.
Vous debuez souffrir et attendre
Tant quen bon point le puissez prendre
Car maint felon cueur est vaincu
Pour souffrir souvent et menu/
Car ie lay mainteffoys trouve
Tres felon et bien esprouve.
¶ Lamant.
¶ Moult me conforta doulcement
Amys qui mon auancement
Vouloit aussi bien comme moy.
De luy prins congie sans esmoy
A la haye que dangier garde
Puis retournay/car moult me tarde
Que le bouton encor revoye
Puis quauoit ne puis aultre ioye.
Dangier se prent garde souvent
Si ie luy tiens bien mon couuent/
Mais garde na que luy mefface/
Car trop redoubte sa menace.
Je me suis pene longuement
A faire son commandement
Pour lacointer et pour latraire/

D iiii

❡ Le Rommant de la Rose.

Mais ce me tourne a grant conttaire
Que sa mercy trop me demeure.
Si voyt il souuent que ie pleure
Et que ie me plains par soupir
Pource quil me faict trop croupir
Delez la haye que ie nose
Passer pour aller a la rose
Tant feis quil a certainement
Congneu a mon contenement
Quamours mallement me maistrise
Et qui n'y a point de faintise
En mon cueur ne desloyaulte/
Mais il est de tel cruaulte
Quil ne se daigne encor refraindre
Tant me voye pleurer et plaindre.

❡ Comment pitie auec franchise
Allerent par tresbelle guise
Parler a dangier pour lamant
Qui estoit daymer en tourment.

Comme iestoys en ceste paine
Deuers moy vint q dieu amaine
franchise auec elle pitie.
Oncques riens n'y eut despite/
A dangier allerent tout droit/
Car lune et lautre me vouldroit
Bien aider et tresvoulentier
Attendu quil en fut mestier
La parolle a premiere prise
Par sa mercy dame franchise
Et dist a dangier fermement

❡ Franchise a dangier.
Vous auez tort de cest amant
Qui par vous est si mal mene
Dont trop estes a villene/
Car il n'a pas encor apris
Quil ayt vers vous de rien mespris.
S'amour le faict par force aymer
Le deuez vous pour ce blasmer/
Trop plus pert il que vous ne faictes
Quil en a maintes paines traictes/
Mais amour ne veult consentir
Quil s'en vueille en rien repentir/
Et qui vif le deuroit larder
Il ne s'en pourroit pas garder.
❡ Mais beau sire qui vous auance
De luy faire paine et greuance/
Auez vous guerre a luy emprise
Puis que tant il vous ayme et prise
Aussi quil est de voz subiectz.
S'amours le tient pris en ses rhetz
Et le faict a luy obeyr
Le deuez vous pourtant hayr
Non/mais le deussiez espargnier
Plus que lorgueilleux pautonnier.
Courtoysie veult quon seqneure
Cellui dont on est au dessure/
Moult a dur cueur qui n'amollye
Quant il treuue qui le supplye.

❡ Pitie a dangier.
Pitie dist/c'est bien verite
Que fureur vaincq humilite
Et quant trop dure l'aygrete
C'est follye et grant mauuaistie.
Dangier pource vueil requerre
Que vous ne maintenez plus guerre
Vers cest amant qui languist la
Lequel onc amour nauilla.
Aduis m'est que vous le greuez
Assez plus que vous ne deuez/
Il eut trop malle penitance
Des lors enca que sacointance
Bel acueil luy auoit fortraicte
C'est la chose quil plus couuoite.
Il fut assez deuant trouble

nota.

Fueillet. xviii.

Mais ores en son mal double
Comme de mort est assailly
Quant bel acueil luy est failly.
Pourquoy luy estes vous contraire
Trop grãt mal luy fait amour traire/
Car tant de mal soustient quel neust
la remõ- Besoing dauoir pis sil vous pleust.
strãce de Or ne lassez contrariant/
pitie pour Car en fin nen serez riant/
lamãt a Souffrez que bel acueil luy face
dangier Desormais quelque bien et grace/
Aux pecheurs fault misericorde
Puis que franchise si accorde/
Je vous en prie et admonneste
Ne refusez pas sa requeste/
Car trop est fol et despitaire
Qui pour nous deux ne veult rien faire.
Lors ne peult plus dangier durer
Ains le fallut amesurer.

 ¶ Dangier a franchise a pitie.
¶ Dames dit il ie ne vous ose
Esconduyre de ceste chose/
Car trop seroit grant villennye.
Je veuil quil ayt la compaignie
De bel acueil puis quil vous plaist
Je ny mettray iamais arrest.
 ¶ Lacteur.
¶ Lors est a bel acueil allee
Franchise la bien emparee
Et luy a dit courtoysement

 ¶ Franchise a bel acueil.
¶ Trop vous estes de cest amant
Bel acueil grant piece eslongne
Regarder ne lauez daigne
Dont ses pensers sont durs & tristes
Depuis le temps que ne le vistes.
¶ Or pensez de le resiouyr
Si de mamour voulez iouyr
Et de faire sa voulente.
Saichez que nous auons dompte
Moy et pitie tresbien dangier
Qui vous en faisoit estrangier.

 ¶ Bel acueil aux deux dames.
¶ Je feray tout vostre plaisir

Dames ainsi le Vueil choisir
Puisque dangier la octroye.
 ¶ Lamant.
¶ Lors le ma franchise enuoye/
Bel acueil au commencement
Me salua moult doulcement.
Sil eust este de moy tyre
Arriere nen fut empire/
Mais il monstra plus beau semblant
Quil nauoit faict oncques deuant.
Luy adonc par la main ma pris
Pour mener dedans le pourpris
Que dangier mauoit calengie
Et eu daller par tout congie.

 ¶ Commẽt bel acueil doulcement
Mene lamant ioyeusement
Au vergier pour veoir la rose
Qui luy fut delectable chose.

Je suz venu ce mest aduis
Dung bas enfer en paradis/
car bel acueil par tout me mene
Qui a faire mon gre se paine.
Comme ieuz la rose approchee
Ung peu la trouuay engrossee
Et congneuz quelle estoit plus creue
Que quant au premier ie leuz veue
Et auec ce seslargissoit   la descri
par dessus si membellissoit   ption de
De ce quel nestoit si ouuerte   la rose.
Que la graine fust descouuerte/
Aincois estoit encore close
Entre les fueilles de la rose
Qui amont droictes se leuoyent
Et la place dedans employoyent.
Or ne pouoit paroir la graine
Pour la place qui estoit plaine.
Elle fut lors dieu la benye
Trop plus belle que espanouye
Plus gracieuse et plus vermeille
Moult mesbahys de la merueille
Comment elle estoit embellye
Pource quamour plus fort me lye

❡ Le rommant de la Rose.

Et de tant plus estraint ses las
Comme ie y prens plus de soulas.
Grant piece ay illec demeure
De bel acueil enamoure
Ou ie trouuay grant compaignie.
Et quant iay veu quil ne me nye
Ne son soulas ne sa deuise
Une chose luy ay requise
Qui bien est a ramenteuoir.
Sire dis ie/saichez de voir
Que ie suis moult fort enuieux

requeste Dauoir vng baiser sauoureux
d' lamāt De la rose qui si fort flaire/
a bel a- Et sil ne vous debuoit desplaire
cueil. Je vous requerroye ce don.
Pour dieu sire dictes le don
Et iauray du baiser loctroy.
Tres doulx amy or dictes moy
Tost sil vous plaist que ie la baise
La chose ne vous doit desplaire.

❡ Bel acueil escondit lamant.
❡ Amy dit il si dieu me gard
Si chastete nauoit regard
Ja ne vous fust par moy nye/
Mais ie nose pour chastete/
Vers laquelle ne veulx mesprendre.
El ma voulu tousiours deffendre
Que du baiser congie ne donne
A nul amant qui men sermonne/
Car qui a baiser peult ataindre
A paine peult a tant remaindre.
Et saichez a qui lon octroye
Le baiser il a de la proye
Le mieulx et le plus aduenant
Et auec ce le remanant.

❡ Lamant.
Quant ie louys ainsi respondre
Plus ne le veulx de ce semondre
Tant le doubtoye a courroucer.
Lon ne doit pas aulcun presser
Oultre son gre ne prier trop
Vous scauez bien quau premier cop
Nota. On ne couppe pas bien vng chesne
Et na on pas les vins de lesne

Tant quilz soyent estrains et pressez
Loctroy si me tarda assez
Du baiser que ie desiroye/
Mais venus qui tousiours guerroye
Chastete me vint au secours
Cest la mere au grant dieu damours
Qui a secouru maint amant.
Et tenoit vng brandon flammant
En sa main destre dont la flamme
A eschauffez mainte dame.
Elle fut cointe et bien coiffee
Deesse sembloit ou feee
Par le grant atour quelle auoit.
Bien peult congnoistre qui la veoit
Que point nest de religion.
Je ne feray cy mention
De son habit tant decore
Ne de son beau tissu dore/
Du fermail ne de sa courroye/
Car a cela trop demeurroye.
Mais bien saichez certainement
Que vestue estoit cointement
Et point nestoit en elle orgueil
Venus se trait vers bel acueil
Et luy a commence a dire.

❡ Venus a bel acueil.
❡ Pourquoy vous faictes vo⁹ beau sire
Vers cest amant si dangereux/
Dauoir vng baiser amoureux
Vous ne luy deussiez refusez/
Car vous scauez bien et voyez
Quil sert et ayme en loyaulte
Et en luy est assez beaulte
Cy quil est digne destre ayme.
Voyez comme il est bien forme
Comme il est beau/comme il est gent
Franc et courtoys a toute gent
Et auec ce il nest pas vieulx/
Mais est ieune/dont il vault mieulx
Il nest dame ne chastelaine
Que ie ne tienne pour villaine
Selle faisoit de luy dangier
En luy octroyant ce loyer.
Donc le baiser luy octroyez

La des-
scriptiō
et pare-
ment de
Venus.

Venus
sou[r]e sa-
mant a
Bel ac-
cueil.

fueillet.xxliiii.

Mieulx ne vous scauriez employer
Je cuide quil a doulce alaine
Et sa bouche nest pas villaine
Ne faicte pour a nulluy nuyre/
Mais pour soulacer et desduyre/
Car ces leures sont vermeillettes
Et a les dens blanches et nettes
Et nya tache ny ordure.
Bien est ce mest aduis droicture
Dung baiser luy soit octroye/
Il luy sera bien employe/
Car tant plus que vous attendrez
Autant de temps sachez perdrez.

¶Comme lardant brandon venus
Ayda a lamant plus que nulz
Tant que la rose alla baiser
Pour mieulx son amour appaiser.

Bel acueil qui sentit lodeur
Du brandon du feu et lardeur
Ung baiser moctroya en don
Au moyen dicelluy brandon.
Je ne fuz guere demeure
Dung baiser doulx et savoure
Ieuz de la belle rose pris
Dont de ioye fuz moult surpris/
Car telle odeur mentra au corps
Qui en tyra la douleur hors

Et adoulcit le mal daymer
Qui long temps meust semble amer.
Je ne fuz oncques si tres aise
Bien est gary qui tel fleur baise
Qui tant est doulce et redolent.
Je ne scray ia si dolent
Si lmen souuient que ie ne soye
Tout plain de soulas et de ioye.
Mais non pourtant iay maintz ennuitz
Souffers/et maintes malles nuitz
Depuis queuz la rose baisee/
La mer nest point si appaisee
Quel ne se trouble a peu de vent/
Amours si se changent souuent.

Le baiser de la rose.

☞

¶Rest il temps que ie vous compte
Comment ie fuz mene a honte
Par qui ie fuz puis molt greue/
Et comment le mur fut leue
Et le chasteau puissant et fort
Quamours print puis par son effort.
Toute lhistoire vueil poursuiure
Et la declarer a deliure/
Affin quelle reuienne et plaise
A la belle que dieu tienne aise
Qui bon guerdon oz men vendra
Mieulx que quant nulle luy plaira.
¶Malle bouche plain de ruine
De maint amant pense et diuine
Et tout le mal quil scet retrait.
Garde se print du doulx atrait
Que bel acueil me daigna faire
Et tant quil ne sen peut plus taire.
Il fut filz dune vieille ireuse
Et langue auoit moult perilleuse
Tresfort puante et moult amere
Mieulx en resembloit a sa mere.

Note de malle bouche.

¶Alle bouche des lors en ca
A nous accuser commenca/
Et si dist quil mettroit son oeil
Pour veoir si moy et bel acueil
Auions mauuais acointement.
Tant parla le faulx follement

❡ Le Rommant de la Rose.

mal par ler cause de ralou sie.
De moy et filz de courtoisie
Qui fit esueiller ialousie
Qui se leua par grant frayeur.
Quant elle eut ouy le iengleur
Incontinent el sest leuee
Courant comme toute insensee
Vers bel acueil qui aymast mieulx
Estre rauy iusques aux cieulx.

❡ Comēt par la voix male bouche
Qui des bons souuent dit reprouche
Ialousie moult doulcement
Tensa bel acueil pour lamant.

Ces menasses ð ialousie a bel acueil.
Ar parolles fut assailly
Pourquoy as tu le cueur failly
Dit elle tresmauuais garson
Dont iay mauuaise souspeson.
Bien pert que tu crois losengiers
Trop tost telz garsons estrangiers.
En toy plus ne me veulx fier/
Mais estroict te feray lier
Et enferrer en vne tour/
Car ie ne voy aultre retour
Trop sest de toy honte eslongnee
Et si ne sest pas bien songnee
De toy pour te tenir de court.
Il mest aduis quelle secourt
Moult mauuaisement chastiete
Puis qung garson mal arreste

Laisse a nostre pourpris venir
Pour elle et moy abillenir.

❡ Lamant.
❡ Bel acueil ne sceut que respondre
Aincois lors sen alla escondre
Si qui lne fust illec trouue
Et prins auec moy reprouue/
Mais quant ie vis venir la grune
Qui contre moy tanse et estriue
Je fuz tantost tourne en fuyte
Pour la riotte qui me incite
Honte cest dehors auant traicte
Qui moult se cuide estre forfaicte
En se monstrant humble et tressimple.
Vng voille auoit en lieu de gimple
Ainsi comme nonnain dabbaye/
Et pource quelle fut esbaye
Commenca a parler tout bas.

❡ Honte parlant a ialousie.
❡ Pour dieu dame ne croyez pas
Malle bouche le losengier
Veu quil est pour nous laidangier/
Car maint preudhomme a amuse.
Ja bel acueil accuse/
Mais ce nest mie le premier.
Malle bouche est bien coustumier
De racompter faulsees nouuelles
De damoyseaulx et damoyselles.
Sans faulte ce nest pas mensonge
Bel acueil en son faict ne songe.
On luy a souffert a attraire
Telz gens dont il nauoit que faire/
Mais certes ie nay pas creance
Quil eust oncques nulle science
De mauuaistie ne de follye/
Mais il est vray que courtoisie
Qui est sa mere luy enseigne
Que dacointer gens ne se faigne.
Oncques nayma quen bonne guise
Par courtoisie et sans faintise/
En son amour nest aultre chose
Sinon ioyeusete enclose
Et quil se esbat et dit parolle/
Sans faillir iay este trop molle

Malle bouche espie les amoureux pour en detracter.

Note de courtoysie.

Fueillet.xxv.

De le garder et chastier
Dont ie vous veulx mercy crier.
Si iay este vng peu trop lente
De bien faire ien suis dolente/
De ma folie me repens/
Mais ie mettray tout mon pourpens
Adonc pour bel acueil garder/
Jamais ne men quiers retarder.

¶ Jalousie parle a honte.

¶ Adonc respondit ialousie
Honte iay paour destre trahie
Car lecherie est tant montee
Que trop pourroit estre ahontee.
Merueille nest si ie men deulx/
Car luxure regne en tous lieux.
Son pouoir ne fine de croistre
Soit en abbaye ou en cloistre
Et nest point chastete assur/
Pource feray de nouuel mur
Clorre les rosiers et les roses.
En vostre garde peu me fie/
Car ie congnois ie vous affie
Que lon pert trop en telle garde.
On me tiendroit bien pour musarde
Si garde ie ne men prenoye.
Certes ie clorray fort la haye
A ceulx qui pour me varier
viennent les roses espier.
Il ne me sera ia paresse
Que ne face vne forteresse
Qui les roses clorra autour.
Au meillieu sera vne tour.
Pour acueil mettre en la prison/
Car iay trop grand paour de raison/
Je croy si bien garder son corps
Quil naura pouoir dissir hors
Aussi compaignie tenir
Aux garsons qui pour le honnir
De parolles le vont huant.
Trop lont trouue nice et truant
Fol et legier a receuoir
Mais si ie vis sachez de voir
Que trop mal leur fit fanly semblant.

Nota.

Jalousie faict clorre le vergier

¶ Acteur.
¶ A ce mot suruint paour tremblant
Mais elle fut si esbaye
Quant elle eut ouy ialousie
Quoncques ne luy osa mot dire
Pource quel la sentoit en yre.
Elle se tira en aultre part
Et ialousie a tant se part/
Paour et honte laissa ensemble
Ausquelz le cueur du corps leur tremble/
Mais paour qui tint la teste encline
Parla a honte sa cousine.

¶ Paour parle a honte.
¶ Honte dist elle moult me poise
Dont il nous conuient ouyr noyse/
Car iamais nous neusmes diffame
Aulcun reproche ne aulcun blasme.
Or nous ledange ialousie
Qui nous mescroit de villennie/
Allons a dangier hardiment
Et luy demonstrons clerement
Quil a faicte lasche entreprise/
Car il na pas grand paine mise
A bien garder cestuy vergier.
Nous luy dirons pour abregier
Que trop a bel acueil souffert
A faire son gre en appert
Et quil se gouuerne aultrement
Du quil saiche certainement
Que fuir fault de ceste terre/
Car porter ne pourroye la guerre
De ialousie ne lattaine
Sil la recueilloit en sa haine.

Dialogue de paour & honte.

¶ Comment honte & paour aussi
vindrent a dangier par soussi
De la rose le ledangier
Que bien ne gardoit son vergier.

E i

Le rommant de la Rose.

A ce conseil se sont tenues
Puis sen sont a dangier venues
Et lont trouue tresmal plaisant
Dessoubz ung aubespin gisant.
En lieu auoit de cheuecel
Soubz son chief dherbe ung grãd mõcel
Qui commencoit a sommeillier.
Mais honte la fait esueillier
Qui le blasma et courut seure.
  ¶ Honte a dangier.
☞ ¶ Commēt dormez vous a ceste heure
Dangier par tresmalle aduenture
Fol est cil qui en vous sassure
Pour garder rose ne bouton
☞ Nemplus que queue de mouton.
Vous estes lasche comme mouche
Qui deussiez estre fort farouche
Et toutes les gens escouter.
Folie vous a fait bouter
En ce vergier par grand meffait
Bel acueil qui blasmer nous fait.
Quant vous dormez nous en auons
La noyse/et mes nous nen pouons.
Vous estes vous ores couche/
Or vous leuez et soit bouchee
Chascun pertuys de ceste haye.
Faictes tant que chascun vous haye
Car il na ffiert a vostre nom
Que vous faciez se ennuy non.
¶ Si franc et doulx est bel acueil
Fier deuez estre et plain dorgueil
Et de mocquerie et doultraige/

Car ung vilain courtoys est raige.
Jay ouy ce nest dhuy ne dhier
Dire quon ne peult esperuier
En nul temps faire dung buysart.   Bonne
Tous ceulx vous tiennēt pour musart cõparai
Qui vous ont trouue debonnaire.   son dũg
Doulcez vous doncques aux gens plaire buy sart
Et faire seruice et bonte
Ce vous vient de grand lachete.
Vous auez bruyt de toute gent
Destre trop lasche et negligent
Et que vous croyez ienglerie/
Puis paour luy dist sans mocquerie.
  ¶ Paour a dangier.
¶ Certes dangier moult mesmerueil
Que nestes en plus grant esueil
De garder ce que vous deuez/
Trop en pourriez estre greuez
Si iaiousie lors en groingne.
Elle est moult fiere et moult griffoigne
Qui de tencer scet lindustrie.
Elle en a fort honte assaillie
Et chasse par sa grand menace
Bel acueil hors de ceste place/
Et iure quel ne quiert durer
Si vif ne le fait emmurer.
Cest tout par vostre mauuaistie/
Car vous nauez pas bien guette/
Et croy que cueur vous est failly/
Mais mal en serez acueilly
Et lheure cent fois mauldirez
Que ialousie congneue aurez.
  ¶ Lacteur.
¶ Le vilain leua son aumusse
Fronca les yeulx/ses dens ne musse
Et fut plain dire et entroueille
Le nez fronce le vis roueille
Quant il se vid si mal mener.
  ¶ Dangier.
¶ Ie puis dist il bien forcener
Quant vous me tenez pour vaincu.
Or ay ie certes trop vescu.
Si ce pourpris ne peulx garder
Tout vif me puisse on larder

Si iamais homs viuant y entre.
Trop yre suis au cueur du ventre
Puis quaulcun y a mis le pie.
Mieulx aymasse dung espie
Estre feru parmy le corps/
Ie fis que folbien me recors
Si mamenderay par vous deux.
Iamais ne seray paresseux
De ceste closture deffendre.
Si ie y peulx aulcun entreprendre
Mieulx luy vauldroit estre a panie/
Iamais en nul iour de ma vie
Ne me tiendray pour recreant
Nul ny viendra tant soit bruyant.

¶ Lamant.

CLors sest dangier sur pied dresse
Semblant fait estre courrouce.
En sa main vng baston a pris
Et va cherchant par le pourpris
Sil trouuera pertuys ne trace

Dägier empesche la mât den trer au Berger.

Ne sente affin quelle la face
Estouper diligentement.
Dangier est change aultrement
Car il mest beaucoup plus diuers
Quil ne souloit et plus peruers
Et plus fier quil ne souloit estre
Il est en trop perilleux estre/
Car ie nauray iamais loysir
De veoir ce que iay en desir.
Moult ay le cueur du ventre yre
Danoir bel acueil coniure/
Et bien saiches que chascun membre
Me fremist quant ie remembre
De la rose que ie souloye

Cõplainte de lamant.

Veoir de bien pres quant ie vouloye.
Et quant du baiser suis recors
Qui me mit vne odeur au corps
Assez plus doulce que de basme
A bien peu que ie ne me pasme/
Car encor ay au cueur enclose
La doulce saueur de la rose.
Et saiches quant il me souuient
Que ainsi eslongner me conuient
Et quauoir ne peulx mon deuis

Mieulx vouldroye estre mort que vis
Mal toucha la rose a ma bouche
Samour ne seuffre que iatouche
Vne aultre fois encor a elle/
Ien ay itrouue la saueur telle
Que trop grande est sa couuoitise
Qui esprent mon cueur et attise.
Moult me viendront pleurs a souspirs
Longues pensees cours dormirs
frissons et plaintes et complaintes
Telles douleurs auray ie maintes.
Or suis ie cheu en telle paine
Par malle bouche la haultaine/
Sa langue desloyalle et faulse
Ma pourchassee ceste faulse.

Nota.

¶ Comment par enuieulx atour
Ialousie fit vne tour
Pour enfermer et tenir prins
Bel acueil qui auoit surprins.

Aintenant droit est que vous die
La maniere de Ialousie
Qui est malle suspection.
Il ny eut au pays macon
Ne pionnier quelle ne mande/
Et leur fit faire par commande
Entre les rosiers grans fossez
Qui cousteront deniers assez/
Car ilz sont larges et profons.

E ij

❡ Le Rommant de la Rose.

Dessus les bors sont les macons
Ung mur de quatreaulx bien taillez
Bien apointez et habillez
Dont le fondement par mesure
Est assis sur roche tresdure.
Jusque au pied du fosse decent
Vient amont en estrecissant/
Car loeuure en est plus forte assez.
Les murs furent si compassez
Quilz sont dune mesme quarrure.
Chascun cent toyses de pas dure
Et sont autant longs comme lez.
Les tournelles sont les alez
Qui richement sont entaillees
Et faictes de pierres taillees.
Aux quatre coings en ya quatre
Qui seroient fortes a abatre/
Et si ya quatre portaulx
Dont les murs sont espes et haulx.
Il en ya vng au deuant
Bien deffensable et ensupuant
Deux de coste et vng derriere
Qui ne doubte coup quon luy fiere.
Bonnes portes sont la coulans
Pour faire ceulx dehors doulans
Et pour eulx prendre et retenir
Silz osassent auant venir/
Et au meillieu de la pourprise
Est vne tour de grant deuise
Bien faicte donurier et de maistre
Nulle plus belle ne peult estre.
Elle fut forte/large/et haulte
Dont le mur nen doit faire faulte
Pour engin quon saiche getter/
Car on destrampa le mortier
De fort vin aigre et de chaulx viue.
La pierre est de roche nayue
Dont on a fait le fondement
Qui est dure comme ayment.
❡ Celle tour la fut toute ronde
Plus belle nest en tout le monde
Ne par dedans mieulx ordonnee.
Elle est dehors enuironnee
Dunes lysses qui sont entour.

La cōpositiō d la tour.

Entre les lysses et la tour
Sont les rosiers espes plantez
Ou roses sont a grand plantez.
Dedans ceste tour a pierrieres
Et engins de maintes manieres.
Vous pourriez bien les mangonneaulx
Veoir par dessus les haulx carreaulx/
Et aux archieres de la tour
Sont arbalestres tout entour
Pour mieulx la deffense tenir.
Qui pres des murs vouldroit venir
Il pourroit bien estre trop nices.
Dehors des murs sont vnes lysses
De bon fort mur a carneaulx bas
Si que cheuaulx ne peuent pas
Venir aux fossez dune allee
Quil ny eust auant grant meslee

Singularite de la tour du pourpris.

Jalousie a garnison mise
Au chasteau que ie vous deuise/
Et mest aduis que dangier porte
La clef de la premiere porte
Qui ouure deuers orient.
Auec elle a mon essient
Trente sergens la sont par conte/
Et lautre porte garde honte
Qui ouure par deuers midy
Elle fut moult saige/et vous dy
Quelle eut sergens a grant plante
Pres a faire sa voulente.
Peur eut grant connestablerie
Et fut a garder establie
Lautre porte qui fut assise
A main senestre contre byse.
Paour si ne sera ia asseure
Selle nest enclose a serreure
Et si ne louure pas souuent/
Car quant elle oyt bruyre le vent
Ou petites souris saillir
Elle commence a tressaillir.
Malle bouche que dieu mauldie
Eut souldoyers de normandie
Qui gardent la porte destroictz.
Et si saichez bien quaultres troys

La garnisonne se au chasteau pla lousie.

Dāgier garde la porte du chasteau.

Honte garde la seconde porte.

Paour garde la tierce porte.

Malle bouche garde la quarte porte.

Fueillet.xxvii.

Dont et viennent quant il eschet
Quil fault faire par nuyt le guet.
Il monte le soir aux creneaulx
Et attrempe ses chalemeaulx
Et ses buccines et ses cors.
Une heure dit chans de discors
Et nouueaulx sons de contretailles
Aux chalemeaulx de cournouailles/
Et aultre fois dit a la fluste
Quonque femme ne trouua iuste.
Nota. Aulcune nest qui ne sen rie
Selle oyt parler de lecherie.
Ceste est putte/ceste se farde
Et lautre follement regarde/
Ceste est villaine/et ceste est folle
Et ceste trop a de parolle.
Male bouche qui riens nespargne
Sur chascun trouue sa flacargne.

Ialousie que dieu confonde
Bien a garnie la tour ronde.
Et saches bien quelle ya mis
Bel ac= Des plus priuez de ses amis
cueil pri Tant quil ya grant garnison/
sonnier Et bel acueil est en prison
en la to= Amont en la tour enserre
Dont lhuys est si treffort barre
Les gar Que puissance na qui en ysse.
des d la Une vieille que dieu honnisse
tour. A mis a lhuys pour le guetter
Qui ne faict nul aultre mestier
Qua espier tant seullement
Quil ne se meuue follement.
Nul ne la pourroit engigner
Ne pour seigner ne pour guiner.
Il nest barat quel ne congnoisse/
Elle eut du bien et de langoisse
Quamours a ses sergens depart
☞ En ieunesse moult bien sapart.
Bel acueil se taist et escoute
Pour la vieille que trop redoubte
Et nest si hardy qui se meuue
Que la vieille sur luy ne treuue
Aulcune folle contenance/

Car la vieille scait toute dance.

INcontinent que ialousie
Se fut de Bel acueil saisie
Et quelle leut faict emmurer/
Elle se print a asseurer
Son chastel quelle dit si fort
Et luy donna grand reconfort.
Elle na garde que gloutons
Luy emblent roses ne boutons/
Trop sont les rosiers cloz forment
Dont en veillant et en dormant
Peult elle trop bien estre asseur.
Lamant.
MAis ie qui fuz dehors le mur L'amāt
Fuz liure a mort et a paine. estant
Qui scauroit quel vie ie maine hors la
Bien en deburoit grant pitie prendre tour du
Amour me scait ores bien vendre chastel
Les grans biens quil mauoit prestez au se cō
Que cupidoie auoit achetez. plaint.
Il me les vent trop de rechief/
Car ie suis en plus grand meschief
Pour la ioye que iay perdue
Que si ie ne leusse oncques veue.
Que vous vrois ie denisant
Ie ressemble bien le paisant Nota.
Qui gette en terre sa semence
Et a ioye quant il commence
Quelle proffite moult en herbe/
Mais deuant quil en cueille gerbe
La nyele tresfort la greue
Qui a trauers le ble se leue
Et faict les grains dedans mourir
Quant les espitz doiuent florir
Lesperance luy est tollue
Laquelle trop tost auoit eue.
Ainsi crains ie que ne vous mente
Perdre lesperance et lattente
Quamours mauoit tant auance
Et que iauoye commence
A dire ma grand priuaulte
A bel acueil qui appreste
Estoit de receuoir mes ieux.
E iii

¶ Le rommant de la Rose.

Mais amour est si couraigeux
Qui me tollist tout en une heure
Quant ie cuide estre bien asseure.
Cest ainsi comme de fortune
Qui met aux cueurs des gens rancune
Aultre fois les flate et les hue
En trop petit de temps se mue.
Une heure rit et lautre est morne
Ayant une roe qui tourne.
Cellup quelle veult elle met
Du plus bas amont au sommet/
Et cellup qui est sur la roe
Renuerse a ung tout en la boe.
¶ Je suis cellup qui est verse
Mal veis le mur et le fosse
Que passer nose ne ne puis.
Je neuz bien ne ioye oncques puis
Que bel acueil fut en prison/
Car ma ioye et ma garison
Qui est dedans le mur enclose
Est toute en lup et en la rose.
De la conuiendra il quil psse
Si amour veult que ie garisse/
Car ia dailleurs ne quiers que iaye
Honneur/sante/ne bien ne ioye.

Linsta-
bilite de
sperãce
cõme de
fortune.

Cõplay-
te de la-
mant a
bel a-
cueil.

A Bel acueil beau doulx amys
Si vous estes en prison mis
gardez moy au moins vostre cueur
Et ne souffrez pas pour fureur
Que ialousie la sauuaige
Mette vostre cueur en seruaige
Ainsi comme elle a fait le corps.
Selle vous chastie dehors
Ayez dedans cueur gayement
Encontre tout son chastiement.
Si le corps en prison est mis
Que le cueur ne soit point soubzmis/
Car franc cueur ne laisse a aymer
Pour batre ne pour diffamer.
Si ialousie est vers vous dure
Et vous faict ennuy et laidure
Faictes lup du grief a lencontre/
Et du dangier quelle vous monstre

Nota.

Vous vengez au moins en pensant
Puis que ne pouez aultrement.
Si en ce point vous le faisez
Je me tiendrois bien pour apsez/
Mais ie suis en moult grant soucy
Que faire ne vueillez ainsi
Car espoir a comme scauez
Malgre de ce que vous auez
Este/pour moy mis en prison.
Si nesse pas pour mesprison
Que iaye encor vers vous faicte.
Oncques par moy ne fut retraicte
La chose qui est a celer/
Mais il me poise pour parler
Plus que a vous de celle meschance/
Car ien seuffre la penitence
Plusgrand que nul ne pourroit dire.
A peu que ie ne confons dire
Quant il me souuient de ma perte
Qui est si grande et si aperte.
¶ Je ne scay pourquoy desconfort
Ne me donne tantost la mort
Quant ie congnois et scay de voir
Ainsi quil est bon a scauoir
Que les losengeurs enuieux
Sont a me nuyre curieux.
Ilz tendent a vous deceuoir
Vous le pouez appercevoir
Et faire tant par leur flauelle
Quilz vous tirent a leur cordelle.
Mais mallement suis esmaye
Que par vous ne suis oublie/
Si ie pers vostre bienvueillance
Jamais ailleurs nauray fiance/
Et si iauoye perdu espoir
Bien entreroye en desespoir.

Lamen-
tatiõs d
lamant

Nota.

¶ Si apres trespassa guillaume
De lorris et men fit plus pseaulme/
Mais apres plus de quarante ans
Parfit chopinel ce rommant
Qui a bien faire sefforca
Et ce son oeuure commenca.

Fueillet. xxviii.

Ie fuz fol quant blasmer lose/
Mais que me reuoult son bouloir
Puis quil ne me faict desdouloir.
Trop a qui ne peult conseil mettre
Fors seullement que de promettre/
Promesse sans don ne vault gueres
Quant el me laisse sans manieres
Tant et tant auoir de contraires/
Tresmauuais et non debonnaires
Quaulcun nen peult scauoir le nombre
Honte et dangier et paour mencombre
Et ialousie et malle bouche
Qui nayme que mauuais reprouche/
Car par mauuaise bouche blasme
Me faict/et vient a grant diffame.
Il tient en prison bel acueil
Qui trestous mes penseres acueil
Et scay que scauoir ne le puis
En brief temps tant ne viuray/puis
Sur tous aultres me nuyt et tue
Lorde vieille puant massue
Qui de si pres le doit garder
Quil nose nulluy regarder.

Complainte de lamant.

Nota.

Les empesches mis damours.

Mal parler est cause de grant diffame.

Mais or mon dueil enforce a
Le dieu damours quant me donna
Trois nobles dons par sa mercy
Ie les euz/mais ie les pers cy/
Cest doulx penser qui point ne mayde
Et doulx parler qui fault a layde.
Le tiers auoit nom doulx regard
Perduz sont si dieu ne me gard.
Sans faulte beaulx dons me feit/mais
Ilz ne me retiendront iamais
Si acueil ne sort de prison
Quon detient et sans mesprison.
Pour luy meurs/car il mest aduis
Quil nen sortira ce croy bis
Sortira/non/par quel prouesse
Istroit de telle forteresse.
Par moy si ne sera ce mye/
De sens na goutte ne dempye
Ains feis grant follye & grant raige
Quant au dieu damours feis hommaige/

Nota.

Les trois dons q̄ cupido donne a lamant.

E iiii

❧ Le rommant de la Rose.

Dame oyseuse se me fit faire
Mauldicte soit et son affaire
Qui me fit au ioly vergier
Par mon beau prier hebergier/
Car se elle eust beaucoup de bien sceu
Elle ne meust de chose creu/
Car lon ne doibt croire fol homme
note bië De la value dune pomme.
Blasmer le doit on et reprendre
Ains que follie puisse emprendre/
Et ie fuz fol et il me creut
Oncq par elle bien ne me creut.
Elle acomplist tout mon vouloir
Dont il me fault plaindre et douloir.
Bien le mauoit raison noté/
Tenir men peuly pour rassotte
Quant daymer lors point ne recreuz
Et les ditz de raison ne creuz.

Bien eut raison de moy blasmer
Puis quainsi mëtremis dãymer
Trop grief mal më cõuiët sentir
Ie men veuly ce trop repentir/
Repentir las et que ferois ie
Fauly traistre renye seroye/
Bien mauroyent diables enuahi
Quant iauroye mon seigneur trahi/
Bel acueil trahi en seroit
Contre raison et contre droit
Qui pour me faire courtoisie
Est en la tour de ialousie.
Courtoisie me fit il/voire
Si grant que nul ne pourroit croire
Quant il voulut que trespassasse
La haye et la rose baisasse.
Malgre ne luy en dois scauoir
Ie feroye contre mon deuoir.
Helas contre le dieu damours
Ne feray plaintes ne clamours
De luy aussi de dame oyseuse
Qui tant ma este gracieuse
Ne feray plus/car trop auroye
Si de leur bien ie me plaignoye/
Parquoy il me fault mieuly souffrir

Et mon corps a martyre offrir
Et attendre en bonne esperance
Tant quamours menuoyent a legance. Nota.
Attendre mercy me conuient/
Car il me dist bien men souuient
Ton seruice prendray en gre
Et te mettray en hault degre
Si mauuaistie ne le te tost/
Mais espoir ne ten sera tost/
Grant bien ne vient pas en peu dheure Grãt
La conuient grant peine et demeure. beur e
Ce sont les ditz quamour formoit soubz
Bien pert que tendrement maymoit. perãce
Ientenderay a le seruir
Pour bien sa grace desseruir/
Car en moy seroit le deffault
Au dieu damours nest pas de ffault
De foy/car dieu ne faillit oncques
Certes il ne fault en moy doncques/
Si ne scay ie pas dou ce vient.
Ne ne scauray comme il aduient   Resolu
Or voise comme aller pourra   tiõ de l
Et face amour ce quil vouldra   mant.
Du deschapper ou de courir/
Sil veult si me face mourir
Contre luy ne viendray a chief.
Or suis ie mort si ce luy chief
Du aultre que moy ne lachette/
Mais samour qui si fort me griefue
Pour moy ce voulloit acheuer
Nul mal ne me pourroit greuer
Qui or mauint de son seruice.
Or soit tout selon son office/
Mette conseil sil y veult mettre/
Car plus ne men scay entremettre/
Mais quelque chose quil aduienne
Ie luy requiers quil luy souuienne
De bel acueil apres ma mort/
Qui sans mal me faire ma mort/
Et touteffoys pour luy deduyre
A Bons amour ains que iespire   La cõfes
Puis que ne peuly porter le fais   sion de
Sans repentir me fais confes   lamant
Comme faict le loyal amant/

Fueillet. xxix.

Et vueil faire mon testament.
Au departir mon cueur luy laisse
Et aultre chose ne delaisse.

¶Cy est la tresbelle raison
Qui est preste en toute saison
De donner bon conseil a ceulx
Qui deulx saulver sont paresseulx.

Ainsi que ie me dementoye
Des grans douleurs q̃ ie sentoye
Et ne scauoye trouuer mire
De ma douleur et de mon ire
Ie vis vers moy tout droit venant
Raison la belle et aduenant
Qui de sa tour ius descendit
Quant mes complaintes entendit/
Car selon ce quelle pourroit
Moult voulentiers me secourroit.

¶Raison a lamant.

¶Beaulx amys dist raison la belle
Comment se porte ta querelle/
Sont tes esperis damour lassez/
As tu pas eu des maulx assez
Que te semble du mal daymer
Est il trop doulx ou trop amer.
En scez tu le moyen eslire
Qui te puisse ayder et suffire.
As tu donc bon seigneur serui
Qui tant ta prins et asserai
Et te tourmente sans seiour.
Il te meschiet bien chascun iour

De ce que hommaige tu luy feis/
Bien fol fuz quant a ce te mis/
Mais sans faulte tu ne scauoyes
A quel seigneur affaire auoyes/
Car si tresbien tu le congneusses
Hommaige faict point ne luy eusses
Aussi son homme ne eusse este
Serui ne leusses vng este
Nompas du tout vne seulle heure/
Mais croy que sans point de demeure
Son hommaige luy renuasses
Et iamais par amours naymasses
Le congnois tu point

¶Lamant.

¶Ouy dame.   ¶Raison.
¶Non fais.   ¶Lamant.
¶Si fais.   ¶Raison.
¶Dequoy par tame.
                ¶Lamant.
¶De tant quil me dist tu dois estre
Moult ioyeulx quant as si bon maistre
Et seigneur de si hault renom.
                ¶Raison.
¶Le congnois tu de bien plus.
                ¶Lamant.
¶Non.
Fors tant quil me bailla sa reigle
Puis sen fouyt plustost que vne aigle
Et ie demeuray en balance.

¶Raison a lamant.

¶Certes cest malle congnoissance/
Mais ie veulx que tu le congnoisses
Toy qui en as eu tant dangoisses
Que tu es tout deffigure
Tout nud chetif et malheure/
Mal faire ne pouoye greigneur.
Bon faict congnoistre son seigneur
Et si cestuy bien congnoissoyes
Legierement yssir pourroyes
De la chartre ou tant tu empire.

¶Lamant a rayson.

la remõ
strãcede
raison a
l'amant

Nota.

¶ Le Rommant de la Rose.

¶ Voire/mais puis quil est mon sire
Et ie son homme tout entiers
Moult y tendisse voulentiers/
Mon cueur/et plus fort aprendroit
Si lecon quelcun luy monstroit.
¶ Raison a lamant.

Raison enseigne a lamāt la māiere daymer.
¶ Par mon chief ie te vueil aprendre
Ta lecon si tu veulx entendre/
Car ie te monstreray sans fable
Chose qui nest point demonstrable/
Dont tout bien scauras sans science
Et congnoistras sans congnoissance
Ce qui ia ne peut estre sceu
Ne point demonstre ne congneu.
Quant a ce que ia plus en saiche
Aucun qui son cueur la ataiche
Ne qui a pource moine sen vueille
Sil nest tel que suyui le vueille.
Le neu te sera desnoue
Que tousiours trouueras noue/
Or y metz ton intention
Si verras la description.

la vraye description damours:
¶ Amours est vne paix hayneuse
Amours si est hayne amoureuse.
Cest loyaulte la desloyalle
Et la desloyaulte loyalle.
Cest vne paour toute asseuree
Esperance desesperee.
Cest raison toute forcenable
Forcenerie raisonnable.
Cest doulx peril pour se noyer
Soif fais legier a manger.

Nota.
Cest caribdis la perilleuse
Desagreable et gracieuse
Cest langueur auec medicine
Cest sante toute maladine.
Cest fain saoule en abondance
Cest couuoitise et suffisance.
Cest la soif qui tousiours est pure
puresse qui de soif senpure.

Les bōs epithetons das mours.
Cest fol delit tristesse lye
Et lyesse qui est martyre.
Doulx mal/doulceur malicieuse

Doulce saueur mal sauoureuse.
Entaiche de pardon peche
De peche pardon entaiche.
Cest paine qui trop est ioyeuse
Cest felonnie la piteuse
Cest ie ieu qui nest pas estable
Estat instable et trop muable/
force trop enfermee et fors
Qui tout esmeut par ses effors.
Cest fol sens/cest saige follye
prosperite triste et iolye.
Cest ris plain de pleurs et de lermes
Repos trauaillant en tous termes.
Cest enfer le tresdoulcereux
Cest paradis le doloreux
Charite qui prison soulaige
printemps plain de grant vuernaige.
Cest taigne qui riens ne reffuse/
Car le pourpre et le bureau vse
Et sont aussi bien amourettes
Soubz bureau comme soubz brunettes/
Car nul nest trouue si fort saige
Ne de si hault puissant lignaige
Ne de force tant esprouue
Ne nest si hardy or trouue
Ne qui ayt moult daultre bonte
Que par amours ne soit dompte
Tout le monde va ceste voye/
Cest le dieu qui tous les desuoye
Sinon les gens de malle vie
Que genius excommunie
pource quilz font tort a nature/
Mais pourtant si ie nay deux excute
Ie ne vueil pas que les gens ament
De celle amour dont ilz se clament
En la fin chetifz et doulans
Tant les va amour affolans/
Mais si tu veulx bien escheuer
Quamours ne te puissent greuer
Et veulx garir de ceste raige
Voyre ne peulx si bon bruuaige
Comme penser a le fuyr
Tu nen peulx aultrement iouyr.
Si tu le suys il te suyur a

Bon enseignemēt pou fouyr amours

fueillet.xxx.

Et si tu fuys il sen fuyra.
¶ Lamant a raison.
¶ Quant ieuz raison bien entendue
Qui pour neant sestoit debatue
Dame dis ie mon cueur se vant
Quil ne scet pas plus que deuant
A ce que men puisse retraire.
Ma lecon a tant de contraire
Que ie ne la peulx bien entendre/
Si la scais ie bien par cueur rendre
Tant que mon cueur ne loubliera
Et entendz bien ce quil y a
Pour lire a tous communement
Viennent a moy tant seullement/
Mais puis quamour mauez descripte
Et tant louee et tant despite
Prier vous veil du diffinir
Si que mieulx men puisse venir/
Car diffinir ne soups oncques.
¶ Raison a lamant.
¶ Doulentiers or y entens doncques.
Amours si bien suis appensee
Est maladie de pensee
Entre deux personnes annexees
Franches entre eulx de diuers sexes
Venant aux gens par ardeur nee
De vision desordonnee
Par acoller et par baiser
Pour en ly charnellement aiser.
Amour aultre chose nentent
Ains sert et se delecte entant
Que de fruit auoir ne faict force/
Car en delit sans plus sefforce.
Aulcuns sont de telle maniere
Qui ceste amour nont mye chiere/
Mais touteffoys fins amans faignent
Aymer et point aymer ne daignent
Et se mocquent aussi des dames
En leur promettant corps et ames
Ilz inuent mensonges et fables
A ceulx quilz trouuent deceuables
Tant quilz ayent leur delis eulz/
Mais ceulx la sont les moins deceuz/
car tousiours mieulx vault vng bon maistre

Decepuoir quen rien deceu estre/
Et mesmement en ceste guerre
Quant le moyen en scauent querre/
Mais ie scay bien pas ne deuin
Continuer loeuure diuin.
De tout son vueil et pouoir deust
Quiconque auecques femme geust
Bien se garder a son semblable
Pource que tout est corru..pable/
Si que ia par succession
Ne fauldroit generation/
Car puis que peres et meres faillent
Nature veult que les filz saillent
Pour recontinuer ceste oeuure
Si que par lung lautre recouure/
Pource y mit nature delit
Pour son plaisir/ainsi eslit
Affin que ouuriers ne finissent
Et que ceste oeuure ne laississent/
Car plusieurs ia ny mettroient traitz
Si par delit nestoient attraitz
Ainsi nature y soubtiua.
Saichez que nul a droit ny va
Ne na pas intention droicte
Qui sans plus delit la couuoite/
Car cil qui va delit querant
Il se faict certes et si rent
Comme serf treschetif et nices
Au prince de trestous les vices/
Car cest de tout mal la racine
Comme tulles le determine
Au liure quil fit de vieillesse
Quil loue bien plus que ieunesse/
Car ieunesse boute homme et femme
En tout peril de corps et dame/
Cest trop forte chose a passer
Sans mort ou sans membre casser
Du sans honte faire ou dommaige
Soit a soy ou a son lignaige.
Par ieunesse nous follions
En toutes dissolutions
Et suyuons malles compaignies
Et les desordonnees vies
Et muons noz propos souuent/

Du nous nous rendons par conuent
A aulcun comme a son seruice
Qui est ung cas de crime et vice.
Lon ne peult garder la franchise
Que nature a en homme mise/
Et cuide prendre au ciel la grue
Quant il se met illec en mue
Et tant si tient quil soit profes.
Et puis sil sent trop griefle fes
Sil sen repent et puis sen ist
Ou sa vie adonc la finist
Si quil nen ose reuenir
Par honte qui le faict tenir
Et contre son gre la demeure.
La vit en grant misere et pleure
La franchise quil a perdue
Qui ne luy peult estre rendue
Sinon que dieu grace luy face
Qui sa malaise luy efface
Et le tienne en obeissance
Par la vertu de pacience.
Jeunesse met gens es follies
Es bourdes et es tibauldies
Es luxures et es oultraiges
Es mutations de couraiges
notez les / Et faict commencer les meslees
mauluz q̄ / Qui a paine sont desmeslees.
faict ieu- / En tel peril les met ieunesse
nesse. / Qui les cueurs a delit adresse.
Ainsi delit attrait et mene
Les cueurs et la pensee humaine
Par ieunesse la chambetiere
Qui de mal faire est coustumiere
Et des gens a delit attraire.
Elle quiert point aultre oeuure faire/
Mais vieillesse les en rechasse
Qui ne le scet si le pourchasse
Et le demande aux anciens
Que ieunesse a eu es liens/
Car ilz remembreront assez
Les grans perilz quilz ont passez
Et les follies par eulx faictes
Dont leurs forces leur sont retraictes
Auec les folles voulentez

Dont ilz souloyent estre temptez.
Vieillesse qui les acompaigne
Qui moult leur est bonne compaigne
Et les ramene a droicte voye
Jusques a la fin les connoye/
Mais mal employe son seruice
Qui delle nayme point loffice
Au moins iusqua ce tant en scap
Quil la vouldroit auoir en soy/
Car nul ne veult vieil deuenir
Ne sa vie ieune finir/
Mais nature ne peult souffrir
Quaulcun vine sans enuieillir.
Gens sesbahyssent et merueillent
Quant en leur remembrance il vueillent
Et des follyes leur souuient
Comme souuenir leur conuient
Comme ilz firent telle besongne
Sans receuoir honte a vergongne
Et si honte et dommaige y eurent
Comment encor eschapper peurent
De tel chose sans perte auoir
De lame du corps ou dauoir.
Scez tu bien ou se tient ieunesse
Qui habit erre par son adresse.
Delit la tient en sa maison
Tant comme il est en sa saison
Et veult que ieunesse le serue.
Pour rien fut elle ore sa serue
Et elle le faict voulentiers
Tant quel trasse par tous sentiers
Et son corps a bandon luy liure/
Car point ne vouldroit sans luy viure.
Vieillesse la tarde demeure
La ou ie diray sans demeure/
Car la te conuiendra errer
Si mort ne te faict deualer
Au temps de ieunesse en sa caue
Qui moult est tenebreuse et haue.
Trauail et douleur la hebergent
Lesquelz la lient et enfergent
Et tant la batent et tourmentent
Que mort prochaine luy presentent
Et talent de se repentir

fueillet. xxxi.

Tant luy font martire sentir.
Adonc luy vient en remembrance
En ceste tardiue presence
Quant elle se voit si chanue
Et que mallement la deceue
Jeunesse qui tout a iette
Son temps passe en vanite
Et quelle a son ame perdue
Si du futur nest secourue
Qui la soustienne en penitance
Des pechez quel fit en enfance/
Et par bien faisant ceste paine
Au souuerain bien la remaine
Dont ieunesse la deceproit
Quant des vanitez labreuuoit/
Car le present si peu luy dure
Quil nya compte ne mesure
Mais comment que la besongne aille,

Nota.

Qui damours veult iouyr sans faille
Fruict y doit querre cil ou celle
Quelle quel soit dame ou ancelle/
Jacoit ce que du delecter
Pas ne doiuent leur part quicter/
Mais ie congnois bien femmes maintes
Qui point ne vouldroient estre enfaintes
Et si elles sont il leur poise
Et point nen font ou plait ou noise
Si ce nest quelque folle ou nice
Qui boute na point de iustice.
Pour brief tous a delit sacordent
Ceulx qui a ceste oeuure se amordent
Telz sont gens qui guere valent

preudes
femmes
ne sabã-
donnēt
iamais
pour ar-
gent ne
autre pˢ-
sent.

Qui pour deniers trop tost se baillent
Et ne sont pas de loy liees
Par leurs ordes vies souillees/
Mais certes point nest femme bonne
Qui pour dons prendre sabandonne.
Nul homme ne se deuroit prendre
A femme qui sa chair veult vendre.
Pense il que femme ayme chier
Qui tout vif le veult escorcher/
Bien est chetif et deffoule
Qui si villainement est boule/
Sil cuide que tel femme layme

Pource que son amy se clame.
Quelle luy rit et fait grant feste.
Certainement semblable beste
Ne doit estre amye clamee
Ne nest pas digne destre aymee.
On ne doit rien priser moullier
Qui tend a homme despouillier.
Je ne dis pas que bien ne porte
Par grand soulas en sa main forte
Vng ioyau quant lung des amys
Quel a or luy auroit promis
Du donne quant point ne demande
Le present tel a sa demande.
Ainsi leurs cueurs ioingnent ensemble
Lung de lautre lamour assemble.
Ne cuide pas quil les departe
Car ilz sentreament sans escharte
Et fait chascun ce quil doit faire
Comme courtoys et debonnaire.
Mais de trop folle amour se gardent
Dont les cueurs sont bruslez et ardent
Et soit lamour sans conuoitise
Qui les faulx cueurs de prendre attise.
Bonne amour doit de fin cueur naistre
Parquoy lamant ne sera maistre
De tout son corporel soulas/
Mais lamour qui se tient es las
Charnel desir luy represente.
Cest ce ou tu metz ton entente
Pource veulx tu la rose auoir
Sans y pourchasser aultre auoir/
Mais tu nen es pas a deux dois
Parquoy enmaigrir tu te dois/
Cest cela qui ta vertu oste
Moult as receu douloureux hoste
Quant amours premier hostelas.
Mauuais hoste en ton hostel as/
Pource te dis que hors le boutes
Car il te oste pensees toutes
Qui te doiuent a bien tourner.
Ne se laisse plus seiourner
Trop sont a grant meschief liurez
Cueurs qui damours sont enyurez/
En la fin encor le scauras

nota.

Bonne
amour
vient de
bon cou-
rage.

f i

Quant ton temps perdu y auras
Et degastee ta ieunesse
En ceste dolente lyesse.
Si tu peulx encore tant viure
Le tēps perdu mõlt est a regreter
Que damours te soyes desliure
Ton temps perdu bien ploreras
Mais recouurir ne le pourras.
Encor se par tant en eschappes
Car en la mort ou tu tenchappes
Maintz y perdent bien dire los
Sens/temps/chastel/corps/ame/a los.

Lamant.
Ainsi raison si me preschoit
Mais amours si fort mempeschoit
Si quen oeuure rien ne mettoye
Iacoit ce que bien entendoye
Mot a mot toute la matiere
Mais amours tant me trait arriere
Que parmy tous mes pensez passe
Com cil qui par tout a sa chasse
Et tousiours tiēt mon cueur soubz celle
Hors de mon corps a vne pelle.
Tout ce sermon iette en la rue
Par lune des oreilles rue
Ce que raison en lautre boute
Si quelle pert sa paine toute
Et memplist de courroux et yre
Lors tout yre luy prins a dire
Dame bien me voulez trahir/
Nota. Dois ie doncques les gens hair
Ie harroys doncq toutes personnes
Puis quamours ne me sont pas bonnes
Iamais naymeray damour fine
Ains viuray tousiours en ruyne/
Et lors seray mortel pecheur
Pire quung friant ou lecheur/
A ce ne peuz ie pas faillir
Par lung me conuient il faillir
Ou ie hairay ou aymeray/
Mais iespoir que ie compairay
La haine trop plus au dernier
Ne valist amours vng denier.
Son conseil mauez si donne
Et tousiours mauez sermonne

Que ie me doitz damours recroire/
Bien est fol qui ne vous veult croire
Aussi mauez vous ramenteue
Vne aultre amour que nay congneue
Que point ne vous ouy blasmer
Par qui on se peult entreaymer.
Si vous la vouliez diffinir
Pour folme pourroye tenir
Si voulentiers ne lescoutoye
Pour congnoistre si ie pourroye
Les natures damours apprendre
Si cela vous plaisoit entendre.

Raison a lamant.
Certes beaulx amys fol es tu
Car tu ne prises vng festu
Ce que pour ton bien taffermon.
Ien vueil faire encore vng sermon
Car de tout mon pouoir suis preste
Dacomplir ta bonne requeste/
Mais ne scay sil te vauldra gueres.
Raison instruit lamāt a aymer.
Amours sont de maintes manieres
Sans celle qui ta si mue
Et de ton droit sens remue.
Malheur te bailla son acointe
Garde que plus tu ne lacointe.
Amytie est nommee lune
Cest bonne voulente commune
De gens entre eulx sans discordance
Selon de dieu la bienvueillance/
Car ceulx la font communite
De tous leurs biens en charite
Si que par nulle intention
Aulcun nait point exemption
Daider a lautre comme sent
Mais comme fort et moult vaillant
Et loyal/car rien ny vauldroit
Le sens ou loyaulte fauldroit/
Car tout ce qui ose penser
A son amy peult recenser
Comme a luy seul tout seurement
Sans suspesson dacusement.
Diuerses manieres daymer.
Telz meurs doiuent auoir et veullent
Ceulx qui loyaulment aymer seullent
Lhomme ne peult estre amyable

Fueillet. xxxii.

    S'il n'est si ferme et si estable
    Que pour fortune ne se meuue
note de Et qu'en vng point tousiours se treuue
constance Du riche ou poure/ses amys
    Qui ont en luy tout leur cueur mis
    En poureté luy doiuent rendre
    Sans aulcunement point attendre
notable Que leur ayde lors il requiere/
singu- Car bonté faicte par priere
lier.   Est trop mallement chier vendue
    A cueurs qui sont de grant value.

    ¶ Cy est le souffreteux deuant
    Son vray amy en requerant
    Qu'il luy vueille ayder au besoing
    Son auoir luy mettant au poing.

    Oult a vaillãt hõme vergongne
    Quant a requerir s'embesongne
    Moult y pense moult se soucie
    Et moult souffre deuant qu'il prie
    Grant honte a de dire son dit
    Et si redoubte le escondit.
    Mais quant vng tel homme a trouué
Au be- Lequel il a bien esprouué
soing se Si qu'il est certain de s'amour
cognoist Faire luy va plainte et clamour
l'amy. De tous les cas que penser ose
    Sans honte auoir de nulle chose.
    Car comment en auroit il honte
    Si l'autre est tel que ie racompte.
    Quant son secret dit luy aura

Jamais le tiers ne le scaura
Et du reprocher n'aura garde/
Car le saige sa langue garde/
Ce ne scauroit mye fol faire/
Nul fol ne scait sa langue taire.
Tel bon amy le secourra
Du tout en tout comme il pourra
Plus ioyeulx de ce faict pour voir
Que l'autre de se receuoir/
Et si ne luy fait sa requeste
Point n'en aura moins de moleste
Que cil qui la luy a requise   *Les con-*
Tant est d'amour grand la maistrise *ditions de*
Et de son dueil la moictie porte *vraye a-*
De tant qu'il peult se reconforte *mitié.*
Et de la ioye a sa partie
Si l'amour est a droit partie.

Par la loy de ceste amytié
Dit Tullés en vng sien ditié
Que bien deuons faire requeste *note se*
A noz amys qui soit honneste   *dit de ci-*
Et leur requeste refuson   *cero d'a-*
S'elle contient droit et raison   *mytié.*
Aultrement ne doit estre faicte
Fors en deux cas qu'il en excepte.
S'on le vouloit a mort liurer
Du tout se deuons deliurer/   *Nota:*
Si son assault sa renommée
Gardons qu'elle ne soit diffamée.
En ces deux cas les fault deffendre
Sans iamais la raison attendre
Tant comme amour peult excuser
Ce ne doit l'homme refuser.
Ceste amour que ie te propos
N'est pas contraire a mon propos.
Ceste cy vueil bien que tu suyues
Et que l'autre amour point ne suyues.
L'une a toute vertu s'amort
Mais l'autre met les gens a mort.
Une aultre amour te vueil retraire *Fainte*
Qui est a la bonne contraire   *amour*
Et quasi forment a blasmer.   *est a blas-*
C'est fainte voulenté d'aymer   *mée*

               ff ii

Le rommant de la Rose.

En cueur malade du venin
De grand couuoitise et de gain.
Ceste amour est en tel balance
Si tost comme el pert lesperance
Du prouffit quelle veult attaindre
Que faillir luy fault et estaindre/
Car estre ne peult amoureux
☞ Cueur qui nayme les gens pour eulx/
Ains se faint et les va flatant
Pour le prouffit quil en attent.
Cestuy amour vient de fortune
Qui seclipse comme la lune
Qui la terre couure et enumbre
Quant la clarte chiet en son vmbre
Qui tant a de clarte perdue
Comme du soleil pert la veue/
Et quant elle a lumbre passee
El reuient toute enluminee
Des rais que le soleil luy monstre
Qui dautre part reluyt encontre.

Nota de amour fainte.

Cest amour est de tel nature
Car tost est clere et puis obscure
Si tost que pourete laffuble
De son hideux manteau tant nuble.
Et quant richesses luy reluysent
Toute clere la reconduysent/
Elle fuyt quant richesses faillent
Et sault aussi tost quelles faillent.

Se lamour que si ie te nomme
Est bien ayme chascu riche home
Mesmement lauaricieux
Qui ne veult son cueur vicieux
Lauer de lardeur/et du vice
De couuoitise et auarice.
Plus est cornu que cerf rame
Le riche qui cuide estre ayme
Qui luy est bien grant couardie.
Bien est certain quil nayme mie
Comment cuide il donc quon layme
Il est pource fol/telse clame/
En ce cas il nest mie saige.
Il est comme vng grant beau sauuaige
Qui nentend rime ne raison

En auarice a peu damour.

En tout temps heure ne saison.
Certes cestuy est aymable
Qui desire amy veritable.
Sil nayme pas prouuer le puis
Si layme par richesse/puis
Quil est ainsi tant couuoiteux
Plus que le poure souffreteux.
Le bon tous ses amys regarde
Et deuant luy les tient et garde
Et tousiours garder les propose
Tant que la bouche luy soit close
Et que la mort laisse creuant/
Car il se laisseroit auant
Le corps des membres departir
Quil les souffrist de luy partir.
Mais commenceroit amytie
En cueur qui na point de pitie
Certain en est quant ainsi fait
Car chascun scet son propre fait.
Certes moult doit estre blasme
Lhomme qui ayme et nest ayme.

Nota.

Home q nayme ne doit estre ayme.
Nota.

Et puis qua fortune venons
Et sermon de samour tenons
Dire ten veulx fiere merueille
Si que oncques nouys la pareille.
Ne scay si tu le pourras croire
Mais touttesfoys cest chose voire/
Et si la treuue lon escripte
Qui mieulx vault aux gens & proffite.
Fortune laduerse et contraire
Que la doulce et la debonnaire/
Et si cela semble doubtable
Cest bien peu argument probable
Que la debonnaire et la molle
Leur ment et les blece et affolle
Et les alaicte comme mere
Qui ne semble pas estre amere.
Semblant fait dauoir cueur loyaux
Leur departant de ses ioyaux
Comme les denieres et richesses
Les dignitez et les noblesses
Et leur promet establete
En lestat dampnablete

note de fortune.

fortune aduerse aucunesfoys est proffitable plus que prospere.

Fueillet.xxxiii.

Varieté de fortune.

Et tost les paist de gloire vaine
En la bieneureté mondaine.
Quant sur la roe les fait estre
Chascun cuide estre si grand maistre
Et en si hault estat se veoir
Que iamais il nen pourroit cheoir

Nota.
Croire leur faict quilz ont damis
Tant quilz ne les scauent nombrer
Et ne sen peuent descombrer
Quilz naissent entour eulx et viennent
Et que pour seigneurs ne les tiennent.
Richesses leur promettent qui ses
Iusqua despendre leurs chemises
Voire iusques au sang espandre
Pour eulx garantir et deffendre
Pres dobeir et les ensuyure
Par tous les iours quilz ont a viure.
Et ceulx qui telz parolles oyent
Sen glorifient et les croyent
Comme si cestoit euangille
Et tout est flaterie inutile
Comme bien apres le scauoient

En ad-
uersité
se trou-
ue peu
damis.
Si tous leurs biens perdus auoient
Et quilz neussent ou recouurer.
Adonc verriez amys ouurer/
Car de cent amys apparens
Soyent compaignons ou parens
Si lung leur pouoit demeurer
Dieu en deuroient bien adorer.

note de
fortune
aduerse
Ceste fortune que iay dicte
Quant auec les hommes habite
Elle trouble leur congnoissance
Et les nourrist en ignorance/
Mais la contraire et la peruerse
Quant de leur grant estat les verse
Les tumbant autour de sa roe
Dont enuers les met en la boe
Et leur assiet comme marastre
Au cueur ung douloureux emplastre
Destrempé non pas du vin aigre.
Mais de poureté lasse et maigre
Tresbien monstre que bien est vraye
Et que nul fier ne se doye

En la bieneurté de fortune/
Car la nest seureté aulcune.
Celle fait congnoistre et scauoir
Des quilz ont perdu leur auoir
Lequel amour ceulx les aymoient
Qui leurs amys deuant estoient/
Car ceulx a qui bieneurté donne
Maleurté moult fort les estonne
Et deuiennent comme ennemy
Ung nen demeure ne demy/
Mais sen fuyent et les renoient
Si tost comme poures les voyent.
Encore a tant point ne se tiennent
Mais par tout les lieux ou ilz viennent
Blasmant les vont et diffamant
Et folz maleur eulx reclamant

Nota.
Ceulx mesmes ausqlz le mieulx firêt
Quant en leurs grans estatz les vient
Dont tesmoignant a voix iolie
Que bien leur part de leur folie/
Telz ne treuuent qui les secoure
Mais le vray amy si demoure
Qui nayme point pour les richesses
Tant a le cueur plain de noblesses
Ne pour nul bien quil en attens.
Tel les sequeurt et les deffend
Car fortune en luy na riens mis/
Tousiours ayment loyaulx amis.
Qui sur amy trayroit espee
Tel amour point nauroit couppee
Fors en ce cas que ie vueil dire.
Lon le peult par orgueil par ire
Par reproche et par reueler
Les secretz qui sont a celer
Et par la playe douloureuse
De detraction venimeuse.
Amys en ce pas sen fuyroient
Aultre chose ne leur nuyroient.
Mais telles gens moult bien se prennēt
Silz entre nul vng seul en treuuent
Tant est lamour du monde vaine
Dingratitude toute plaine.
Et pource que nulle richesse
A valeur damy ne sadresse

Qui bien
ayme
tard ou-
blie.

Nota.

f iii

¶ Le Rcmant de la Rose.

Car iamais si treshoult ne monte
Note la bōne cō paraisō damitie
Que bien dampne la surmonte
Tousiours vault mieulx amy en voye
Que ne sont deniers en courroye.
Mais fortune la tresmeschante
Quant sur les vivans est tumbante
Elle les faict par son mescheoir
Trestous si tresclerement veoir
Quel seur faict telz amys trouver
Et par experiment trouver
Quilz valent mieulx que nul avoir
Quon pourroit en ce monde avoir.
Dont leur proffite adversite
Adversite souvent vault q̄ psperite
Plus que ne faict prosperite
Car par ceste ilz ont ignorance
Et par adversite science
Et le povre qui par tel prouve
Le vray amy des faulx esprouve
Le congnoist et bien le devise
Quant il estoit riche a devise
Que vousist il acheter lores
Sil sceut adonc ce quil scet ores.
Certes trop moins fust il deceu
Et en fust deslors apperceu/
Dont il a plusgrant avantaige
Puis que dung fol a faict ung saige
La grant povrete quil decoit
Que richesse qui le recoit/
Car richesse ne faict pas riche
Nota.
Celluy qui en tresor lafiche/
Suffisāce faict lhōme riche.
Mais suffisance seullement
Faict lhomme vivre richement/
Car tel na vaillant une miche
Qui est plus ayse et trop plus riche
Que davoir cent muytz de froment.
Ce te puis bien dire comment
Car espoir la est son marchant
Et son cueur en est si meschant
Le riche est insatiable.
Quil en est souffreteux assez
Ains que ses biens soient amassez/
Ne ne cesse se soucier
Dacroistre et de multiplier/
Et iamais assez nen aura
Ja tant acquerir ne scaura.

Mais lautre qui point ne se fie
Nota.
Es biens tout le temps de sa vie/
Mais seul luy suffist ce quil gaingne
Quant il peult vivre de sa gaingne
Point ne cuide que rien luy faille
Nait il or vaillant une maille/
Car espoir a quil gaingnera
Pour menger quant mestier sera
Aussi pour recouurer chaussure
Robe et convenable vesture.
Et sil advient quil soit malade
Et treuve la viande fade
Si se repent il toutesvoyes
De se getter de malles voyes
Et pour yssir hors du dangier
Quil naura mestier de mengier
Que de bien petite vitaille/
Si passera comment quil aille.
Si a lhostel dieu est porte
Il sera bien reconforte/
Du sil croit que celuy advienne
Il pense ains que le mal le tienne
Que tout a temps espargnera
Pour en iouir quant temps sera.
Du se despargne ne luy chault/
Mais laisse venir froit et chault
Ou la faim qui mourir le face
Il a espoir et se soulasse
Que quant plustost diffinira
Plustost en paradis yra
Et croit que dieu luy fera grace
Quant il laissera ceste place
Et exil mortel et present/
Car dieu aux bons faict son present

Pictagoras te dit et livre
Si tu as bien leu en son livre
Quon appelle les vers dorez
Vers do tez de pictago ras phi losophe
Pour les ditz du livre honnorez
Que tout droit au ciel tu yras
Quant de ton corps departiras
Et laisseras lhumanite
Vivant en pure deite.
Moult est chetif et folnais

fueillet.xxxiiii.

Qui croit que cy soit son pays/
Nostre pais nest pas en terre
Ce peult on bien des clercz enquerre
Lesquelz boece de confort lisent
Et les sentences qui y gisent
Dont grant bien aux gens laisseroit
Qui bien le sceut translateroit.

Seneces boece de cōsolatiō

E t sil est tel qui saiche viure
De ce que sa rente luy liure
Et ne desire aultre fierte
Aine cuide estre sans pourete/
Car ainsi que dit le bon maistre
Chetif nest sil ne le cuide estre
Soit roy cheualier ou ribauld
Mais ribauld ont les cueurs si bauldz
Portans sacz de charbon en greue
Que la paine point ne les greue.
Telz en pacience trauaillent
Aultres batent tripent et saillent
Et vont a sainct marcel aux tripes
Et tresors ne prisent deux pipes/
Mais despendent en la tauerne
Trestout leur gaing et leur espergne
Et puis vont seurs fardeaulx porter
Par plaisir pour eulx deporter
Et loyaulment leur vie gaignent/
Car embler et tollir ne daignent.
Puis vont a leur tonneau et boyuent
Et viuent comme viure doyuent.

Nota.ī nul nest pourest sil ne le pēse estre.

C Celluy est riche en abondance
Qui bien cuide auoir suffisance/
Par cela est plus droicturier
Que sil estoit riche vsurier/
Car lusurier cela te affiche
Ne pourroit iamais estre riche/
Mais tousiours poure et souffreteux
Tant est meschant et couuoiteux/
Aussi est il vray nen desplaise
Marchant ne vit pas a son aise/
Car son cueur met en telle guerre
Quil art tousiours pour plus acquerre
Et ia naura assez acquis.
Il craint perdre sauoir acquis

Suffisā ce cōprēt toutes ri chesses.

vote des mar chās a̧ uaricī eux.

Et obmettre le remanant
Dont ia ne se voirra tenant/
Car de riens desir il na tel
Que dacquerir daultruy chastel.
Emprīs a merueilleuse paine/
Car boire veult toute la saine
Dont ia tant boire ne sçaura
Que tousiours plus en y aura/
Cest la destresse cest lardure
Et langoisse qui tousiours dure/
Cest la douleur cest la bataille
Qui luy destranche la ventraille
Et le destraint en tel deffault/
Qui plus acquiert et plus luy fault.

nota. lauari ceux nest iamais saoule des ri chesses du mōde.

D uocatz et phisiciens
Sont tous liez de telz liens.
Telz pour deniers science vēdēt
Et tous a ceste hart se pendent.
Tant ont le gaing et doulx et sade
Quilz vouldroient bien po² vng malade
Quil y en eust plus de cinquante
Et cil pour vne cause trente
Voire deux cens voire deux mille
Tant les ard couuoitise et fille.
Si sont deuins qui vont par terre
Quant ilz preschent pour loz acquerre
Honneurs et graces ou richesse.
Les cueurs ont en telle destresse
Quilz ne viuent pas loyaulment/
Mais sur tous specialement
Ceulx qui pour vaine gloire preschent.
Le bien de leurs ames empeschent
Et telz sont plusieurs deceupueurs.

de lauat rice des aduo catz̧me dicins.

C Or saichez bien que telz prescheurs
Combien que aux aultres soit profit/
A eulx ne font ilz nul profit/
Car bonne predication
Vient bien de malle intention
Qui aux mauuais oncq ne valut
Tant soit elle aux aultres salut/
Car ilz prennent la bonne exemple/
Tant parler me seroit trop ample.
Or laissons doncques telz prescheurs

nota des predica teurs.

ff iiii

Et parlons de ces entasseurs
Qui dieu nayment aussi ne doubtent
Quant telz deniers en tresor boutent
Et plus quil nest besoing les gardent.
Quant les poures dehors regardent
De froit trembler de faim perir
Dieu le leur saura bien merir.
Trois grandes meschances aduiennent
A ceulx qui telles biens tiennent,
Par grant trauail quierent richesses
Et paour les tient en grans destresses/
Car a les garder point ne cessent
Mais en fin en douleur les laissent
En tel tourment viuront et viuent
Ceulx qui les grans richesses suyuent/
Ce nest sinon par le deffault
Damour qui par le monde fault/
Car ceulx qui richesses amassent
Son les aymast et ilz aymassent
Et bonne amour par eulx regnast
Que mauuaistie ne la cornast/
Mais plus donnast cil qui plus eust
A ceulx que gens de bien il sceust
Ou prestast nompas a vsure/
Mais par charite nette et pure
Parquoy a tout bien entendissent
Et doffense se deffendissent
En ce monde nul poure fust
Ne nul auoir il ny en peust/
Mais tant sont les gens variables
Quamours y sont faictes vendables.
Nul nayme fors pour son bien faire
Pour don ou pour seruice attraire/
Femmes mesment se veullent vendre
Mal soit a telles vente prendre.

Note de Barat.

Ainsi barat a tout honny
Par qui le bien iadis vny
Estoit aulx gens appropriez
Dauarice sont tant liez
Quilz ont naturelle franchise
A vilie seruitute mise/
Car tous sont serfz a leurs deniers
Quilz tiennent cloz en leurs garniers

Ilz les tiennent et sont tenuz.
Puis que a tel meschief sont venuz
De leur auoir ont faict leurs maistres
Les chetifz boutereaulx terrestres
Lauoir nest faict fors pour despendre/
Mais cela ne scaiuent entendre
Ains veullent tous a ce respondre
Que lauoir nest faict qua absconddre
Pas nest vray mais cacher le seullent
Et iamais donner ne le veullent/
Mais quoy quil en soit entendu
Quelque iour sera despendu
Tel bien/car quant morz ilz seront
Au successeur le laisseront
Qui gayement le despendra
Et ia bien faict ne leur rendra/
Et si ne sont pas seurs encore
Sil le garderont iusques a ore/
Car tel y peult mettre la main
Qui tout emportera demain.

Dy richesses font grant laidure
Quant ilz leur ostent leur nature
Leur nature est qlz doiuent courre
Pour les gens aider et secourre
Sans estre a vsure prestees
A ce les a dieu aprestees
Telz les ont en prison logees/
Mais richesses ainsi cachees
Deussent estre a chascun communes
Meilleures seroyent les fortunes/
Mais les richesses de telz hostes
Quilz ont en leurs coffres repostes
Qui mieulx selon leurs destinees
Deussent estre par tout trainees
Sen vengent honnorablement/
Car apres eulx hontensement
Ilz les trainent boutent et ardent
De trois glaiues les cueurs leur percent
Le premier est trauail dacquerre
Le second qui le cueur leur serre
Est la paour que lon ne leur emble
Leurs tresors qui sont mis ensemble
Dont esbahyz sont sans cesser.

Feuillet .xxxv.

pecune rich est e a sub iectit les gens.

Le tiers douleur de les laisser
Est comme iay dit cy deuant/
Mallement sen vont deceuant.
Ainsi pecune se reuanche
Comme dame tresnoble et franche
Des serfz qui la tiennent enclose.
En paix se tient et se repose
Et les maleureux faict veiller
Trop soucier et trauailler.
Soubz piedz les tient si fort et dompte
Quelle a honneur et eulx la honte/
Tout le tourment et le dommaige
Qui les angoisse en tel seruaige.
Bon nest de faire telle garde
Au moins a celluy qui la garde/

nota.

Mais sans faille elle demourra
A vng quescun quant il mourra
Qui ne losoit pas assaillir
Ne faire courre ne saillir.
Mais les vaillans hommes lassaillent
Et la cheuauchent et poursaillent
Et tant a esperons la battent
Quilz sen deduysent et esbatent
Par le cueur quilz ont large et ample.
A dedalus prennent exemple
Qui fit esles a ycarus
Quant par art et non pas par vs
Tindrent par mer voye commune.
Tout ainsi telz font la pecune
Qui luy font esles pour voler/

Le peuple de deda lus.

Auant se lairroyent affoler
Quilz nen eussent et loz et pris.
Telz ne veullent estre repris
De la grant ardeur et du vice
De couuoitise et auarice/
Ains en font les grans courtoisies
Dont leurs prouesses sont cheries
Et celebrees par le monde
Et leur vertu en surhabonde
Que dieu a pour mieulx agreable
Pour leur cueur large et honnorable/
Car tant comme auarice peult
Au dieu qui de ses biens repeut
Le monde quant y leur forge

Ce ne ta nul aprins fors ie
Tant luy est largesse puissant
Et courtoisie bien faisant.
Dieu hayt auers et vilains nastres
Et les tient tous pour ydolatres
Poures chetifz desmesurez
Paoureux conars et malheurez
Qui cuident et pour tout vray dient
Quaux richesses point ne se lient
Fors que pour estre en grant seurte
Et viure aussi en bieneurte.

Dieu hayt les auaricieux.

Cha dont ces richesses mortelles
Dictes dou saillistes vous telles
Que vous faictes les bieneurees
Gens qui vous ont trop enfermees/
Qui tant plus vous assembleront/
Et tant plus de peur trembleront/
Mais comment seroit en bon heur
Homme qui nest en estat seur/
Bieneurete dont luy fauldroit
Puis que seurte luy deffauldroit.

Mais aucun qui ce morroit dire
Pour mon dit du tout contredire
Des trois me pourroit opposer
Qui pour leur noblesse alloser
Comme le menu peuple cuyde
Fierement mettent leur estude
A faire autour eulx armes gens
Cinq cens et cinq mille sergens
Et dit lon tout communement
Quil leur vient de grant hardement/
Mais dieu scet bien tout le contraire
Car cest la paour qui leur faict faire
Qui tousiours les tourmente a griefue
Mieulx pourroit vng ribault de greue
Seul sans aultre par tout aller
Et deuant les larrons baler
Sans les doubter et leur affaire
Qung seigneur ou la penne noyre
Qui portast auec luy grant masse
Des tresors que tant il amasse
Dor et de precieuses pierres.
Sa part en auroient les tricherres
Qui de cela luy osteroient

nota.

☙ Le rommant de la Rose.

Et pour vray tuer le vouldroient
Je croy bien quil seroit tue
Ains que dela fust remue
Car les larrons or doubteroient
Si vif eschapper le laissoient
Quil ne les fist au gibet pendre/
Car a cela pourroit entendre
Par sa force/mais par ses hommes/
Car sa vertu ne vault deux pommes
Contre la force dung ribault
Qui sen iroit le cueur tout bault.
Par ses hommes/ma foy ie mens
Ou ie ne dis pas proprement/
Nota. Vrayement siens ne sont ilz mye
Tant soit en luy grant seigneurie
Seigneurie non/mais seruice
Qui en gardant les affranchisse
Ains feront ainsi quilz vouldront
Et a leur seigneur deffauldront
Et tout fin seul la demeurra
Si tost que le peuple vouldra/
Car leur bonte et leur prouesse
Leur corps leur force leur sagesse
Ne sont pas siennes rien nya
Nature bien les luy nya
☞ Ne fortune ne peult pas faire
Tant soit aux hommes debonnaire
Que nulles des choses leur soient
Combien que conquise les ayent
Dont nature les faict estranges.
☙ Lamant a raison.
Ha dame par le roy des anges
Aprenez moy donc en voz voyes
Lesquelles choses seront moyes
Et si mien propre puis auoir/
Cecy veulx bien de vous scauoir.
☙ Raison a lamant.
Ouy respondit or raison/
Mais nentens pas champ ne maison
Ne robes ne tes aornemens
Ne nulz terriens tenemens
Ne membre ne quelque maniere/
Trop as meilleure chose chiere
Ce sont les biens de tout ton sens

Dont tu es certain congnoissans
Quilz te demeurront sans cesser
Si que ne te puissent laisser
Pour faire a aultre tel seruice.
Ces biens sont tiens par droit office/
Mais aux autres qui sont foraines
Tu na pas vaillant deux douzaines
Ne toy ne nul homme qui viue
Ny auez vaillant vne ciue/
Car saichez que toutes voz choses
Sont dedans vous mesmes encloses
Tous aultres biens sont de fortune
Qui les disperse et les adune
Tollist et donne a son vouloir
Dont les folz faict rire et douloir/
Mais ce que fortune fera
Homme saige ne prisera
Joyeulx ne sera ne doulant
Sil voit or sa roe volant/
Car tous ses fais sont trop doubtables
Pource quilz ne sont pas estables.
Pource bonne nest lamour delle
Oncq a preudhomme ne fut belle
Ne nest pas droit quelle embellisse
Quant pour si peu chet et esclipse.
Et pource te vueil que tu saiches
Quil fault que ton cueur ny ataiches
Si nen es tu pas entache/
Mais ce te seroit grant peche
Si or auant tu tentachoyes
Et que vers les gens tempeschoyes
Que pour leur amy te clamasses
Et leur auoit sans plus aymasses/
Ou le bien qui deulx te viendroit
Nul preudhome a bien le tiendroit.
Ceste amour que ie tay cy dicte
Fuy la comme vile et despite
Et daymer par amour recroy
Et soyes discret et me croy/
Mais dune chose te vois nice
Quant tu mas mis en ta malice
Pource que hayne te commande/
Or dis quant et par quelle escande.
☙ Lamant a raison.

Les biens
de lame
sont im-
mortelz
et ceulx
de fortu-
ne trans-
sitoi-
res.

fueillet.xxxvi.

Vous ne finastes huy de dire
Que ie dois mon seigneur desdire
Ne scay par quelle amour sauuaige
Qui chercheroit iusque en cartthaige
Et dorient en occidens
Et tant vesquist que tous ses dens
Tumbees fussent par vieillesse
Et courust tousiours sans paresse
Les poings nouez a sa saincture
Tant que ce present monde dure
Faisant sa visitation
Par midy/par septentrion.
Et tant quil eust tout a plain veu
Il nauroit mye bien congneu
Lamour dont cy parle auez.

Nota. Bien en furent les gens lauez
Des lors que les dieux senfouyrent
Quant les geans les assaillirent
Celle amour fut si esperdue
Quel senfouyt elle est perdue
Et iustice la plus pesante
Fut la derniere pour fuyante/
Ensemble laisserent les terres/
Car souffrir ne peurent les guerres.

fictiõ q̃ Au ciel firent leur habitacle
iustice q̃ Et depuis sinon par miracle
senfouit Ca bas ne veullent deualer
au ciel. Sarat les en fit tous aller
Qui tient en terre lheritaige
Par sa force et par son oultraige.

Cicero. Esmes tulles qui mit grant cure
A chercher secretz descripture
Ne peult tant son engin debatre
Quãt plus de trois paires ou de quatre
De tous les siecles trespassez
Depuis que furent compassez
Le ciel et tous les elemens
Croy moy de ce/car point ne mens
Que fines amours ne trouuast/
Ie croy que moins en esprouuast
De ceulx qu en son temps vinrent
Qui ses amys de bouche estoyent.
Encore nay ie en nul lieu leu

Qui en aye nul telles veu
Si suis ie plus saige que tulles.
Bien seroye fol et en tules
Si telles amours vouloye querre
Puis quon nen a nulles en terre
Telle amour donc ou la querroye
Quant cy bas ne la trouueroye.
Bien puis voler auec les grues
Voire saillir dessus les nues
Comme le saige socrates.
Ie nen veulx point parler iamais
Pas ne suis de si fol espoir/
Car les dieux cuideroient espoir
Que ie assaillisse paradis
Comme les geans de iadis
Et pourroye estre fouldroyez
Pas ne scay si vous le vouldriez
De ce ne dois pas estre en doubte.

Raison a lamant.
Beaux amys dist elle or escoute
Se a cest amour ne peulx attaindre
Aussi bien peut tout ce remaindre
Par ton deffault que par lautruy/
Ie te enseigneray daultre huy
Daultres et non pas de ce mesmes
Dont chascun peult bien estre a mesmes/
Mais quil prengne lentendement
Damours vng peu plus largement
Et ayme en generalite   Aymer
Et laisse especialite   en gñal
Et ne face communion   et nõ en
De grant participation.   especial
Aymer peulx generalement
Tous ceulx du monde loyaulment/
Ayme les tous autant comme vng
Au moins de lamour du commun.   Amour
Garde que tel enuers tous soyes   cõmun est
Comme tous enuers toy vouldroyes/   a souer.
Ne fais a nul ne ne pourchasse
Fors ce que tu veulx quon te face/
Et si ainsi vouloies aymer
On te deuroit quicte clamer/
Ceste amour est tenue a suyure/
Car sans elle ne doit nul viure.

❡ Le Rommant de la Rose.

Et pource q̃ cest amour laissent
Ceulx q̃ de mal faire sãgraissẽt
En terre sont commis les iuges
Pour estre defenses et refuges
A ceulx ausquelz le mal est faict
Pour faire amender le meffaict/
Et ceulx pugnir et chastier
Qui pour cest amour renyer
Les gens meurtrissent et affollent
Et leurs biens rauissent et tollent/
Du blasment par detraction
Ou par faulse accusation
Ou par aultres mesaduentures
Soient apertes ou obscures
A telz conuient quon les pugnisse.
   ❡Lamant a raison.
❡Ha dame pour dieu de iustice
Dont iadis fut si grant renom
Pendant que parolle en tenon
Ie vous pry que vous vous penez
Et que vng mot de ce maprenez.
   ❡Raison a lamant.
Et quel
   ❡Lamant.
❡Tresliberalement
Faictes moy or vng iugement
Damour et de iustice ensemble
Leq̃l vault mieulx que vous en semble.
   ❡Raison a lamant.
❡De quel amour dis tu.
   ❡Lamant a raison.
❡De ceste
Ou vous voulez que ie me mette/
Car celle qui cest en moy mise
Ne tasche pas a mettre en mise.
   ❡Raison a lamant.
❡Certes fort bien le fais accroire/
Mais si tu quiers sentence voire
La bonne amour vault mieulx.
   ❡Lamant a raison.
❡Prouuez.
   ❡Raison.
❡Tresvoulentiers/quant vous trouuez
Deux choses qui sont conuenables

Necessaires et profitables
Celle qui plus est necessaire
Vault mieulx.
   ❡Lamant a raison.
❡Dame cest chose vraye.
   ❡Raison.
❡Or te prens bien cy doncques garde/
La nature des deux regarde.
Ces deux quelque part quilz habitent
Sont necessaires et profitent.
   ❡Lamant.
❡Vray est.
   ❡Raison.
❡Doncques or ay ie ia tant
Que mieulx vault la plus profitant.
   ❡Lamant.
❡Dame bien my peulx accorder.
   ❡Raison a lamant.
❡Ne ten vueil doncq plus recorder/
Mais plus est de necessite
Amour qui vient de charite
Que iustice ne faict dassez.
   ❡Lamant.
❡Prouuez donc ains que oultre passez
   ❡Raison.
❡Voulentiers/bien te dis sans faindre
Que plus est necessaire a craindre
Le bien qui par soy peult suffire
Parquoy il est mieulx a eslire
Que cil qui a dayde besoing
Contredis tu mon dit certain
   ❡Lamant.
❡Dame faictes le moy entendre
Pour veoir sil ya que reprendre/
Vne exemple ouyr en vouldroye
Pour veoir saccord y trouueroye.
   ❡Raison.
❡Certes quant dexemple me charges
De cecy prouuer sont grans charges
Touteffois exemple en auras
Puis que par ce mieulx le scauras.
Si aulcun peult vne nef traire
Sans point auoir daultre aide affaire
Laquelle par toy ne trairoyes

fueillet.xxxvii.

Trait il mieulx que tu ne feroyes.
℃Lamant
℃Certes ouy au moins au chable.
℃Raison
℃Or prens donc icy ton semblable/
Si iustice est tousiours gisant
Amour seroit bien suffisant
A mener belle vie et bonne
Sans iusticier nulle personne
Mais sans amour iustice non.
℃Lamant.
℃Prouuez moy donc ceste raison.
℃Raison.
℃Ie le feray moult voulentiers
Escoutes doncques pointz entiers.

Iustice qui iadis regnoit
Et saturne regne tenoit
A qui son filz osta les couilles
Iupiter comme deux endouilles
Moult eut le cueur dur et amer/
Puis les iecta dedans la mer
Dont venus la deesse yssit
Comme le liure ainsi le dit
Si en terre estoit reuenue
Et fust aussi tresbien tenue
Au iourdhuy comme elle fut or
Si seroit il besoing encor
Aux gés entreulx qlz sentreaymassent
Combien que iustice gardassent/
Car puis quamours sen vouldroit fuire
Iustice en vouldroit trop destruire/
Mais si les gens bien sentreaymoient
Iamais ne sentremefferoient
Et puis que mesfait sen yroit
Iustice de rien seruiroit.
℃Lamant
℃Sel seruoit pas ne scay dequoy.
℃Raison.
℃Bien ten croy/si paisible et coy
Tous ceulx de ce monde viuoient
Iamais roy ne prince nauroient
Bailli f ne seroit ne preuost/
Tant viuroit le peuple deuost.

Iamais iuge norroit clamour
Parquoy dis que mieulx vault amour
Simplement que ne fait iustice
Tant soit elle contre malice
Qui fut mere des seigneuries
Dont les franchises sont peries/
Car ce ne fust mal et peche
Dont ung chascun est entaiche
On neust oncques aulcun roy veu
Ne iuge sur terre congneu
Qui se gouuernent mallement
Car ilz deussent premierement
En eulx mesmes iustifier
Puis quon se veult en eulx fier
Et loyaulx estre et diligens
Non pas lasches et negligens
Ne couuoiteux faulx et faintis
Pour faire droicture aux plaintis.
Mais or viennent les iugemens
Et destournent les erremens
Ilz taillent ilz cousent et rayent
Et les menues gens tout payent.
Tous sefforcent de lautruy prendre
Le iuge fait le larron pendre
Qui de droit deust estre pendu
Si iugement luy fust rendu
Des rapines et des tors fais/
Quil a par son pouoir forfais
Et bien en qui tout bien habonde
Scet que plusieurs sont en ce monde
Qui ont bien desseruy la mort
Du gibet qui ne leur fait tort.

℃Comment Virginius plaida
Deuant apius qui iugea
Que sa fille a tout bien taillee.
Tost fust a claudius baillee.

G i

Bonne
sentéce
a noter.

Amour
sans iu-
stice est
bonne
simple-
ment et
meille-
ur estre.

Note des
iuges.

❡ Le rommant de la Rose.

Histoire tresnotable d Virginius.

Titus liuius.

Ce fit bien apius apprendre
Qui fit a son sergent emprendre
Qui claudius estoit nomme
Et de mal faire renomme
Par faulx tesmoings faulse querelle
Contre virgine la pucelle
Fille dudit virginius.
Cecy dit titus liuius
Qui bien scet le cas racompter
Pource quil ne pouoit dompter
La pucelle qui nauoit cure
Ne de luy ne de sa luxure.
Le ribault dist en audience
Sire iuge donnez sentence
Pour moy/car la pucelle est moye
Pour ma serfue la prouueroye
Contre tous ceulx qui sont en vie/
Car quelque part quel soit nourrie
De mon chastel me fut emblee
Par rapt des lors quelle fut nee
Et baillee a virginius.
Si vous requiers sire apius
Que vous me deliurez ma serfue
Car le droit veult quelle me serue
Non pas celluy qui la nourrie.
Et si virginius le nye
Tout ce suis ie prest a prouuer/
Car bons tesmoingz en puis trouuer.

Ainsi parloit le mauuais traystre
qui du faulx iuge estoit ministre
Comme le plait ainsi allast

Ains que virginius parlast
Qui la estoit prest de respondre
Pour les aduersaires confondre.
Iugea par hastiue sentence
Apius que sans difference
Fust la pucelle au serf rendue
Et quant la chose eut entendue
Le bon preudhom deuant nomme
Bon cheualier bien renomme
Dessus nomme virginius
Qui voyoit que vers apius
Ne pouoit sa fille deffendre
Ains par force la failloit rendre
Et son corps liurer a hontaige/
Il changea honte pour dommaige
Par vng merueilleux pensement
Si titus liuius ne ment.

Nota.

❡ Comment apres le iugement
Virginius hastiuement
A sa fille le chief couppa
Dont de la mort point neschappa
Et mieulx ainsi le voulut faire
Que la liurer a vil affaire
Puis son chief presenta au iuge
Qui en encheut en grand deluge.

Elluy par amour doulce et fine
A sa belle fille virgine
Tantost a la teste couppee
Et puis au iuge presentee
Deuant tous en plain consistoire
Et le iuge selon lhistoire

fueillet.xxxviii.

Le commande tantost a prendre
Pour le mener noyer ou pendre
Toutesfois pas ne le pendit
Car le peuple le deffendit
Qui fut de moult grant pitie meu
Si tost comme le fait fut sceu.
Puis fut pour ceste mesprison
Apius mis en la prison
Et la se occit hastiuement
Ains le iour de son iugement
Et claudius le trahistre et faulx
En souffrist mort par ses deffaulx
Si de ce ne leust respitie
Virgine par sa grant pitie
Qui tant veult le peuple prier
Quen exil le fit enuoyer
Et tous ceulx condampnez moururent
Qui tesmoingz de la cause furent.
Aucuns iuges font trop doultraiges
Lucain or dit qui fut des saiges
Que iamais vertu et grant peur
Ne sont ensemble en lieu asseur/
Et saichez que silz ne samendent
Et ce quilz ont mal pris ne rendent
Le puissant iuge pardurable
En enfer auecques le diable
Leur en fera crier helas.
Je nen metz hors roys ne prelas
Ne iuge de quelconque guise
Soit seculier ou soit deglise/
Car les honneurs nont pour ce faire.
Sans loyer doiuent a chef traire
Les querelles quon leur apporte/
Et aux plaintifz ouurir la porte
Et ouyr en propres personnes
Les querelles faulses et bonnes.
Ilz nont pas les honneurs pour neans
Ne sen voysent ia gogoyans
Car tous sont serfz ou menu peuple
Qui le paye acroit et peuple/
Et luy font sermens et luy iurent
De faire droit tant comme ilz durent
Ilz doiuent par eulx en paix viure
Et tous les malfaicteurs poursuyure

Et de leurs mains les larrons pendre
Se nestoit quil vouslust en prendre
Pour leurs personnes tel office.
Puis quilz doiuent faire iustice
La doiuent mettre leurs ententes/
Pource leur baille on les rentes/
Ainsi au peuple le prouuirent
Ceulx qui premier les honneurs prirent.
Je tay donc las tu entendu
Ce que tu mas requis rendu/
Et si en as les raisons veues
Qui assez me semblent congrues.
    ¶ Lamant a raison.
¶ Certes dame ie me contente
De vostre sentence apparente
Comme cil qui vous en mercy.
Mais nommer vous ay ouy cy
Comme il me semble vne parolle
Si treseuentee et si folle
Que qui vouldroit ce croy muser
A vous emprendre a excuser
On ny pourroit trouuer deffenses
    ¶ Raison a lamant.
¶ Je congnois bien a quoy tu penses
Vne aultre fois quant tu vouldras
Excusation en auras
Sil te plaist le ramenteuoir.
    ¶ Lamant a raison.
¶ Je le ramentray donc devoir
Comme bien remembrant et vistes
Par la maniere que medistes/
Dr ma mon maistre deffendu
Car ie lay moult bien entendu
Dung mot ne sorte de ma bouche
Qui de ribauldise sapprouche/
Mais puis que ie nen suis faiseur
Jen peulx bien estre reciteur
Si nommeray le mot tout oultre
Bien fait qui sa folie monstre
A cellui quil voit folier.
De tant vous puis ie chastier/
Car iaperçoy bien vostre oultraige
Qui vous faignez estre si saige.
    ¶ Raison a lamant.

G ii

⊕ Le Rommant de la Rose.

⊕ Ce vueil je bien doncques entendre
Mais aussi il me fault deffendre
Puis que de haine tu m'opposes
J'ay merueilles que dire t'oses.
Scez tu pas qui ne s'ensuit mye
Si laisser vueil vne folie
Que faire dois cautelle ou craindre
Ne pource si je vueil estaindre
La folle amour a quoy tu bayes
Ne commande je que tu hayes.
Ne te souuient il pas d'orace
Qui tant eut de bien et d'audace.
Orace dit qui ne fut nice
Que quant les folz fuyent le vice
Ilz se tournent a leur contraire
Dont pas mieulx ne vault leur affaire
Amour ne vueil je pas deffendre
Que l'on n'y puisse bien entendre
Fors icelle qui les gens blesse.
Pourtant si je deffens yuresse
Deffendre ne veulx pas le boire/
Car ce ne vauldroit vne poire/
Se folle largesse deuee
L'en me tiendroit bien pour deruee
Si je commandoye auarice/
Car l'ung et l'autre si est vice
Je ne fais pas telz argumens

⊕ L'amant a raison.
⊕ Si faictes voir.

⊕ Raison a l'amant.
⊕ Certes tu mens
Je ne te quiers de ce flater/
Tu n'as pas bien pour me mater
Cherche les liures anciens
Et nez des bons logiciens/
Et d'amours pas ne lis ainsi.
Oncques de ma bouche n'ouy
Que nulle riens deuons hayr
On y peult bien moyen choisir/
C'est l'amour que j'ay chiere et preste
Que je t'ay pour aymer appreste.

Oltre amour naturelle y a
Que nature es bestes crea

Parquoy de leurs faons cheuissent
Et les allaictent et nourrissent.
De l'amour dont je tiens ce compte
Si tu veulx que je te racompte
Quelle est le diffinissement
C'est naturel inclinement
De vouloir garder son semblable
Par intention conuenable
Soit par la voye d'engendrure
Ou par le soing de nourriture.
A cest amour sont prestz et prestes
Autant les hommes que les bestes.
Telle amour combien quel proffite
Point n'a los/blasme/ne merite.
A blasmer ne sont ne louer
Nature les y fait bouer/
Mais si ainsi ne le faisoient
Blasme receuoir en deuroient
Comme l'homme quant il mangeue
Quelle louenge luy est deue
Mais s'il fournissoit le mangier
L'on le deuroit bien le dangier.
Je scay bien que tu n'entens pas
A cest amour par nul compas.
Moult as comprins plus folle emprise
De l'amour que tu as emprise
Dont mieulx te la vauldroit laisser
Qu'en elle ton fait abaisser.

⊕Onobstant ce ne vueil je mye
Que tu demeure sans amye/
Et s'il te plaist a moy entendre
Suis je pas belle dame et tendre
Digne de seruir vng preudhomme.
Fust il or empereur de romme.
Je vueil t'amye deuenir
Si tu te veulx a moy tenir.
Scez tu que m'amour te vauldra
Tant que jamais ne te fauldra
Nulle chose qui te conuienne
Pour meschance te qui t'auienne.
Lors demanderas si grand seigneur
Que n'entens parler de greigneur
Je feray ce que tu vouldras

La sentence de Orace.

l'amour des bestes pareillement aussi bien qu'aux hommes.

Raison veult estre amye a l'amant

fueillet.xxxix.

Ja si hault vouloir ne pourras
Mais que sãs plus faces mes oeuures
Ja ne conuient qu'aultrement oeuures
Et autras aussi dauantaige
Ampe de si hault paraige
Qu'aulcune n'est qui la compere
Fille de dieu souuerain pere
Qui telle me fit et forma.
Regarde quel forme cy a
Et te mire en mon cler visaige.
Oncques pucelle de paraige
Neut dampmer tel bandon que iay
Car iay de mon pere congie
De faire amy et destre aymee
Ja nen seray de luy blasmee
Ne de blasme nauras tu garde
Ains te prendra mon pere en garde
Et nourrira nous deux ensemble
Dis ie bien respons que t'en semble.
Le dieu qui te faict follayer
Scet il ses gens si bien payer
Appareille il si bon gaiges
Aux folz dont il prent les hommaiges.
Garde bien que ne me refuses
Trop sont dolentes et confuses
Pucelles qui sont refusees
Quant de prier ne sont vsees
Sicomme toy mesmes le prouues
Par eco sans prendre aultre prouues.
    ¶ L'amant a raison.
¶ Or me dictes doncques aincoys
Non en latin/mais en francoys
Dequoy voulez que ie vous serue
    ¶ Raison a l'amant.
¶ Souffre que ie soye ta serue
Et toy le mien loyal amys.
Laisse cil qui ainsi ta mis
Et ne prise point vne prune
Toute la roe de fortune.
A socrates seras semblable
Quant tant ferme fut et estable.
Joye neut des prosperitez
Ne tristesse d'aduersitez
Tout mettoit en vne balance

La bonne aduanture et meschance
Et en faisoit egal peser
Sans esioupr et sans peser/
Car de chose quelle quel fust
Oncq ioye neut ne ne doulust.
Celluy fut bien le dit solin
Qui par le respons d'apolin
Fut iuge de tous le plus saige.
Ce fut cil a qui le visaige
De tout ce qui luy aduenoit
Tousiours en vng estat tenoit/
Car oncq mue ne le trouuerent
Ceulx qui par enuy le tuerent
Pource que plusieurs dieux nyoit
Et en vng seul dieu se fioit
Et si preschoit quilz se gardassent
Que par plusieurs dieux ne iurassent.

¶Eraclitus diogenes
Furent de pur cueur et si netz
Que pour pourete ne destresse
Ne furent oncques en tristesse.
Fermes en vng propos se tindrent
Et tous meschiefz qui leur aduindrent
Soustindrent pacientement
Sans eulx courroucer nullement.
Ainsi seulement tu feras
Aultrement ne me seruiras.
Fais que fortune ne t'abatte
Combien quel te tourmente et batte/
Celluy n'est bon luteur ne fort
Quant fortune faict son effort
Et le veult desconfire et batre
Qui ne se scait a luy combatre.
L'on ne se doit pas laisser prendre
Mais vigoureusement deffendre
Si scet elle peu de la lutte
Tant que cil qui contre elle lutte
Soit en plain champ ou en fumier
Abatre la peult au premier
Pas n'est hardy qui la redoubte/
Car qui scauroit sa force toute
Jamais ne luy eschapperoit
Et contre luy ne combatroit.

G iii

Les tou-
enges et
actâces
de raisõ.

Nota.

Socra-
tes fer-
me et cõ-
stant en
fortune.

Socra-
tes fut
tue por
l'affirma
tiõ dũg
seul
dieu

Note de
la cõstã-
ce des
philoso-
phes.

Jamais
couart
ne fit
beau
fait.

Le rommant dela Rose.

Nota. Celluy iamais ne peult mescheoir
Contre elle/et a honte pour veoir
Homme qui bien se peult deffendre
Quant il se laisse mener pendre
Tort auroit qui le vouldroit plaindre
Quant pour paresse se veult faindre.
Garde donc que ia rien ne prise
Tous ses honneurs ne son emprise.

¶ Coment raison mostre a lamant
fortune la roe tournant
Et luy dit que tout son pouoir
Sil veult ne le fera douloir.

Laisse luy sa roe tourner
Qui tourne sans point seiourner
Assise au millieu come aueugle
Les vngz de grant richesse aueugle
Et dhonneurs et de dignitez
Aulx aultres donne pouretez/
Et quant el veult tout en reporte
Moult fol est qui sen desconforte
Et qui de rien ioyeulx en est
Puis que deffense y apparoist
Et est contre elle brayement
Mais quil se vueille seullement.
Daultre part chose est bien expresse
La deifi- Que fortune faictes deesse
cation de Et iusques au ciel la leuez
fortune Ce que pas faire ne deuez.
p̄ les an- Il nest mye droit ne raison
ciēs qui Quelle ait en paradis maison
erroiēt. Car el nest pas si bien eureuse/
Ains a maison trop perilleuse.

De roche est en mer seans
Bien pfond au millieu de leās
Qui sur la mer en hault se lace
Contre qui la mer bruyt et tence
Les folz la heurtent et debatent
Qui tousiours a luy se combatent/
Et maintesfois tant y cotissent
Que toute en mer lenseuelissent.
Aulcunesfois se redespouille/
De leaue qui toute la mouille
Quant le floc arriere se tire
Dont en lair sault et se retire/
Mais elne retient nulle forme
Aincois se transmue et transforme
Et or se desguise et rechange.
Tousiours se vest de forme estrange
Car quant ainsi appert par air
Les fleurettes faict apparoir
Comme estoilles bien flamboyantes
Et les herbettes verdoyantes.
Quant zephirus sur mer cheuauche
Et quant bise ressoufle il fauche
Les florettes et la verdure
Auec lespee de froidure   Le vent
Si que la fleur y pert son estre   zephi-
Si tost quelle commence a croistre. rus fait
La roche porte vng bois doubtable   venir
Dont chascun arbre est admirable.   les fle'̄s
Lung est brehaime riens ne porte   & Boreas
Et lautre en fruict si se deporte/   les faict
Lautre de reuerdir ne fine   mourir.
Lautre de fueille est orpheline.
Et quant lune en sa verdeur dure
Les plusieurs y sont sans verdure
Et quant lune prent a fleurir
A plusieurs vont les fleurs mourir.
Lune se lieue et ses voysines
Se tiennent a la terre enclinees/
Et quant bourgeons a lune vient
Lautre flaistrist lautre se tient.
La sont les geneftz grans geans
Et pins et cedres nains seans.

Chascun arbre ainsi se difforme
Et prent lung de lautre la forme.
La tient sa fueille toute flaistre
Le laurier qui vert debuoit estre
Et seiche la deuient toline
Qui deust estre empreignant & vine
Et saulx qui brehains estre doyuent
Ilz fleurissent et fruict recoiuent.
Contre la vigne estriue lorme
Luy ostant du raisin la forme.
Le rossignol a tard y chante/
Mais moult y brait et se demente
Le huan auec sa grant hure
Prophete de mal aduenture
Hideux messaige de douleur
En sa voix en forme et couleur.
Par la soient estez ou yuers
Acourent deux fleuues diuers
Sourdans de diuerses fontaines
Qui viennent de diuerses vaines.
Lung rend les eaulx si amoureuses
Emmielees et sauoureuses
Que aulcun nest qui de leaue ne boyue
Voire beaucoup plus quon ne doyue
Qui sa soif bien peult estanchier
Tant est ce boire doulx et chier/
Car ceulx qui plus en vont beuuant
Ardent plus de soif que deuant/
Et nen boit nul qui ne soit pure/
Mais de sa soif ne se deliure/
Car sa douleur si fort le bale
Quil nest nul qui tant en auale
Qui nen vueille plus aualer
Tant les scet la douleur baler/
Car lecherie tant les picque
Que chascun en est ydropicque.

la descri-
ptió du
domai-
ne de for-
tune.

Ce fleuue court iolîement
Et mene tel murmurement
Qui resonne taboure et timbre
Plus souef que tabour ne que timbre/
Et nest nul qui celle part voise
Que tout le cueur ne luy renuoyse.
Maintz sont qui dentrer leans se hastent

fueillet. pl.

Qui tous a lentree se gastent/
Car pouoir nont daller auant
A peine y sont du pied leuant.
Enuis des doulces eaues touche
Combien que du fleuue saprouche/
Vng bien petit sans plus en boyuent.
Et quant la doulceur apercoyuent
Doulsentiers si auant iroient
Que tout dedans se plongeroient.
Les aultres passent si auant
Quilz se vont en plain iour lauant
Et de laise quilz ont se louent
Et ainsi se baignent et nouent.
Puis vient vne vndette legiere
Qui les iecte a la riue arriere
Et les remet a terre seiche
Dont tout leur cueur leur art & seiche.

Note de
la varie-
te de for-
tune.

Ie te diray de lautre fleuue
En quelle maniere on le treuue.
Les eaues en sont ensoufftrees
Tenebreuses mal sauourees
Comme cheminees fumantes
Toute de pueur escumantes.
Tel ne court mye doulcement
Ains descent si hideusement
Quil tempeste lair en son erre
Plus que nul horrible tonnerre.
Sur ce fleuue que ie ne mente
Zephirus a iamais ne vente
Ne ne luy respire ses vndes
Qui moult sont laides & profundes/
Mais le douloureux vent de bise
A contre luy bataille emprise
Si quil luy conuient cest tout voir
Toutes ses vndes esmouuoir
Et luy faict ses flotz et ses plaignes
Saillir en guise de montaignes
Les faisant entreulx batailler
Tant veult le fleuue trauailler.
Plusieurs a la riue demeurent
Qui tant souspirent & tant pleurent
Sãs mettre en le²s ple²s fins ne termes
Que tous se plongent en leurs lermes

Nota.

Descri-
ptió du
second
fleuue 8
fortune.

G iiii

Et ne se cessent desmayer
De la paour quilz ont de noyer.
Mais homme en celluy bas fleuue entre
Non pas seullement iusque au ventre/
Mais y est tout ensepuely
Tant est plonge ce flos de luy.
La sont pressez et deboutez
Des hydeulx fleuues radoubtez
Maintz absorbist leaue et affunde
Mains sont or reflatis par londe/
Et ces flos mains en absorbissent
Et si tresparfond les flatissent
Quilz ne scauent trasse tenir
Par ou ilz puissent reuenir
Ains les y conuient seiourner
Sans iamais amont retourner.

Ce fleuue va tant tournoyant
Par tant de destroictz desuoyant
A tout son venin douloureux
Quil entre au fleuue doulcereux
Et luy transmue sa nature
Par puanteur et grant froidure.
Et luy depart sa pestilence
Trop plaine de malle meschance.
Elle faict estre amer et trouble
Tant lempoisonne et tant se trouble
Et luy tost trempee valeur
Par sa desatrempee chaleur/
Sa bonne odeur toute luy oste
Tant rend de pueur a son hoste.

A hault au chief de la montaigne
Au pendant non pas en la plaigne
Sont menasses fort tresbuchantes
Prestes a receuoir malles ventes
Et la est la maison fortune.
Oraige nest ne vent de bise
Ne tourment que nul puist offrir
Quil ne luy conuienne souffrir.
La recoit de toutes tempestes
Et les assaulx et les molestes
Zephirus le doulx vent sans per
La souffle a tart pour atremper

Des durs vens les assaulx horribles
Par ses souffletz molz et paisibles.
Lune partie de la sale
Va contremont et lautre auale
Et semble quelle doyue cheoir
Tant la peult on au pendant veoir
Oncq si desguisee maison
Ne vit ce crois oncquesmais hom.
Moult reluit dune part/car gent
Est chascun mur dor et dargent/
Et est toute la couuerture
De celle semblable facture
Ardant de pierres precieuses
Moult cheres et moult vertueuses/
Chascun a merueille la loue/
Daultre part sont les murs de boue
Qui nont despes pas plaine paulme.
Laultre part couuerte est de chaulme
Dung coste se tient orgueilleuse
Pour sa grant beaulte merueilleuse
Daultre tremblant toute effrayee
Tant se sent foible et descreuee
Et pourfendue de crenaces
En plus de cinq cens mille places
Puis est chose qui nest estable
Comme folloyant et muable
Sans certaine habitation
Fortune va en sa maison
Et quant el veult estre honnoree
El se trait en la part doree
De la maison et la seiourne.
Lors pare son corps et atourne
Et se vest ainsi comme royne
Dune grant robe qui luy trayne
De toutes diuerses couleurs
De moult desguisees odeurs
Qui sont en soyes ou en laines
Selon les herbes sont les graines
Et selon aultre choses maintes
Dont les draperies sont taintes/
Desquelles riches gens se vestent
Qui pour honneur auoir sapprestent
Comme fortune se desguise/
Mais ie dis moy quelle ne prise

fueillet.pli.

Trestous ceulx du monde ung festu
Quant son corps voit ainsi vestu/
Ains est tant orgueilleuse et fiere
Quil nest orgueil qui ne se fiere
Quant elle voit ses grans richesses
Ses grans honneurs et ses noblesses.
De si grande follye abunde
Quel ne croit pas que soit au monde
Homme ne femme qui la vaille
Comment que la chose apres aille.

de la va-
riete de
fortune
Dis va tant roant par sa sale
Quelle entre en sa partie male
De sa maison et la seiourne
En orde partie et se tourne
Foyble decreuee et crolant
A toute sa roe volant.
La va tastant et puis se boute
Ainsi comme sel ne vist goute.
Et quant illecques se voit cheue
Sa chiere et son habit remue/
Et tant se desnue et desrobe
Quelle est orpheline de robe
Et semble que riens nait vaillant
Tant luy est tout bien deffaillant
Et quant elle voit la meschance
El quiert honteuse cheuissance
Lescōdi-
cions de
fortune
Et sen va au bordeau courir
Plaine de dueil et de souffrir.
La pleure a larmes espandues
Toutes les doulceurs quelle a eues
Et les delitz ou elle estoit
Quant des grans robes se vestoit.
Et pource quelle est si peruerse
Que les bons en boue renuerse
Et les deshonnore et les griefue
fortūe
esliene
les mau-
uais sou-
uēt & des-
prime
les bōs.
Et les mauuais en hault esleue
Leur donnant a grant abondance
Dignite honneur et puissance/
Et quant il luy plaist tout leur emble
Et ne scet quelle veult ce semble
Pource les yeulx bandez luy furent
Des anciens qui la congneurent.

Commēt le mauuais empereur
Neron par sa grande fureur
Fit deuant luy ouurir sa mere
Et la liurer a mort amere
Pource que veoir lors il vouloit
Le lieu ou conceu el sauoit.

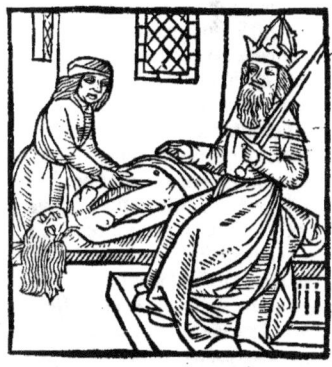

Et que fortune ainsi le face
Et les bons auale et efface
Et les mauuais en hōneur tiēne/
Car ie vueil bien quil ten souuienne
Jasoit ce que deuant dit aye
De socrates que tant aymoye/
Exēple
de nero.
Car le vaillant home tant maymoit
Quen tous ses fais me reclamoit
Maintz exemples peulx bien trouuer/
Et cela ie peulx bien prouuer
Par le bon senecque et neron
Dont le parler tout laisseron
Pour la longueur de la matiere
Qui trop seroit a dire entiere.
Cellui meschant et mauuais homme
Voulut mettre le feu a romme
nerō cru-
el et ho-
micide.
Et fit les senateurs occire.
Cueur auoit plus amer que mire
Quant il fit occire son frere
Et desmembrer sa poure mere
Affin que par luy fust tost veu
Le lieu auquel il fut conceu.
Et quant il la vit desmembree

❡ Le Rommant de la Rose.

Selon lhistoire remembree
La beaulte des membres iugea.
Ha dieu qui si felon iuge a
Qui oncques ne plora par lermes
Selon de lhistoire les termes/
Mais ainsi quil iugeoit des membres

nero vio-
lateur de
sa ppre
seur.

Il commanda que de ses chambres
Lon luy fist le vin apporter
Et beut pour son corps conforter/
Mais il auoit deuant congneue
Sa propre seur quil auoit eue
Puis la bailla a vng aultre homme
De desloyal que cy ie nomme.
Senecque mist il a martyre
Son bon maistre et luy fit eslyre
De qlle mort mourir vouldroit.
Voyant quescapper ne pourroit
Tant estoit puissant le mauffe

Seneca
mourut
le pied
en leaue
chaulde
et fut
seigne.

Dist senecque vng baing soit chauffe
Puis dedans me faictes baigner
Et apres des vaines seigner
Tant que ie meure en leaue chaulde
Si que mon ame gaye et baulde
A dieu qui la crea ie rende
Et daultres tourmens la deffende.

❡ Comment senecque le preudhome
Maistre de lempereur de romme
Fut mis en vng baing pour mourir
Neron le fit ainsi perir.

Apres ces motz sans arrester
Neron fit vng baing aprester
Et dedans le preudhome mettre
Et puis seigner ce dit la lettre.
Tant luy fit de son sang espandre
Quil luy conuint son ame rendre
Et a ce cause ne scauoit
Sinon que de coustume auoit
Neron que des sa ieune enfance
Luy souloit porter reuerence
Comme faict disciple a son maistre/
Mais ce ne doit dist il pas estre
Ne nest pas droit en nulle place
Que reuerence a homme face
Nul depuis quil est empereur
Tant soit son maistre ou son seigneur
Et pource que a neron greuoit
Quant encontre luy se leuoit
Et son maistre voyoit venir
Il ne se pouoit pas tenir
Quil ne luy portast reuerence
Par la force dacoustumance.
Ainsi fit mourir le preudhomme/
Si tint il lempire de romme
Le desloyal que ie te dy
Et dorient et de midy
Doccident et septentrion
Obtint la iurisdiction.

La cau-
se de la
mort de
seneca.

Et si tu me scez bien entendre
Par ces parolles peulx aprendre
Que richesses et reuerences
Dignitez honneurs et puissances
Et toute grace de fortune/
Car ie nen excepte pas vne
De si grant force pas ne sont
Que bons facent ceulx qui les ont
Ne dignes dauoir les richesses
Les grans honneurs et les haultesses/
Mais silz ont en eulx cruaulte
Orgueil ire ou desloyaulte
Le grant estat ou ilz senclouent
Plustost le monstrent et desclouent
Que si bien petit estat eussent/

Richess-
es &biẽ
d fortũe
souuent
nuysent
auɣ hõ-
mes.

fueillet.plii.

Parquoy ainsi nuyre ne puissent/
Car quant de leur pouoir ilz vsent
Les faiz les voulentez accusent
Qui demonstrances sont et signes
Quilz ne sont point ne bons ne dignes
Des richesses des dignitez
Des honneurs et regalitez.
Pource dit lon vne parolle
Communement qui est moult folle
Et la tiennent aulcuns pour vraye
Par leur fol sens qui les desuoye/
C'est que les honneurs les meurs muët
Mais telz mauuaisement arguent/
Car honneurs ne sont pas nuances
Ains sont signes & demonstrances
Quelz meurs deuant en eulx auoient
Quant es petis estas estoient.
Telz ont les fins chemins tenuz
Si quilz sont es honneurs venuz/
Car ceulx sont folz et orgueilleux
Despiteux & mal sommeilleux
Puis quilz vont honneur receuant
Telz ore fussent ilz deuant
Comme tu les peulx apres veoir
Silz en eussent eu le pouoir
Si nappelle ie pas puissance
Sçauoir mal ne desordonnance/
Car lescripture nous dit bien
Que toute puissance est de bien
Du nul a bien faire ne fault
Fors par foiblesse ou par deffault.
Et qui seroit bien cler voyant
Il voirroit que mal est neant/
Car ainsi le dit lescripture.
Et si dauctorite nas cure/
Car tu ne veulx pas espoir croire
Que toute auctorite soit voire
Preste suis que raison en ysse/
Car il nest riens que dieu ne puisse/
Mais qui le vray en veult retraire
Dieu na puissance de mal faire.
Et si tu es bien congnoissant
Et voys que dieu est tout puissant
Qui de mal faire na pouoir

Doncques tu peulx clerement veoir
Que qui leftre des choses nombre
Mal ne met nulle chose en nombre/
Mais sicomme lombre se pose
En lair obscur nest nulle chose
Fors defaillance de lumiere.
Tout est en semblable maniere
En celluy en quel bien deffault/
Car mal ny est fors par deffault
De bonte qui y est a mettre.
Et dit encores plus la lettre
Qui des mauuais comprēt les sommes
Que les mauuais ne sont pas hommes
Et viues raisons y amene/
Mais pas ne vueil or mettre paine
A tout ce que ie y peuz trouuer
Quant en escript le peulx prouuer/
Mais nonobstant sil ne te griefue
Bien ten peulx par parolle briefue
Des raisons amener aulcune
C'est quilz laissent la fin commune
Du ilz tendent et tendre doyuent
Ainsi que leurs meurs le conçoyuent
C'est de tous biens le souuerain
Quilz appellent le primerain.
Aultre raison ya beau maistre
Pourquoy les mauuais nont pas estre
Qui bien entent la consequence
C'est quilz nen sont en ordonnance
En quoy tout leur estre mis ont
Et toutes les choses qui sont/
Dont il sensuyt au cler voyant
Que les mauuais sont pour neant.

¶ Je voys comme fortune sert
Ça bas et au monde deffert
Et comme elle faict a despire
Quant des mauuais eslit le pire
Et sur tous hommes le fit estre
De ce monde seigneur et maistre
Et fit seneque ainsi destruyre.
Doncq il faict bon sa grace fuyre
Quant nul tant soit de bien bon heur
Ne la peult point tenir asseur/

Le rommant de la Rose.

Pource vueil que tu la desprises
Et que sa trasse rien ne prises.
Claudius mesme sen souloit
Esbahyr et blasmer vouloit
Les dieux pource quilz consentoient
Que les mauuais ainsi montoient
Es grans honneurs z grans haultesses
Es grans puissances et richesses/
Mais luy mesmes a ce respond
Et la cause nous en esfond
Comme cil qui de raison vse/
Et les dieux absoult et excuse/
Et dit que pource le consentent
Affin que plus les en tourmentent
Pour estre du tout plus greuez/
Car par ce sont en hault leuez
Si que apres on les puisse veoir
De plushault trebucher et cheoir.

La sentence de claudius quant ala varieté de fortune.

E si tu me fais la franchise
Qui cy te smoigne et diuise
Jamais nul iour ne trouueras
Homme plus riche que seras
Ne iamais ne seras en ire
Tant soit ton estat en empire
De corps ne dame ne dauoir/
Ains vouldras pacience auoir
Et tantost auoir la pourras
Quant mon amy estre vouldras
Donc en tristesse ne demeures.
Je vois maintesfoys que tu pleures
Comme la pluye sus lhostel
On deburoit or vng hoste tel
Tollir comme grant vieil panufle
Certes ie tiendroys a grant truffle
Qui diroit que tu fusses bon/
Car oncq homme en nulle saison
Qui bien vsast dentendement
Nayma dueil ne marrissement.
Le dyable vif et le maufse
A ton cueur si fort eschauffe
Quil ten conuient tant larmoyer
Toy qui de tiens point esmayer
Qui te adueinst tu ne te deusses
Si bon entendement tu eusses.
Cy faict le dieu qui cy ta mis
Tes bons maistres et tes amys
Cest amour qui souffle et atise
La braise quil ta au cueur mise
Qui faict aux yeulx les lermes tendre
Chier veult son acointance vendre
Mais ce nappartient pas a homme
Que sens et proesse renomme/
Certes mallementtten diffames.
Laisse plorer enfans et femmes
Bestes foybles et variables
Et soient tes sens fors et stables
Quant fortune verras venir/
Veulx tu sa roe retenir
Qui ne peut estre retenue
Ne par grant gent ne par menue.
Le grant empereur mesmement
Neron dont parlons briefuement
Qui fut de tout le monde sire
Tant sestendoit loing son empire
Jamais ne la peut arrester
Tant sceust il lhonneur conquester/
Car luy si lhistoire ne ment
Mort puis receut moult laidement
Et fut de tout son peuple hay
Dont il doubtoit estre enuay.
Il manda ses priuez amys/
Mais oncq les messaigiers transmis
Ne trouuerent point quoy quilz dissent
Nul deulx qui les huys leur ouuriffent.
Adonc la vint priueement
Neron moult fort paoureusement
Et hurta de ses propres mains/
Mais on luy fit ne plus ne moins/
Car quant chascun plus appella
Plus senclouyt et plus cela/
Et nul ne luy voulut respondre
Parquoy contraint fut de se absconbre.

Exhortation raison a lamant

¶ Comment lempereur faulx neron
Se tua comme faulx garson
En vng lieu ou il se bouta
Pource que son peuple doubta.

Fueillet.pliii.

Il se mit pour soy herbergier
Auec deux serfz en vng vergier
Et la par tout plusieurs alloient
Qui pour occire le queroient
Et hault cryoient neron neron
Qui la veu ou le trouueron
Si que luy mesmes les oyoit
Mais conseil mettre ny pouoit
Dont il fut si fort esbay
Que luy mesme sest enhay.
Et quant il se vit en ce point
Et quil neut desperance point
Aux siens pria quilz le tuassent
Ou que a se tuer luy aydassent.

neron se / Il se occist/mais ains fit requeste
tua luy / Que ia nul ne trouuast sa teste
mesmes / Affin que point ne fust congneu
Quant son corps apres seroit veu.
Ses varletz pria quilz ardissent
Son corps et la pouldre espandissent.
Comme les liures anciens
Racomptent des cesariens
Ou sa mort trouuons par escript

Sueto/ Comme suetone lescript
ne des La loy de crist il appella
deux ce/ Faulse religion/de la
sars. Comment le malfaicteur la nomme
Cest vng mot de desloyal homme
Aussi en neron fut finee
Des cesariens la lignee.
Cil par ses faictz tant pourchassa
Que sa lignee deffassa

Nonobstant fut il coustumier
De bien faire en son temps premier
Si que mieulx ne gouuerna terre   nerō 65
Aulcun prince quon saiche querre   es cinq
Tant sembloit loyal et piteux   pmiers
Le desloyal et despiteux/   ans d sō
Et dist en audience a romme.   pire.
Quant il pour condempner vng homme
fut requis de la mort escripre
Et neut point honte de ce dire   La fosse
Quil vaulsist mieulx ne scauoir lettre respōce
Que sa main pour escripre mettre.   de nerō.
Il tint ce veult le liure dire
Entour dix et sept ans lempire
Et trente deux dura sa vie.
Mais son orgueil et felonnie
Le firent si fort orgueillir
Qua vng chascun se fit hayr
Et cheut en miserablete
Tout malheur et meschansete
Comme tu mas ouy compter.
Tant le fit fortune monter   Fortūe
Que autant le fit apres descendre   tousio's
Comme tu as oy peu entendre.   varie.

Dieu ne la peut tenir cresus
Quel ne le tournast ius et sus
Qui estoit roy de toute lyde/
Car on luy mit au col la bride
Et fut pour ardre au feu liure
Quant par pluye fut deliure
Qui le grant feu fit tost estaindre   note
Quoncques nosa aulcun restaindre.   Cresus
Tous sen fuyrent pour la pluye   iecte au
Et cresus se mit tost en fuye   feu esch
Quant il se vit seul en la place   chappa
Sans encombrement et sans chace/   par la
Puis il fut seigneur de sa terre/   pluye.
Et puis reuint nouuelle guerre
Puis fut il pris et puis pendu
Quant le songe luy fut rendu
Des deux dieux qui luy apparoient
Qui or sur larbre le seruoient.
Jupiter ce dit le lauoit

H i

℃ Le Rommant de la Rose.

Fiction desdieux poetiqs.
Et phebus la touaille auoit
Qui se penoit de lesfayer
Au songe se voulut fier
Du si grant fiance acueillit
Que tout son cueur en orgueillit/
Et luy dist phanie sa fille
Qui tant estoit saige et subtile
Et scauoit les songes espondre
Quant ainsi luy voulut respondre.

℃ Comment phanie dist au roy
Son pere que par son desroy
Il seroit au gibet pendu
Comme elle a par songe entendu.

Beau pere dist la damoyselle
Je scay douloureuse nouuelle/
Vostre orgueil ne vault vne coq̄
Saichez que fortune vous mocque
Par ce songe pouez entendre
Quil vous condempne au gibet pendre
Et quant pendu serez au vent
Sans couuerture et sans auuent
Sur vous pleuuera sire roy
Et le beau soleil de son ray
Vous essuyra et corpe et face
Dit notable de la Varie- te de fortune.
Fortune a ceste fin vous chasse
Qui prent et donne les honneurs
Et faict souuent des grans mineurs.
Que vous en proye flatant

Fortune au gibet vous attant
Et quant au gibet vous tiendra
La corde au col et reprendra
La belle couronne doree
Dont vostre teste est couronnee
Dont au strup sera couronne
Cela vous dis acertene.

T affin que ie vous enseigne
Plus apertement la besoingne
Le grand iupiter qui leau donne
Est lait qui pleut et vente et tonne
Et phebus qui tient la touaille
Est le soleil sans nulle faille.
Larbre pour le gibet vous glose
Je ny peulx entendre aultre chose.
Passer vous conuient ceste planche
Fortune le peuple reuenche
Des boubans que vous demenez
Comme orgueilleux et forcenez/
Laquelle destruit maint preudhomme
Car elle ne prise vne somme
Tricherie ne loyaulte
Ne vil estat ne royaulte/
Aincoys sen ioue a la pelote
Comme pucelle nice et sotte
Et iecte a grand desordonnance
Richesse honneur et reuerance.
Dignitez et puissances donne
Et point ne prent garde a personne/
Car toutes ses graces despent
Et en despendant les espent/
Ne ne prise toute vne bille
Fors que gentillesse sa fille
Proche cousine de cheance/
Tant la tient fortune en balance.
Mais de celle est il vray sans faille
Que fortune a aucuns ne baille
Comment quil soit du retollir
Sil ne scet son cueur si pollir
Quil soit courtoys preux et vaillant/
Car nul nest si bien bataillant
Qui a villenie sadresse
Que gentillesse ne le laisse.

Exposition du songe du roy cres[us].

Noblesse est perdue par villenie

fueillet. pliiii.

Note de gentillesse.

Gentillesse est chose si noble
Quel nestre poit en cueur ignoble
Pource vous pry mon trescher pere
Que vilain cas en vous napere.
Ne soyez orgueilleux ne chiche

Exortation aux nobles.

Ayez pour enseigne le riche
Large cueur trescourtoys et gent
Et piteux a la poure gent.
Ainsi doit ung chascun roy faire
Large courtoys et debonnaire/
Duquel le cueur soit de pitie
Querant du peuple lamytie.
Ainsi le chastioit phanie
Mais fol ne doit en sa folie
Si lna sens et raison ensemble.
Doncques come a son cueur luy semble
Cresus qui point ne se humilie
Tout plain dorgueil et de folie
En tous ses fais se cuydoit saige
Combien quil fist maint grãt oultrage

¶ Cresus respond cy a sa fille
Qui en saigesse estoit subtille.

Elle dist il de courtoysie
De tel sens ne maprenez mie
Plus en scay que vous ne scauez
Vous qui tant chastie mauez
Et qui pour fol mauez glose
Quant mon songe auez expose.
Seruy mauez de grand mensonge/
Car saichez que ce noble songe
Du faulse glose voulez mettre
Doit estre entendu a la lettre
Et moy mesmes ainsi lentens
Comme vous le verrez par temps
Oncques si noble vision
Neut si ville exposition.
Les dieux apres vers moy viendront
Et le seruice me tiendront
Quilz mont par ce songe promis
Tant ilz sont de mes grans amys
Car le lay pieca desseruy.

¶ Raison a lamant.

Voys com fortune la seruy
Tant quil ne se peut oncq deffendre
Quel ne le fit au gibet pendre.
Ne sse rien donc chose probable
Que sa roe nest pas tenable
Et quon ne la peut retenir
Tant puisse a grant estat venir
Et si tu scez rien de logicque
Qui science est bien autenticque
Puis que si grans seigneurs y faillent
Les petis en vain se trauaillent/
Et si les premieres rien ne prises
Des anciennes histoires prises
Tu les as de ton temps nouuelles
De batailles fresches et belles
Et de beaulte ce dois scauoir

Remonstrãce de raison a lamant quant a fortune.

Comme es peult en bataille auoir
Cest de mainfroy roy de cecille

mainfroy roy de cecille.

Qui par force tint et par guille
Long temps en paix toute la terre
Quant le bon charles luy meut guerre
Conte danion et de prouuence/
Qui par diuine prouidence
Est ores de cecille roy
Ainsi que la bon lu dieu vray
Qui tousiours sest tenu a luy.
Charles le roy luy a tolly
Non seullement la seigneurie
Mais aussi de son corps la vie
Quant a lespee qui bien taille
Dedans la premiere bataille
Lassaillit pour le desconfire.
Eschiec et mat luy alla dire
Dessus son destrier aufferant
Du traict dung bon pennet errant
Au meillieu de son eschiquier.
De courrardin parler ne quier
Son nepueu dont lexemple est preste
Dont le roy charles print la teste
Malgre les princes dallemaigne.
Henry frere du roy despaigne
Plain dorgueil et de trahyson
Il fit mourir en sa prison.
Les deux comme faulx garconnetz

H ii

Le rommant de la Rose.

Et rocz et folz et paonnetz
Et chevaliers au ieu perdirent
Et lors de lechequier saillirent.
Tel paour eurent or destre prins
Au ieu quilz eurent entreprins.
Mais qui la verite regarde
Destre prins ilz nauoient pas garde
Puis que sans roy se combatoient
Eschiec et mat rien ne doubtoient/
Ne cil auoit ne les pouoit
Qui contre eulx aux eschiecz iouoit
Fust a pie ou fust en arcons
Car on ne haue pas les garcons
Folz chevaliers sergens ne rocz/
Car selon la vrite des motz
Ie nen quiers point nully flatter
Ainsi comme il va du matter
Puis que des eschetz me souuient.
Si tu y scez riens il conuient
Que cil soit roy que lon dit haues
Quant tous ses hommes sont esclaues
Et quil se doit seul en la place
Et ne doit rien qui le soulace
Ains senfuyt par ses ennemys
Qui sont en tel pourete mis.
Lon ne peult aultrement clauer
Ce scauent le large et lauer
Car ainsi le veult atalus
Qui du ieu de schetz trouva lus
Quant il traictoit darismetique.
Tu verras en policraticque
Quil vouloit traicter la matiere
Des nombres par science entiere
Quant ce beau ieu ioly trouua
Et par demonstrance prouua.

Atalus
inuenteur
du ieu
des es-
checz
quant il
traictoit
darisme-
ticque.

Durce se mirent ilz en fuyte
Par la prise qui les irrite
Que iay dit pour prise escheuer/
Mais pour la mort qui plus greuer
Les pouoit/et qui pis alloit/
Car le ieu mallement coulloit
Aumoins par deuers leur partie
Qui de dieu estoit departie

Et la bataille auoit emprinse
Contre la foy de saincte eglise.
Et qui vng eschiec dit leur eust
Nul nest qui secourir les peust/
Car la fierte fut toute prise
Au ieu de la premiere emprise
Du le roy perdit comme folz
Roys chevaliers pions et folz.
Si nest elle pas la presente
Mais la chetiue et la dolente
Ne peult fouyr ne soy deffendre
Quant elle luy eut fait entendre
Que mat et mort gisoit main frois
Par piedz par chief et par maint frois.
Et quant ce bon roy eut ouy
Que chascun sen estoit fouy
Il les prist fuyant ambedeux
Et puis fit sa voulente deulx
Et de maintz aultres prisonniers
De leurs folies parsonniers.

Le vaillant roy dont ie vous compte
Que lon souloit appeller conte
Qui nuytz aioute/ matis q soitz
Armoit son corps et tous ses hoirs
Gard dieu et deffend et conseille.
Il doubta lorgueil de marseille
Et print des plus grans de la ville
Les testes ains que de cecille
Or luy fut le royaulme donne
Dont il est huy roy couronne
Et vicaire de tout lempire.
Mais ie ne vueil de luy plus dire
Car qui ses faitz vouldroit retraire
Vng grant liure en conuiendroit faire.
Voicy gens qui grans honneurs tindrent
Or scez a quel chief ilz en vindrent
Est donques bien fortune seure
Non fol est cil qui si asseure/
Car cil quel scet par deuant oindre
Le scet aussi derriere poindre.
Et toy qui la rose baisas
Parquoy de dueil si grant faix as
Que tu ne ten peulx rapaiser

nul ne
se doit
fier en
fortune.

fueillet.plx.

☞ La cuydois tu tousiours baiser
Tousiours estre en aysee et delices.
Par mon chief tu es fol et nices/
fais que ce dueil plus ne te tienne.
De main troy vueil qui lte souuienne
Henry⁀ Et de henry de courrardin
courra⁀ Qui firent pis que ung sarrazin
din com En commencant bataille la mere
batascō Contre saincte eglise leur mere
tre legli Et du faict des marseilliens
se. Et des grans hommes anciens
Comme fut neron et cresus
Dont ie tay compte cy dessus
Qui fortune tenir ne peurent
A toute la grand paour quilz eurent/
Parquoy franc homme qui se prise
Nota. Par son orgueil pert sa franchise.
Il ne scet pas bien en quel aage
Cresus le roy vint en seruaige
hecuba Ne decuba de hault maintien
femme Qui fut femme du roy priam.
de priā. Ne tient il pas bien la memoire
Ne de sicicambris lhistoire
Sicicā⁀ Mere de dares roy de perse
brismal A qui fortune fut peruerse/
fortu⁀ Qui franchises et royaulines tindrent
nee. Et ser fues en la fin deuindrent.

Aultre part ie tiens a grant hōte
Puisque tu scez q̄ lettre monte
Et que estudier il conuient
Comment dapnier il te souuient
Puis que tu as estudie/
Mais tu las ce semble oublie.
Est ce point paine vaine et vuide
Quant metz a lire ton estuide
Et tout par negligence oublie.
nota Que fault doncques ton estudie
Quant le sens au besoing te fault
Et seullement par ton deffault/
Certes tousiours en remembrance
Tu deusses auoir la sentence
☞ Aussi deuroit tout homme saige
Et si fichee en son couraige

Que iamais ne luy eschappast
Jusques que la mort lattrapast/
Car qui la sentence scauroit
Et tousiours en son cueur lauroit
La scauant tresbien supposer
Jamais ne luy pourroit peser
De chose qui luy aduenist
Que tousiours fort ne se tenist
Encontre toutes aduantures
Bonnes malles mollee et dures.
Si est elle au vray si commune
Selon ses oeuures de fortune
Que ung chascun iour la verroit
Qui bon entendement auroit.
Merueille est que tu ne sentens
Qui as ta cure mis long temps.
Mais tu las aultre part tournee
Par cest amour desordonnee.
Je te la vueil ramenteuoir
Pour toy mieulx faire apperceuoir.

Jupiter en toute faison   Exem⁀
A sus le sueil de sa maison   ple de iu
Ce dit homere deux tonneaux   piter.
Il nest dieu ly hōme ne garconneaux/
Il nest dame ne damoyselle
Soit vieille ieune/laide ou belle
Qui vie en ce monde recoiue
Qui de ces deux tonneaux ne boiue.
Cest vne tauerne planiere   la tauer
Dont fortune est la tauerniere/ ne de iu
Qui en traict en potz et en couppes piter.
Pour faire a tout le monde souppes.
Tous en abreuue auec ses mains
Mais aux vngz pl⁹ aux aultres mois.
Nul nest qui chascun iour ne pinte
De ces tonneaux ou quarte ou pinte
Du muy ou septier ou chopine
Sicomme il plaist a la meschine
Du paulme ou quelque seulle goute
Que fortune en son bec luy boute/
Car bien ou mal a chascun verse
Ainsi quelle est doulce et peruerse.
Ja nul si ioyeux ne sera   note bis

H iii

❡ Le Rommant de la Rose.

Quant bien pourpenser le scaura
Qui ne trouue en soy plus grand ayse
Quelque chose qui luy desplaise/
Ne ia tant de meschief naura
Quant bien pourpenser le scaura
Qui ne trouue en son desconfort
Quelque chose pour son confort
Soit chose faicte ou chose a faire
Sil pensoit bien a son affaire
Sil ne chiet en desesperance
Qui tous les pecheurs desauance/
Ne nully ny peult conseil mettre
Tant ayt sens parfont en la lettre.
Que te vault donc le courroucer
Le larmoyer et le groncer
Rien/ prens bon cueur et si tauence
De receuoir en pacience
Tout ce que fortune te donne
Soit belle ou laide ou malle ou bonne.

Fortune instable

❡ E fortune la sommeilleuse
Ne de sa roe merueilleuse
Tous les tours compter ne pourroye/
Cest le ieu de bourse en courroye
Que fortune sect si partir
Que nul deuant ny au partir
Nen peult auoir science experte
Sil y prendra ou gaing ou perte.
Mais a tant delle me veulx taire
Fors que encore me retraire
Ung petit et pour ma requeste
Desquelles trois tay fait honneste/
Car voulentiers recorde bouche
Chose qui pres du cueur luy touche.

Note bien.

Et si tu le veulx refuser
Rien nest qui ten puisse excuser
Que trop ne soyes a blasmer.

Persuasion de raison a lamant.

Cest que tu me vueilles aymer
Et que le dieu damour desprises
Et que fortune riens ne prises.
Et si par trop foyble te fais
A soustenir ce trouble faix
Je suis preste de lalegier
Pour le porter plus de legier

Prens la premiere seullement
Car si tu mentens sainement
Tu seras des aultres deliure.
Et si tu nes ou fol ou yure
Scauoir dois et bien le recorde
Que cil qui a raison sacorde
Jamais par amour naymera
Ne fortune ne prisera.
Ainsi le fit le bon socrates
Qui oncq nayma damours apertes
Le dieu damours oncq ne creinct
Ne pour fortune ne sesmeut/
Pource vueil que tu le ressembles
Et que auecques luy tu tassembles/
Car si tu es en moy plante
Il me suffist a grant plante/
Or voy com la chose sappreste.
Je ne te fais mye requeste
Prens la premiere que iay dicte
Et ie te tiens des aultres quitte
Ne tiens donc plus la bouche close
Mais fais responce a ceste chose.

❡ Lamant respond a raison.

❡ Dame dis ie ne puis aultre estre
Il me conuient seruir mon maistre
Qui moult plus riche me fera
Mille fois quant il luy plaira/
Car la rose me doit bailler
Si ie me scay bien trauailler/
Et si par luy la puis auoir
Je nauray besoing dautre auoir
Ne ne priserois vne miche
Socrates combien quil fust riche
Ne plus nen quiers ouyr parler.
A mon maistre men vueil aller
Tenir luy vueil mon conuenant/
Car il est droit et aduenant/
Sen enfer me deuoit mener
Je ne puis mon cas refrener/
Car il nest pas encore a moy
Encore oncques ne lentamay
Ne ne tens pas a entamer
Mon testament pour aultre aymer
A bel acueil ie le laissay/

Cellup qui a raison sacorde iamais naymera ne craindra fortune.

Socrates.

En amours a peu de constance.

Fueillet.lxvi.

Car tresbien par cueur mon latz scay
Et veulx par grant impacience
Confession sans repentance.
Si ne vouldroye pas la rose
Changier a vous pour nulle chose.
La convient que mon penser voise/
Si ne vous tiens ie pas courtoise
Puis que mavez coilles nommees
Qui ne sont pas bien renommees
En bouche de noble pucelle.
Vous qui estes courtoise et belle
Ne scay comment nommer lo saftes
Aumoins quant le mot ne glosastes
Par quelque courtoise parolle
Comme prudefemme parolle.
Ie voy souvent que ces nourrices
Dont maintes sont baudes et nices
Quant leur enfant tiennent a baignent
Et les manient et aplainent
Les coilles nomment aultrement/
Vous scavez bien or si le ment.
Lors se print raison a soubzrire
Et en soubriant print a dire.

℣Raison a lamant.

Beaulx amys ie puis bien nommer
Sans me faire mal renommer
Apertement par propre nom
Chose qui nest si bonne non
Mesmement du mal seurement
Puis ie bien parler proprement/
Car de nully nay de rien honte
Fors de ce qui en peche monte.
Oncq en ma vie ne pechay
Et encor ne fais ie peche.
notables Si ie nomme les nobles choses
oeuvres par plain texte sans mettre gloses
dnature Que mon pere de paradis
Fit de ses propres mains iadis
Et tous les aultres instrumens
Qui sont pilliers et fondemens
A soustenir nature humaine
Qui sans eulx fut et casse et vaine)
Car vous entiers nompas en vis
Dieu mit en coilles et en vis

Force de generation
Par merveilleuse entencion
Pour lespece avoir tousiours vive
Par chose nouvelle et native.
Cest par naissance recheable
Et par cheance renaistable/
Parquoy dieu tant les faict durer
Que mort ne peuvent endurer.
Ainsi faict il aux bestes mues
Qui par ce seront soustenues/
Car quant les unes bestes meurent
Les formes aux aultres demeurent.

℣Lamant a raison.

Or vault assez pis que devant/
Car ie suis bien apercevant
Par la vostre parolle baude
Que vous estes folle ribaulde/
Car dieu trop hayt les choses faictes
Que si devant avez retraictes/
Les noms aumoins ne fit il mye
Qui sont tant plains de villenie.

℣Raison a lamant.

Beaulx amys dit raison la saige
Follye nest pas vasselaige
Ne iamais fut ne ne sera
Tu diras ce quil te plaira/
Car bien en as temps et espace/
Seullement tamour et ta grace
Dueil avoir/tu nen dois doubter/
Car ie suis preste descouter
Et souffrir tout et de moy taire/
Mais que te gardes de pis faire.
Combien qua laidangier macueilles
Si semble il bien que tu vueilles
Que ie te responde follye/
Mais ce ne te feray ie mye/
Ie qui pour ton bien te chastie
Ne suis ie de telle facon mye
Que tel villenie commence
Que ie mesdye ne ne tence/
Car il est vray ne te desplaise
Que tousiours vengeance est mauvaise
Et si dois scavoir que mesdire
Est encore vengeance pire.

h iiii

❧ Le Rommant de la Rose.

Bien aultrement me vengeroye
Si vengeance auoit en voulope/
Car si tu meffais ou mesdis
Du par tes fais ou par tes dis
Seullement men puis ie reprendre
Pour toy chastier et apprendre
Sans blasme et sans diffamement
Du vengier mesmes aultrement/
Et si tu ne me voulois croire
De ma parolle bonne et voire
Par plainte quant temps en seroit
Au iuge qui droit men feroit
Du par quelque faict raisonnable
☞ Prendre aultre vengeance honorable.
Je ne vueil pas aux gens tencer
Ne par mon dit desauouer
Ne diffamer nulle personne
Quelle quel soit mauuaise ou bonne/
Et chascun endroit soy ait son fais
Sil veult si sen face confes
Je ne luy en feray ia presse.
Sil ne veult si ne sen confesse.
Tallent nay de follye faire
Affin que men puisse retraire
Note la Ne par moy nest laidure dicte/
sentēce. Si est taire vertu petite/
Mais dire les choses a taire
Est trop grant dyablerie a faire.

Langue doit estre refrenee/
Car nous lisons de ptholomee
Vne parolle moult honneste
Au commencement de la lettre
Que saige est celluy qui met paine
sobrietté A ce que sa langue refrene
en parolle Fors sans plus que de dieu parolle/
☞ Car la nest point trop de parolle
Veu quon ne peut trop dieu louer
Ne trop a seigneur aduouer
Londoit Trop aymer ne trop obeyr
tousio's Trop craindre ne trop le benir
louer Crier mercy ne graces rendre
dieu. A ce ne peut nul trop descendre/
Car tousiours reclamer le doiuent

Tous ceulx qui biens de luy recoiuent. la sent-
Caton mesmes a ce sacorde ce d ca
A qui bien son liure recorde.
La peuly trouuer en escripture
Que la premiere vertu pure Nota.
Est de mettre en sa langue frain
Doubte donc la tienne et refrain
De folie dire et oultraiges
Et tu feras comme les saiges/
Il faict bon croire les payens
Quant leurs dis nous sont bien ayans.
Ãis vne chose te peulx dire nota.
Sans point de rancune ne dire
Et sans aulcun blasme q ataine.
Car trop est fol qui gens ataine.
Saulue soit ta grace et ta paix
De to moy/toy qui aymes la paix
Trop mesprens quant par ta ceruelle
Folle ribaulde tu mappelle
Et sans desserte me ledanges
Quant mon pere se roy des anges
Dieu tout benist sans villennie L a natu-
De qui vient toute courtoysie re de ra-
Et ma nourrie et enseignee son.
Dont pas ne me tiens engignee
De parler mapriƒt la maniere.
Par son gre ie suis coustumiere
De parler proprement des choses
Quant il me plaist sans mettre gloses/
Et quant tu me veulx opposer
Toy qui me semons de gloser
Et dis ainsi que tu proposes
Que dieu a faictes toutes choses
Excepte seullement le nom
Certes ie te respons que non nota.
Au moins icelluy quilz ont ores.
Si les peut il bien nommer lores
Quant premierement il crea
Tout le monde et tant quil y a
Mais il voult que nom leur donnasse
A mon plaisir et les nommasse
Proprement et communement
Pour croistre nostre entendement/
Et la parolle me donna

fueillet.lxvti.

Du moult tresprecieulx don a.
Et ce que ie tay recite
Veulx trouuer en auctorite/
Car platon disoit a lescole
Que donnee nous fut parolle
Pour faire noz vouloirs entendre
Pour enseigner et pour aprendre.

Le dit de platon.

Este sentence cy rimee
Trouueras escripte et famee
De platon qui ne fut pas nices.
Et quant daultre part tu obices
Que lait et villain le mot est
Ie dis deuant dieu qui preest
Que quant ie mis les noms aux choses
Que reprendre et blasmer tu oses
Coilles reliques appellasse
Et reliques coilles clamasse.
Toy qui ainsi me mors et picques
Me redresse que de reliques
Soit vng mot lait et trop villain/
Coilles est beau nom pour certain.
Ly sont aussi coilles et dit
Nul gueres plus bel nom ne dit
Ie feis les noms et suis certaine
Quoncques ne fis chose villaine.
Et quant pour reliques me ouysses
Coilles nommer les noms premisses
Si saige estois tu le prisasses
Tant que par tout les adorasses
Et les baisasses es eglises
En or et en argent assises/
Mais dieu qui est dieu pere et filz
Tient a bien faict tout ce que fis.
Comment par le corps sainct omer
Noseroye ie mye nommer
Proprement les oeuures mon pere
Conuient il que ie le compere
Puis quil conuenoit que noms eussent
Et que les gens nommer les sceussent.
Et pource telz noms nous leur mismes
Pour les nommer et telz les fismes
Femmes ne les nomment en france/
Mais ce vient par acoustumance/

Nota.

raison a baille les nõs aux choses naturelles.

Car leur propre nom bien leur pleust
Qui acoustume bien leur eust.
Si proprement les noms nommassent
Ia certes en riens ne pechassent
Acoustumance est trop puissant,
Et si tu es bien congnoissant
Mainte chose desplaist nouuelle
Qui par acoustumance est belle.
Chascune qui les va nommant
Les appellent ne scay comment
Bourses harnois pisches et pines
Comme si ce fussent espines/
Mais quant ilz les sentent ioignans
Pas ne les tiennent pour poignans
Or les nomment comment ilz seullent
Quant proprement nõmer les veullent
Ie ne leur en feray ia force/
Car a riens nulle ne mefforce.

nota po' les femmes.

I dit on bien en noz escoles
Maintes choses par paraboles
Qui moult sont belles a entẽdre
Si ne doit on mye tout prendre
Tout ce quon entend a la lettre/
Mais aultres sens ne veulx admettre
Au moine quant des coilles parloye
Quant si briefment parler vouloye
Que celluy que tu y veulx mettre
Et qui bien entendroit la lettre
Le sens voirroit en lescripture
Esclarcissant la fable obscure.
La verite dedans enclose
Seroit clere et toute desclose
Bien entendras si tu repetes
Les grans fictions des poetes/
La voirras vne grant partie
Des secretz de philosophie
Du moult te vouldras delecter
Et y pourras moult profiter/
En delectant profiteras
En profitant delecteras/
Car en leur dis et en leur fables
Gisent delitz moult profitables
Soubz qui leurs pensees couurirent

Nota.

poeterie est cõme vne chose cachee p̃ sõ sens obscur q̃ est a descouurir et exposer.

❡ Le rommant de la Rose.

Quant le tray des fables destirent.
A ceste fois te conuient rendre
Si la parolle veulx entendre.
Je nye les deux motz renduz
Si tu les as bien entenduz
Qui prins doiuent estre a la lettre
Tout proprement sans glose y mettre.
  ❡ Lamant a raison.
❡ Dame bien les y peut on prendre/
Car moult sont legiers a comprendre
Et nest aulcun qui francois fust
Qui ainsi prendre ne les deust
Sans besoing daultres declarances/
Mais des poetes les sentences,
Les fables et les metaphores
Ne tiens ie pas a gloser ores/
Car si ie peulx estre gary
Et le seruice mest mery
Dont vng si grant guerdon attens
Je les gloseray tout a temps
Au moins ce qui men affierra
Si que chascun cler y voirra/
Et si vous veulx bien excuser
De la parolle ainsi vser
Et des deux motz dessus nommez
Quant si proprement les nommez.
Il ne my conuient plus muser
Ne mon temps sur la glose vser/
Mais ie vous cry pour dieu mercy
Ne me blasmez plus daymer cy
Si ie suis fol cest mon dommaige/
Mais aumoins fois ie moult que saige
De ce cuide ie estre bien fois
Quant hommaige a mon maistre feis
Et si ie suis fol ne te chaille/
Car aymer veulx comment quil aille
La rose ou ie me suis vone.
Je ne seray daultre doue/
Car si mamour vous promettoye
La promesse ne vous tiendroye.
Et adonc decepueur serois
Vers vous et mon dieu roberois
Si ie vous tenoye conuent/
Car ie vous ay bien dit souuent

Que ie ne vueil ailleurs penser
Qua la rose ou est mon penser
Et quant ailleurs penser me faictes
Par voz parolles si retraictes
Que ie suis ia tout las douyr
Tost me verrez dicy fuyr
Si vous ne vous taisiez a tant
Puis que mon cueur ailleurs sattent/
Car trestous chascuns par le mens
Qui pourroient estre es elemens
Et ce quon pourroit sermonner
Ne me pourroit point destourner
Que ie nayme la doulce rose
De tout mon cueur plus q aultre chose.

  ❡ Comment raison laisse lamant
  Melencolieux et doulant
  Qui sest tourne deuers amys
  Qui en son cas confort a mis.

Dant raison mouyt el se tourne
Et me laissa pensant et morne/
Et adonc damys me souuint
Euertuer lors me conuint
Aller y vueil a quelque paine.
Or aduint que amys dieu amaine
Et quant il me vit en tel point
Bien congneut que le cueur me point.
  ❡ Amys a lamant.
❡ Et quesse cy mon doulx amys
Qui vous a en tel tourment mys/
Puis que ie vous voy si decheu

fueillet.xlviii.

Ie congnois quil vous est mescheu/
Mais or dictes moy des nouuelles.
    ¶Lamant a amys.
¶Par ma foy tresbonnes et belles.
    ¶Amys.
¶Dictes moy tout.
    ¶Lamant a amys.
¶Et ie luy compte
Ainsi quauez ouy le compte
Ja plus ne le recorderay.
    ¶Amys a lamant.
¶Dea dit amys et que feray
Vous auiez dangier appaise
Et aussi le bouton baise
De neant estes vous entreprins
Si bel acueil a este prins
Puis quil sest tant abandonne
Que le baiser vous fut donne.
Jamais prison ne le tiendra/
Mais sans faulte il vous conuiendra
Plus saigement vous maintenir
Si a bon chief voulez venir.
Confortez vous/car bien saichez
Quil nest plus en prison/oyez
Ou il a este pour vous mys
Il a assez fors ennemys
Et neust il sinon malle bouche.
    ¶Lamant a amys.
¶Cest cil q plus au cueur me touche/
Car il a les aultres esmeuz.
Point ny eussiez este congneuz
Si le glout ne chalumelast
Paour et honte bien me celast
Moult voulentiers/mesme dangier
Mauoit laisse a le dangier/
Tous trois sestoient bien cois tenuz
Quant les dyables y sont venuz
Qui le glouton font assembler
Qui lors vist bel acueil trembler
Quant ialousie lescria/
Car la vieille trop malcria
Trop grant pitie luy en peust prendre.
Ie men fuys et sans plus attendre
Lors fut le chastel massonne

Du le douly est emprisonne/
Pource amy a vous me conseil
Mort suis si ny mettez conseil.
Lors dit amy tresbien apris
Qui damour eust assez apris.
    ¶Amys a lamant.
¶Compaings ne vous desconfortez
De bien aymer vous deportez
Le dieu damours et nuyt et iour
Seruez loyaulment sans seiour/
Vers luy ne soyez desloyal
Vous feriez mal trop special
Sil vous trouuoit en riens receu/
Car trop se tiendroit a deceu
De ce que a homme vous receut
Oncques loyal cueur ne deceut.
Faictes ce quil vous enchargea
Tous ses editz gardez/car ia
A son propos combien quil tarde
Ne fauldra cil qui bien les garde
Sil ne luy meschiet daultre part
Comme fortune se depart.
Du dieu damours seruir pensez
Et soyez en luy dispensez
Par doulces pensees iolies.
Pource trop seroit grant follyes
Le laisser puis quil ne vous laisse/
Mais pourtant il vous tient en laisse.
Il vous conuient vers luy passer
Quant vous ne le pouez laisser.
Ie vous diray que vous ferez
Vne grant piece vous tiendrez
Sans aller le fort chasteau veoir
Ny allez iouer ne vous seoir
Et ny soyez point daulcun ven
Jusques que tout ce vent soit cheu
Au moins tant comme vous souliez
Non pourtant qua ser y vouliez
Pres des murs ou deuant la porte.
Si aduenture la vous porte
Faictes semblant comment quil aille
Que de bel acueil ne vous chaille/
Mais si de loung le voyez estre
Du a carnel ou a fenestre

Linstruction damys a lamant pour loy aulmēt aymer.

❡ Le Rommant de la Rose.

Regardez le piteusement/
Mais faictes le courtoisement
Sil vous voit ioyeulx en sera
Ja pour garder ne laissera
Sans en faire chiere ne fin/
Ce nest espoir en larrecin
Du sa fenestre espoir clorra
Quant aux gens parler vous orra.
Il guettera par sa fandace
Durant que serez en la place
Iusques que soyez retourne
Si par aultre nest destourne/
Mais prenez garde toute voye

Malle bouche nuist aux amans.

Que malle bouche ne vous voye.
Sil vous voit/ si le saluez/
Mais gardez que vous ne muez
Et chiere ne faictes aulcune
Soit de hayne ou soit de rancune
Et si ailleurs le rencontrez
Nul maltalent ne luy monstrez/
Saige homme son maltalent coeuure.

Nota.

Saichez bien q̃ ceulx font bonne oeuure
Qui les fins decepueurs decoiuent/
Saichez quainsi faire le doibuent
Tous les amans au moins les saiges
Malle bouche et tous ses lignaiges
Si vif vous debuoient deuorer
Pour les seruir et honnorer
Offrez leur tout par grant franchise
Cueur et corps et auoir par guise/
Malle bouche est vng bon lierre
Ostez bon si demourra lierre
Lierre il est saichez de voir
Bien le pouez apperceuoir
Ne ne doit auoir aultre nom

La nature du lierre.

Qui emble aux gens leur bon renom
Et na point pouoir de le rendre.
Com le debuiroit mieulx mener pendre
Que tous ces aultres larronceaux
Qui emblent deniers a monceaulx.
Si vng larron emble deniers
Soit en coffres ble ou greniers
Pour quatre tant en sera quicte
Selon la loy qui est escripte

Fust il pris en present forfaict/
Mais malle bouche trop meffaict
Par son orde langue despite
Qui ne peult des ce quelle a dicte
Restaurer malle renommee
De sa malle gueulle nommee
Ne rappeller parolle sangle
Si elle a dicte par sa gengle.
Bon faict malle bouche appaiser/
Car il faict bon souuent baiser
La main quon vauldroit qui fut arse
Que fust or le glouton en tarse
Bon faict estoupper malle bouche
Quil ne die blasme ou reprouche/
Car luy et tous les siens parens
A qui ia dieu ne soit garans
Par barat conuient barater
Seruir huer blandir flater
Par subtile adulation
Et faulse simulation
Et encliner et saluer
Il faict bon le chien huer
Tant quon ayt la voye passee.
Bien seroit sa langue cassee
Sil luy pouoit sans plus sembler
Que point neussiez talent dembler
Le bouton quil vous a mis sus/
Par ce pourriez estre au dessus.
La vieille qui bel acueil garde
Seruez aussi que mau feu larde/
Aussi faictes a ialousie
Que nostre seigneur or mauldie
La douloureuse la sauuaige
Qui tousiours daultruy ioye enraige
Et si est si crueuse et gloute
Que la chose veult auoir toute/
Mais selle en laissoit a tous prendre
Iamais ne la trouueroit mendre.
Moult est fol qui tel chose espargne
Cest la chandelle et la lanterne.
Qui milx en allumeroit
Ia moins de feu ny trouueroit/
Chascun scet la similitude
Si trop na lentendement rude.

Malle bouche blesse renommee.

nota.

Fueillet. lix.

Si telles ont de vous mestier
Seruez les de voſtre meſtier/
Faire leur deuez courtoyſie
Ceſt vne choſe moult ioſie/
Mais quelz ne puiſſent perceuoir
Que tendez a les deceuoir.
Ainſi vous conuient demener   *qui neſt*
Les bras au col doit on mener   *fort ſoit*
Son ennemy pendre ou noyer   *ſubtil.*
Par flater et applanoyer
Qui aultrement nen peult cheuir
Mais bien peuly iurer et pleuir
Quil nya aultre cheuiſſance
Car ilz ſont de telle agaittance
Qua tout ſon propos il fauldroit
Qui en appert les aſſauldroit.
Apres auſſi vous contiendrez
Quant aux aultres portiers viendrez
Si vous y pouez aduenir.
De dons les fault entretenir
Chappeau de fleurs en eſclipſettes
Gentes bourſes ou eſpinglettes
Ou telz autres ioyaulx petis
Gentilz et beaulx et bien faitis
Si vous en auez laiſement
Sans vous mettre a deſtruyſement
Pour appaiſer leur preſentez/
Et puis des maulx vous dementez
Et du trauail et de la paine
Quamour vous faict qui la vous mene
Et ſi vous ne pouez donner
Par promeſſes fault ſermonner/   *Aſſez pro-*
Promettez fort ſans de lauance/   *mettre &*
Comment quil aille pour lauance/   *riens ne*
Jurez et voſtre foy baillez   *tenir.*
Ains que confuz vous en ailles
Et leur priez quilz vous ſecourent.
Et ſi deuant eulx voz yeulx plourent
Ce vous fera grant auantaige/
Plourez et vous ferez que ſaige.
Deuant eulx vous agenouillez
Joinctes mains et voz yeulx mouillez
De chauldes larmes en la place
Qui vous couleront par la face

Affin quilz les voyent bien cheoir
Car ceſt moult grant pitie a veoir/
Larmes ne ſont pas deſdaigneuſes
Mais eſmeuuent les gens piteuſes.

Et ſi vous ne ſcauez plourer   *Bonne*
Couuertement ſans demeurer   *ſubtilite*
De voſtre ſaliue prendrez
Et ius doignons eſpanderez
Du daulx ou daultres choſes maintes
Dont voz paupieres ſoient ointes/
Ainſi faiſant vous pleurerez
Toutes les foys que vous vouldrez.
Ainſi lont fait maintz laboureurs
Qui puis furent fainctz amoureurs.
Les dames les ſouloient or prendre   *Les ſub-*
Aux las leſquelz ilz vouloient tendre   *tilitez et*
Tant que par leur miſericorde   *faictes da-*
Leur oſtaſſent du col la corde/   *mours.*
Et maintz par tel barat pleurerent
Qui oncques par amours naymerent
Ains bien deceuoient les pucelles
Par telz pleurs et telles flauelles
Larmes les cueurs de telz gens tachent
Mais que ſans plus barat ny ſachent/
Car ſi voſtre barat ſcauoient
Jamais de vous mercy nauroient.
Crier mercy vous ſeroit neans
Car iamais vous nentreriez leans.
Si a eulx ne pouez aller
Faictes leur par aulcun parler
Qui ſoit meſſagier conuenable
Soit par voir par lettre ou par table/
Mais ia ny mettez propre nom
Car il fault celer ce ſermon.
La ne ſoit perſonne nommee
La choſe en ſera mieulx celee.
Soit elle dame ou de ſempire
Eſcriuez luy voſtre martyre/
Car pluſieurs amans ont deceu
Maintz barons qui ont leſcript veu.   *Lamāt*
Les amans en ſont encuſez   *doibt eſ-*
Et du deduyt damours ruſez.   *tre ſe-*
Point en enfans ne vous fiez   *cret en*
                      g i   *ſes affai-*
                            res.

Car trop deceu vous en seriez/
Ilz ne sont pas bons pour messaige
Tousiours ont enfans cueur volaige
Pour gengler et monstrer quilz portent
A maintz trahystres qui les enhortent
Du sont nicement leurs messaiges
Pource quilz ne sont mie saiges.

Des portiers si est chose sure
Sont de si piteuse nature
Si voz dons daignent recevoir
Quilz ne vous vouldront decevoir.
Et saichez que receu serez

Note des cautelles das motiers.

Apres les dons que vous ferez/
Puis quilz prennent cest chose faicte
Car ainsi que le loirre est faicte
Pour appeller soir et matin
Le gentil espervier a main/
Ainsi sont affectez par dons
A donner graces et pardons
Les portiers aux fins amoureux
Tant se rendent vaincuz par eulx.
Et sil aduient que les trouuez
Si orgueilleux que ne pouez
Les flechir par dons et prieres
Par pleurs et par aultres manieres
Mais vous reiectent en arriere
Par refus et parolle fiere
En vous vengeant rudement
Portez ce dueil courtoysement
Et les laissez en ce malyng/
Car oncques frommaige de gaing
Ne fut mieulx cuit quilz se cuyront.
Par voztre fuyte ilz se duyront
Maintesfois a vous espaulcer
Ce vous pourra moult auancer/
Villains cueurs sont de tel fierte.

Nota.

Ceulx qui plus les ont en fierte
Plus les prient et moins le prisent
Plus les seruent plus les desprisent/
Mais quant ilz sont des gens laissez
Tous leurs orgueilz sont abaissez.
Ceulx qui desprisoient or leur plaisent
Lors se doubtent et se rappaisent

Qui ne leur est pas belle chose
Mais trop laide bien dire lose.

Ung marinier qui par mer nage
Cherche mainte terre sauuage
Tant a il loeil a une estoille
Il ne court pas tousiours dung voisle
Ains le change moult bien souuent
Pour escheuer tempeste et vent.
Lhomme aussi qui damer ne cesse
Ne court pas tousiours dune laisse.
Or doit chasser or doit fouyr
Qui veult de bonne amour iouyr.
Dautre part cest bien plaine chose
Ie ne vous y mettray ia glose
Au tempte vous pouez fier.
Bon faict ces trois portiers prier/
Car chose lamant ny peult perdre
Qui se veult au prier adherdre
Combien quil soit grand bobancier
Tel se pourra bien auancer.
Prier les peut bien seurement
Car il sera certainement
Ou refuse ou bien receu
Guere ne peut estre deceu
Rien ny perdent les refusez
Sinon quilz se sont amusez/
Ne ia eulx malgre nen scauront
A ceulx qui prie les auront
Combien quilz les ayent deboutez
Silz sont en leur bon gre boutez/
Car tant nest cruel qui les oye
Qui nen ayt en son cueur grant ioye
Et si pensent en eulx taisans
Que lors sont ilz preux et plaisans
Et quilz ont toutes taiches bonnes
Quant aymez sont de ces personnes
Comment quil aille du nyer
Du du refuse ou doctroyer
Et silz sont receuz bien le soient
Doncques ont ilz ce quilz queroient.
Et si tant leur meschiet quilz faillent
Et que francz et quictes sen aillent
Cest le faillir enuis paisibles

Comparaison des mariniers.

Perseurance est a louer.

Tant sont nouueaulx delitz possibles.

Ais lamant ne soit coustumier
De dire au portier le premier
Quil se vueille de luy acointer
Pour la fleur du rosier oster/
Mais pour amour loyalle et fine
De nette pensee enterine.
Saichez quilz sont trestous domptables
Sinon par parolles doubtables
Et pourtant qui bien les requiert
Il obtiendra tout ce quil quiert/
Aulcuns ny seront refusez.
Mais si de mon conseil vsez.
Ja deulx prier ne vous penez
Se la chose a fin ne menez
Car en fin si vaincuz nestoient
Destre priez trop se venteroient
Mais ia puis ne se venteront
Quant du fait parsonniers seront.
Et silz sont tous de tel maniere
Combien quilz facent fiere chiere
Que si requis auant lestoient
Certainement ilz requeroient
Et bien se donneroient pour neant
Qui ne les prioit depriant.
Mais les folz chetifz sermonneurs
Prodigues trop larges donneurs
Tellement les enorgueillissent
Que leurs roses nous encherissent
Et se cuident faire auantaige
Mais ilz font leur cruel dommaige/
Car bien vous dis q̃ pour neãt leussent
Si ia requeste faict nẽ eussent.
Parquoy si chascun ainsi fist
Et que nul auant ney requist
Mais quilz se vousissent louer
Ilz en eussent moult bon loyer.
Si tous ensemble si submissent
Et telles conuenances fissent
Que ia nul ne leur sermonnast
Aussi pour neant ne se donnast
Ains laissast pour mieulx les matter
Aux portiers les roses seicher/

Mais pour chose ne me plairoit
Qui de son corps marche feroit
Ne tel ne me deuroit plus plaire
Aumoine pour telle chose faire.
Mais oncques pour ce nattendez
Requerez les et leur tendez
Les latz pour vostre proye prendre/
Car vous pourriez bien tant attendre
Que bien tost se pourroient combatre
A vng ou deux ou trois ou quatre
Voire a cinquantedeux douzaines
Dedans cinquante deux sepmaines
Par trop seriez ailleurs tourne
Si vous auiez trop seiourne/
Mais enuis a tant y viendriez
Pource que trop y attendriez.
Je veulx que nul amant attende
Que femme samour luy demande
Car trop en sa beaulte se fie
Qui attent que femme le prie/
Et quiconques veult commencer
Pour tost sa besongne auancer.
Naye pas paour quelle le fiere
Tant orgueilleuse soit et fiere
Et que la nef a port ne vienne
Mais que saigement se contienne.
Ainsi donc tu exploicteras
Quant aux portiers venuz seras/
Mais quant courroucez les verrez
Ja de ce ne les requerrez.
Espiez les en leur liesse
Ne les requerez en tristesse/
Si leur tristesse nestoit nee
De ialousie la desuee
Que pour vous les eust tous batuz
Dont courroux fussent embatuz.

Et se pouez a ce venir
Que priuez les puissez tenir
Et le lieu soit si abuenant
Que ne doubtez nul suruenant
Et Bel acueil soit eschappe
Qui pour vous est ore attrappe
Quant bel acueil faict vous aura

Lamãt doibt estre hardy a requerir sa mãt a sa dame.

g ii

❧ Le Rommant de la Rose.

Amis in-
struit la-
mant a
cueillir
la rose.

Si beau sen plaint comme il scaura
Car moult bien scet gens acueillir
Lors deuez la rose cueillir
Et veissiez vous mesme dangier
Qui vous cuideroit ledangier/
Du que paour lors et honte en groucent
Mais que faintement ne sen courent
Et que laschement se deffendent
Com deffendans vaincuz se rendent
Comme lors vous pourra sembler.
Veissiez vous adonc paour trembler
Honte rougir/dangier fremir
Du tous ces trois plaindre et gemir
Ne le prises pas vne escorce
Cueillez la rose tout a force
Et monstrez que vous estes homme
Vertueux pour porter grand somme
Car rien ne leur pourroit tant plaire
Que tel force quon leur scet faire/

Nota.

Car maintes gens sont coustumieres
Dauoir si diuerses manieres
Quilz veullent par force donner
Ce quilz nosent abandonner.
Et faingnent que leur soit tollu
Ce quilz ont souffert et voullu.
Mais saichez que dolent seroient
Si par tel deffault eschappoient
Quelque liesse quilz vous fissent/
Doubtez quilz ne vous enhayssent
Tant ilz en seroient courroucez
Combien quilz vous eussent groncez

☙ Mais si par parolles apertes
Les voyez courroucer acertes
Et vergongneusemēt deffendre
Vous ny deuez point la main tendre
Mais toutesfois pres vous tiendrez
Mercy cryant et attendrez
Jusque ces trois portiers sen aillent
Qui tant vous grieffuent et trauaillent
Et belacueil tout seul demeure
Qui la rose vous fera seure.
Ainsi vers eulx vous contenez
Comme preux vaillant et senez

De belacueil vous prenez garde
Par quel semblant il vous regarde/
Comment il est et de quel chiere/
Conformez vous a sa maniere.
Si elle est ancienne ou meure
Et mettez toute vostre cure
A vous contenir saigement.
Selle se contient nicement
Nicement vous contenez
Et de lensuyure vous penez
Sil est ioyeux ioyeux soyez
Sil a courroux courroux ayez.
Sil rit riez/pleurez sil pleure
Ainsi tenez vous chascune heure.
Ce quil aymera, aymez
Et ce quil blasmera blasmez
Et louez ce quil louera
Car moult plus en vous se fiera.
Ne cuidez que dame vaillant
Ayme lhomme saige et faillant
Qui sen yra par nuyt resuer
Ainsi comme sil deust desuer
Et chantera des la minuyt
A qui quil plaise ou quil ennuyt
Elle en craindroit estre blasmee
Ville tenue et diffamee.
Telles amours sont tantost sceues
Que lon fluste parmy les rues/
Guere ne leur chault qui les sache
Fol est qui son cueur y atache.

☙ Ie saige damours parolle
A vne damoyselle folle
Et il faict semblant destre saige
Ja vers luy naura son couraige/
Ne pensez point quil luy aduienne
Tant que saigement se contienne.
Face ses meurs aux siens vnis
Du aultrement il est honnis/
Car elle le cuide vng mocqueur
Vng regnart ou vng enchanteur.
Tantost la chetiue le laisse
Et prent vng aultre ou moult sabaisse
Et le vaillant arriere boute

Prenant le pire de la route
La nourrist ses amours et couue
Comparaisō da mours a la louue
Tout ainsi comme faict la louue
Qui sa follie tant empire
Quelle prent de tous loups le pire.
Si bel acueil pouez trouuer
Et quil se puisse a vous iouer
Aux eschecz aux dez ou aux tables
Ou a aultres ieux delectables
Des ieux tousiours le pis ayez
Et tousiours au dessoubz soyez
Puis quau ieu vous entremettez.
Perdez quanque vous y mettez/
Prenez des ieux la seigneurie.
De vostre perte gabbe et rie
Vostre ampe ioyeusement
Ce vous seruira grandement.
Louez toutes ses contenances
Les enseignes mensdamours.
Et ses atours et ses semblances.
Seruez la de vostre pouoir
Mesmes quant el se deura seoir
Apportez luy carreau ou selle
Mieulx en vauldra vostre querelle.
Si quelque tache pouez veoir
☞ Sur elle de quelque part cheoit
Ostez luy tost celle pouleye
Mesmement sel ny estoit mye
Ou sa robe trop empouldree
Soufflez la luy de la pouldree.
Faictes luy son vouloir et ayse
Et toute chose qui luy plaise.
Si ainsi faictes ne doubtez
Que vous en soyez deboutez
Mais viendrez a vostre propos
Tout ainsi que ie le propos

¶ Coment lamant mōstre a amys
Deuant luy ses trois ennemys
Et dist que le temps tost viendra
Quau iuge deulx se complaindra.

Ouly amis quesse q̄ vous dictes
Aulcuns silz ne sont ypocrites
Ne feroient ceste diablerie
Oncq nouys si grant tricherie.
Vous voulez que ie honnore et serue
Ceste gent qui est faulse et serue/
Silz sont serfz et faulx seurement
Fors bel acueil tant seullement
Vostre conseil est il bien tel
Par ce seroys trahystre et mortel
Et seruiroys pour deceuoir
Car bien peult dire de ce voir
Quant ie veult les gens guerroyer
Je les doiz deuant deffier.
Souffrez aumoins que ie deffie
Malle bouche qui tant mespie
Ainz que dinsi lailse deceuant/
Et luy paye que de ce vent
Quil a leue quil se rabate
Ou il conuient que ie le bate/
Ou il luy plaise quil lamende
Ou ien prendray par moy lamende/
Ou sinon que ie men complaingne
Au iuge qui vengeance en preingne.

Il fault deffier auant q̄ batre.

¶ Amys a lamant.

¶ Cōpaings cōpaigs ce doiuēt querre
Ceulx qui sont en aperte guerre
Mais malle bouche est trop couuert
Il nest pas ennemy couuert
Car quant il hait ou homme ou femme
En derrier les blasme et diffame.
Trop fort trahystre est dieu le honnisse

g iii

Le rommant de la Rose.

Parquoy droit est quon se trahisse.
De lhomme trahystre ie dis sy

En traistre ne se fault fier.

Puis quil na foy ie ne my fy.
Il hait les gens au cueur dedans
Et leur rit de bouche et de dens/
Oncq par tel ne fuz embelly
De moy se gard et ie de luy.
Droit est qui a trahit samort

Nota.

Quil ayt par trahyson sa mort
Si lon ne sen peult aultrement
Dengier plus honnorablement.
Et si de luy vous voulez plaindre
Luy cuidez vous sa langue estaindre
Vous ne le pourriez tel prouuer
Ne suffisans garans trouuer.
Et si bien prouue laviez ore
Si ne sen tairoit il encore
Plus en parlez plus genglera
Plus y perdrez quil ne fera.
De tant est la chose plus sceue
Dautant plus est vostre honte creue

Tel cuyde abaisser sa honte qui la croist.

Car tel cuide abaisser sa honte
Qui de trop plus lacroist et monte:
De prier quil soit abatu
Et blasme/ du quil soit batu
Point pour ce la ne labatroit
Non pas par dieu qui le batroit.
Dattendre quil le vous amende
A cela point ne fault quon tende
Jamais amende nen prendroye
Toffrist il ains luy pardonroye.
Et sil ya deffiement

p.

Je vous iure que vrayement
Belacueil sera enferrez
Si que iamais ne le verrez/
Ou sera riue en anneaulx
Ars au feu ou noye en eaulx.
Lors aurez le cueur plus dolent
Quoncques neut charles ne rolant
Quant a roncenaulx mort receut
Par ganelon qui le deceut.

Lamant a amys.
CEcy ne vois ie pas querant
Aille au diable ie le comment

Je le vouldroye auoir pendu
Puis quil ma mon poiure espendu.

Amys a lamant.
COmpaings ne vous chaille de pendre
Aultre vengeance en conuient prendre/
Pas ne vous conuient tel office
Bien en conuient a la iustice
Mais par trahison le voulez
Si mon conseil croire voulez.

Lamant a amys.
COmpainge a ce conseil maccors
Jamais niftray de vostre accord/
Non pourtant si bien vous sceussiez
Aucun art dont vous me peussiez
Enseigner par aultre maniere
Du chastel prendre plus legiere
Si vous la me voulez apprendre
Je la vouldroye bien entendre.

Amys a lamant.
OUy vng chemin bel et gent
Mais il nest bon a poure gent.
Compaings au chastel desconfire
Peut on plusieurs voyes eslire
Sans mon art et sans ma doctrine
Et rompre iusque a la racine
La forteresse deuenue.
La ny auroit porte tenue
Car tous lors le laisseroient prendre
Rien nest qui les en peust deffendre/
Nul ny oseroit mot sonner.
Le chemin a nom trop donner
Folle largesse le fonda
Du maintz amans y affonda.
Je congnoistrois bien vng sentier
Car ien issy auant hier
Et pelerin y ay este
Plus dung yuer et dung este.
Si largesse prenez a deptre
Sans vous tourner a main senestre
Vous aurez ia plus dune archee
La sente batue et marchee
Sans point vser vostre soulier.
Vous verrez la le mur crosser
Et chanceler tours et tournelles

Note de folle largesse.

fueillet. iii.

Tant ne feront fortes ne belles
Et par eulx oz ouurir les portes/
moyē da Car les gardes sont comme mortes.
nou le De celle part est le chasteau
chastel Si foyble qung petit gasteau
au das Est plus fort a casser en quatre
mours. Que ne font les murs a abatre/
Par la seroit il prins tantost.
Il ny conuiendroit si grant ost
Comme il fist au roy charlemaigne
Sil vouloit conquerre alemaigne.

Nota. En ce chemin que ie vous nomme
Nulle foys ny entre poure hōme
Nul ny peut poure hōme mener
Nul par soy ny peut assener/
Mais qui dedans mene lauroit
Maintenant le chemin scauroit
Aussi bien comme ie scauroye
Ja si bien aprins ne lauroye/
Et sil vous plaist vous le saurez/
Car assez tost aprins laurez
pourete Si sans plus pouez grant auoir
ne peult Pour despens oultraigeux auoir/
aller au Mais ie ne vous y mettray pas
iardi da Pourete ma nye le pas
mours. A lyssir me fut deffendu.
Mon auoir y ay despendu
Et tout ce que daultruy receuz
Tous mes creanciers en deceuz
Si que ie nen peulx nul payer
Son meust deu pendre oz ou noyer.
Ne venez dit elle iamais
Puis que despendre nya/mais
Vous y entrerez a grant paine
richesse Si richesse ne vous y maine/
moyē de Mais a tous ceulx quelle y conduict
ioupz de Au retour refusent conduict.
ses as A laller en vous se tiendra/
mours. Mais ia a vous ne se prendra
Et de tant vous tenez asseur
Si vous y entrez par nul heur
Ja nen ystres ne soir ne main
Si pourete ny met la main

Par qui est destresse ou demeure
Folle largesse leans demeure
Qui ne pense a rien fors a ieux,
Et a despens faire oultraigeux/
Qui despend ainsi ses deniers
Com selle les mist en greniers
Sans compter et sans mesurer
Combien que ce doye endurer.

pourete
chasse
les as
mou﹀
reux.

¶ Cōment pourete faict requestes
A richesse moult deshonnestes
Qui riens ne prise tous ses ditz
Mais de tout luy faict escondits.

Durete siet a lautre chief
Plaine de honte et de meschief
Qui trop seuffre au cueur grās molestes
Tant faict de hontes ses requestes
Et tant ade dures escondits
Quel na ne bons faitz ne bons ditz
Ne delectables ne plaisans.
Ja ne sera si bien faisans
Que chascun ses oeuures ne blasme
Chascun la lesange et diffame/
Mais de pourete ne vous chaille
Fors de penser comment quil aille
Comment la pourrez escheuer
Riens ne peult tant lhomme greuer
Comme tumber en pourete
Le congnoist bien lhomme endebte,
Qui tout le sien a despendu

Note de
pourete

note biē
desacci﹀
dēs q̄ ad
uienēt p
pourete

B iiii

Maint est par pourete pendu.
Bien le congnoissent ceulx et dient
Qui contre leur bouloir mendient.
Moult leur conuient souffrir douleur
Ainz que gens leur donnent du leur
Aussi le peuent ceulx scauoir
Qui damour veullent ioye auoir/
Car pource na dont amour paisse
Sicomme ouide le confesse.

Pourete faict lhomme trop pire
Trop hayr et viure en martire/
Et oste a ceulx mesmes le sens.
A pourete nayez consens/
Mais efforcez vous bien de croire
Ma parolle esprouuee et voire/
Car saichez iay cela prouue
Par experiment approuue
Tout ce que cy ie vous sermonne
En ma singuliere personne.
Ie scay bien que pourete monte
Par ma malaise et par ma honte
Doulx amy plus que ne scauez/
Car tant soufferte ne lauez
Vous vous debuez a moy fier
Ie le dis pour vous chastier/
Car moult a bien heureuse vie
Cil qui par aultruy se chastie
Vaillant sou soye estre clame
Et de tous compaignons ayme
Et despendoye liement
En tous lieux et moult largement
Tant comme riche fuz tenu.
Or suis ie poure deuenu
Par despens et folle largesse
Qui mont mis en telle destresse
Que ie nay fors qua grant dangier
Ne que boyre ne que mangier
Ne que chausser ne que vestir
Tant me faict dangoisse sentir
Pourete qui tout bien me tost.
Or saichez compaignes que si tost
Que fortune meut ainsi mis
Ie perdis trestous mes amis

Fors vng seul ce croy vrayement
Qui mest demeure seullement/
Fortune ainsi les me tollut
Par pourete qui en moy fut
Tollut par foy/non pas ie ment/
Mais print ses choses proprement/
Car ie scay bien que se miens fussent
Ia pour elle laisse ne meussent
En riens vers moy donc ne mesprint
Quant ses mesmes choses reprint.
Siens voire/mais rien nen scauoye/
Car tant achete les auoye
De cueur et de corps et dauoir
Que les cuidoye tous auoir.
Et lors quant ce vint au dernier
Que ie neuz vaillant vng denier
Tous ses amys si sen fuyrent
De moy/et de tout me guerpirent
En me faisant trestous la moe
Quant ilz me virent soubz la roe
De fortune enuers abatu
Ainsi ma pourete batu.
Si ne me dois ie mye plaindre/
Car courtoise me fut sans faindre
Et si ne lay pas desseruy/
Car entour moy si trescler vy
Tant me oingnit les yeulx dung collire
Quel meut faict bastir et confire
Si tost comme pourete vint
Qui damps mosta plus de vingt
Voire par dieu que ie ne mente
Plus de quatre cens et cinquante.
Oncques lins qui ses yeulx y mist
Ce que ie dis lors point ne dist/
Car fortune tantost eut place
La bonne amour a plaine face
De mon bon amy me monstra
Par pourete qui mencontra
Que ie neusse iamais congneu
Sa mon besoing ne fust venu/
Mais quant il sceut il accourut
Au mieulx quil peut me secourut
Et moffrit tout ce quil auoit
Pource que mon besoing scauoit.

fueillet. liii.

¶ Comment amys recorde cy
A lamant quung seul vray amy
En sa pourete il auoit
Qui tout son auoir luy offroit.

En ce point me dist mon amy
Quant il fut approche de my/
Mon chier amy vueillez scauoir
Que voicy mon corps et auoir
Du vous auez autant que iay.
Prenez en sans auoir congie/
Mais combien si vous ne scauez
Tout ce dont bon besoing auez/
Car amy ne prise une prune
Contre amy les biens de fortune
Ne les biens naturelz aussi
Puis que sommes venuz ainsi/
Et que bien nous sommes aymez
Congneuz et en amour fermez/
Car aincois nous nous entrouuasmes
Si bien que amys nous nous trouuasmes
Car nul ne scet sans esprouuer
Sil peult loyal amy trouuer
Tous mes biens vous sont obligez
Tant sont puissans damours les gez
Que moy pour vostre garison
Pouez dist il mettre en prison
Tenir pour pleiges et pour ostaiges
Et mes biens vendre et mettre en gaiges
Il ne se tint encor a tant
Pource quil ne mallast flatant
Aincoys men fit a force prendre/

vng bo̅
amy
vraye si
orse
fault
mieulx
à tous
biens.

Car la main ny osoye tendre
Tant mal estoye vergondeux
Par loy de pourete hideux
A qui honte a sa bouche close
Si que son besoing dire nose/
Mais souffre senclost et se cache
Que nul sa pourete ne sache
Et monstre le plus bel dehors
Tout ainsi le faisoie ie lors.

Hôte de
dire ses
necessi-
tez.

Ne sont pas bien les recors
Les mendiens puissans de corps
Qui se vont par tout embatant
Par doulces parolles flatant
Et le plus lait dehors demonstrent
A tous ceulx lesquelz les rencontrent
Et le plus se dedans reponnent
Pour deceuoir ceulx qui leur donnent
Et vont disant que poures sont
Et les grasses pitances ont
Auec grans deniers en tresor/
Mais a tant men tairay des or/
Car ien pourroye bien tant dire
Quil men yroit de mal en pire/
Car tousiours hayent ypocrites
Veritez qui contre eulx sont dictes.

Notes
amys
faintz &
ypocri-
tes.

Ainsi ce deuant dit amys
Mon fol cueur son trauail a mys
Et suis par mon fol sens trahy
Destruit diffame et hay
Sans achoison daultre desserte
Que de la deuant dicte perte
De toutes gens communement
Fors que de vous tant seullement
Qui voz amours pas ne perdez/
Mais a mon cueur vous adherez
Dont iamais tant que ie viuray
De vous aymer ne recrairay
Si dieu plaist vous vaherdrez/
Mais non pourtant vous me perdrez
Quant a corporel compaignie
En ceste terrienne vie
Quant le dernier iour nous viendra

Que mort son droit des corps prendra/
Car celluy iour bien le recors
Ne nous ostra fors que le corps
Et toutes les appartenances
Par les corporelles substances/
Car bien scay que nous deux monrrons
Trop bien plustost que ne vouldrons/
Car mort tous compaignons desseumble/
Mais ce nest pas espoir ensemble.
Si scay ie bien certainement
Que si loyal amour ne ment
Si vous vinez et ie mouroye
Tousiours en vostre cueur viuroye
Et si deuant moy vous mouriez
Tousiours en mon cueur vous viuriez
Apres vostre mort par memoire
Comme vesquit selon lhistoire
Pyrocheus apres sa mort
Que theseus tant ayma fort.
Tant le queroit tant le suyuoit/
Car cil dedans son cueur lauoit.
Tant aymé lauoit sur la terre
Que dedans enfer lalla querre/
Et pourete faict pis que mort/
Car ame et corps tourmente et mort
Tant que lung ou lautre demeure
Non pas mye sans plus vne heure.
Et leur adiouste a dannement
Larrecin et pariurement
Auecques toute aultre deurte
Dont chascun est tresfort heurte/
Ce que mort ne veult mye faire
Ains les en faict du tout retraire/
Et si leur faict en souuenir
Tout temporel tourment finir/
Car combien quelle leur soit griefue
En vne seulle heure les griefue
Pource entendez bien mon sermon
Vous souuenant de salomon
Qui fut roy de hierusalem/
Car de luy moult de bien dit len.
Il dit si bien p̃prenez garde
Beau filz de pourete te garde
Tous les iours que tu as a viure/

Et la cause rend en son liure/
Car en ceste vie terrestre
mieulx vault mourir q̃ trop poure estre/
Car ceulx qui poures apperront
Leurs propres freres les hairont
Pour leur pourete trop doubteuse.
Il parle de la souffreteuse
Que nous appellons indigence
Qui toutes choses desauance.
Oncq ne fut si despites gens
Que ceulx que lon voit indigens/
Pour tesmoing mesmes le refusent
Ceulx qui de tout droit escript vsent
Pource quilz sont en loy clamez
Equipolens aux diffamez.

Trop est pourete laide chose
Mais touteffois bien dire lose
Que si vous auiez biens assez
Ioyaulx ou deniers amassez
Et autant donner en vouldriez
Comme promettre vous pourriez
Lors cueilliriez boutons et roses
Tant fussent fermez ou encloses/
Mais vous nestes mye si riche
Et si nestes auers ne chiche.
Donnez donc amyablement
Petis dons raisonnablement
Que nencheyez en pourete
Indigence ou mendicite.
Plusieurs de vous se mocqueroient
Qui de riens ne vous secourroient.
Si affiert bien que par present
Donnez du fruict nouuel present
En touailles ou en paniers
De ce ne soyez ia laniers
Donnez leur des noix ou cerises
Cormes prunes fresches merises
Chastaignes coings aussi noysettes
Pesches raisins ou aliettes
Nefflles entees et framboises
Belloffes dauesnes ioittoises/
Du des meures franches ayez
Telz fruictz nouueaulx leur envoyez.

Fueillet. liiii.

Nota.
Et si les auiez achetees
Dictes qui vous sont presentees
De voz amys de loing venuz
Les eussiez vous par achapt euz.
Ou donnez roses vermeillettes
Primerolles ou Violettes
En boucquetz selon la saison/
Telz dons sont de bonne raison.
Saichez que dons les gens affolent/
A mesdisans les gueules tollent/
Car si mal les donneurs scauoient
Tout le bien du monde en diroient.

Par dōs
achert
amys
& des
gens.
Beaulx dons de vins et de viandes
Si font donner maintes prebendes/
Beaux dons si font nen doubtez mye
Porter tesmoing de bonne vie.
Moult tiēnēt par tous lieux beaux dōs
Qui beau don donne il est preudhoms.
Les dons donnent los aux donneurs
Et si empirent les preneurs
Quant leur naturelle franchise
Obligent par trop serue guise
Que vous diroye ie en toute somme
Par dons fut prins et dieu et homme.

Compaings entendez ceste note
Que ie vous admonneste et note
Saichez si cela voulez faire
Que vous mauez ouy retraire
Le dieu damours ia ne fauldra
Quant le fort chastel assauldra
Quil ne vous rende sa promesse/
Car luy et venus la deesse
Tant aux portiers se combatront
Que la forteresse abatront/
Et lors pourrez cueillir la rose
Ia si fort ne sera enclose/
Mais quant on a la chose acquise
Si y conuient il grant maistrise
Pour la garder bien saigement
Qui en veult iouyr longuement/
Car la vertu nest mye mendre
De bien garder que de la prendre/

Nota.
Car quant les choses sont acquises
Et on les pert par quelque guises
Cil qui les pert chetif se clame
Pource quil na plus ce qui lame
Puis que cest faict par ceste faulte/
Car moult est chose digne et haulte
De bien scauoir garder sa mye
Affin quon ne la perde mye/
Et mesmement quant dieu la donne
Saige courtoise simple et bonne
Qui samour donne ne la vende/
Car en nul temps amour marchande
Ne fut par femme controuuee
Fors par ribauldie prouuee
Si nya point damour sans faille
A femme qui pour don se baille.
Telle amour fainte man feu large
La ne doit on pas prendre garde.

Les cho
ses acq̄-
ses sont
aussi dif
ficiles a
garder
cō̄e a les
acqrir.

Femme q̄
prent se
vend

Si sont elles ia presque toutes
conuoiteuses de prēdre & gloutes
De rauir et de deuorer
Si que ne peut rien demeurer
A ceulx qui plus pour eulx se claiment
Et qui plus loyaulment les aiment/
Car iuuenal si nous racompte
Qui dyn Bernie tient son compte
q̄ mieulx vauldroit vng des yeulx pdre
Que soy a vng seul homme adherdre
Car vng seul ne luy peult suffire
Tant elle estoit de chaulde tyre
Veu que femme nest tant ardant
De ses amours ne si gardant
Que de son chier amy ne vueille
Tous les deniers et la despouille.
Voyez que les aultres feroient
Qui pardons aux hommes soctroiēt
Ne nullenen peult on trouuer
Qui ne se vueille ainsi prouuer
Tant lapt homme en subiection
Toutes ont ceste intention.
Cest cy la reigle quil en baille/
Mais il nest reigle qui ny faille/
Car des mauuaises entendoit
Quant ceste sentence rendoit/

note la/
uarice
des mau
uaises fē
mes.

note iu/
uenal &
la mali
ce des fē
mes.

les bon
nes fem
mes sōt
a louer.

Mais si telle est de bon aduis
De cueur loyal simple de vie
Je vous diray bien que doit faire
Varlet courtois et debonnaire
Qui du tout y veult mettre cure
Garde que du tout ne sasseure
En sa beaulte ny en sa forme
Droit est que son engin informe
De meurs et dars et de sciences/
Car qui les fins et prouueances
De beaulte scauroit regarder
Bien verroit que trop peu garder

Beaul-
te estost
deffail-
lie.

Se pourroit iusq a la vespree
Comme florettes en la pree/
Car beaulte est de tel martire
Que dautant quel vit plus empire.

Bō sens
tousiō's
sert a cel
luy q la

Vie le sens qui se veult acquerre
Tāt pyne il peult durer sur terre
Fait a son maistre compaignie
Et mieulx vault au chief de la vie
Quil na faict au commencement.
Tousiours va par amendement
Et nest par temps amenuyse.
Moult doit estre ayme et prise
Lhomme de noble entendement

Nota.

Quant il en vse saigement.
Moult doit estre femme lyee
Quant son amour a employee
En bel homme courtois et saige
Qui de sens a tel tesmoignaige.
Non pourtant silme demandoit
Conseil scauoir si bon seroit
Quil fist des rimes iolietes
Motetz virelets chansonnettes
Quil vueille a sa mye enuoyer
Pour la tenir et apuyer/
Helas de ce ne peult chaloir
Beau dit y peult petit valoir.
Le dit espoit loue seroit
Et cela bien peu y feroit
Mais vne grant bourse pesant

Nota.

Bien garnie de maint besant
Sel la voyoit saillir en place

Tost y courroit a plaine brace.
Femmes sont si tres aousees
Quelles ne quierent que bourees.
Iadis souloit estre aultrement
Or va tout par empirement
Au temps iadis noz premiers peres.
Aussi noz primeraines meres
Comme la lettre le tesmoigne
Par qui nous scauons la besoigne
Furent amans loyaulx et fines
Sans conuoitises ne racines
Et le siecle moult precieux
Nestoit pas si delicieux
Ne de robes ne de viandes/
Mais on cueilloit es boys les glandes
Pour pains poʳ chairs et pour poissons
Et cherchoit on par ces buissons
Par vaulx par plains et par mōtaignes
Pommes poires noyx et chastaignes
Meures et boutons et prunelles
Framboises frezes et cenelles
Febues et poix telles chosettes
Comme fruictz racines herbettes/
Et des espicz de ble vsoient
Et des racines ilz mangeoyent
Sans mettre en presoer ny en esnes.
Le bon miel decouroit des chesnes
Dont communement ilz viuoient
Et de leaue simple buuoient
Sans querir pigment ne clare/
Car on ne buuoit vin pare.

Lors nestoit la terre aree
Mais comme dieu lauoit paree
Tout delle mesme apportoit
Ce dont chascun se confortoit.
On ne queroit saulmon ne luz
Ains on vestoit les cuirs veluz
Et faisoit on robes de laines
Sans taindre en herbes ny en graines
Ainsi quelles venoient des bestes
Couuertes estoient de genestes
De fueillettes et de rameaux
Les maisonnettes et hameaux.

Labstin
ce des an
ciens vi
uans de
choses
simpl-
seulle-
ment.

au cōmē
cemēt du
mōde la
terre n'
stoit la-
bouree:
car le
peuple
se con
toit.

fueillet. lV.

On faisoit en terre les fosses
Et roches et tyges tresgrosses.
Les chesnes creux se reboutoient
Quant les tempestes redoubloient
Les gens au mal temps apparant
Et la sen alloient a garant
Pour celle tempeste euiter
Et ceulx hors du peril iecter.

¶ Comment les gẽs du tẽps passe
nauoient nul tresor amasse
fors par bonne foy en comuun
Et nauoient prince ou roy aucun.

Et quãt y nuyt dormir vouloiẽt
En lieu de coites ilz apportoient
en les places mõceaux d gerbes
De fueilles de mousses ou dherbes.
Et quant lair estoit appaise
Et le temps cler et bien aise
Vent doulx aussi et conuenable
Sicomme en printemps permanable
Que les oyseaulx en leur latin
Sestudient chascun matin
De laube du iour saluer
Qui leur faisoit les cueurs muer/
zephirus et flora sa femme
Qui des fleurs est maistresse et dame
Car ces deux font toute fleur naistre
fleurs ne congnoissent aultre maistre/
Car par le monde vrayement

Luy et elle les vont semant
Et les forment et les coulourent.
Les couleurs dõt les fleurs hõnourẽt
pucelles et varletz prisez
De beaulx chapeletz renuoysez
pour lamour des fins amoureux
Car ilz ont grans plaisirs en eulx.
Les fleurettes lors estandoient
Es contepointes qui rendoient
Leur resplendeur par ses herbages
par les prez et par les riuages
Qui Vous fust aduis que la terre
Voulsist entreprendre la guerre
Au ciel deste mieulx estellee
Tant est par ses fleurs renelee.
Sur telles couches que deuise
Sans rapine et sans couuoitise
Dz sentreacoloient et baisoient
Ceulx qui le ieu damours faisoient
Soubz arbres Vers et esglaintines
Leurs pauillons et leurs courtines
De rainceaulx darbres estandoient
Qui du soleil les deffendoient/
Et la demenoient leurs carolles
Leurs ieux et leurs doulces parolles
Les simples gens bien asseurez
De toutes malices curez
fors de mener ioliuete
par lopasse amyablete/
Et encor nestoit roy ne prince.
Mal faict qui laultru toft et pince
Tous semblables estre souloient
Et rien propre auoir ne Voulloient
Car bien scauoient celle parolle
Qui nest mensongiere ne folle
Quonques amour et seigneurie
Ne sentrefirent compaignie
Ne ne demeurerent ensemble
Car maistrise amour desassemble.

¶ Icy commence le ialoux
A parler et dist deuant tous
A sa femme quelle est trop baulde
En lappellant faulse ribaulde.

Note du
temps
passe.

Descri
ptiõ d la
beaulte
du tẽps
passe.

Amo' et
seigneu
rie ne cõ
uiennẽt
pas bien
ensem-
blemẽt.

℃ Le Rommant de la Rose.

Pitié soit on des mariages
Quant le mary cuide estre sages
Et chastie sa femme et bat
Et la fait vivre en tel debat

Jalou-
sie cause
beaucoup
de maulx

Qui luy dit quelle est nice et folle
Dont tant demeure a la carolle
Et chante et dance si souuent
Des folles varletz au couuent
Que bonne amour ny peut durer
Tant seurté sont maulx endurer
Quant il veult la maistrise auoir
Du corps sa femme et de lauoir.
Trop estes dit il villotiere
Et auez trop nice maniere
Quant suis en mon labeur alle
Tantost sera par vous bale
Et demenez telle folie
Quauis mest que cest ribauldie
Et chantez comme vne seraine
Dieu vous mette en malle sepmaine.
Quant ie vois a romme ou en frise
Pour vendre nostre marchandise
Vous deuenez tantost si cointe
Que ie trouue bien qui macointe
Dont on parle mainte parolle
Et quant aulcun a vous parolle
Trop cointement vous vous tenez
En tous les lieux ou vous venez
Vous respondez hary hary
Cest pour lamour de mon mary
Pour moy las douloureux chetif
Qui scait si ie forge ou ie tiz

Car si ie suis ou mort ou vif
Lon me deuroit flastrir au viz
Vne vessie de mouton
Certes ie ne vaulx vng bouton
Quant aultrement ne vous chastie.
Malle grace auez bastie
Qui de tel malfait vous ventez
Chascun scait bien que vous mentez
Pour moy las douloureux pour moy
Grans maulx en mes mains enfermay
Et vilainement me deceuz
Quant oncques vostre foy receuz
Le iour de vostre mariage
Pour me donner tel rigolage
En demenant vng tel bobant
Ou cuidez vous aller lobant
Certes ie nay pas le pouoir
De telle cointerie veoir
Que ces ribaulx saffres frians
Qui les putains vont espians
Entour vous remirent et voient
Quant par ces rues vous conuoient.
A qui pelez vous telz chastaignes
Lesquelles me font tant dengaignes
Vous faictes de moy chape et pluye
Quant de present pres vous mappuye
Ie vois que vous estes plus simple
En ce surcot en celle gimple
Que tortorelles ne coulombe
Ne vous chault sils sont courts ou longs
Quant ie suis seul les bons presens
Qui me donneroit cent besans
Combien que debonnaire soye
Si pour honte ne le laissoye
Ie ne me tiendrois de vous batre
Pour vostre orgueil du tout abatre.
Et sachez quil ne me plaist mye
Que soit en vous telle cointie
Soit de karolle soit de dance
Fors seullement en ma presence.

Nota

℃ Comment le ialoux si reprent
Sa femme et dit que trop mesprent
Dainsi mener ioyeuse feste
Et que de ce trop le moleste.

fueillet. lvi.

Vous estes mauuaise ribaulde
Dont ne me veulx en vous fier
Sathan me fit bien marier.

Als si theofrates ie creusse
Jamais femme espousee neusse
Car il ne tient pas homme sage
Qui femme prent en mariage
Soit belle ou laide/ou poure ou riche
Car il dit et pour vray lafficħe
En son noble liure auteole
Que lon deust bien lire en lescole
Quil ya vie trop greuaine
plaine de trauail et de paine
Tant de contens et de riottes
par les orgueilz des femmes sottes
Et de dangiers et de reproucħes
Que femmes disent de leurs boucħes
Et de requestes et de plaintes
Quelz trouuet par achoisons maintes.
Moult est grant paine a les garder
pour leurs folz vous soitz retarder/
Et qui veult poure femme prendre
A la nourrir conuient entendre
Et a lla vestir et cħausser
Et se tant se cuide auancer
Quil la prengne riche forment
A souffrir aura grant torment
Tant la treuue orgueilleuse et fiere
Et surcuidee et bobanciere
Que son mary ne prisera
Rien et par tout desprisera
Ses parens et tout son lignaige
par son oultrecuide langaige.
¶ Selle est belle tous y acourent
Tous la poursuyuent et honnourent
Tous y huttent tous y trauaillent
Tous y lutent tous y bataillent/
Tous a la seruir sestudient
Tous vont entour elle et la prient
Tous y tendent et la conuoitent
Et sont en la fin tant epploictent
Car la tour en toue lieux assise
Ne scħappe point quel ne soit prise.

theofrates dit quon ne se doibt pas marier.

purgatoire de l'homme auoir femme riotteuse.

femes penibles en toutes cħoses

Beaulte d femmes hom me decoit

Aultre part plus ne peux celer
Entre vous et ce bacħelier
Robicħonnet au vert cħapel
Qui si tost vient a vostre appel/
Auez vous terre a departir.
Vous ne pouez de luy partir
Tousiours ensemble flaiolez
Et ne scay que vous vous voulez
Que vous pouez vous entredire/
Tout vif me fault enraiger dire
pour vostre fol contenement.
par dieu qui ne fault ne ne ment
Si vous parlez iamais a luy
Vous en aurez le vis pally
Voire par dieu plus noir que meure
Car de coups si dieu me secoeure
Vous donray tant par ce visaige
De qui vous rendez le musaige
Qui tant est aux musars plaisant
Que vous feray coye et taisant
Et iamais or sans moy nirez
Mais a lhostel me seruirez
En bons anneaulx de fer riuee.
Les diables vous font si priuee
De ces ribaulx plains de losenge
Dont vous deussiez bien estre estrange
Vous prins ie pas pour me seruir
Cuidez vous mamour desseruir
pour acointer ces ors ribaulx
pource quilz ont les cueurs si baulx
Et ilz vous trouuent ainsi baulde.

Femmes iasses des ia ours a leur femme.

L. ii

Le rommant de la Rose.

Nota.
Si lapde est a chascun veult plaire/
Et comment pourroit nul ce faire
De garder ce que tous guerroient
Du hair tous ceulx qui la voyent.
Sil prent a tout le monde guerre
Il na pouoir de viure en terre/
Nul ne les garde destre prises
Quant bien seuffrent destre requises.

Penelo-
pe chas-
ste feme
de grece
Penelope mesme il prendroit
Qui bien a la prendre entendroit/
Si nest meilleure femme en grece
Si feroit il dame lucresse
Iacoit quelle se soit occise

Lucres-
se se mit
a mort.
Puis que par force sauoit prise
Le filz au roy tarquinius
Comme dit titus liuius.
Son mary ne tous ses parens
Ne luy peurent estre garens
Pour paine que nul deulx y mist
Que deuant eulx el ne soccist.

☞ De son dueil laisser la requirent
Et moult belles raisons luy dirent/
Son loyal mary mesmement
La confortoit piteusement
Et de bon cueur luy pardonnoit
Tout le faict et luy sermonnoit
Et sestudioit a trouuer

Aulcun
peche
nest sil
nest vou-
luntaire
com. dit
saint au-
gustin.
Diue raison pour luy prouuer
Que son corps nauoit pas peche
Quant le cueur ne faict le peche/
Car le corps nest iamais pecheur
Si cueur nen est consenteur.
Mais elle qui son dueil menoit
Vng cousteau en son seing tenoit
Si musse que nul ne le vit
Quant pour son cueur ferir le prit
Et luy respondit sans vergonne
Beau seigneur quel qui me pardonne
Le peche qui si fort me poise
Ne conuient que du pardon voise
Il ne men pardonne la paine.

Comment lucresse par grant yre
Son cueur perca/rompt & desfire
Et chiet morte sur terre a dens
Deuant son mary et parens.

Ors fiert de grāt engoisse plaine
Son cueur si le fent et se porte
Deuant eulx a la terre morte/
Mais ains pria quilz trauaillassent
Tant pour luy que sa mort vegeassent
Ceste exemple veult procurer
Pour mieulx les femmes asseurer
Que nully force ne leur meust
Que par ce mort souffrit ne deust
Dont le roy et son filz en furent
Mis en exil et en moururent
Depuis rommains pour ce desroy
Ne firent a romme aulcun roy.
Or nest il plus nulle lucresse
Nulle peneloppe en grece
Ne nulle preude femme en terre
Les deust on enchercher et querre
Ainsi le disent les payens
Ne oncques nul ny trouua moyens.
Maintes mesmes par eulx se baillent
Quant les requereurs leur deffaillent
Et ceulx qui font ces mariages
Trop ont de merueilleux vsages
Et coustumes si dispareilles
Qui ne vient a trop grans merueilles/
Ne scay dou vint ceste follie
Fors de raige et de desuerie.

Nul ne
doit fem-
mes es-
forcer il
ne meu-
re.

fueillet.lxii.

La cõpa
raiso du
cheual a
vẽdre
aup fem
mes.

Je voy que qui cheual achete
Il n'est si fol qui riens y mette
Combien quil soit tresbien couuert
Si il ne le voit a descouuert.
Par tout se regarde et sespreuue
Mais on prent femme sans espreuue
Car ia ne sera descouuerte
Ne pour le gaing ne pour la perte
Pour soulas pour deduit pour ayse
Tant ait son fiance mal ayse
Deuant quel soit son espousee.
Et quant el voit la chose oultree
Adoncques monstre sa malice
Et lors pert selle a aulcun vice.
El fait au fol ses meurs sentir
Quant rien ny vault le repentir/
Si scay ie bien certainement
Combien quel se tient saigement

tout fol
marie se
repent.

Nul n'est qui marie se sente
Sil n'est fol qui sen repente/
Preude femme par sainct denis
Dont il est moins de phenis

note la
sentẽce
de Valere

Comme Valere le tesmoigne
Ne peult nul aymer qui ne preigne
Moins que de phenis par ma teste
Par comparaison plus honneste
Voire moins que de blancs corbeaulx
Combien quelz ayent les corps beaulx
Mais non pourtant quoy que ie die

Nota.

Pource que ceulx qui sont en vie
Ne puissent dire que ie queure
A trestoutes femmes en lheure/
Qui preude femme veult congnoistre
Soit seculier ou soit de cloistre
Si trauail veult mettre a la guerre
C'est loyseau cler seme en terre
Si legierement congnoissable
Qui est au noir signe semblable.

Iuue=
nal en
ses saty
res.

Iuuenal mesmes le conferme
Qui rendit par sentence ferme
Si tu trouues chaste moulier
Vaten au temple agenouillier
Et iupiter sers et honnores/
A luy sacrifier labores

A iuno la dame honnoree
Une vache toute doree/
Pource que meilleur aduanture
Nauint a nulle creature/
Et qui veult les malles aymer
Dont deca mer et oultremer
Comme Valerius racompte
Qui du vray dire n'a pas honte
Sõt en mõceaulx plus grãs q̃ mouches
Qui se recueillent en leurs rouches:
A quel chief cuide il venir
Mal se fait a tel rain tenir
Et qui se y tient bien se recors
Il en perdra lame et le corps.   nota.

Valerius qui se douloit
De ce que ruffin se vouloit
Marier a moult grande chiere
Si luy dit par parolle fiere
Dieu tout puissant dist il amys
Garde que ne soyes ia mis
Es las des femmes tant puissans
Que point ne sont par art froissans.
Et iuuenal mesme escrie
A postumus qui se marie
Postumus veulx tu femme prendre
Ne peulx tu trouuer a te pendre
Aulcun gibet hart ou cheuestres
Du saillir hors par les fenestres
Dont lon peut hault et bien loing cheoir
Du te delaisser dung pont cheoir
Car forcenerie te maine
A ceste grant douleur et paine.
Le roy phoroneus mesment
Comme bien voyons clerement
Les loys au peuple grec donna
Et au lict de mort sermonna
Et dit a son frere leonce
Frere et amy ie te denonce
Que tresbieneure tu mourusses
Si femme point espouse neusses.
Et leonce tantost la cause
Luy demanda de ceste clause
Tous les mariez si se preuuent

Valeri9
plant a
ruffin son
compai
gnon.

L'hõme
q̃ se ma
rie pt si/
berte

La sentẽ
ce du roy
phorone
us quãt
a maria
ge.

L ii iii

Et par experiment le spreuuent/
Et quant tu auras femme prise
Bien le scauras a ta deuise.

Nota.

Pierre abaielard or confesse
Que seur eloys seut labesse
Du paradis qui fut sa mye

Exemple q̃ lhõme ne se ma rie.

Accorder ne se vouloit mye
Pour riens qui la tenist a femme/
Ains luy faisoit la ieune dame
Bien entendant et bien lettree
Et bien aymant et bien aymee
Arguments a le chastier
Quil se gardast de marier
Et luy prouuoit par escriptures
Et par raisons qui sont trop seures
Condition de mariage
Combien que la femme soit saige
Car maintz liures auoit bien leuz
Bien estudie et bien veuz
Et les meurs feminins scauoit
Car en soy trestous les auoit/
Et luy requeroit quil laymast

qui prẽt femme se rend subiect.

Si que nul droit ne reclamast
Fors que de grace et de franchise
Sans seigneurie et sans maistrise
Et quil entendist a lestuide/
Qui de science nest pas vuide/
Et luy reduisoit toutes voye
Que plus plaisant estoit leur ioye
Et que leurs soulas plus croissoient
Quant plus tard ilz sentretrouoient
Mais luy ainsi que script nous a
Si fort laymoit quil lespousa
Contre son admonnestement
Dont il luy meschut mallement/
Car puis quilz furent ce me semble
Par leurs accords conioinctz ensemble
Dargentoeil nonnain reuestue
Fut la coille a pierre tollue
A paris en son lict de nuyt
Qui moult le trauaille et luy nuyt
Et fut apres ceste meschance
Moyne de sainct denis en france

Puis abbe dune aultre abbaye/
Et fonda ce dit en sa vie
Une abbaye renommee
Qui du paradis est nommee
Dont eloys si fut abbesse
Qui or deuant estoit professe.
Elle mesme si le racompte
Et escript sans en auoir honte
A son mary que tant aymoit
Que pierre et seigneur le clamoit
Une merueilleuse parolle
Que moult de gens tiennent a folle
Qui est escripte es sainctz epistres
Qui bien chercheroit es chapitres/
Et luy manda par lettre expresse
Depuis ce quelle fut abbesse
En ceste forme gracieuse
Comme femme bien amoureuse.

Si le grant empereur de romme
Soubz lequel doit estre tout homme
Me daignoit prẽdre pour sa femme
Et me faire du monde dame
Si vouldrois ie bien mieulx dit elle
Et dieu a tesmoing en appelle
Estre ta putain reclamee
Questre empeiere couronnee
Mais ie ne crois mye par maine
Quoncques fust une telle femme/
Si croy ie bien que la lecture
Descript/pource que de nature
Tous les meurs feminins auoit
Dont vaincre et dõpter mieulx scauoit/
Car certes si pierre la creust
Jamais marie ne se fust.

Mariage est mauuais lien
Par dieu et par sainct iulien
Qui pelerins errans heberge
Et sainct lienard qui tous defferge
Les pelerins bien repentans
Quant a luy les voit dementans.
Mieulx me vaulsist estre alle pendre
Au iour que ie deu femme prendre

fueillet.lviii.

Que si cointe femme acointe
Mort suis quant femme si cointe ay/
peu se marient q̄ tost ne sen repentent.
Mais par le filz saincte marie
Que me vault ceste cointerie
Ceste robe cointeuse et clere
Qui tant vous faict haulser la chere.
Pourquoy tant dorgueil demenez
Que mes sens en sont forcenez
Que me faict elle de profit
Et combien quaultre proufit
A moy ne fait elle que nuyre/
Car quant vueil auec luy desduyre
Je la trouue si encombreuse
Si greuatiue si ennuyeuse
Que ie nen peulx a chief venir.
On nest pas touiours a gousté.
Je ne vous peulx a point tenir
Tant me faictes et toutes et ganches
Des bras des costes et des manches/
Et tant vous allez destortant
Ne scay comment ce va fors tant
Que bien voy ie que ma dreurie
Ne mon soulas ne vous plaist mye.
Mesmes au soir quant ie me couche
Ains que vous recoyne en ma couche
Comme preudhomme son moullier
La vous conuient il despouillier/
Sur chief nauez sur corps sur hanche
Dune coiffe de toille blanche
Et les tressons indes ouuers
Et par soubz la coiffe couuers.
Nota.
Les robes et les pennes grises
Sont adonc en la perche mises
Toute la nuyt pendent en lair.
Que me peult donc tout ce valoir
Sinon a vendre ou engaiger.
Vous me voyez bif entaiger
Et mourir de la malle raige
Si ie ne vends tout et engaige/
Car puis que par iour tant me nuit
Et par nuyt point ne me desduyt
☞ Quel profit y peulx ie aultre attendre
Fors les engaiger ou les vendre
Ne vous si par le drap allez
De nulle riens mieulx nen valez

Ne de sens ne de loyaulte
Et non par dieu pas de beaulte.

Et si nul hōs pour moy pfondre
Vouloit opposer ou respondre
que les bontez des choses bōnes
Bonnes sont estranges personnes
Et que beaux ornemens sont belles
Les dames et les damoiselles/
Certes quiconque ce diroit
Je diroye quil mentiroit/
Car la beaulte des belles choses
Soient violettes ou roses
Du drap de soye ou fleur de lys
Si comme escript ce liures lis
Sont en eulx et non pas es dames/
Car scauoir doyuent toutes femmes
Que ia femme tant quelle viue
Naura fors sa beaulte natiue.
Tout autant dis ie de bonte
Comme de beaulte ay compte
Et dis pour ma parolle ouurir
Qui vouldroit vng fumier couurir
De drap de soye ou violettes
Bien coulourees et bien nettes
Si seroit certes le fumier
Qui de puir est coustumier
Tel que deuant estre souloit
Et si aulcun dire vouloit
Que le fumier en lair patent
Par dehors est plus apparent/
Tout ainsi les femmes se parent
Si que plus belles en apparent
Du pour leur grant laidure absconde
Certes ie ne scay que respondre
Fors que telle deception
Vient de la folle vision
De ceulx qui parees les voyent
Par quoy leurs cueurs si se desuoyent
Pour la plaisante impression
De leur imagination
Quilz ne scauent apperceuoir
Ne la mensonge ne le voir
Ne le sophisme diuiser

Seulle beaulte naturelle est a louer.

note la cōparaisō de la beaulte des femmes

le fardement des femmes deshōnestes.

L iiii

❡ Le Rommant de la Rose.

       Par faulte de bien aduiser/
       Mais silz eussent les yeulx de lins
       Ja pour leurs manteaulx subtelins
       Ne pour seurcot ne pour tourelles
       Ne pour guimples ne pour cotelles
       Ne pour chemises ne pelices
       Ne pour ioyaulx ne pour delices
       Ne pour leurs moes desguisees
       Qui bien les auroit aduisees
       Ne pour leur reluysans superfices
       Dont ilz resemblent artifices/
       Ne pour chapeaulx de fleurs nouuelles
       Point ne semblassent estre belles/
Nota. ❡ Car le corps dolimpiades
       Qui de beaulte auoit a des
       Et decouleur et de facture
       Tant lauoit bien faicte nature
       Qui par dedans veoir la pourroit
       Pour laide tenir la vouldroit/
Boece. Ainsi nous le racompte Boece
       Saige et discret plain de proesse
aristote. Et traicta tesmoing aristote
       Qui par parolle ainsi le note/
       ❡ Car se lins a la regardure
Le lins Si forte si perçant si pure
voit mer Quil voit tout ce que son luy moustre
uailleu- Et dedans et dehors tout oultre.
sement Et dit quonc puer ny este
&c. Beaulte neust paix a chastete.
       Tousiours ya si grant tencon
       Quoncques en fables ny en chanson
       Dire noupt ne recorder
       Que lon les peut bien acorder.
       Entre elles est si forte guerre
       Que la lune plain pied de terre
       A lautre ne laira tenir
       Puis quel peult au dessus venir/
beaulte Mais la chose est si mal partie
& chaste Que chastete pert sa partie
te touſ- Quant elle assault ou se reuenche
iours en Tant peu scet de luter et ganche
diſſenti- Qui luy conuient ses armes rendre
on ſont. Et na pouoir de se deffendre
       Contre beaulte qui est tant fiere.

Laidenr mesme la chamberiere
Qui luy doit honneur et seruice
Ne prise pas tant son office
Que de son hostel ne la chasse
Tout ainsi quelle luy prochasse.

❡ Beaulte si chastete guerroye
Et laidure aussi la maistroye
De seruir a vertu leur dame
Qui des chastes a malle fame.

Et luy poursuyt au col la masse
En faisant tresorde grimasse
Qui tãt est grosse & tãt luy poise
Quelle nest pas trop a son aise
Quant sa dame enupe demeure
La quantite dune seulle heure
Est chastete trop mal saisie
Quant de deux pars est assaillie
Et na de nulle part secours
Si quil luy fault fuyr le cours/
Car elle se voit au faict seulle.
Selle auoit iure sur sa gueulle
Et sceust encor assez de luyte
Quant chascun encontre elle luyte
Elle nose le contrister
Si quel ny peult rien conquester.
Laideur a tout le faict gaste
Quant el courut sus chastete
Qui deffendre et garder la deust
Mesmement se musser la peust
Entre sa chair et sa chemise/

Fueillet. lix.

Car ſa ſa deuſt elle auoir miſe.
Moult eſt certes a trop blaſmer
Beaulte qui bien ſa deuſt aymer
Et luy procurer ſelle peuſt
Que treſbonne paix entre eulx euſt.
Tout ſon pouoir au moins en fiſt
Du quen ſa grant mercy ſe miſt
Selle eſtoit courtoiſe et bien ſaige/
Car bien faire luy deuſt hommaige
Nompas honte faire et vergoigne/
Car la lettre ſy nous teſmoigne
Au liure ſixte de Vergille
Par lauctorite de ſibille
Que nul qui viue chaſtement
Ne peult venir a damnement/
Dont ie iure le roy celeſte
Que femme qui belle veult eſtre
Ou qui du reſſembler ſe paine
Et ſe remire et ſe demaine
Pour ſe parer et contoyer
Ne veult chaſtete guerroyer
Qui moult a certes dennemyes.
Par cloiſtres et par abbayes
Toutes ſont contre luy armees
Ia ne ſeront ſi enyurees
Que chaſtete ſi fort ne hayent
Que toutes a luy nuyre beent.
Toutes ſont a Venus hommaige
Sans regarder treu ne dommaige
Et ſe cointoyent et ſe fardent
Pour mocquer ceulx qui les regardent
Et vont traſſant parmy les rues
Pour veoir ou pour lors eſtre veues
Et faire aux compaignons deſir
De vouloir auec eulx geſir/
Et font vng grant tas de cointiſes
Es rues et dans ces egliſes
Que nulle delles les fiſt
Si bien ne cuidoit quon la viſt
Et que pour cela pluſtoſt pleuſt
A ceulx que decenoir el peuſt.

Elle certes qui ce voit en compte
molt font femmes a dieu grant honte
Comme folles et deſuoyees
Quant ne ſe tiennent appaiſees
De la beaulte que dieu leur donne.
Chaſcune a ſur ſon chief couronne
De fleurettes dor ou de ſoye
Et ſenorgueilliſt et cointoye
Quant elſe va monſtrant par ville/
Parquoy grandement elſe auille
La treſmalheureuſe la laſſe
Quant choſe plus ville et plus baſſe
De ſoye veult ſur chief atttraire
Pour ſa beaulte croiſtre ou parfaire/
Et va ainſi dieu deſpriſant
Et ſe tient pour non ſuffiſant
Et ſi penſe en ſon fol couraige
Que dieu luy fit trop grant oultraige
Quant ſa beaulte luy compaſſa
Trop negligemment ſen paſſa.
Si quiert beaulte des creatures
Que dieu faict de maintes figures
Du de metaulx ou de florettes
Ou daultres eſtranges choſettes.

Sans faulte ainſi eſt il des hommes
Qui mettent en diuerſes formes
Les chapeletz et les cointiſes
Sur les beaultez que dieu a miſes
En nous/vers luy trop meſprenons
Quant appaiſez ne nous tenons
Des beaultez quil nous a donnees
Sur toutes creatures nees/
Mais ie nay de ces truffes cure/
Ie vueil ſuffiſante veſture
Qui du froit et du chault me garde/
Car auſſi bien qui y prent garde
Me garantiſt et corps et teſte
Par vent/par pluye/et par tempeſte
Fourrure daigneau ſur bureaulx
Comme pers fourre deſcupreaulx.
Mes deniers ſe me ſemble pers
Quant ie pour vous robe de pers
De camelot ou de brunette
De vert ou deſcarlatte achete
Et de vert et de gris la fourre.
Ce vous faict en follye encourre

❡ Le rommant de la Rose.

Et faire les tours et les roues
Par les pouldres et par les boues
Et dieu et moy riens ne prisez.
Mesmes la nuyt quant vous gisez
Pres de moy au lit toute nue
Vous ne povez estre tenue/
Car quant ie vous veulx embrasser
Nota. Pour baiser et pour soulasser
Et suis moult forment eschauffe
Vous rechignez comme mauffe
Et vers moy pour riens que ie face
Ne voulez tourner vostre face
Mais tresmalade vous faignez
Et souspirez et vous plaignez
Et faictes si le dangereux
Que i'en deviens si fort paoureux
Que ie ne vous ose assaillir
Tant ay grant paour de ce faillir
Quant apres dormir me resueille
Trop me vient a moult grãt merueille
Comment ces ribaulx y aduiennent
Qui par iour vestue vous tiennent
Si vous ainsi vous desfortez
Quant avec eulx vous desportez
Et tant or leur faictes dennuitz
Comme a moy de iour et de nuytz
Mais n'en avez ce croy talent
Ains allez chantant et balant
Par ces iardins et par ces preaulx
Auec telz ribaulx desloyaulx
Qui me trainent ceste espousee
C'est grant mal q̃ ia fousie. Sus l'herbe verte a la rousee
Et me sont illec desprisant
Et par despit en eulx disant
C'est malgre le vilain ialoux/
Sa chair soit or liuree aux loups
Et les os aux chiens entraigiez
Par qui mes faictz sont hontaigiez.
Nota. C'est par vous faulse pautonniere
Et par vostre folle maniere
Or de ribaulde pute lisse/
Ia vostre corpse de cest an nisse
Puis qui est a telz gens liure
Par vous suis a honte liure/

Par vous et vostre lecherie
Suis ie mis en la confrairie
De sainct arnoul seigneur des coux   Note du seigñt des cocus.
Dont nul ne peult estre rescoux.
Qui femme a au mien escient
Tant soit gardant et espiant
Et eust il pesly plus d'ung millier
Toutes se font hurtebillier
Et n'est chose qui riens y vaille.
Et s'il advient que le faict faille
Ia la voulente ne sauldra/
Parquoy s'el peult au faict viendra/
Car le vouloir tousiours emporte.
Mais forment vous en reconforte
Iuuenal qui dit du mestier   Note le dit de iuuenal.
Qu'on appelle refaitier
Que c'est le moindre des pechez
Dont voz vouloirs sont entaichez/
Car leur nature leur commande
Que chascune a pis faire entende.
Ne voit on comment les maratres
Donnent venins a leurs fillatres
Et font charmes et sorceries
Et d'aultres grandes dyableries
Que nul ne pourroit recenser
Tant sceust il plainement penser.

Putes estes serez ou fustes   nota
De faict ou de voulente putes
Et qui tresbien vous chercheroit
Putes toutes vous trouueroit/
Car qui ne peult le faict estraindre
Voulente ne peult nul contraindre.   Femme obstinee pour batre ne se change.
Tel auantaige ont toutes femmes
Qui sont de leur voulentez dames/
On ne leur peult leur cueur changer
Pour batre ne pour ledangier/
Mais qui bien changer les leur peust
La seigneurie des cueurs eust/
Mais laissons ce qui ne peult estre
Beau doulx dieu et beau roy celeste.
Aux ribaulx que pourray ie faire   note des ribaulx maritz
Qui tant me font honte et contraire
S'il aduient que ie les menasse

fueillet. lp.

Que priseront ilz ma menasse.
Si ie me vois a eulx combatre
Tost me pourront tuer ou batre/
Car ilz sont felons et traiteux
Et de mal faire non honteux/
Jeunes/iolis/felons/testus
Et ne me prisent deux festus/
Car ieunesse si les enflame
Qui de feu les emple et de flame
Et si leur faict adire voir
Les cueurs a follye esmouuoir

La rōdiction des ieunes gens.

Tant sont legiers et si volans
Que chascun cuide estre vng rolans
Voire hercules ou vng sanson
Si eurent ces deux ce penson

Hercules et sanson gras ameruelles.

Escript est et ie le recors
Semblablement force de corps/
Car hercules auoit selon
Lacteur solin vingt piedz de long
Ne ne peut sa quantite ceindre
Nul sicomme il dit et ataindre/
Ce la voirra sans ouyr dire
Cellup qui vouldra solin lire.
Si hercules eut moult dencontres
Et vainquit douze horribles monstres
Par sa force et par sa prouesse

Hercules victorieux dou ze monstres.

Comme le nous racompte boece
Quant il eut vaincu le douziesme
Oncq vaincre ne peut le treiziesme/
Et cellup fut deianira

Deianira espousa hercules par vne chemise

Sampe qui lup detyra
La chair de venin toute esprise
Par la venimeuse chemise/
Ainsi fut par femme dompte
Cellup qui tant eut de bonte
Si auoit il pour celle
Son cueur damour tout affolle/
Mais deianira par enuie
Tendoit a lup tollir la vie
Pource quaultre dame il auoit/
Si que ainsi venger sen vouloit/
Car maintz breuuaiges lup donna
Et sa chair toute empoisonna
Par trop tresmauuaise malice.

Il la creut comme fol et nice/
Mais aulcun ne se peult par mame
Guetter dune mauuaise femme
Quant il ya son cueur boute
Maintz en sont mors en grant vilte.

notable singulier

¶Comment dalida en dormant
A sanson qui lamoit forment
Couppa par faulse trahyson
Ses cheueux/quant en son giron
Le fit coucher pour endormir
Dont apres lup conuint gemir.

Ussi es escriptz anciens
On lit que les philistiens
Ne peurent point vaincre sanson
Par bataille ne par tenson
Quant sa femme le fit dormir
En son giron si que a loysir
Elle lup couppa les cheueux
Dont dommaige sourdit pour eulx
Et fut prise de ses ennemys
De toute sa force demys
Qui lup creuerent les deux yeulx
Dont elle ne valut pas mieulx.
Ainsi sanson qui pas dix hommes
Ne doubtoit nemplus que dix pommes
Quant il auoit ses cheueux creus
Fut par sa femme moult deceus.
Si fais ie que fol de ce dire/
Car ie vois bien que tire a tire
Toutes mes parolles dires

Dalida couppa les cheueux a sanson cautelle

❡ Le Rommant de la Rose.

☞ Quant de moy vous despartirez.
Aux ribaulx vous irez clamer
Et me pourrez faire entamer
La teste ou les cuisses briser
Ou les espaulles essirer
Si vous pouez a eulx aller/
Mais se ien peulx ouyr parler
Ains que ce me soit aduenu
Et le bras ne me soit tenu
Ou le pouoir ne mest oste
Je vous rompray chascun coste/
Amour de voisin ne parens
Ne vous en seront ia garans
Ne tous voz villains ribaulx mesmes
Si vng coup ie me metz a mesmes.

Nota. Las de quelle heure fuz ie ne
Puis quen tel ville suis mene
Que ces ribaulx matins puans
Qui vous vont flatans et huans
Sont tant de vous seigneur a maistre
De laquelle seul le deusse estre/
Car par moy estes soustenue

☞ Vestue/chauffee/et repeue/
Et vous me faictes personniers
Ces ors ribaulx/ces puteniers
Qui ne vous font que honte non/
Tollu vous ont vostre renom
Duquel garde ne vous prenez
Quant entre voz bras les tenez.
Par deuant disent quilz vous ament
Et en derrier putain vous clament/
Et disent ce que pis leur semble

note les
iniures
quod dit
des fem
mes abã
dõnees.

Quant ilz sont deux ou trois ensemble
Combien que chascun deulx vo⁹ serue/
Car ie congnois toute leur verue
Sans faillir bien sont veritez
Quant a leur bandon vous mettez.
Ilz vous scauent bien mettre apoint
Disant en vous dangier nest point
Quant entree estes en la folle
Du chascun vous heurte et deffolle.
Certes iay au cueur grant enuie
De leur soulas et de leur vie/
Mais sachez et bien vous recors

Que ce nest pas pour vostre corps
Ne pour vostre desuoyement/
Mais est pource tant seullement
Quilz ont le desdupt des ioyaulx
Des fermeaulx dor et des noyaulx
Et des robes et des pellices
Quauez de moy com fol et nices/
Car quant vous allez aux carolles
Ou a voz assemblees folles
Et ie remains com fol et vuies
Vous leur portez qui vault cent liures
Dor et dargent sur vostre teste/
Et commandez que lon vous veste
De camelot/de vert/de gris
Si que du tout en amaigris
De maltalent et de soucy
Tant men esbahys et soucy.

plusie⁹
aymēt
femmes
pour si
bien.

De me retiennent ces garlãdes
Les coiffes a dorees bandes
Aussi ces dorez tressoyers
Et ces puoitrine myrouers
Ces cercles dor bien entaillez
Precieusement esmaillez
Et ces couronnes de fin or
Dont enraiger ne me fine or
Tant sont belles et bien polies/
La ou sont fines pierreries
Saphirs/rubis/et esmeraudes
Qui tant vous font les cheres baudes/
Ces fermeaulx dor ces pierres fines
A vostre col a voz poictrines
Et ces tissus et ces ceintures
Dont si cher coustent les ferrures
Dor fin et de pierres menues.
Que me valent ces safelues/
Tant si estroit voz piedz chauffez
Puis la robe souuent haulsez
Pour les monstrer a voz ribaulx.
Ainsi me confort sainct tibaulx
Quant dedans trois iours ie viendray
De ville et soubz pied vous tiendray
Vous naurez de ce vous recorde
Fors surcot et cotte de corde

nota. d
lamou
des fol
femmes

Fueillet. lvi.

Et vne chemise de chanure
De bien gros fil non pas de tenure/
Qui sera grossement tissue
Et dessiree et desrompue
Qui quen face le dueil ou plaincte
Et par mon chief vous serez saincte
Bien vous diray de quel sainture
Cest dung cuir blanc sans fermeture
Et de mes houseaulx anciens
Aurez grans souliers a liens
Larges a mettre grans panufles.
Je vous osteray toutes ces trufles
Qui vous donnent occasion
De faire fornication
Si ne vous iray plus monstrer
Pour vous faire aux ribaulx oultrer.

Mais dictes moy or sás ptenue
Celle aultre riche robe neufue
Dõt laultre ior vos vos parastes
Quant aux carolles vous allastes
Car bien congnois et raison ay
Oncques telle ne vous donnay
Par amour/ou lauez vous prise.
Vous mauez iure sans faintise
Et sainct philebert et sainct pere
Quelle vous vint de vostre mere
Qui le drap vous en enuoya/
Car si grant amour a moy a
Ainsi que me faictes entendre
Quelle veult ses deniers despendre
Pour me faire les miens garder.
Diue la puisse son larber
Lorde vieille putain prestresse
Maquerelle et encharmeresse
Et vous aussi par voz merites
Sil nest ainsi comme vous dictes.
Certes ie luy demanderay
Mais en vain me trauailleray/
Tout ne me vauldra vne bille
Tel la mere telle la fille.
Bien scay quauez parle ensemble
Vous deux anez comme il me semble
Les cueurs dune verge touchez.

Bien vois de quel pied vous clochez.
Lorde vieille putain fardee
Sest a vostre accord accordee
Aultre fois ceste corde a torse
De maint mastin a este morse
Tant a diuers chemins trassez/
Mais tant sont les yeulx effacez
Que riens ne peut faire de soy/
Parquoy de vous veult faire essoy
Et vient icy et vous amaine
Trois fois ou quatre la sepmaine
Faignant nouueaulx pelerinages
Selon les anciens vsages/
Car ien scay toute la saisine.
De vous pourmener point ne fine
Comme on fait vng cheual a vendre
Et prent et vous apprent a prendre
Cuidez vous que ne vous congnoisse.
Qui me tient que ie ne vous froisse
Les os comme vng poussin en paste
De ceste broche et de cest haste.

¶ Comment le ialoux se debat
A sa femme et si fort la bat
Que robe et cheueulx luy dessire
Par sa ialousie et par yre.

Dés la prent aux poings deuenue
Cil qui de maltalent tressue
Par les tresses et saiche et tire.
Ses cheueulx luy ront et dessire
Le ialoux et sur luy sourcce
Comme fait vng lyon sur source.

L i

Tel fait
tel offrã
de.

℃Le rommant de la Rose.

Par toute la maison la traine
Par grant courroux et par grant haine
Et la ledange mallement/
Et sil ne veult par nul serment
Prendre delle excusation
Tant est de malle intention/
Mais fiert et frappe et roulle ⁊ maille
Et elle brait et crie et braille/
Et fait sa voix voller aux vens
Par fenestres et par auuens
Et ce quelle scet luy reprouche
Ainsi quil luy vient a la bouche
Deuant les voysins qui la viennent
Qui pour folz eulx deux or les tiennēt
Et la luy ostent a grant paine
Tant quil est a la grosse alaine.

Lhomme ne doit son secret a sa femme reueler.

¶Et quant la dame sent et note
Ce torment et ceste riote
Comme deduysante vielle
Dont ce gengleur tant fesmerueille
Pensez vous quel len ayme mieulx/
Et vouldroit quil fust a li sieulx
Voire vrayement en romanie.
Plus diray que ie ne croy mie
Quelle le veuille aymer iamais.
Semblant espoit en fera/ mais
Sil pouoit voller iusques aux nues
Du si treshault leuer ses veues
Que bien peust dillecques sans cheoir
Tous les faictz de tous hommes veoir
Et sappesast tout a loysir
Si fauldroit il bien a choisir
En quel grant peril il est cheu
Sil na vng chascun barat veu
Pour se garantir et penser
Dont femme se scet pourpenser.

Sil dit puis en sa compaignie
Trop met en grant peril sa vie
Voire en veillant et en dormant.
Il se doit doubter moult formant
Quel ne face pour se venger
Son corps mourir ou enrager
Du mener vie enlangouree

Par cautelle desesperee/
Du quel ne pense a sen fouyr:
Silnen peut aultrement iouyr.
Femme ne craint honneur ne honte
Quant riens en la teste luy monte.
Et est verite sans doubtance
Que femme na point conscience   Nota.
Vers ce quel hait ou ce quel ame/
Valere mesme la reclame   Valere
Hardie et artificieuse   parlant
Et a trop nuyre curieuse.   desma-
                                    luaises
¶Amys a lamant.   mes.

¶Compaings ce faulx vilain ialoux
Dont la chair soit liuree aux loups
Qui tant de ialousie semple
Comme cy vous ay mis exemple/
Et se faict seigneur de sa femme
Qui ne redoit pas estre dame/
Mais sa pareille et sa compaigne
Comme la loy les acompaigne
Et il redoit son compaings estre
Sans se faire seigneur et maistre.
Quant tel torment luy appareille
Et ne la tient pour sa pareille
Ains la fait viure en tel malaise
Cuidez vous quil ne luy desplaise
Et que lamour entreulx ne faille
Quoy quelle die/ ouy sans faille.   Nota.
Ia de sa femme nest ayme
Qui sire en veult estre clame/
Car il conuient amour mourir
Qui ne la viendra secourir
Amour ne peut durer ne viure
Sel nest en franc cueur a deliure
Pource doit on communement
De tous ceulx qui premierement
Par amours aymer sentresseullent
Quant puis espouser sentre veullent
Que tel ennuy leur peut venir
Que ia se puisse amour tenir/
Car cil qui par amour aymoit
Sergent a celle se clamoit
Qui la maistresse souloit estre.
Or se clame seigneur et maistre

fueillet.lvii.

Sur cellup que dame eust clamee
Quant par amour estoit amee.
    Clamant
Aymee.
    Amps
Voire.
    Clamant
En quel maniere.
    Amps a lamant
En telle que si sans priere
Il commandast amps saillez
Du ceste chose me baillez
Tantost luy bailla sans faillir
Et saillist aussi sans saillir
Voire certes quoy quelle dist
Saillist il bien puis quil la dist/
Car mis auoit tout son desir
La diffe A luy faire tout son plaisir.
rence da Mais silz sont or entreposez
mours. Et en mariage espousez
Lors est tournee la rouelle
Si que sil souloit seruir celle
Commande que celle le serue
Que si elle estoit sa serue/
Et la tient courte et luy commende
Que de ses faitz compte luy rende
Et sa dame aincois lappella
Enuis meurt qui aprins ne la.
Nota. Lors se tient elle a ma baillie
Se voyant ainsi assaillie
Du meilleur et plus esprouue
Quelle ait en ce monde trouue
Qui tant la veult contrarier.
Point ne scet en qui se fier
Quant sur son col son maistre esgarde
Dont oncquesmais ne se print garde/
Mallement est change le vers.
Lors luy vient le ieu si diuers
Si felon et si estrangie
Quant cil luy a le de change
Quelne peut ne ne scet iouer
Amour Comment sen peut elle louer
est mua Sel nobeist il se courrouce/
ble. Sil la lesange esse grouttouce/

Adonc seront en pre mis
Et par fyre tost ennemys.

Dulce compaings les anciens
Sans seruitude et sans liens
Paisiblement sans villanie
Sentreportoient en compagnie.
Et ne donnassent point franchise
Pour lor darabie et venise
Car qui tout lor en pourroit prendre
Si ne la pourroit il bien vendre.
Lors nestoit nul pelerinage
Nul ne sortoit de son rinage
Pour chercher estrange contree
Ne nul nauoit la mer passee.

Nota
de liber-
te serui-
tute.

Comment iason alla grant erre
Dultre mer la toyson dor querre
Et fut chose moult merueilleuse
Aux regardans et moult paoureuse.

Iason qui premier leau passa
Quant les nauires compassa
Pour la toyson dor aller querre
Bien cuida estre pris par guerre.
Neptunus le voyant nager
Et cuida triton enrager
Et thorus et toutes ses filles
Pour les merueilleuses semilles
Cuiderent sans estre trahis
Tant furent forment esbays
Des nefz que par la mer menoient

L ii

❡ Le Rommant de la Rose.

*Jason pre-
mier na-
gea sur
mer.*

Ainsi que mariniers souloient/
Mais les premiers dont ie vous compte
Ne scauoient pas que nager monte
Car tout ilz trouuoient en leur terre
Et ce que bon leur sembloit querre.
Riches estoient esgalement
Et sentreaymoient loyallement/
Ainsi paisiblement viuoient
Car par nature sentreaymoient
Les simples gens de bonne vie.

*Note da-
mour na-
turelle.*

Amour estoit lors sans enuie
Sans villennie et sans clamour
Et viuoient en loyalle amour.
Lung ne demandoit rien a laultre
Quant barat vint de part et daultre
Et peche et malle aduenture
Qui de suffisance nont cure.
Orgueil desdaignant son pareil
Vint a eulx en grant appareil
Et couuoitise et auarice.
Orgueil et chascun aultre vice
Or firent saillir pourete
Denfer ou tant auoit este
Que nul delle riens ne scauoit.
Iamais en terre este nauoit/
Mal fut elle si tost venue
Car trop malle fut sa venue.

*Pareté
filz de po-
urete.*

Pourete qui point daise na
Larrecin son filz amena
Qui sen va au gibet le cours
Pour faire a sa mere secours
Et se faict aulcunesfois pendre/
Sa mere ne len peut deffendre
Ne son pere aussi cueur failly
Qui de tout dueil est le bailly.
Non pas damoyselle tauerne
Qui les larrons guide et gouuerne/
Car cest des larrecins la deesse

nota

Qui les pechez de nuyt espesse
Et les baratz de nues coeuure
Quilz napparent dehors par oeuure
Jusque a tant quilz y sont trouuez
Et puis en la fin tous prouuez.

Point na tant de misericorde
Quant on luy met au col la corde
Que son len puisse garentir
Tant sen faiche bien repentir.
Adonc les douloureux mauffez
De forcenerie eschauffez
De courroux de dueil et denuie
Voyant les gens mener tel vie
Acourutent par toutes terres
Semans contens discors et guerres

*Lor ca-
che en
terre.*

Mesditz rancunes et grans haines
Par courroux aussi par ataines.
Et pource quilz eurent or chier
La terre firent escorchier
Et luy tirerent des entrailles
Ses anciennes repostailles

*Auarice
et cupi-
dite.*

Metaulx et pierres precieuses
Dont les gens furent enuieuses
Car auarice et conuoitise
Ont es cueurs des mortelz assise
Les grans ardeurs dargent acquerre
Lung si lacquiert laultre lenserre/
Et iamais la lasche chetiue
Ne despendra iour quelle viue
Mais en fera maistres tuteurs
Ses hoirs et ses executeurs
Sil ne luy meschiet aultrement.
Et selle en va a dampnement
Ne cuide pas que nul la plaingne/
Car selle a bien fait si le praingne.

*Auarice
est chose
damnable*

Et quant par ceste couuoitise
La gent fut ainsi la mal mise
La premiere vie laisserent.
De mal faire puis ne cesserent
Car tous comme tricheurs deuindrent
Et aux proprietez se tindrent
Et la terre mesme partirent
Et au partir bornes y mirent.
Et quant les bornes y mettoient
Maintesfois sentrecombatoient
Et se tollurent ce quilz peurent/
Les plus fors les plus grãs pars eurẽt.
Et quant en leurs pourchas couroient

*La diui-
sion des
terres,
faicte p
cupidite
& auari-
ce.*

fueillet.lviii.

Les pastoureaulx qui demouroient
Or entroient dedans leurs cauernes
Et leur desroboient leurs espargnes
Lors conuint que lon ordonnast
Aulcun qui les loges gardast
Et qui les malfaicteurs tost puist
Et bon droit aux plaintifz en fist
Ne nul ne losoit contredire
Lors sassemblerent pour leslire.

Cy pouez lire sans desroy
Comme fut faict le premier roy
Qui puis leur iura sans tarder
De loyaulment le leur garder.

Ung grant vilai entreulx esleurent
Plus corsu de tous ceulx q̃ furent
Le plus ossu et le greigneur
Et le firent prince et seigneur.
Il iura que droit leur tiendroit
Et que leurs loges deffendroit
Et chascun endroit soy liure
Des biens dont il se puisse viure.
Ainsi ont entreulx accorde
Comme iay dit et recorde/
Ce roy tint long temps ce seruice.
Les laboureurs plains de malice
Sassemblerent quant seul le virent
Et par maintesfois le batirent
Quant les biens venoit a embler.
Lors conuint le peuple assembler
Et chascun endroit soy tailler
Pour sergens au prince bailler.

note de
lelectiõ
du pre-
mier roy

Communement lors se taillerent
Et treuz et rente luy baillerent
Et donnerent grant tenement.
De la vint le commencement
Aux roys et princes terriens
Selon les escriptz anciens/
Car par lescript que nous auons
Les faictz des anciens scauons
Dont nous les deuons mercier
Bien louer et regracier.
Lors amasserent les tresors
Dargent de pierres/et des lors
Dor et dargent que tous requierent
Firent bastirent et forgerent
Vaisselle mantes et monnoyes
Fermaulx anneaulx noyaulx coroyes
Et de fer forgerent leurs armes
Cousteaulx espees et guisarmes
Et glaiues et coutes ferrees
Pour faire a leurs voysins meslees.
Lors firent et tours et tournelles
De carreaulx moult fortes et belles
Chasteaulx fermerent et citez
Et firent grans palais sitez
Ceulx qui les tresors assemblerent/
Car trestous de grant paour tremblerent
Pour leurs richesses assemblees
Quelles ne leur fussent emblees
Ou par quelque force tollues.
Bien furent lors les douleurs creues
Aux chetifz de bien mauuais heur
Et depuis ne furent asseur
Pource que eulx tous commes deuant
Comme le soleil et le vent
Par couuoitise approprierent
Quant aux richesses se fierent.
Dres en a ung plus que vingt
Oncques ce de bon cueur ne vint.

nota

Largent
forge pre
mieres-
ment en
monoye

Lauari-
ce rend
lhomme
subiect.

Sans faulte des vilains gloutons
Ne donnasse ie deux boutons
Cõbien q̃ bõ cueur leur faulsist
De telz faultes ne me chaulsist
Bien sentrearmassent ou hayssent

L iii

❧Le rommant de la Rose.

  Ou leur amour entreuendissent/
  Mais sans faulte sont grans dõmages
  Que ses dames au cleres visages
  Les iolies ces renuoysees
  Par qui doiuent estre prisees
  Loyaulx amours et deffenducs
Plusi- Sont a si grant blasme venues
eurs fē- Quelles se vendent maintenant
mes au Son a argent en main tenant.
iourduy Trop est laide chose a entendre
se vēdēt Que noble corps se doiue vendre/
  Mais comment que la chose preingne
  Se garde cil qui ne se faingne
  Dars et de sciences apprendre
  Pour garentir et pour deffendre
  Si besoing est luy et sampe
  Si quelle ne congnoisse mye.
  Ce peut moult varlet esleuer
  Et de riens ne se peut greuer.

Nota. Apres il luy doit souuenir
  De ce bon conseil retenir
  Sil a fampe ou ieune ou vieille
  Et scet ou pense quelle vueille
  Aultre ampz querre ou ia a quis.
  Des acquerre ne des acquis
  Blasmer ne la doit ne reprendre
  Mais amyablement apprendre
  Sans tencer et sans ledangier
  Encor pour la moins estrangier
  Sil la trouuoit en faisant leuure
  Gard que son oeil celle part ne euure/
Nota de Mais face semblant destre aueugle
la simu- Du plus simple que nest vng bugle
lation q̃ Si quelle cuide tout de voir
doiuent Quil nen peut rien appercenoir.
faire les Et si aucun luy enuoit lettre
amou- Il ne se doit pas entremettre
reux. Du lire ne du regarder
  Ne de leurs secretz enchercher/
  Et nait le cueur entalente
  Daller contre sa voulente
  Mais quelle soit la bien venue
  Lors quel viendra de quelque rue

Et voyse la ou es dourra
Comme son vouloir luy dontra/
Car cure na desire tenue.
Si vueil que ce soit chose sceue
Ce que cy apres vous veulx dire
En fiure se deuroit on lire.
Qui de femme veult auoir grace
La mette tousiours en espace
Jamais en reigle ne sa tienne
Ains aille a son vouloir et vienne/
Car cil qui la veult retenir
Quel ne puisse aller ne venir
Soit sa chamberiere ou sa drue
Tantost en a lamour perdue/
Et rien lors contre luy ne croye
Pour certainete quil en voye.
Bien disent lors et ceulx et celles
Qui apporte en ont nouuelles
Que du dire folie firent
Quoncq si preude femme ne virent
Tousiours a bien fait sans recroire
Pour ce ne la doit nul mescroire
Ja ses vices ne luy reprouche
Ne ne la batte ne la touche
Car cil qui veust sa femme batre
Pour mieulx en son amour sesbatre
Quant apres la veult rapaiser
Cest cil qui pour apriuoyser
Bat son chat et puis le rappelle
Pour le lier en sa cordelle/
Mais si le chat sen veult saillir
Bien peut cil au prendre faillir/
Mais selle se bat ou ledange
Garde cil que son cueur ne change
Si batre ou ledanger se voit
Mesme si celle le deuoit
Tout vif aux ongles destrencher
Il ne se doit pas reuencher
Mais len doit mercier et dire
Quil vouldroit bien en tel martire
Viure tous temps/ mais que bien sceust
Que son bon seruice luy pleust/
Voire certes tout a desiure
Plus tost mourir que sans luy viure.

Les fem-
mes tous-
iours en
espace /
non en
reigle.

nota

Lhõme
iamais
ne se dou
reuēcher
cõtre sa
femme.

fueillet. lxviii.

Et sil aduient qui est la fiere
Pource qlla congnoist trop fiere
Et quelle la trop courrouce
Tant a forment vers luy grouce
Et mesmement lhomme bien poure
Du la veult adonc menasser
Tantost pour sa paix prouchasser
Fault que le ieu damours luy face
Ainsi quil se parte de la place
Mesmement celluy qui est poure hom
Car le poure a peu dachoison
Tantost bien le pourroit laisser
Selle ne le voyoit plesser.
Pource doit aymer saigement
Et doit souffrir moult humblement
Sans semblant de courroux ne dire
Tout ce quil luy voit faire ou dire
Et mesmement plus que le riche
Qui ne donroit pas vne chiche
De son orgueil et son dangier/
Il la pourroit bien bedangier.
Et sil est tel quil ne veult mye
Loyaulte porter a sa mye
Sil ne la vouldroit il pas perdre/
Mais a aultre se veult adherdre.
Sil veult a samye nouuelle/
Donner couurechief ou cotelle
Chapeau/ anneau/ fermail/ saincture
Du ioyau de quelque facture
Gard que lautre ne les congnoisse/
Car trop auroit au cueur angoisse
Quant ces bagues voirroit porter
Rien ne la pourroit conforter
Garde que venir ne la face
En celluy lieu ou celle place
Du venoit a luy la premiere
Qui de venir est coustumiere/
Car celle y vient et veoir la puisse
Nul nest qui bon conseil y puisse/
Car nul vieil sanglier herisse
Qui des chiens est atice
Nest si cruel ne lyonnesse
Si traistre ne si felonnesse
Quant le veneur de fort lassault

Et luy faict en ce point lassault
Quant elle paist ses leonceaulx/
Nest nul serpent si desloyaulx
Quant on luy marche sur la quoue
Qui du marcher pas ne se ioue
Comme est femme quant elle treuue
Du son mary samye neufue.
Eliecte par tout feu et flame
Preste de perdre corps et ame.

Et selle la prinse prouuee
Deux ly deux ensemble la couuee
Mais bien en tumbe en ialousie
Quelle cuide estre en acrupie
Comment quil soit ou saiche ou croye
Se garde que point ne recroye
De luy nyer tout plainement
Ce quelle scet certainement/
Et ne soit pas lent de iurer
Luy face tantost endurer
En la place le ieu damours
Lors est quicte de ses clamours.
Et si tant lassault et angoisse
Quil faille quil luy recongnoisse
Quil ne sen saiche point deffendre
A ce doit lors sil peut entendre
Quil luy face adonc entendant
Quil luy fit en se deffendant/
Car celle si court le tenoit
Et si mallement le menoit
Quoncques eschapper ne luy peut
Tant quilz eussent frape au but
Nonc ne luy aduint fois fors ceste.
Lors iure fiance et promette
Que iamais ne luy aduiendra/
Mais loyaulment se contiendra/
Et selle en oyt iamais parolle
Bien veult que le tue et affolle/
Car mieulx vauldroit que fust noyee
La desloyalle regnyee
Que iamais en place venist
Du celle en tel point le tenist/
Car sil aduient quelle le mene
Pas nyra comme elle promene.

L iiii

note des femes ialouses.

Maniere de appaiser les femmes iasouses.

nota de ribauldy mariez.

le poure doit aymer sai gement e pour cause.

Nota.

¶ Le rommant de la Rose.

Nota.
Lors doit celle estroit embrasser
Baiser/blandir/et soulasser
Et crier mercy du mesfaict
Puis quil ne sera iamais faict/
Car il a bonne repentance
Prest den faire la penitance
Comme enioindre le luy scaura
Puis que pardonne luy aura.
Lors face damours la besongne
Sil veult que celle plus ne grongne
Garde quelle ne te vante
Elle en pourroit estre dolente/
Si se sont maintz vantez de maintes
Par parolles faulses et faintes
Dont les corps auoir ne pouoient.
Leurs noms a grant tort diffamoient/
Mais bien ont ceulx les cueurs faillans
Qui ne sont courtois ne vaillans

Nota.
Vanterie est trop villain vice.
Qui se vante il est fol et nice/
Car iacoit ce que bien faict leust
Touteffois celer il le deust.
Amour veult celer ses ioyaulx
Sinon a compaignons loyaulx
Qui les veullent taire et celer

Nota de bien celer son cas faict en amours
La les peult on bien reueler
Et selle chiet en maladie
Droit est sil peult quil estudie
A luy estre moult seruiable
Pour estre apres plus agreable
Garde bien quennuy ne le tiengne
Si sa maladie sesloigne
Soye pres delle demourant
En la baisant et en plorant.

Tel se doit vouer sil est saige
En maint loingtain pelerinaige
Mais que telle les veuz entende.
Viande pas ne luy deffende/
Chose amere ne luy doit tendre
Ne chose sel nest doulce et tendre.
Il luy doit faindre nouueaulx songes
Farcis de plaisantes mensonges/
Disant quant au soir il se couche
Tout seul en sa chambre et sa couche

Que aduis luy est quant il sommeille/
Car peu il dort et peu il veille
Quil lapt entre ses bras tenue
Toute la nuyt et toute nue
Par soulas et par gayerie
Toute saine et toute garye
Et par tour en lieux delectables/
Telz fables luy compte ou semblables

Fictiō: psuasiō de amoureux a leurs amyes.

Dray ie iusques cy chante
Par maladie et par sante
Cōme on doit les dames seruir
Qui leur grace veult desseruir
Et leur amour continuer
Qui de legier se peult muer
Qui ne vouldroit par grant entente
Faire quant qui leur entalente/
Car ia femme nulne scaura
Ne ia si ferme cueur naura
Ne si loyal ne si bon meur
Que ia peult lhomme estre bien seur
De la tenir pour nulle paine
Nemplus que sil tenoit en saine
Une anguille parmy la queue
Qui na pouoir quelle ses queue
Si quelle est tantost eschappee
Ia si fort ne lauroit happee.
Nest donc bien priuee tel beste
Qui de fuyr est toute preste/
Tant est de diuerse muance
Que nul ny doit auoir fiance.
Ie ne le dis pas pour les bonnes
Qui sur vertu fondent leurs bournes
Dont encor nay nulles trouuees
Tant les aye bien esprouuees/
Ne salomon nen peut trouuer
Tant les sceust il bien esprouuer/
Car luy mesme tresbien afferme
Quoncques femme ne trouua ferme/
Et si du querre vous penez
Si la trouuez si la prenez
Et vous aurez ampe eslite
Qui sera vostre toute quicte
Sel na pouoir de tant trasser

nota de la vanité des fīmes.

Qui bōne fēme a si la garde.

fueillet.lvi.

Nota.

Quel se puisse ailleurs prochasser/
Ou selne treuue requerant/
Telle femme chaste se rent.

Ais encor vueil vng brief mot dire
Ains que ie finisse mon dire
En brief de toutes les pucelles
Soient ores laides ou belles
Dont qui veult les amours garder
Mon commandement doit garder
De celluy tousiours luy souuiengne
Et pour moult precieux le tiengne.
Donner doit a toutes entendre
Qui ne se peult delles deffendre
Tant est esbahy et surpris
De leur beaulte et de leur pris/
Car il nest femme tant soit bonne
Vieille/ieune/mondaine ou nonne
Ne si religieuse dame

la dela
tations
ontesen
es sou
ges.

Tant soit chaste de corps et dame
Si on va sa beaulte louant
Qui ne se delecte en louant
Combien quel soit laide clamee.
Jure que plus belle est que fee/
Et cela fais si viuement
Quelles croyent legierement/
Car chascune cuide de soy

amāt
outouf
felous
les da
s bel
ou
dres.

Quelle ayt grant beaulte bien le scay
Combien quelle soit laide prouuee
Que bien est digne destre aymee.
Ainsi a garder leurs ames
Sans reprise de leur follies
Doibuent tous estre diligens
Les beaux varletz les preux les gens.
Femmes nont cure de chastie
Ains ont leur engin si basty
Que aduis leur est quilz nont mestier
Destre aprises de leur mestier/
Ne nul silne leur veult desplaire
Ne nye ce quilz veullent faire/
Comme le chat scet par nature
La science de cirurgure
Ne nen peult estre destourne
Qui est a tel sens tousiours ne/

Ne oncques nen fut mis a lescolle
Ainsi faict femme tant est folle
Par son naturel iugement
De tout ce quel faict oultrement
Soit bien/soit mal/soit tort/soit droit
Ou de tout ce que vous vouldroie
Quel ne faict chose quel ne doye
Et hait quiconque len chastoye/
Ne ne tient pas ce sens de maistre
Ains la deslors quelle peult naistre/
Si nen peult estre destournee
Cest a tel sainct tousiours nee
Et qui chastier la vouldroit
Ja de samour ne iouyroit.

De lob
stinatiō
de mau
uaises fē
mes.

Femme
ne veult
estre cha
stiee.

Ainsi compaings de vostre rose
Qui tant est precieuse chose
Que vous nen predriez nul auoir
Par cela pourrez bien auoir
Quant vous en aurez la saisine
Sicomme esperance deuine/
Et vostre ioye aurez planiere/
Gardez la en telle maniere
Comme on doit garder tel florette
Lors iouyrez de lamourette
A qui nul aultre na comper/
Vous ne trouuerez ia son per
En plus de quatorze citez.

Nota.

Lamant respond a amys.

Compaings voz motz sont veritez
Nul au monde de ce suis seur
Nest qui me donne si bon heur.
Ainsi amys ma conforte
En son confort conseil porte/
Et mest aduis au moins de faict
Quil scet plus que raison ne faict/
Mais deuant ce quil eut finee
Sa raison qui fort bien me agree
Doulx penser/doulx parler reuindrent
Qui deslors pres de moy se tindrent
Gueres nompas ne me laisserent/
Mais doulx regard pas namenerent
Ne les blasmay quant laisse seurent.
Bien scay quamener ne le peurent.

Doulx
penser a
doulx p
ler cōfor
tent lā
mant.

❡ Le Rommant de la Rose.

❡ Comment lamāt sans nul termine
Prent congie dainsi et chemine
Pour scauoir sil pourroit choisir
Chemin pour bel acueil veir.

Ongie prens et men vois atant
Ainsi comme seul esbatant
Men allant contreual la pree
Dherbes et fleurs enluminee.
Iescoutoie ces doulx oiseletz
Qui chantoyent sons tous nouueletz
Chascune bien au cueur me faisoient
Leure doulx chās qui tant me plaisoiēt
Mais dune chose amps me griefue
Qui ma commande que ie escheue
Le chastel la place et la tour
Et que nalle iouer entour/
Ne scay si tenir men pourroye
Car tousiours aller y vouldroye.
Lors apres celle despartie
Escheuant la depte partie
Vers la senestre/ ie mauoye
Pour querre la plus briefue voye
Dou sentier par le dieu begnin
Bien vouldrois tenir ce chemin
Ainsi que ie le desiroye
Sil fust trouue ie my mettroye
De plain aller sans contredit
Si plus fort ne mest contredit
Pour bel acueil de prison traire
Le franc/ le doulx/ le debonnaire/
Des ce que voirray le chastel
Plus foible quung rosty chastel
Et les portes seront ouuertes
Et nul ne le deffendra certes
Iauray bien lennemy au ventre
Si ie ne le prens et y entre/
Lors sera bel acueil deliures
Dont nen prendroye cent mil liures/
Ce vous peulx pour vray afficher
Si au chemin me peulx ficher/
Toutesfoys du chasteau messongne/
Mais nompas de longue besongne.

❡ Comment lamāt trouua richesse
Gardant le sentier et ladresse
Par lequel prennent le chastel
Amans qui assez ont chastel.

Elez vne clere fontaine
Pensant a la gloire haultaine
En vng beau lieu tresdelectable
Dame plaisant et honnorable
Gente de corps belle de forme
Veis vmbroyer dessoubz vng orme
Et son amy de coste luy
Le nom ne scay pas dicelluy/
Mais la dame auoit nom richesse
Qui moult estoit de grant noblesse.
Dung sentieres gardoit lentree/
Mais pas nestoit dedans entree
Des que les vis vers eulx enclin
Les saluay le chief enclin
Et eulx assez tost mon salut
Mont rendu/ mais peu me valut.
Pour certain lamant se clamoit
Trop donner que richesse amoit.
Puis ie demanday toute voye
A trop donner la droicte voye
Et richesse parlant premiere
Me dit par parolle vng peu fiere.

❡ Richesse.
❡ Voycy le chemin/ ie le garde.
❡ Lamant.
❡ A ma dame si dieu me garde
Ie vous pry/ mais quil ne vous poise

Richesse a trop donner.

Fueillet. lxxi.

Que mocqueres que par cy voise
Au chastel de nouueau fonde
Que ialousie a la ronde
Pour le franc bel acueil hors traire
A qui ialousie est contraire.
℟ Richesse.
Vassal ce ne sera pas ore
De rien ne vous congnois encore/
Vous nestes pas bien arriue
Puis que vous nestes mon priue
Ne ne serez pas de dix ans/
Vous nentrerez par moy dedans.
Nul ny entre sil nest des miens
Soit de paris ou damiens.
Je y laisse mes amys aller
Caroller/dancer/et baller
Qui la menent plaisante vie
Dont nul saige homme na enuye.
La sont seruis ioyeusement
De soulas et esbatement
De tabourins et de vielles
Et de dances moult fort nouuelles

Richesse se cause moult d maulx.

De ieuz de dez/deschecz/de tables
Et douls traigeux metz delectables.
La sont damoyseaux damoyselles
Conioinctz par vieilles macquerelles
Cherchans prez et iardins plaisans
Plus gais que perdris ne faisans/
Puis reuont ensemble aux estuues
Eulx baigner et desduyre es cuues
Quilz ont aux chambres toutes prestes
Les chapeletz de fleurs es testes
En lhostel de folle largesse
Qui les apourist et les blesse
Si fort quilz nen peuent garir.

folle largesse mauuaise.

Tant leur faict chier vendre et merir
Son seruice et son hostelaige
Quel en prent si cruel payaige
Quil leur conuient leur terre vendre
Ains que tout le luy puissent rendre.

pourete yssue de deliices.

Je les y mene a moult grant ioye/
Mais pourete les reconuoye
Foible tremblant et toute nue
Jay lentree/et elle a lissue

Ja plus deulx ne veulx mentremettre
Tant saiges soient plains de lettre/
Lors peuent bien aller biller
Ilz sont a leur dernier millier.
Je ne dis pas si tant faisoient
Que puis vers moy se rapaisoient/
Mais fort a faire leur seroit
Toutes les fois quil leur plairoit
Je ne seroye ia si lasse
Quencor ne les y ramenasse/
Mais saichez que plus sen repentent
En la fin ceulx qui plus y hantent
Lesquelz ne mosent veoir de honte/
A peu que chascun ne seffronte
Tant se courroussent et angoissent.
Je les laisse/car ilz me laissent/
Et vous promets bien sans mentir
Que tard viendrez au repentir
Si vng coup les piedz y mettez
Oncques hommes plus esbetez
Ne furent/ne si aualez
Que serez se vous y allez.

Nota de volupte

Se pourete vous peult baller
El vous fera tant deualler
Sur vng peu de chaulme ou de foin
Que mourir vous fera de fain
Qui iadis fut sa chamberiere
La seruant en telle maniere
Que pourete selon sa guise
De fain fut ardant et esprise
Et luy monstra toute malice/
Et la fit maistresse et nourrice.
Larrecin le varleton lait
Que celle alaicta de son laict
Et neust aultre chose a soy paistre.
Et si scauoir voulez son estre
Qui nest ne souple ne terreux
Fain demeure en vng champ pierreux
Qu ne croist ble/buisson/ne broce.
Ce champ est en la fin descoce
Plus froit que ne fut oncques marbre
Fain qui ne voit ne ble ny arbre
Les herbes en arraiche pures
Aux ongles trenchans aux dens dures/

Larrecin varlet de pourete

note de faim/necessite.

❧ Le rommant de la Rose.

la descri-
ption de
faim & fa-
mine.

Mais moult les treuue cleres nees
Par les rochiers especz semees.
Si ie la vouloye descripre
Tost en pourroys estre deliure.
¶ Longue est et maigre et lasse et vaine
Grant besoing a de pain dauoyne.
Les cheueulx a toutz herissez
Les yeulx en parfont tous glacez
Vis palle et balieures seichees
Joues roylees et entaichees
Ses entrailles veoir on pourroit
Par la peau dure qui boufdroit.
Les os par les pliers luy saillent
Du trestoutes humeurs deffaillent/
Et na ce semble point de ventre
Fors le lieu qui si parfont entre
Que tout le pis de la meschine
Peult en la haye de leschine.
Ses doiz luy a acreuz maigresse
Des genoulx luy pert la rondesse/
Talons a haulx a ius parans
Point nappert quelle ayt de chair ens
Tant la tient maigresse et compresse
Car la plantureuse deesse

Ceres
deesse des
blez selon
les folz
anciens

Ceres qui faict le ble venir
Ne scait la se chemin tenir
Ne cil qui ses dragons entoye
Tricholomus ny scet la voye
Destinees les en esloignent
Qui nont cure quilz sentreioignent.
La deesse tresplantureuse
De faim la laisse douloureuse/
Mais assez tost vous y menra
Pourete quant el vous tiendra
Si celle part aller vouliez
Aoyseuse comme souliez/
Car a pourete toute voye
Tourne son bien par aultre voye

note doy-
siuete
chemĩ de
pourete

Que par ceste cy que ie garde/
Car par vie oyseuse et fetarde
Peult on a pourete venir.
Et sil vous plaisoit a tenir
Celle voye que iay cy dicte
Deu pourete lasse despite

Pour le fort chastel assaillir
Bien pourriez au prendre faillir/
Mais de faim cuide estre certaine
Qui vous est voisine prochaine/
Car pourete scet le chemin
Mieulx par cueur que par parchemin.
Or saichez que faim la chetiue
Est encore si ententiue
Enuers sa dame et si courtoise
Que son amour point ne luy poise
Et bien quelle lait soustenue
Combien quelle soit lasse et nue
Quelle la vient tousiours or veoir
Et la faict auec elle seoir
Et luy court au bec et la baise
Par desconfort et par malaise.
Puis prent larrecin par loreille
Sel le voit dormir et le sueille
Et par destresse a luy lencline
Et le conseille et lendoctrine
Comment il luy doit procurer
Combien que ce doyue durer/
Et cueur faulx a luy sacorde
Qui songe a luy offrir la corde
Et le faict herisser et tendre
Tout le poil quel ne voye pendre
Larrecin son filz le tremblant
Si son se peult trouuer emblant
Qui nen doit ia moins emporter
Sainsi se vouloit deporter/
Car en quelque temps ou saison
Le doit on pugnir par raison/
Car la mort est bien necessaire
A poure qui veult sans rien faire
Mangier/ quant bien ne peult gaigner.
Telles gens bon faict esloigner
De soy sans quon les doiue atraire
Et pource se me vouliez croire
Ailleurs vostre chemin querriez/
Car par cy ia ny enterez.
Aussi tost auriez vous enclume
Daicer cassee dune plume
Que ie vous y laissasse aller.
Vous vous en pouez donc aller/

note les
motz et
sentece.

Cueur
fait lime
ne les
gens au
gibet.

Bẽs oy-
seux sõt
nuisibles
au mon-
de.

fueillet.lxvii.

Car pas tant ne mauez seruie
Que mamour ayez desseruie.
    ¶Lamant dit a richesse.
¶A dame certes si ie peusse
Tresvoulentiers vostre gre eusse
Auant quen ce sentier entrasse.
Bel acueil de prison gectasse
Qui au cueur a dueil et tristour
Emprisonne dedans la tour.
Or souffrez dame que ie y voise
Comme noble franche et courtoise/
Et ie mettray pour vous seruir
Grande paine du desseruir
Humblement tant que iauray vie
Sans auoir sur vous point denuie/
Et tout malgre me pardonnez
Ce don sil vous plaist me donnez.
    ¶Richesse.
¶Bien vous ay dist elle entendu
Et scay que nauez pas vendu
Tout vostre bois gros et menu
Vng fol en auez retenu/
Car sans fol ne peut homme viure

Nota.

Tant comme il vouldra amour suiure
Car cest le chemin mal tourne
Du tout bon sens est bestourne/
Le bien en mal se tue en pleur
Et ioye en tristesse et douleur/
Si cuide il estre moult saige
Tant comme il vit en telle raige
Quon ne doit pas appeller vie
Telle raige ne desuerie
Car cest mort et aueuglement
Et sans repos trauaillement/
Car par chault on y sent froideur
Et par froit trop grande chaleur/
Ne pour quer ne pour este
Point na en luy establete
Qui veult telle vie mener/
Car pourete fait amener

Nota.

A ceulx qui lamour veulent suire
Qui tousiours ne leur fait que nuyre
Bien le vous sceut raison noter
Et ne vous peut deffolater.

Or saichez que quant vous la creustes
Que tresfaulcement vous deceustes/
Car cil qui raison ne veult croire
Sen repent cest chose notoire
Et le compare cherement
Ains quil aille a deffinement.
Mais ains que raison y venist
Chose nestoit qui vous tenist
Nen vous nestoit nulle mesure/
De gouuernement doulce ou sure
Et me mistes en nonchaloir
Par vostre desreigle vouloir.
Oncques puis rien ne me prisastes
Des lors que par amours aymastes/
Mais semble a vng chascun quil volle
En menant ceste vie folle
Quon appelle aymer par amours
Qui est de salut le rebours
Ne dieu ne moy nul homme name
Tant comme tel amant se clame.
Amans ne me veullent priser
Ains sefforcent damenuyser
Mes biens quant ie les leur depars
Et les regectent daultre pars.
Du grant diable pourroit on prendre
Ce quung amant vouldroit despendre
Fuyez et me laissez ester.
    ¶Lamant a part soy.
¶Ie qui riens ne peuz conquester
Dolent me partie sans demeure/
Et la belle en ce lieu demeure
Auec son amy bien pare.
Ie men allay tout esgare
Par le iardin delicieux
Qui tant est beau et precieux
Comme deuant auez ouy/
Mais de moult peu ie mesiouy
Quailleurs ay mis tout mon penser
Pour toutes manieres penser
En quel estat et quelle guise
Ie feroye mieulx la desguise
Damours mon seigneur et mon maistre/
Et aussi comment pourroye estre
De richesse amy et acointe

Raison maistresse de sensualite.

Nota.

M i

❧ Le Rommant de la Rose.

Qui tant faict vers moy la mescoiute/
Car iay voulente et desir
Dacomplir tout son bon plaisir
Et moult voulentiers ie le feisse
Si que de rien ie ne mespzisse/
Car en riens nen croistroit mon pris
Si ianoys enuers eulp mespris.
Moult se tint mon cueur et veilla
A ce quamys me conseilla.
Malle bouche assez honnouray
En tous les lieux ou le trouuay
Et tous mes aultres ennemys
A honnozer ie mentremis
Et de mon pouoir les seruy
Ne scay si leur gre desseruy/
Car aulcuneffois pour bien faire
On a fort maltalent et haire/
Mais trop me tenoye pour pris
Quant ie nosoye le pourpris
Approcher comme ie souloye/
Car tousiours aller y vouloye/
Mais il men failloit retarder
Pour le conseil damys garder/
Et feis ainsi ma penitence
Long temps en telle repentance
Comme dieu scet/car ie faisoye
Vne chose et aultre pensoye.
Ainsi intention double ay
Nonc mais nul iour ne la doublay/
Trahyson me conuient tracer
Pour ma besongne pourchasser/
Car oncques trahystre nauoye este
Ne encoz ne men a nul este/
Mais les tresgrans forces damour
Me contraignoient que sans demour
Ie meisse paine de cueur fin
A venir de ma cause a fin.

❧ Cy dit lamant damour comment
Il vint a luy legierement
Pour luy oster sa grant douleur
Et luy pardonna sa foleur
Quil fit quant il ouyt raison
Dont il appella sans raison.

❧ Dant amours meut bien esprouue
Et vit quil meut loyal trouue
De tel loyaulte toute voye
Comme vers luy porter deuoye
Oz sapparut et sur mon chief
En soubzriant de mon meschief
Mit la main et me demanda
Si iay faict ce quil commanda
Comment il mest et quil me semble
De la rose qui mon cueur emble.
Il me enquist moult diligemment
De moy tout le contenement
Si scauoit il bien tout mon faict   Nota.
Car dieu scet bien tout ce quon faict.
  ❧ Amours a lamant
❧ Sont faitz dit il tous mes commans
Qua tous vrays amans ie commans
Car ailleurs ne les veulx partir/
De moy ne doiuent departir.
  ❧ Lamant a amours
❧ Ne scay sire/mais faitz les ay
Au plus loyaulment que ie scay.
  ❧ Amours a lamant
❧ Voire mais tu es trop muable/
Ton cueur nest mye bien estable
Ains est mallement plain de doubte
Bien en scay la verite toute.
Lautre iour laisser me voulus
A peu que tu ne me tollus
Tout mon hommaige/et feis doybseuse   Repro-
Et de moy plainte doloreuse/   che das
Et puis tu disoys desperance   mours a
                                                              lamant

Fueillet. lxvii.

Quen estoit certaine science/
Et aussi pour fol te tenoyes
Quant a mon seruice hantoyes
Et taccordoyes a raison
Ce te vient de malle achoison.

    ¶ Lamant parlant a amours
Sire mercy confez ien suis
Et sauez que pas ne men fuis
Et fiz mon laps bien men souuient
Sicomme faire le conuient
A ceulx qui sont en vostre hommaige.
Nota. Je ne me tiens pas du tout sage
Mais me repens moult loidement
Que te scoutay trop longuement
En a= Raison quant a moy veult venir
mours Et me fit doubteux deuenir
a peu de Par ses merueilleuses parolles
raison. Qui moult doulces estoient et molles/
Et bien cuida par me prescher
Le vostre seruice empescher.
Quant raison fut a moy venue
Si ne lay ie pourtant pas creue
Combien quelle y mist son entente
Mais sans faulte que ie ne mente
Doubler me fit/plus nya/mais
Raison ne mesmera iamais
A chose qui contre vous aisse
Ne contre aultre qui guere baille
Se dieu plaist quoy quil en aduienne
Tant que mon cueur a vous se tienne/
Qui bien se y tiendra sachez
Si de mon corps nest arrachez.
☞ Forment certes malgre me scay
De ce quoncques ie me pensay
Et que audience luy donnay.
Je pry quil me soit pardonne/
Car iay pour ma vie amender
Comme il vous plaist de commander
Dueil sans iamais raison ensuyure
En vostre loy mourir et viure.
Rien nest qui de mon cueur lefface
La pro= Ne ia pour chose que ie face
messe de Atropos blesser ne me daigne
lamāt a fors en faisant vostre besoigne/
amours

Aincoys ne praingne faisant souure
Dont venue plus voulentiers ouure
Car nul na ce nen doubtez point
Tant de delit comme en ce point/
Et ceulx qui pleurer me deuront
Quant ainsi mourir me verront
Or ce diront beau doulx amys
Qui es tu qui es en ce point mis.
Or est il vray sans point de fable
Que ceste mort est conuenable
A la vie que tu mennoyes
Quant lame auec le corps tenoyes.

    ¶ Le dieu damours a lamant.
Par mon chief or fais tu que sage
Jappercoy bien que mon hommage
Est vers toy moult bien employe/
Tu nes pas vng fol renoye
Ne des larrons qui me renoient
Quant ilz ont faict ce quilz queroient.
Moult est entier tout ton courage
Ta nef viendra a bon riuage
Et a bon port/or te pardon
Plus par prieres que par don/
Car ie nen vueil argent ny or/
Mais en lieu de confiteor
Dueil ains que vers moy tu taccordes
Que mes commandemens recordes/
Car dix en sont en ce rommans
Entre deffences et commans.
Et si bien retenu les as
Tu nas pas iecte ambezas

    ¶ Coment lamāt sans plus attēdre
Veult a amours sa lecon rendre.
    ¶ Lamant a amours.
Sire voulentiers villennie
Dois fuir et que ne mesdie
Salut dois tost donner et rendre.
A dire ordure ne dois tendre/
A toutes femmes honnourer
Me fault en tout temps labourer.
Orgueil fault fuyr si que tienne Les dix
Joly mon corps et beau deuienne. cōmāde
A estre large mabandonne mens da
    M ii mours.

⟨ Le rommant de la Rose.

En vng seul lieu tout mon cueur donne.
　⟨ Amours a lamant
⟨ Certes tu scez bien ta lesson
Je nen suis plus en souspesson
Comment test il.
　⟨ Lamant a amours
⟨ En douleur vif
Puis que ie nay pas le cueur vif.
　⟨ Amours a lamant
⟨ As tu mes trois confors.
　⟨ Lamant a amours
⟨ Nennyn.
Dou ly regard fault que le benyn
Ne sceut oster de ma douleur
Par son tresamyable odeur.
Tous trois sen fuyrent/mais deux ly
Men sont arriere venuz deux.
　⟨ Amours a lamant
⟨ As tu esperance.
　⟨ Lamant a amours
⟨ Ouy sire
Celle ne me laisse destruire
Tousiours sest pres de moy tenue
Et encor point ne sen remue.
　⟨ Amours a lamant
⟨ Bel acueil quest il deuenu.
　⟨ Lamant a amours
⟨ Il est en prison retenu
Le franc le douly que tant iamoye.
　⟨ Amours a lamant
⟨ Or ne te chaille ne tesmoye
Car encor lauras par mon oeil

Amours rescõforte lamãt
A ton plaisir et a ton vueil
Puis que tu sers si loyaulment.
Mes gens vueil mander proprement
Pour le fort chasteau assieger/
Les barons sont fors et legier
Ains que nous partons hors du siege
Bel acueil sera hors du piege.

　⟨ Comment amours le bel et gent
Mande par ses lettres sa gent
Et les baille a vng messagier
Qui ses prent sans faire dangier.

Le dieu damo's sãs terme mettre
Du lieu ne du tẽps en sa lettre
Toute sa baronnie mande.
Aux vngz prie aux aultres commande
Que incontinent ses lettres veues
Et que lon les aura receues
Quilz viennent a son mandement
Tous sont venuz sans tardement
Prest dacomplir ce quil pourra
Selon ce que chascun pourra.
En brief les nommeray sans ordre
Pour plustost a ma rime mordre.
Dame oyseuse la iardiniere
Y vint a tout sa grant baniere/
Noblesse de cueur/et simplesse
Franchise/pitie/et largesse
Hardement/honneur/courtoysie
Delict/simplesse et compaignie/
Seurte/deduit aussi ieunesse
Joliuete/beaulte/richesse
Humilite/et pacience
Bien celer/contraincte abstinence
Qui fault semblant auec luy maine
Car sans luy y vint a grant paine.
Telz y sont auecques leur gent
Chascun deulx moult a le corps gent.
Mais abstinence la contraincte/
Et faulx semblant a chiere fainte
Quelque semblant que dehors facent
Barat en leurs pensees bracent/
Barat engendra faulx semblant
Qui va les cueurs des gens emblant.

Le mandement damo's a ses subgectz.

Les nõs des subiectz et subiesctes damour.

Note de la generatiõ de faulx sẽblant.

Fueillet. lxix.

Sa mere eut nom ypocrisie
La larronnesse la honnie.
Alaicte la et bien nourry
ypocrisie au cueur pourry
Qui trahist mainte region
Par habit de religion.
Lors quant le dieu damours seut veu
Il en eut tout le cueur esmeu.
Quest ce dit il ay ie songe
Dy faulx semblant par quel conge
Es tu venu en ma presence.
A tant sault contraincte abstinence/
Qui print faulx semblant par la main
Sire dit elle a moy la main
Je vous pry quil ne vous desplaise
Maint confort ma fait et maint ayse.
Il me soustient et me conforte
Sil ne fust de fain fusse morte
Dont vous men deuriez moins blasmer
Tant ne veult il les gens aymer
Mais ay besoing quil soit ayme
Et sainct preudhomme reclame
Cest mon amy et moy sa mye
Auec moy vient par compaignie.

Comment amours dit a son ost
Quil veult faire lassault tantost
Au chastel/et que cest son vueil
Pour hors en mettre bel acueil.

Donc parla a tous ses gens
Et leur dist/soyez diligens
De ialousie desconfite

Qui noz amans met a martire.
Pource vous ay fait cy venir
Car contre moy fait a venir
Le fort chastel quelle a dresse
Dont iay moult le cueur oppresse/
Tant la faict de force abiller
Quil nous fauldra fort batailler
Ains que par nous puisse estre prins.
Je suis dolent et entreprins
De bel acueil quelle ya mis
Qui tant auançoit noz amys
Sil nen sort mal suis acueilly
Puis que tribulus mest failly
Qui congnoissoit si bien mes taches
Pour lequel ie brise mes flesches
Casse mes arcz et mes cuirees
De trainer toutes defsirees
Dont iay tant dangoisses et telles
Qua son tombel mes lasses esles
De trainer sont toutes rompues
Tant les ay de dueil debatues
Pour qui mort ma mere pleura
Tant qua peu que ne se naura.
Qui pour luy pleurer nous eust veu
Certes grand pitie en eust eu.
En noz pleurs neut ne fraius ne brides
Gallus catulus et ouides
Qui bien sceurent damours traictier
Nous eussent fait or bon mestier
Mais ilz sont tous mors et pourris.
Voyez guillaume de loris
A qui ialousie contraire
Faict tant dangoisse et de maltraire
Quil est en peril de mourir
Son ne pense le secourir.
Il me conseillast voulentiers
Car il est de mes familiers
Et droit fust/car par luy mesment
En ceste paine vrayement
Fusmes pour noz gens assembler
Affin de bel acueil embler/
Mais il dit quil nest assez sage
Si seroit ce moult grant dommage
Si tel loyal sergent perdoye
M iii

❡ Le Rommant de la Rose.

Quant secourir le peussi et doye
Puis quil ma si tresbien seruy
Quil est bien vers moy desseruy
Il fault que praingne mon atour
Pour rompre les murs de la tour
Et pour le fort chasteau asseoir
Auecques tout le mien pouoir.
Plus encore me doit seruir
Car pour ma grace desseruir
Il doit commencer vng rommantz
Ou seront mis tous mes commantz
Et iusques la le finira
Que luy et bel acueil dira
Quil languist or en la prison
A douleur et sans mesprison.
Tous mes sens or sont esmayez
Quentroublie vous ne mayez/
Ien ay grand dueil et desconfort.
Iamais rien nest qui me confort
Si ie pers vostre bienueillance
Car ie nay plus ailleurs fiance/
Toutesfois iay perdu espoir
Dont quasi suis en desespoir
Cy se reposera guillaume
Dont le tombeau soit plain de baulme
Dencens de myrre daloez
Tant ma seruy tant ma loez.

Nota de iehan de meun le quel par fist et as cheua ce psent rō mant.

E T puis viendra iehan clopinel
Au cueur gentil au cueur ysnel
Qui naistra dess? loire a meun
Lequel et a saoul et a ieun
Me seruira toute sa vie
Sans auarice et sans enuie
Et sera si tressage et bon
Quil naura cure de raison
Qui mes oignemens hait et blasme
Combien quilz flairēt plus que basme
Et sil aduient comment quil aille
Quen aulcun cas icelluy faille
Car il nest aulcun qui ne peche
Tousiours a chascun quelque teche
Le cueur vers moy tant aura fin
Que tousiours aumoins a la fin

Quant en coulpe se sentira
Du forfait se repentira/
Et ne vouldra pas lors tricher,
Ains le rommant si cher
Que tout le vouldra parfournir
Si temps et lieu luy peut venir/
Car quant guillaume cessera
Iehan/cy le continuera
Apres sa mort que ie ne mente
Des ans passez plus de quarante
Et dira lors pour la meschance
Et pour paour de desesperance
Quil nait de bel acueil perdue
La begninolence auant hue/
Et si ay ie perdu espoit
A peu que ne men desespoir
Et toutes les aultres parolles
Tant soient elles sages ou folles
Iusqua tant quil aura cueillie
Sur la branche verte fueillie
La tresbelle rose vermeille
Ains quil soit iour et quil sesueille.
Puis vouldra tant la chose esconēre
Que lon ny pourra rien respondre
Et si bon conseil mettre y peusse
Promptement conseiller men deusse
Mais par guillaume ne peult estre
Par iehan aussi qui est a naistre/
Car il nest mie cy present.
Si est le cas si trespesant
Certes que quant il sera ne
Si ie ny viens tout empenne/
Pour luy lire ceste sentence
Si tost comme il ystra denfance
Ce vous ieu ly iure et pleuir
Nen pourra iamais cheuir.

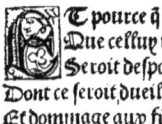

E T pource q̄ bien pourroit estre
Que celluy iehan q̄ est a naistre
Seroit despoir bien empesche
Dont ce seroit dueil et peche
Et dommage aux fins amoureux/
Car moult de bien sera pour eulx
Ie pry lucina la deesse

Denfantement quel doint quil naisse
Lucina deesse denfantement
Sans mal et sans encombrement
Si quil viue plus longuement.
Et quant apres a ce viendra
Que iupiter vif le tiendra
Et quil deura estre abreuue
Deuant le temps quil soit seure
De ses tonneaux quil a a double
Dont lung est cler et lautre trouble
Lung doulx et lautre fort amer
Plus que nest saye ne la mer
Du quant au berseau sera mys
Pource quil est de mes amys
Ie laffubleray de mes esles
☞ Et luy chanteray notes telles
Que puis quil sera hors denfance
Endoctrine de ma science
Il slaiolera noz parolles
Par carrefours et par escolles
Selon le langaige de france
Par tout royaulme en audience/
Si que tous ceulx qui les orront
De deux maulx daymer ne mourront/
Mais quilz le croient seullement/
Car tant en lira proprement
Que trestous ceulx qui ont a viure
Deburoient appeller cestuy liure
Le myrouer aux amoureux
ce liure prēmēt nōme le myrouer aux amou reux. Tant y voirront de biens pour eulx/
Mais que raison ne soit pas creue
La chetiue la malostrue.
Pource men veulx cy conseiller
Chascun men doit conseil bailler
Dentre vous ie vous pry et clame
Que guillaume que tant reclame
Qui tant bien sest vers moy porte
Soit secouru et conforte.
Et si pour luy ne vous prioye
Cōclusion damours. Certes prier ie vous deburoye
Aumoins or pour iehan alegier
Quil escripue plus de legier
Que cest aduantaige luy faictes/
Car il naistra ien suis prophetes/
Et pour les aultres qui viendront

Fueillet. lxx.

Qui deuotement entendront
A mes commandemens ensuiure
Quilz trouueront escriptz au liure
Si quilz puissent de ialousie
Surmonter lengine et lenuie
Et tous les chasteaux despecer
Quel osera iamais dresser.
Conseillez moy que nous ferons
Comment nostre ost ordonnerons
Par q̄ l part mieulx leur pourrōs nuyre
Pour plustost le chasteau destruire.
¶ Lacteur.
Amours ainsi aulx gens parolle
Qui bien recentent sa parolle
Quant il eut sa raison finie
Il conseilla la baronnie.
En plusieurs sentences se mirent
Plusieurs diuerses choses dirent/
Et apres leurs discordz sacordent
Au dieu damours lacord recordent.
¶ Les suppostz au dieu damours.
Sire treschier acordez sommes
Par lacord de trestous voz hommes
Fors de richesse seullement
Qui a dit par son iurement
Que point ce chastel nassauldra
Et vng seul coup ny donnera
De dart/de lance/ne de hache
Pour homme qui parler en saiche
Ne de baston comme el disoit/
Mais vostre emprise desprisoit
Et sest de vostre ost despartie
Aumoine quant a lautre partie
Tant a ce varlet en despit.
Pourtant el le blasme et despit
Pource que iamais ne leut chiere
Parquoy ainsi luy faict tel chiere.
El se hait/et hairra des or
Puis quil ne veult faire tresor
Oncq ne luy fit aultre meffait
Cest tout ce qui luy a forfait.
Bien dit sans faille que auant hyer
La pria dentrer au sentier
Qui trop donner est appelle

Auarice cōtraire a lamāt

Trop dōner sentier damours.

M iiii

Et la flatoit illec defe/
Mais pour ce fut quant la pria
Pour ce l'entree luy nya.
Encor plus pas n'a tant ouuert
D'ung seul denier a recouure
Qui quicte demeure luy soit
Comme richesse nous disoit.
Et quant el eut ce recorde
Nous auons sans luy acorde
Et trouuons en nostre acordance
Que faulx semblant et abstinence
Auec tous ceulx de leur baniere

Nota. Assauldront la porte derriere
Que malle bouche tient et garde
Auec ses gens que mau feu larde
Du eulx courtoisie et largesse
Qui remonstreront leur proesse
Contre la vieille qui maistrise
Bel acueil par dure maistrise.

Pres delict et bien celer
Iront pour honte escheueler
Sur luy feur oft assembleront
Et celle porte assiegeront.

Les assaillans du chasteau d'amours.
Contre paour ont abeurte
Hardement auecques seurte
La feront auecques leur fuyte
Qui ne sceut oncques rien de fuyte.
Franchise et pitie souffreront
Contre dangier et l'assauldront
Dont l'oft est ordonne assez.
Par eulx feront les fors cassez
Si chascun y met son entente/
Mais que Venus y soit presente

Venus mere de delit.
Vostre mere qui moult est saige
Et qui bien sçet de cest vsaige/
Sans elle n'est cecy par faict/
Ne par parolle ne par faict/
Parquoy bon fust qu'on la mandast/
Car la besongne en amendast.

Amours a ses subiectz.
Seigneurs ma mere la deesse
Qui est ma dame et ma maistresse
N'est pas du tout a mon desir

Je n'en fais pas tout mon plaisir.
Si sçet elle bien acourir
Quant el veult pour me secourir
Et mes besongnes acheuer/
Mais ie ne la vueil pas greuer.
Ma mere est la crains d'enfance
Et luy porte grant reuerence.
L'enfant qui ne craint pere et mere
Ne peult que bien ne le compere/
Mais non pourtant bien la sçaurons
Mander quant besoing en aurons.
S'elle fust pres tost y venist/
Car aulcun ne la retenist.
Ma mere est de moult grant proesse
Elle a prins mainte forteresse
Qui coustoient plus de mil besans
Combien que ne fusse presens
Si la mettoit on bien asseure/
Mais quant ie ny hante a nul heure
Jamais ne me plaist telle prise
De forteresse sans mesprise/
Car il me semble quoy qu'on die
Que ce n'est fors que marchandie
Qui achepte ung cheual cent liures
Par payement en sera deliures
Et rien plus ne doit au marchant
Qui plus ne va l'argent cherchant.
Ie n'appelle pas vente don/
Car vente ne doit nul guerdon
Ne n'y affiert grace ou merite
L'ung de l'autre se part tout quicte.

Ne sse pas vente semblable/
Car quant cil l'a mys en l'estable
Son cheual il le peult bien vendre
Et profit et gaigne reprendre/
Par ce ne peult il pas tout perdre
S'il se debuoit au cuir adherdre/
Car le cuir luy en demourroit
Dont quelque chose auoir pourroit.
Et si l'a le cheual si cher
Qui le garde pour cheuaucher
Tousiours est il du cheual sire/
Mais de trop est le marche pire

Fueillet. lxxxi.

Dont Venus se veult entremettre/
Car aulcun ny scaura tant mettre
Qui ny perde tout le chate
Et tout ce quil a achapte
Lauoir le prix et la vendure
Si quil pert toute lachapture/
Car ia tant ny mettra dauoir
Que seigneurie en puisse auoir
Et ne pourra point empescher
Par son donner ne par prescher
Que malgre soy a tant nen ait
Vng estrange fily venoit
Pour donner tant ou plus ou moins
Fut breton/angloys/ou rommains
(table) Sont doncques saiges telz marchans
Non/mais folz chetifz et meschans
Qui chose a escient acheptent
Et perdent tout ce quil y mettent
Et ne leur peult pas demeurer
Ia tant ny scauront labourer.
Nonobstant ie ne quiers nyer
Ma mere nen scet riens payer
Pas nest si folle ne si nice
Quelle se charge de tel vice/
(baptisme nouuellemēt) Mais bien sachez que tel la paye
Qui puis se repent de la paye
Quant pourete la le destresse
Tant soit disciple de richesse
Qui pour moy est en grant esueil
Et pour moy souffre grant traueil.

Elle par saincte venus ma mere
Et par saturnus son vieulx pere
Qui ia lengendra ieune touse
Non mye de sa femme espouse
Dont trestous les enfans manges
Fors iupiter qui lestrangea
(natiue du u dasters.) De son regne/et tant le batit
Que iusq en enfer labatit/
Et luy couppa ce que scauez/
Car maintesfoys ouy lauez
Mon bon pere/puis monta sur
Venus tant fut elle sa seur
Et firent leur iolinete

De la vint ma natiuite
Dont ie nay honte ny esclandre
Qui bien scet mon lignaige entendre/
Car oncques meilleurs ne sont nulz
Que mes trois oncles neptunus
Iupiter et pluto aussi
Et inno ma tante/las si
Mauuaise que la voulsroie arse.
Autant layme que phebus marse
Qui mydas aux oreilles dasne
Par iugement dhomme prophane
Si chier compara par sa vertu
Mal vint la bucine minerue
Quel iecta dedans le palut/
De buccinet ne luy chalut/
Pource que les dieux se rioyent
De ses ioes qui luy enfloient.
Quant el buccinoit a leur table
Le roy midas fut trop coupable
Quant il iugea contre phebus
Luy deceu par trop grans abus
Du chant de marse flaiollant
Contre le dieu qui en fut dolant
Ilz firent le roy mydas iuge (Fol fut le iugement de mydas.)
Qui contre le satire iuge.
A larbre pendu lescorcha
Phebus tout vif tant lesmorcha
Par sa seulle playe quil eut
Que le sang par tout luy courut.

Ncor le vous vueil plus iurer
Pour la chose mieulx asseurer
Par la foy que doy a mes freres
Dont nul ne scet nommer les peres
Tant sont diuers tant en ya
Que tous ma mere a soy lia/
Encore vous iure et tesmoing
Le palut denfer a tesmoing
Que ie ne beuray de piment
Deuant vng an si mon dit ment/
Car des dieux scauez la coustume.
Qui a les iurer sacoustume
Sil est ainsi quil se pariure
Ie vous dis bien et plus nen iure

¶ Le rommant de la Rose.

Ne boit tant que lan soit passe.
Mon serment vous en ay passe
Mallement suis se me pariure/
Mais ia ne men verrez pariure
Puis que richesse sy me fault
Bien cher luy vendray ce si deffault
Et le comperra sel ne satine
De bouclier/despee/ou qui sarme.
Et puis quelle ne meust pas chier
Quant elle sceut que trebucher
La forteresse et tour denoye
Mal tint elle oncques ceste voye.
☞ Si ie puis riche homme baller
Vous le me verrez tant tailler
Quil naura ia tant marcs ne liures
Que ses mains nen soient deliures.
Doller feray tous ses deniers
Silz ne luy sourdent en greniers.
Nota. Tant le plumeront noz pucelles
Quil luy fauldra plumes nouuelles
Et le mettront a terre vendre
Sil ne sen scet moult bien deffendre.
Poures hômes font de moy leur maistre
Tant ne satchent ilz de quoy paistre.
Ie ne les ay pas en despit
Poures Preudhomme nest qui les despit
ne sôt a La richesse est infaine et gloute
desprisez Qui les viole chasse et boute/
en a= Ie les ayme mieulx que les riches
mours. Ne que ces hommes qui sont chiches
Et sont foy que doy aulx treshaulx
Plus seruiables et loyaulx.
Bien me suffit a grant plante
Leur bon cueur et leur voulente/
En moy ont mis tout leur pense/
A force me fault deulx penser/
Car tost les misse en grant haultesse
Si ie fusse dieu de richesse
Côclu= Ainsi que ie suis dieu damours
sion du Tel pitie me font leurs clamours.
dieu da= Il conuient que cestuy secoure
mours a Qui tant a me seruit laboure/
ses sub= Car si des maulx damours mouroit
gectz. Amours point en moy ne seroit.

¶ Les suppostz au dieu damours.
¶ Chascun lors dit/cest verite
De tout ce quauez recite/
Bien est le sacrement tenable
Comme tresbon et conuenable
Que vous auez faict des riches hommes
Ainsi est il certain en sommes.
Si les riches vous font hommaige
Ilz ne feront mye que saige
Ia ne vous en pariurerez
Ia la paine nen endurez
Que piment en luissez a boyre
Dames leur brasseront tel poiure
Silz peuent dedans leurs las cheoir
Quil leur en debura trop meschoir.
Dames si courtoises seront
Que moult bien vous en vengeront
Ny querez point aultres victoires/
Car tant de blanches et de noires
Leur diront ne vous esmaiez
Que vous entendrez appaiez
Point ne vous en meslez sus elles
Tant leur compteront de nouuelles
Et tant leur feront de requestes
Par flateries deshonnestes
Et leur donneront grant collees
De doulx baisiers et acollees
Que silz les croyent vrayement
Tout perderont entierement.
¶ Or commandez ce que vouldrois
Nous le ferons soit tort ou droix/
Mais faulx semblant de ceste chose
Pour vous entremettre ne sose/
Car il dit que vous le hayez
Et comme desdaigne ayez.
Si vous supplions tous beau sire
Que vous luy pardonnez vostre pre
Et soit de vostre baronnye
Auec abstinence sampe
Cest vostre accord cest vostre octroy.
¶ Amours a ses subiectz.
¶ Mes amys ie le vous octroy
Et consens quil soit de ma court
En venant vers moy tost et court

notable
ppos
senti

fueillet. lxxpi.

Et il y vint moult fierement.

℄ Cõment le dieu damours retient
faulx semblant q̃ des siens deuient
Dont ses gens sont ioyeulx z̃ baulx/
Car il se faict roy des ribaulx.

Faulx semblant par tel couenant
Tu seras a moy maintenant
Et a noz amys apperas
Et point tu ne les greueras
Ains penseras les esleuer
Et tous noz ennemys greuer
Tien soit le pouoir et le baulx/
Car le roy seras des ribaulx.
Ainsi le veult nostre chapitre/
Car sans mentir tu es vng traistre
Et larron trop desmesure.
Plus de cent fois tes pariure/
Mais toutesfois en audience
Pour oster noz gens de doubtance
Je commande que leur enseignes
Aumoins par generaulx enseignes
En quel lieu ilz te trouueroient
Si de toy grant besoing auoient/
Et comment on te congnoistra/
Car grant sens a te congnoistre a
Die nous en quel lieu tu conuerses.

℄ Faulx semblãt au dieu damours.
Sire iay mansions diuerses
Que point ne conuient reciter
Sil vous plaist a men respiter/
Car si le vray vous en racompte
Jen peulx auoir dommaige et honte.
Si mes compaignons le scauoient
Certainement ilz me herroyent
Et me procureroient enuie
Cruaulte et forcenerie/
Car ilz veulent en tous lieux taire
Verite qui leur est contraire/
Ja ne la queroient a ouyr/
Par trop en pourrois mal ioyr/
Si ie disoye deulx parolle
Qui ne leur fust plaisante et molle/
Car la parolle qui les point
Ne les embellit oncques point
fust ore le sainct euangille
Qui or les reprint de leur guille/
Car trop sont cruelz mallement.
Si scay ie bien certainement
Que si ien parle quelque chose
Ja si bien nest vostre court close
Quilz ne saichent combien quil tarde/
Mais des preudes gens nayez garde/
Car ia rien sur eulx ne prendront
Preudhommes quant ilz mentendront/
Car cil qui sur soy le prendra
Pour souspessonneux se tiendra
Si ne veult denier la vie
De barat et dypocrisie
Qui mengendrerent et nourrirent.

℄ Amours parle a faulx semblant.
Tresmoult bonne engendrure firent
Dit amours et moult profitable/
Car ilz engendrerent le dyable/
Mais toutesfois comment quil aille
Il conuient dit amours sans faille
Que cy tes mansions nous nommes
En brief oyans tous tant que sommes
Et que ta vie nous descouures/
Jl nest pas bon que plus la couures/
Mais il conuient que ta voix die
Dequoy tu sers et de ta vie/
Comment ceans tu tes esbatu.
Et si pour vray dire es batu
Sinen es tu pas coustumier

note les
posses d̃
faulx se
blant.

❡Le rommant de la Rose.

Tu ne seras pas le premier
❡Faulx semblant a amours.
❡Sire quant vous vient a plaisir
Si ie desuoye mort gesir
Ie feray vostre voulente
Du faire suis en talente
Faulx semblant qui plus ny attent
Commenca son sermon a tant
Et dit a tous en audience/
Seigneurs entendez ma sentence.
Qui faulx semblant vouldra congnoistre
Le quiere or en siecle ou en cloistre/
En lieu fors en ces deux ne maintz/
Mais en lung plus en lautre moins.
Pour briefie me vois hosteler
La ou ie me peulx mieulx celer/
Car la celee est la plus seure
Mise soubz plus humble vesture.
Religieux sont moult couuers
Et seculiers plus descouuers/
Si ne veulx ie mye blasmer
Religion ne diffamer
En quelque lieu que ie la veisse
Ia religion que ie puisse
Humble et loyal ne blasmeray/
Mais pourtant ia ne laymeray
Gentens de faulx religieux
Des felons et malicieux
Qui habit en veullent vestir/
Mais leurs cueurs ne veullent matir.
Religieux sont moult piteux
Ia nen voirrez vng despiteux/
Car cure nont dorgueil en sueure.
Trestous veullent humblement viure
Auec telz gens ne demeurray
Si ie y demeure ie faindray/
Leur habit pourray ie bien prendre/
Mais deuant me laisseroye pendre
Que point de mon propos yssisse
Quelconque chiere que ien fisse.
Ie suis auec les orgueilleux
Les vsuriers les artilleux
Qui les mondains honneurs connoittent
Et les grans besongnes exploictent

Et sont querant les grans pitances
Et pourchassent les accointances
Des hommes puissans et les suyuent
Et se font poures et si viuent
Des bons morceaux delicieux
Et boyuent des vins precieux
Et la pourete souuent preschent/
Mais les grandes richesses peschent
Aux grans filletz & aux traineaulx
Par mon chief il en vient grans maulx
Car maint religieux nest monde.
Ilz font vng argument au monde
Du conclusion est honteuse.
Tel a robe religieuse
Doncques il est religieux.
Cest argument est vicieux
Et ne vault vne vieille gaine/
Car la robe ne faict le moyne
Non pourtant nul ny scet respondre
Tant hault face sa teste tondre
Du rasoer de langues
Qui trenche en plus de treze tranches
Nul ne scet si bien distincter
Quil en ose vng seul mot tinter/
Mais en quelque lieu que ie vienne
Pas ne fault que ie me contienne
Si ie veulx faire bon prouchas
Tout ainsi comme font les chas
Qui nentendent fors qua menger
Les ratz et souris destrenger
Vous ne scauriez pour mon habit
Congnoistre en quelz gens iay habit
Non ferez vous pas aux paroles
Ia tant soient simples ou molles.
Les oeuures regarder deuez
Si vous nauez les yeulx creuez/
Car silz ne sont telz quilz vous dient
Certainement ilz vous conchient
Quelque simple robe quilz ayent
Ne de quelconque estat quilz soient
Soit clerc soit lay soit homme ou femme
Soit sergent ou baron ou dame.

❡Lacteur.
❡Côme icy faulx semblant sermône

Fueillet. lxviii.

Amours de rechief farraisonne
Et dit en rompant sa parolle
Comme selle fust faulce et folle.
　¶Le dieu damours a faulx semblant
¶Quest ce diable es tu effronte
Mais quel peuple as tu ey compte/
Peut on trouuer religion
En seculiere mention.
　¶Faulx semblant au dieu damours
¶Duy sire il ne sensuit mie
Que ceulx menent mauuaise vie
Ne que pour ce leurs ames perdent
Qui aux draps du ciecle saherdent
Car ce seruit trop grant douleur.
Bien peut en robe de couleur
Saincte religion flourir/
Plusieurs sainctz a son veu mourir
Et maintes sainctes glorieuses
Deuotes et religieuses
Qui draps comme tousiours vestirent/
Mais pour cela moins ne sainctirent.
Ie vous en nommerois bien maintes
Quasi presques toutes les sainctes
Qui par eglises sont priees
Vierges chastes et mariees
Qui maintz beaulx enfans enfanterēt.
Les robes du monde porterent
Et en ces aornemens moururent
Qui sainctes sont/seront et furent
Mesmement les vnze mille vierges
Qui deuant dieu tiennent leurs cierges
Dont on faict festes par eglises.
En draps du ciecle furent prises
Quant leurs martires telz receurent/
Par leurs habitz pire ne feurent/
Bon cueur faict la pensee bonne
La robe ne toult ne ne donne/
Et la bonne pensee loeuure
Qui la religion descoeuure
Allecques gist religion
Selon sa droicte intention.
　Di de la toyson du belin
En lieu de manteau sebelin

Sire pſangrin affubleroit
Le loup qui mouton sembleroit
Puis auec brebis demouraſt
Qui croit quil ne les deuoraſt.
Ja de leur sang moins nen beuroit
Mais bien pluſtoſt les deceuroit/
Car puis quilz ne les congnoiſtroient
Sil fuyroit elles le fuyroient
Sil eſt guere de telz ſouneaux
Entre ces apoſtres nouueaulx
Eglise tu es mal sortie
Si ta cite eſt aſſaillie
Par les cheualiers de la table
Ta ſeigneurie eſt moult endable
Si ceulx ſeſforcent de la prendre
A qui on les baille a deffendre.
Qui la peut vers eulx garentir
Prinſe sera sans coup sentir.
De mangonnel ne de perriere
Sans deſployer au vent banniere
Et point deulx ne les va reſcourre
Aincois les laiſſe par tout courre/
Laiſſe/mais si tu leur commandes
Dont plus nya que ne te rendes
Ou leur tributaire deuiennes
Par paix faisant et deux la tiennes
Si meſchief ne te vient greigneur
Quilz en soient du tout ſeigneur.
Bien te ſcauent oz eſcharnir
Par iour quierent les murs garnir
Par nuyt ne ceſſent de miner
Penſe dailleurs entraciner
Les antes ou tu veulx fruit prendre/
Car la tu ne te dois attendre.
A tant me tais et men recour
Dire nen veulx plus a ce tour
Si ie men peulx a tant paſſer
Car trop vous pourroye laſſer.

　Ais bien vous vueil conuenācer
De tous vozamys auancer
Mais s ma cōpaignie vueillēt
Si ſont ilz mors ſilz ne macueillent
Et mamye auſſi ſeruiront

❡ Le Rommant de la Rose.

Ou la par dieu nen cheuiront/
Car sans faillir trahistre suis ie
Et pour larron ma dieu iuge/
pariure suis et si ma fin
Les tistres de fauly sēblant. Scet on enuis iusq a la fin/
Car plusieurs par moy mort receurent
Qui onc mon barat naperceurent.
Qui lapercoit cil est saige
Qui sen garde ou cest son dommaige/
Mais tant forte est la deceuance
Que trop tard est laperceuance/
Car protheus qui se souloit
Muer en tout ce quil vouloit
Ne sceut tant de barat ne gille
Que ie fais/car onques en ville
Nentray ou ie fusse congneu
Tant long temps y fusse ie veu.

❡ Coment le trahystre fauly semblāt
Or va les cueurs des gens emblant
Soubz ses vestemens noire et gris
Par son vis pasle et emmaigris.

Trop scay bien mes habitz chāger
Prendre lung a lautre estranger.
Or suis cheualier or suis moine
Or suis prelat or suis chanoine/
Or suis clerc/a aultre heure prestre
Fauly semblāt en tous estatz. Or suis disciple/or suis ie maistre
Or chastelain or forestier/
Pour brief ie suis de tout mestier.
Or suis ie prince ore paige

Or scay par cueur chascun langaige.
Aultre heure suis vieil et chanu
Or suis ie ieune deuenu.
Or suis robert or suis robin
Or cordelier or iacobin.
Je prens pour faire ma compaigne
Qui me soulace et acompaigne
Dame abstinence la contraincte
Qui porte desguisure mainte
Sicomme il luy vient a plaisir
Pour luy acomplir son desir.
Aultre heure vestz robe de femme
Or suis damoiselle or suis dame
Or suis nonnain or suis abbesse
Or suis nouice or suis professe
Et vois par toutes regions
Cherchant toutes religions/
Mais de religion sans faulle
Le grain en laisse et prent la paille/
Pour gens aueugler y habit
Je nen quiers sans plus que lhabit
Mais que vous dirois ie en quel guise
Comme il me plaist ie me desguise/
Moult est en moy tourne le vers
Trop sont les faitz aux ditz diuers.
Ainsi fais cheoir dedans mes pieges
Le monde par mes priuilieges
Et peuly confesser et absouldre
Ce ne me peut nul prelat touldre
Fors lapostole seullement
Qui fit cest establissement.

Mais pource que confes doit estre
Chascūt a chascune a son prestre
Une fois selon lescripture
Ains quon luy face sa droicture
Car nous auons vng priuilege
Qui de plusieurs faitz les allege
Sil luy plaist il pourra lors dire
En confession/vous dis sire
Que si la qui ie fuz confes
Ma allege de tous meffes
Absolu ma de mes pechez
Dont ie me sentoye entachez/

fueillet. lxviiii.

Ne ie nay pas intention
Den faire aultre confession
Que celle que ie luy ay dicte
Si me tenez pour cela quicte
Et vous en tenez appaisez
En quelque gre que vous soyez/
Car si bien vous sauez iure
Ie ne crains prelat ne cure
Qui de confesser me contraigne
Aultrement que ie ne men plaigne
Car ie men ay bien a qui plaindre
Vous ne me pouez pas contraindre
A faire force ne troubler
Pour ma confession doubler
Car ie nay pas affection
Dauoir double absolution
Nota de confessiō z absolutiō. Assez en ay de la premiere
Donc ie quicte ceste derniere
Deslie suis sans le nier
Plus ne me pouez deslier/
Car cil qui le pouoir y a
De tous liens me deslia
Et si vous men osez contraindre
Tant que de vous men aille plaindre
Ia les iuges imperianlx
Roys prelatz et officiaulx
Pour moy nen tiendront iugement/
Ie men plaindray tant seullement
A mon bon confesseur nouuel
Qui nest pas nom frere louuel/
Car forment se courrouceroit
Qui par tel nom lappelleroit
Et ia nen prendroit pacience
Qui lnen eust cruelle vengeance.
☞ Son pouoir aumoins en feroit
Ia pour dieu ne le laisseroit
Et si iurer lose et pleuir
Bien se scaura de vous cheuir
Et si maist dieu aussi sainct iaques
Si vous ne me voulez a pasques
Donner le corps nostre seigneur
Sans vous faire presse greigneur
Ie vous lairray sans plus attendre
Et sirray tantost de luy prendre/

Car hors suis de vostre dangier
Dont me vueil de vous estrangier.
Ainsi se peut tel confesser   Nota.
Qui veult son prouuoire laisser/
Et si le prestre me refuse
Ie suis prest que ie len accuse
Et de le pugnir en tel guise   ☞
Que luy feray perdre leglise.
Qui de telle confession
Entent la confection
Iamais prestre naura puissance
De congnoistre la conscience
De cestuy dont il a la cure/
Cest contre la saincte escripture
Qui commande au pasteur honneste   Le bon
Congnoistre le dueil de sa beste/   pasteur
Mais la poure femme et poure homme   doit congnoistre
Qui de deniers na pas grant somme   ses brebis.
Peu luy ie bien aux prelatz laisser
Et aux curez a confesser
Car telz rien ne me donneroient
☞ Le dieu damours a fauly semblant
☞ Pourquoy.
☞ Fauly semblant
☞ Pource quilz ne pourroient
Comme chetiues gens et lasses
Si que iauray les brebis grasses
Et les pasteurs auront les maigres
Combiē que ces motz leur sont aigres.

S I les prelatz osent groucer
Car bien se deuroiēt courroucer
quāt ilz pēct le̅s grosses bestes
Telz coups leur dōnray sur les testes   Nota.
Que ie leur feray telle boces
Quilz en perdront mitres et croces.
Chascun est ainsi conchie
Tant suis fort priuilegie.
☞ Lacteur.
Or se veult faire fauly semblant
Mais amours ne faict pas semblant
Quil soit ennuye de louyr
Ains luy dist pour eulx esiouyr.
☞ Le dieu damours.

N ii

❡Dis nous plus specialement
Comment tu sers deslopaulment
Et naye pas du parler honte/
Car comme ton habit nous monstre
Tu ressembles estre vng sage hermite
  ❡Faulx semblant au dieu damours
❡Cest voir/mais ie suis imperitte
  ❡Le dieu damours
❡Da tu pas preschant abstinence.
  ❡Faulx semblant
❡Ouy/mais ie remplis ma pence
De bons morceaulx et de bons vins
Telz comme il affiert aux deuins
  ❡Le dieu damours a faulx semblant
❡Tu presches aussi la pourete.
  ❡Faulx semblant
❡Voire et ie suis riche a plante/
Mais combien que pource me faigne
Pas ne veulx que poure contraigne
Car iayme trop mieulx lacointance
Mille fois dung roy de france
Que dung poure par nostre dame
Pose quil eust aussi bonne ame.
Quant ie voy tous nudz ces truans
Trembler sur ces fumiers puans
De froit et fain crier et braire.
Compte ne fais de leur affaire.
Silz sont a lhostel dieu portez
Par moy ne seront confortez
Car dune aulmosne toute seulle
Point ne me paistroient en la gueulle
Ilz nont pas vaillant vne seiche
Que danra qui son coustel leiche.
Mais dung riche vsurier malade
Lacointance est tresbonne et sade
Car vng tel vois reconforter
Sperant ses deniers apporter
Et si la malle mort lennosse
Ie le conduis iusques en la fosse.
Et sauleun vient qui me repraigne
Pourquoy du poure me refraigne
Scauez vous comment ien eschappe/
Ie fais entendant par ma chappe.
Que le riche est plus entaiche

Que nest le poure de peche
Et a plus besoing de conseil
Pource ie y vois et le conseil/
Mais non obstant aussi grant perte
Aussi grant dommaige et desserte
Recoit lame en sa pourete
Quen richesse et bieneurete/
Et en toute grande richesse
Lune et lautre egallement blesse/
Car ce sont deux extremitez
Des richesses et pouretez.
Le moyen a nom suffisance
La gift de vertu labondance
Car salomon tout a deliure
Nous en descript en vng sien liure
Qui des paraboles a le tiltre
Tout droit au trentiesme chapitre/
Disant a dieu garde moy sire
Qui toutes choses fais reluyre
De richesse et mendicite
Me donnant ma necessite/
Car quant le riche trop sadresse
A trop penser en sa richesse
Tant met son cueur en la folie
Que son createur il oublie.
Cil qui mendicite guerroye
Est en tresdangereuse voye/
Enuis aduient si nest lierre
Du pariure ou lescript bien erre
Car salomon dit a propos
De cela que ie vous propos.

❡Puis bien iurer sans de loy
Quil nest escript en nulle loy
Au moins nest il pas en la nostre
Que iesuchrist ou son apostre
Tant comme ilz allerent par terre
Allassent oncques leur pain querre/
Car mendier pas ne vouloient.
Et ainsi prescher bien souloient
Iadis par paris la cite
Les maistres en diuinite/
Lesquelz pouoient bien demander
De plain pouoir sans truander/

Fueillet.lxx5.

Car de par dieu pasteurs estoient
Et des ames la cure auoient
Mesmes apres la mort leur maistre.
Or commencerent ilz a estre
Tantost laboreux de leurs mains
De leur labeur ne plus ne moins
Ilz receuoient tousiours substance
Et si viuoient en pacience.
Et saulcun demeurant auoient
Aux aultres poures le donnoient
Et nen fondoient palais ne salles
Ains demouroient aux maisons salles.
Lhomme doit bien ie le recors
Par les mains de son propre corps
En labourant querre son viure

Les p^{re}stres re-ligieux peuent ouurer licite-ment de leurs mains pour la sustenta-cion de leur vie.

Quant il na dont il puisse viure
Combien quil soit religieux
Et de seruir dieu curieux/
Et aussi faire le conuent
Fors es cas dont il me souuient/
Lesquelz racompter vous scauray
Quant temps du racompter auray.
Et encor deuroit il tout vendre
Et du labeur sa vie prendre
Sil est bien parfait en bonte/
Ce ma lescripture compte/

☞ *Nota.*

Car qui oyseux hante aultre table
Il est flateur ou sert de fable
Et nest pas pour vray la raison
Soy excuser pour oraison
Car il conuient en toute guise
Entrelaisser dieu et leglise
Pour ses aultres necessitez
Et manger/ce sont veritez
Et dormir et faire aultre chose.
Nostre oraison lors se repose
Aussi se conuient il retraire
Doraison pour son labeur faire/
Car lescripture si accorde

Iustini-en enses loix ple-ne gain-gner sa vie.

Qui la verite nous recorde.

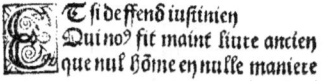

Et si deffend iustinien
Qui nous fit maint liure ancien
Que nul homme en nulle maniere

Puissant de corps son pain ne quiere
Puis qui se treuue a quoy gaigner.
On le deuroit mieulx enchainer
Ou en faire aperte iustice
Que soustenir en tel malice.
Pas ne font ce que faire doiuent
Ceulx qui telz aulmosnes recoyuent
Silz nen ont estroit priuilege
Qui de la paine les allege/
Mais ne cuide pas quilz soient eux
Si le pape nen est deceuz
Et si ne cuide pas scauoir
Qui les puisse par droit auoir
Si ne fais ie pas terminance
Du pape ne de sa puissance
Ne par mon dit ne vueil comprendre
Sil se peut en ce cas entendre/
De ce ne me dois entremettre.
Mais ie scay bien selon la lettre
Que les aulmosnes qui sont deues
Aux lasses gens poures et nues
Foibles et vieulx et mehaignez
Par qui paine ne sont plus gaignez
Pource quilz nen ont la puissance.
Qui les mangue en leur greuance
Il mangue son dampnement
Si dieu qui fit adam ne ment.

Note daumos-ne.

☞

ET sachez la ou dieu commande
Que preudhomme quant quil a vende
Et donne aux poures et le suyue
Pourtant ne veult il pas quil viue
Pour le seruir en mendiance
Ce ne fut oncques sa sentence
Mais enfant que de ses mains euure
Et quil se suyue par bonne oeuure/
Car sainct pol commande a ouurer
Aux apostres pour recouurer
Leurs necessitez et leurs vies
Et leur deffendoit truandies
En disant de voz mains ouurez
Ia sur aultruy ne recouurez
Ne voulant que rien demandassent
A quelconque gent quilz preschassent

La sen-tence de Ie-suchrist et intel-ligence.

Reporta-tion de sainct pol aux crestiens.

N iii

❡ Le rommant de la Rose.

ne que leuangille deffendent
Ains doubtoit que filz requerissent
Quilz ne tollussent au requerre/
Car maintz hommes sont en la terre
Qui pource donnent a voir dire
Pour honte quilz ont desconfire
Donner p contrainte nest meritoire. Du les requerans luy ennuyent
Et donnent pource quilz senfuyent.
Scauez vous que ce leur proffite.
Le don perdent et le merite.
☛ Quant les bonnes gens oz oyoient
Le sermon sainct pol ilz prioient
Pour dieu quil vouluft du leur prendre
Mais la main la ne voulut tendre/
Ains par son labeur il prenoit
Ce dont sa vie soustenoit
❡ Amours a faulx semblant
❡ Dis moy doncques comment peut viure
Lhomme du corps que dieu veult suiure
Nota. Puis quil a tout le sien vendu
Et aux poures dieu despendu
Et veult tant seullement orer
Sans iamais des mains laborer
Le peut il faire.
❡ faulx semblant
❡ Ouy.
❡ Amours
❡ Comment
❡ faulx semblant a amours
Sil entroit selon le commant
De lescripture en abbaye
Qui fuft de son propre garnie
Comme sont ores ces blancz moynes
la diuer-site des religions Ces noires et ces reiglez chanoines
Ceulx de lospital ceulx du temple
Car ien peulx bien poser exemple
Et la il print sa soustenance
Car la na point de mendiance/
Non pourtant les moynes labourent
Et puis a leur seruice courent.
☛ Et pource que fut grant discorde
En vng temps dont ie me recorde
Sur lestat de mendicite
En brief vous sera recite

Comme peut lhomme mendiant estre
Qui na dont il se puisse paistre
Le cas en orrez en brief dire
Si quil ny aura que redire
Malgre les felonnesses gengles
Car verite ne quiert nulz angles/
Si pourray ie bien comparer
Puis quay ose tel champ arer.

❡ faulx semblant dit cy verite
De tous cas de mendicite.

❡ Cy sont les cas speciaulx
Car si lhomme est des bestiaulx
Et nait daulcun meftier science *Des mi-dians du mandans leur vie*
Ne nen veult auoir congnoiffance
A mendicite se peut traire
Tant quil saiche aulcun meftier faire
Dont il puisse sans truandie
Loyallement gaingner sa vie/
Du si tel labourer ne sceuft
Pour la maladie quil euft *Les ma-lades & impotēs sont a apder.*
Ou pour vieillesse ou pour enfance
Trouuer se peut en audiance/
Au sil a trop grant aduanture
Dacouftumer sa nourriture
Deftu delicieusement
Les bonnes gens piteusement
En doiuent lors auoir pitie
Et le souffrir par amytie
Mendier et son pain querir
Sans le laisser de faim mourir.
Du cil a donne la science
Et le vouloir et la puissance
Preft de labourer bonnement
Mais pas ne treuuent prestement
Qui labourer faire le vueille
Pour rien quil saiche faire ou seulle
Bien peut lors par mendicite *Necessi-te na point de loy.*
Pourchasser sa necessite/
Du sil a son labeur gaingne
Mais il ne peult de son gaingne
Suffisamment viure sur terre
Bien se peut lors mettre a pain querre

fueillet. lxxvi.

Et dhuis en huis par tout trasser
Pour le remanant pourchasser
Du filz veult pour la foy deffendre
Quelque chevalerie emprendre
Ou soit darmes ou de lectures
Ou daultres convenables cures
Si pourete le va grevant
Bien peult comme iay dit devant
Mendier tant quil puisse ouvrer
Pour ses necessitez trouver/
Mais quil ouvre des mains itelles
Nompas des mains spirituelles
Ains des mains du corps proprement
Sans mettre double entendement
En tous ces cas et en semblables.
On se peult trouver raisonnables
Sur ceulx que cy present vous livre
Qui de mendicite veult vivre
Faire ne le peult aultrement
Si cil de sainct amour ne ment
Qui souloit disputer et lire
Et prescher de ceste matire
A paris avec les divins.
Ja ne me soye paine ne vins
Sil nauoit en sa verite
Laccord de luniuersite
Et du peuple communement
Qui bien oyoit son preschement.
Nul preudhome ne doit refuser
Vers dieu ne se peult excuser
Qui groucer en vouldra si grouce
Et courroucer si sen courrouce/
Car ie nen mentiroie mye
Si ie devuoye perdre la vie
Du estre mis contre droicture
Comme sainct pol en chartre obscure
Ou estre banny de ce royaulme
A tort comme maistre guillaume
De sainct amour que ypocrisie
Fit exiller par grant envye.

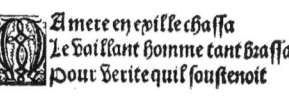
A mere en exille chassa
Le vaillant homme tant brassa
Pour verite quil soustenoit

Vers ma mere trop desprenoit
Pource quil fit vng nouueau livre
Du sa vie fit tout escripre
Et vouloit que ie regniasse
Mendicite et labourasse
Si ie navoye dequoy vivre.
Bien me pouoit tenir pour ivre/
Car labourer ne me peult plaire
Daulcun labeur nay ie que faire
Trop ya paine a labourer
Mieulx vault devant les gens orer
Et affubler ma regnardie
Du mantel de papelardie.

¶Le dieu damours a faulx semblant.
¶O foldiable quel est ton dit
Et ce que tu as icy dit.
    ¶faulx semblant.
¶Quoy.
    ¶Amours a faulx semblant.
Grant desloyaultez apertes
Ne crains tu donc pas dieu.
    ¶faulx semblant.
¶Non certes/
Car a paine peult lhomme ataindre
Chose grande qui dieu veult craindre/
Car tous ceulx qui le mal eschiuent
Et loyaulment du leur se viuent
Et qui selon dieu se maintiennent
Enuys dung pain a laultre viennent
Telz gens boyvent trop de mal aise
Vie nest qui tant me desplaise/
Mais regardez que de deniers
Ont vsuriers en leurs greniers
Faulx monnoyeurs et termineurs
Baillifz bedeaux preuostz maieurs
Et procureurs et advocatz
Dont les aulcuns en plusieurs cas
Viuent de mauuaise rapine
Le menu peuple les encline
Et telz gens comme loups demourent
Et tous sus les pouvres gens courent
Nest qui despouiller ne les vueille
Tous saffublent de leur despouille
Et tous de leurs substances hument

Note de maistre guillaume de sainct amour.

Resolution de faulx semblant.

Nota.

note des rapines en tous estatz.

N iiii

❡ Le Rommant de la Rose.

    Sans eschauder tous vifz les plument
    Le plus fort le plus foyble robe/
☞ Mais ie qui vestz ma simple robe
    Lobe les lobes et lobeurs
    Robe les robes et robeurs
    Par ma lobe entasse et amasse
    Maintz tresors en tas et en masse
    Tant quil nen peult plus affunder/
    Car si ien fais palais funder
    Et acomplir tous mes desirs
    De compaignies en delis
    De tables plaines dentremetz/
Le delit des vsu- Car aultre vie ne veulx/mais
riers. Recoy mon argent et mon or/
    Car ains que soit le mien tresor
    Failli me viennent a ressours
    Deniers/ie fais tomber ces ours/
    Acquest est toute mon entente/
    Mieulx vault mon pourchas q̃ ma r̃ẽte
    Son me devuoit tuer ou batre
    Si me veulx ie par tout embatre
    Et ne queroye ia cesser
    De ces empereurs confesser
    Du roys ou ducz barons ou contes/
    Mais des poures gens ce sont hontes
    Ie nayme tel confession
    Et nest pour aultre occasion
Les dissi- Que nay cure de poure gent
mula- Leur estat nest ne bel ne gent
teurs nay- Ces emperieres ces duchesses
ment q̃ Ces roynes et ces baronnesses
les ri- Ces aultres dames palatines
ches. Ces abbesses et ces beguines
    Ces bailliues ces cheualieres
    Ces bourgoises cointes et fieres
    Ces nonnains et ces damoyselles
    Soient ores ieunes et belles
    Soient nues ou bien parees
    Ia ne sen iront esgarees/
    Et pour le sauluement des ames
    Ie quiers des seigneurs et des dames
    Et de trestoutes leurs mesgnies
    Leurs proprietez et leur vies/
    Et leur fais croire et metz es testes

Que leurs prestres & curez sont bestes
Enuers moy et mes compaignons
Dont moult sont de mauuais guignõs *dissimu-*
Ausquelz ie scay sans rien celer *latiõ de*
Les secretz des gens reueler *faulx s-*
Et eulx aussi tout me reuelent *blant.*
Et rien du monde ne me celent.
Et pour les felons perceuoir
Qui ne font que gens deceuoir
Parolles vous diray ie cy
Que nous lisons de sainct macy
Ou de sainct marc leuangeliste
Au vingt et troisiesme chapitre. *Saint*
Dessus la chaire de moyse *luc au*
Ce sont assis par grant deuise *xxiii.*
Les faulces gens et les mauldictes *chapitre*
Que la lettre nomme ypocrites
Qui bien preschoyẽt/mais mal viuoiẽt
Et ainsi les tresors supuoient/
Faictes ce quilz sermonneront
Et non mye ce quilz feront.
De bien dire ne sont pas lens/
Mais du faire nont nulz tallens.
Ilz lient aux gens deceuables
Griefz faictz qui ne sont pas portables
Et sur leurs espaules leur posent/
Mais a leur doy nouer ne losent.
   ❡ Amours.
   ❡ Pourquoy non.
   ❡ Faulx semblant.
❡ Pource quilz ne veullent/
Car les espaulles souuent seullent *note le*
Aux porteurs des grans fais douloir *dit de le*
Pource fuyent ilz tel vouloir *nag̃ill*
Silz font oeuures qui bonnes soient
Cest affin que les gens les voient/
Leurs filatieres eslargissent
Et leurs fimbries engrandissent
Et ayment les sieges et tables
Plus haultes & plus honnorables
Et premiers lieux des synagogues *De lõ*
Comme trop orgueilleux & rogues *gued t̃*
Et desirent quon les salue *ãbitiõ*
Quant ilz trespassent par la rue/ *des p̃p̃-*
                          crites.

fueillet.lxxvii.

Et veullent estre appellez maistre
Ce quilz ne deburoient pas estre/
Car leuangille va encontre
Qui leur desloyaulte demonstre.

Une aultre coustume scauons
Sur ceulx que contre nous auōs
Telz nous vouldōs formēt hayr
Et tous par accord enuahir.
Ce que lung hait les aultres hayent
Trestous a confondre le beent.
Se voyons quil puisse conquerre
Par quelque gent honneur en terre
Prebendes ou professions
A scauoir ou nous estudions
Par quelle eschelle y peult monter
Et pour le mieulx prendre et dompter
Par raison nous le diffamons
Vers ceulx puis que point ne laymons.
De leschelle les eschellons
Luy coupperons ainsi le pillons
De ses amys quil nen scaura
Ja mot quant perdu les aura/
Car sen appert nous le greuions
Ge croy que blasinez en serions
Et si fauldrions bien a nostre esme/
Car si nostre intention mesme
Tel scauoit il se deffendroit
Tellement quon nous en reprendroit.

Si lung de nous a grāt bien faict
Pour nous tous le tendēs a faict
Voire par dieu si le faignoit
Du sen plus vanter se daignoit
Dauoir auance aulcuns hommes
Tous de ce faict personniers sommes
Et disons scauoir ou le debuez
Que telz sont par nous esleuez
Et pour auoir des gens louanges
Des riches hommes par losenges
Impetrons que lettres nous donnent
Qui a nostre bonte consonnent
Si que lon croye par le monde
Que vertu toute en luy abonde

Et tousiours poures nous faignons/
Mais combien que nous nous plaignōs
Nous sommes ce vous faitz scauoir
Ceulx qui tout ont sans riens auoir
Ge mentremetz de courretaiges
Ge fais paix ie ioinctz mariages
Messaigier suis et faitz enquestes
Qui ne me sont pas trop honnestes/
Les aultres besongnes traictet
Ce mest vng tresplaisant mestier
Et si vous auez rien a faire
Vers eulx entour qui ie repaire
Dictes le moy cest chose faicte
Si tost que la me aurez retraicte.
Pource que mauez bien serui
Mon seruice auez desserui/
Mais qui chastier me vouldroit
Tantost ma grace se touldroit.
Ge nayme lhomme ne ne prise
Par lequel iay quelque reprise.
Les aultres ie veulx tous reprendre/
Mais leur prince ne veulx entendre/
Car ie qui les aultres chasty
Nay besoing destrange chasty.

Ge nay point cure dhermitaiges
Ge laisse deserts et bocaiges
Et quicte a sainct iehan baptiste
Du desert le manoir et giste
Car nous serions trop loing gettez
Des bourgs/des chasteaux/et citez
Mes salles fais et mes palais
Du lon peult courre a plain a lais.
On dit que ie suis hors du monde/
Mais ie my plonge et my affonde
A mon aise my baigne et noe
Mieulx quaulcun poisson en sa noe.
Des varletz suis de lantecrist
Et larrons dont il est escript
Qui ont les habitz de sainctise
Et viuent en telle faintise
Semblant par dehors pitoyables
Mais par dedans loups rauissables
Si autons nous mer et terre

Le commant de la Rose.

A tout le monde auons prins guerre
Et voulons du tout ordonner
Quelle vie on y doit mener.
Sil ya chasteaulx ne citez
Du bougres soient recitez
Fussent ilz ores de milan/
Car aussi les en blasme len/
Ou si aulcun oultre mesure
Veult a terme ou preste a vsure
Tant est dacquerir enuieux/
Ou sil est trop luxurieux
Ou larron ou symonial
Soit preuost ou official
Du prelat de plaisante vie
Du prestre qui tienne sa mye
Du vielles putains hostellieres
Macquerelles ou bordelieres
Du reprins de quelconque vice
Dont on deburoit faire iustice
Par tous les sainctz qui sont en paye
Sil ne se deffend de sa proye
De lux/de saulmon/ou danguille
Son le peust trouuer en sa ville
Ou de tartes ou de flaons
Ou de frommaiges en glaons
Qui est vng tresmoult beau ioyau
Ou des poires de cailleau
Ou doysons gras ou de chappons
Dont par les gueulles nous frappons/
Ou sil ne faict venir en haste
Cheureaulx lardez comme en paste
Ou de beau aumoins vne longe
Il aura de corde vne longe
Seruant a le mener brusler
Tellement quon loira hurler
Dune grant lieue tout entour
Ou prins sera et mis en tour
Pour estre a tousiours emmure
Sil ne nous a bien procure
Ou sera pugny du messaict
Trop plus quil naura pas messaict.
Ais si tant dengin il auoit
Dune grant tout faire scauoit
Poit ne luy chalut de quel pierre

fust sans compas et sans esquierre
Mesment de mottes ou de fust
Ou daultre chose quelle fust/
Mais que dedans il eut assez
Des biens temporelz amassez
Et dressast sus vne perriere
Qui iectast deuant et derriere
Et des deux costez ensement
Encontre nous espessement
Telz cailloux que me oyez nommer
Pour se faire bien renommer
Et iectast en grans mangonneaux
Vins en barilz et en tonneaux
Ou grans sacz de centene liure
Tost se pourroit veoir a deliure.
Et sil ne trouue tel pitance
Estudie en equipolance
Et delaisse lieux et fallaces
Si bien nen cuide auoir noz graces/
Ou telz tesmoings luy porterons
Que tout vif ardre le ferons
Ou luy donrons tel penitance
Qui pis vauldra que la pitance.

My ne agnoistrez poit aux robes
Les faulx traistres tous plains
de lobes
Parquoy leurs faictz fault regarder
Si deu ly bien vous voulez garder.
Si ce nestoit la bonne garde
De luniuersite qui garde
Le chief de la crestiente
Tout eust este bien tormente
Quant par mauuaise intention
En lan de lincarnation
Mille deux cens aussi cinquante
Dont nest aulcun qui men demente
Fut or baille cest chose voire
Pour bailler commune exemplaire
Vng liure de par le grant dyable
Dit leuangille pardurable
Dont le sainct esprit fut ministre
Sicomme il apparut au tiltre
Ainsi est il intitule/

Fueillet. lxxviii.

Bien est digne destre brusle.
A paris neut homme ne femme
Au paruis deuant nostre dame
Qui lors bien auoit ne le peust
Pour le doubler si bien luy pleust.
La trouuast par grant mesprisons
Maintes telles comparaisons
Autant que par sa grant chaleur
Soit de clarte soit de valeur
Surmonte le soleil la lune
Qui trop est plus trouble et plus brune
Et le noyau des noix la cocque
Ne cuidez pas que ie vous mocque.
Cela dis sans bourde ne quille
Tant surmonte ceste euangille
Ceulx que les quatre euangelistes
Du filz dieu firent a leurs tiltres
De telz comparaisons grant masse
La trouuoit on que ie trespasse.

note du liure baille p sediable au puis nostre dame de paris.

Uniuersite bien entiere
Endormye feua la chiere
Au bruyt du liure se fueilla
Depuis gueres ne sommeilla/
Ains sarma pour aller encontre
Quant elle vit lorrible monstre
Toute preste de batailler/
Et du liure au iuge bailler
Mais ceulx qui la le liure mirent
Saillirent sus et le reprirent
Et se hasterent de le musser/
Mais tant ne le sceurent cacher
Par respondre ne par gloser
A cil qui vouloit proposer
Contre les paroles mauldictes
Qui en ce liure sont escriptes.
Or ne scay quil en aduiendra
Ne quel chief ce liure tiendra/
Mais encor leur conuient attendre
Tant qilz se puissent mieulx deffendre.

Nota.

Ainsi lantecrist attendrons
Tous ensemble a luy nous rendrons/
Ceulx q ne si vouldront adherdre

La vie leur conuiendra perdre/
Car les gens contre eulx esmouuons
Par les baratz que nous trouuons
Et les ferons dilanier
Qui par aultre mort denier
Puis quil ne nous vouldront ensuiure.
Il est ainsi escript au liure
Qui ce racompte et signifie
Tant que pierre ait la seigneurie
Que iehan ne peult monstrer sa force
Ie vous ay dit du sens lescorce
Qui fait lintention musser.
La nouuelle vous vueil noncer/
Par pierre vueil le pape entendre
Et les clercz seculiers comprendre
Qui la loy iesucrist tiendront
Et garderont et deffendront
Contre trestous les empescheurs/
Et par iehan entens les prescheurs
Qui diront quil nest loy tenable
Fors leuangille pardurable
Que le sainct esperit enuoye
Pour mettre gens en bonne voye.
Par la force de iehan entent
La grace dont se va ventant
Qui veult les prescheurs couertir
Pour les faire a dieu reuertir.
Moult ya daultres dyableries
Commandees et establies
En ce liure que ie vous nomme
Qui sont contre la foy de romme
Et se tiennent a lantecrist
Comme ie treuue au liure escript
Lors occiront et feront guerre
A ceulx de la part de sainct pierre
Mais ia nauront pouoir dabatre
Ne pour occire ne pour batre
La loy pierre ie vous pleuis
Quil nen demeure assez de vie
Qui tousiours bien la maintiendront
Tant que tous en fin y viendront
Et sera la loy confundue
Qui par iehan nous est entendue/
Mais ie ne vous en vueil plus dire/

note lex position du liure

❧ Le Rommant de la Rose.

Car par trop seroit long le dire/
Mais si ces pointz fussent passez
En plus hault estat fusse assez
Si ay ie moult de grans amys
Qui en grant estat mont ia mys
Barat. De tout le monde est emperiere
Barat mon seigneur et mon pere
Et emperiere en est ma mere
Malgre quen ait le filz et pere
Nostre puissant lignaige regne
Nous regnons or en chascun regne
Et bien est droit que nous regnons
Et que tout le monde tenons/
Car ien scauons tant deceptuoir
Quon ne sen peult apperceuoir
Du qui le vray en scet choisir
Si ne lose il descouurir/
note bien Mais cil en lire dieu se boutte
les motz Qui plus que dieu mes freres doubte/
Et nest en soy bon champion
Qui craint la simulation
Ne qui veult paine reffuser
Qui peult venir deulx accuser.
Tel homs ne veult entendre voir
Ne dieu deuant ses yeulx auoir/
Si len pugnira dieu sans faille/
Mais ne men chault comment quil aille
Nul ne Puis que lamour auons des hommes.
veult es- Pour si bonne gent tenuz sommes
stre cha- Que de reprendre auons le pris
stue. Sans estre de nully repris.
Quelz gens doit on donc honnorer
Fors nous qui ne cessons derrer
Deuant les gens apertement
Par nostre faulx gouuernement.

St il plus grant forcenerie
Que de vaulser cheualerie
Et armer gens nobles et cointes
Qui ont robes gentes et cointes
Silz sont telz comment ilz apparent
Nota de Combien que nettement se parent
noblesse Et leur dit saccorde a leur faict/
Nest a grant dueil et grant meffaict

Silz ne veullent estre ypocrites
Telles nations sont mauldictes.
Ja certes ne les armerons/
Mais beguins a grans chaperons
Aux chieres basses et assises
Qui ont ces larges robes grises
Toutes fretelees de crotes
Houseaulx froncis et larges bottes
Qui ressemblent bourses a caillez/
A telz donuent princes bailler
A gouuerner eulx et leurs terre
Soit en temps de paix ou de guerre
A eulx se doit prince tenir
Qui veult a grant honneur venir
Et filz sont aultres quilz ne semblent
Quainsi la grace du monde emblent
Je la veulx a moy afficher
Pour deceptuoir et pour tricher.
Si ne veulx ie pas pource dire
Quon doyue lhumble habit desdire/
Mais que soubz orgueil ne soit mie.
On ne doit hayr ie laffie
Les poures qui en sont vestuz/
Mais dieu ne prise deux festuz
Sil dit quil a laisse le monde
Et en gloire mondaine abunde
Et des delices veult vser
Qui peult tel beguin excuser
Tel papelart quant il se rent
Et va mondaine delis querant
Et dit que tout bien a laisse
Et il en veult estre engraisse
Cest le chien qui gloutement
Retourne a son vomissement/
Car ie ne vous ose mentir
Mais si ie pouoye sentir
Que point vous ne lapperceussiez
La mensonge entendu neussiez/
Certainement ie men mocquasse
Ja pour peche ne le laissasse
Si vous pourroie ie bien faillir
Si mal men deuiez assaillir.

❧ Lacteur.

❧ Le dieu sen rit de la merueille

fueillet.lxxix.

Chascun deulx soubzrit a merueille
Et disent voicy bon sergent
Du bien se doit fier la gent.
    ¶Le dieu damours a fäulx semblant
¶Faulx semblant dit amours dis moy
Puis que de moy tant es prins
Que en ma court tant de pouoir as
Que roy des ribaulx tu seras
Me tiendras tu ta couuenance
    ¶Faulx semblant
¶Ouy ie le vous conuenance
Jamais neut sergent plus loyal
Uostre pere ne plus feal.
    ¶Amours.
¶Comment cest contre ta nature.
    ¶Faulx semblant.
¶Mettez vous en a lauenture
Car se pleiges en requerez
Ja plus asseur vous nen serez
Non pas si ien bailloye hostaige
Du lettre ou tesmoignage ou gaige
Car a tesmoing vous en appel.
On ne peult oster de sa pel
Le loup tant quil soit escorche
Ja tant nest batu ne torche.
Cuidez vous point que ie ne lose
Pourtant si ie vestz simple robe
Soubz qui iay maint grant mal ouure
Ja par dieu mon cueur nen mouure
Et si ay chiere simple et coye
Que de mal faire me recroye.
Mamye contraincte abstinance
A besoing de ma pourueance
Pieca fust morte ou mal sortie
Selle ne fust en ma baillie.
Laissez nous elle et moy cheuir.
    ¶Lacteur.
¶Dissoit ie ten croy sans plenir
Lors le larron en ceste place
Qui de trahyson eut la face
Blanc dedans et dehors noircy
Sagenoille et dist grant mercy.
    ¶Le dieu damours.
¶Plus nya fors de latourner

Dist lors amours sans seiourner.
Sus a lassault appertement.
Lors sarment tous communement
De telz armes comme armer peurent
Armez vont/et quant armez furent
Tous saillirent treshastinez
Au fort chasteau sont arriuez
Dont point nentendent a partir
Tant que chascun y soit martir
Du quil soit prins/ains quilz se partet.
Leur bataille en quatre departent
Et sen vont en quatre parties
Com leurs gens les eurent parties
Pour assaillir les quatre portes
Dont les gardes nestoient pas mortes
Ne malades ne paresseuses
Mais tresfortes et vigoureuses.

¶Comment faulx semblät ce sermone
De ses habitz et puis sen tourne
Luy et abstinence contraincte
Vers masse bouche tout par faincte.

¶Or vous diray la contenance
De faulx semblant et abstinëce
Qui contre masse bouche vindrët
Encontre eulx deux parlemët tindrent
Scauoir comment se contiendroient
Du se congnoistre se feroient
Du silz yroient a desguise
Ilz ont par accord aduise
Quilz sen yroient en tapinage
Ainsi comme en pelerinage

Les faictes gestes des ppocrites.

D i

Comme gent trespiteuse et saincte.
Tantost abstinence contraincte
Print vne robe camelyne
Et sacoustra comme benigne
Ayant vng large couurechief
Et dung blanc drap couurit son chief/
Son psaultier mie noublia
Ses patenostres despila
A vng lasset de fil pendues
Qui ne luy furent pas vendues.
Donnees les luy a vng frere
Quelle disoit estre son pere
Et la visitoit moult souuent
Plus que les aultres du couuent
Et souuent il la visitoit.
Maintz beaulx sermons luy recitoit
Et pour faulx semblant ne laissast
Que souuent ne la confessast/
Et par si grant deuotion

Les gestes dabstinence cōtrainctte.

Faisoit elle confession
Que deux testes auoit ensemble
En vng chapperon ce me semble.

Le belle taille est a deuis
Mais vng peu fut pale de vis
Et ressembloit la pute lice
Le cheual de lapocalipse
Qui signifie la gent malle
Dipocrisie taincte palle/

Le cheual d la pocalipse signifi oit ppo crisie.

Car ce cheual sur soy ne porte
Nulle couleur fors palle et morte
De tel couleur a langouree
Fut abstinence coulouree.
De son estat se repentoit
Comme son vis representoit.
De larrecin eut vng bourdon
Quel receut de barat par don
De triste pensee roucy
Et chappel plaine de soucy
Elle auoit saincte vne saincture
Tissue de malle nature.
Quant preste fut elle sen tourne/
Faulx semblant qui bien se retourne
Eut ainsi que pour essayer

Destus les draps frere gauttier/
La chere eut moult simple et piteuse
Par bon regard non orgueilleuse
Car il auoit doulce et paisible.
A son col portoit vne bible
Et apres va sans escuyer
Et pour ses membres appuyer
Eut ainsi que par importance
De raison vne grant potance
Et fit en sa manche glacier
Vng trenchant rasouer dacier
Qui fut forge en vne forge
Que lon appelle couppe gorge.
Il fut trempe sur vng tison
Que lon appelle trahison
En tel estat sappareillerent
Et en allant ne sommeillerent
Ains va chascun tant et sapprouche
Quilz sont venuz a malle bouche
Qui a sa porte se seoit
Et tous les trespassans voyoit.
Les pelerins choisit qui viennent
Et moult humblemēt se maintiennent.

Les habitz de faulx sēblant.

Com faulx semblāt et abstinēce
Pour lamāt sen vont sans doubtāce
Saluer le faulx malle bouche
Qui des bons souuēt dit reprouche.

 Nclinez se font humblement
Abstinence premierement
Le salue et de luy va pres

fueillet. lxxv.

Faulx semblant la salue apres/
Et il en luy/mais oncq ne se ment
Ne ne les doubta ne crement/
Car quant il les eut veuz au vis
Bien les congneut en son aduis.
Il congnoissoit bien abstinence
Mais non pas de sa contraignance.
La larronnesse vie fainte
Pas ne scauoit quel fut contrainte
Ains cuidoit quel vint de son gre
Mais el stiloit dautre degre/
Et celle le gre commenca
Faillit le gre des flaz enca.
Semblant auoit aultresfois veu
Mais faulx ne sauoit pas congneu {Note de faulce abstinēce.}
Faulx estoit/mais de faulcete
Il ne leust iamais arreste/
Car le semblant si fort ouuroit
Que la faulcete luy couuroit/
Mais si deuant le congnoissiez
Quant en ses habitz veu leussiez
Bien iurissiez le roy celeste
Que cilqui deuant souloit estre
De la dance le beau robin
Estoit deuenu iacobin.
§ Mais sans faulte sen sont les sommes
Les iacobins sont tous preudhommes
Mauuaisement lordre tiendroient
Si en cloistres bons ilz nestoient.
Et saichent tous les aultres freres
Les celestins et gens austeres
Les cordeliers et les barrez
Tant soient ilz gros et quarrez
Sont tous appellez preudes gens
Dont on peut dire par motz gens {Bonne cōsequēce ne vient pas dapparēce.}
Que point ne verrez dapparence
Conclure bonne consequence
En nul argument que lon fait.
Si de ffault existence efface
Tousiours y trouuerez sophisme
Qui la consequence enuenime
Si vous auez subtilite
Dentendre la duplicite.
Lacteur.

Quant les pelerins venuz furent
Ainsi qua malle bouche dentrent
Tous leurs harnois au pres deulx mitēt
Et pres malle bouche sassirent
Qui leur a dit/or ca venez
De voz nouuelles mapprenez
Et me dictes quel achoison
Vous amene en ceste maison. {Les pelerins viēnēt vers malle bouche.}
Sire dit contraincte abstinence
Pour faire nostre penitence
De fins cueurs netz et enterins
Sommes deuenuz pelerins.
Presque tousiours a pied allons
Pouldreux auons nous les tallans
Et sommes nous deux enuoyez
Parmy le monde destroyez
Pour donner exemple et prescher
Affin des grans pecheurs pescher
Aultre pesche ne voulons.
De par dieu comme nous soulons
Logis vous voulons demander
Pour vostre vie amander
Mais quil ne vous en deust desplaire {Nota.}
Nous vous vouldrions bien icy faire
Vng bon sermon a brief parolle/
Adonc malle bouche parolle
Logis dit il comme veez
Prenez/point ne vous sont niez
Et dictes cequil vous plaira
Iescouteray que ce sera.
Abstinence contraincte
Grant mercy sire/puis commence
Premierement dame abstinence.

Comment abstinence reprouche
Les parolles a malle bouche.

Sire la vertu primeraine
La plus grāt la plus souueraine
Que lhōme mortel peut auoir {Vertu singulie re est refrener sa langue.}
Par science ne par scauoir
Cest de sa langue refrener
A ce se doit chascun pener/
Car trop mieulx vault il quon se taise

D ii

Le Rommant de la Rose.

Que dire parolle mauuaise
Et cil qui voulentiers lescoute
Nest pas preudhoms ne dieu ne doubte/

La maniere de parler de faulce abstinence.
Sire sur tout aultre peche
De cestuy estes entache/
Une truffe pieca vous deistes
Dont trop mallement vous mespristes
Dung varlet qui cy repairoit/
Car vous distes quil ne queroit
Fors que bel acueil decenoir
Vous ne distes pas de ce voir
Et mentistes cy deuient
Il ne va plus cy ne ne vient
Ne iamais point ne ly verrez/
Bel acueil en est enserrez

Malle bouche nupst a plusiers
Qui auecques vous se iouoit
Les plus beaulx ieux q̃ mieulx pouoit
Le plus des iours de la sepmaine
Sans nulle pensee villaine.
Plus ne si ose solasser
Car vous auez or fait chasser
Cil qui se venoit cy dedupre.
Qui vous esmeut a tant luy nupre
Fors que vostre malle pensee
Qui maintes mensonges a pensee
Aussi vostre folle loquence
Qui brait et crie noise et tence
Et les blasmes aux gens esleue
Les deshonnorant et les grieue
Par chose qui na point de preune
Fors de cuidence et de conteuue.
Dire vous ueil tout en appert
Car trop cuider maint homme pert
Et est peche de controuuer

Malle bouche de chascũ mesdit.
Chose qui est a reprouuer
Et vous mesmes bien le scauez
Parquoy plusgrand tort en auez/
Mais non pourtant il nen fait force
Ne nen dõtroit pas une escorce
De chesne comment quil en soit.
Sachez que nul mal ny pensoit/
Car il y allast et venist
Nul enseigne ne le tenist.
Il ny vient plus ne nen a cure

Si ce nest par quelque auanture
En trespassant moins que les aultres
Et vous guettez iambes sur aultres
A ceste porte sans seiour/
Ia muse musatt toute iour
La nupt et le iour y veillez
Et en vain vous y trauaillez.
Jalousie qui tant atant
A vous ne vous vauldra ia tant/
Si est de bel acueil dommaige
Qui sans rien acroire est en caige.
Sans forfait en prison demeure
La languist le chetif et pleure
Nupt et iour sans soy retarder
Cest pitie de le regarder.
Si vous nauiez or plus meffait
Au monde que cestuy meffait
On vous deuroit nen doubtez mie
Bouter hors de ceste baillie/
Mettre en chartre ou lier en fer/
Vous en prez au feu denfer
Si vous ne vous en repentez.

Malle bouche a abstinence
Par ma teste vous en mentez
Quen mau iour soyez vous venus/
Vous ay ie pour ce retenus
Pour honte me dire et laidure
Par vostre grant mal aduanture
Me tenez vous cy pour berger/
Or allez ailleurs hebergier
Puis que cy mappellez menteur
Vous estes ung droit enchanteur
Qui mestes cy venu blasiner
Et pour vray dire et entamer
Quallez vous cy endroit querant/
Au diable tout mon corps se rent
Et vous beau dieu me confondez
Se ains que le chasteau fut fondez
Ne passerent iours plus de dix
Quon se me dit/ et ie redis
Que celluy la rose baisa
Ne scay si depuis sen aisa
Pourquoy me fit on donc acroire
La chose si el ne fut voire/

Nota

Reproche de malle bouche a folle abstinēce.

fueillet.lxxxi.

Par dieu ien dis et rediray
Et croy que ia ne mentiray
Et corneray en mes buccines
Et aux voysins et aux voysines
Comment par cy vint et par la
    Lacteur.
¶Adoncques faulx semblant parla

¶Comment malle bouche escouta
faulx semblant qui tost le matta.

nota.

Sire ce nest pas euangille
Tout ce quo va disant par ville
Or nay ie pas oreilles sourdes
Prouuer vous veulx que ce sont bourdes
Vous scauez bien certainement
Que nul nayme totallement
Pour tant quil le puisse scauoir
Tant soit en luy peu de scauoir
Homme qui mesdie de luy.
Or est vray/car oncques de luy
Ne fustes hay/mais ayme
Et son treschier amy clame.
Tous amans vou lentiers visitent
Les lieux ou leurs amours habitent
Cil vous honnore et tient moult chier
Et vous tient a amy bien chier/
Cil par tout ou il vous encontre
Belle chiere et lie vous monstre
Et de vous saluer ne cesse
Et ne vous faict pas si grant presse
Que voz membres soient lassez
Aultres y viennent plus assez.
Sachez si son cueur lempressast
De la rose pres sapprochast
Et si souuent vous le veissiez
Que tout poure le prenissiez/
Il ne sen pourroit point garder
Son le deuoit tout vif larder.
Il ne fust pas ore en ce point

faulx
semblāt
doit
malle
bouche.

Dont sachez quil ny pense point/
Non faict bel acueil vrayement
Tant en est il mauuais payement.
Par dieu si eulx deux le voulsissent

Malgre vous la rose cueilliissent.
Quant du varlet mesdit auez
Qui vous ayme bien le scauez.
Sachez sil y auoit beance
Ja nen soyez en mescreance
Jamais nul iour ne vous aymast
Ne son amy ne vous clamast/
Mais vouldroit penser et veiller
Du chastel prendre et expiller
Sil fust vray et que bien le sceust
Quoy que quiconque dit luy eust
De soy le peult il bien scauoir
Puis que vng aultre ny peut auoir
Sicom deuant il auoit eu/
Tantost leust il bien aperceu.
Or fait il bien/tout aultrement
Vous faictes vostre demprnement
La mort denfer bien desseruie
Quant tel gent auez asseruie.
    Lacteur
¶Faulx semblant ainsi celluy preuue
Cil ne scet respondre a la preuue
Et voit bien aulcune apparence/
Pres quil ne cheut en repentence
Et leur dit/

¶Malle bouche
¶Par dieu bien peult estre/
Semblant ie vous tiens a bon maistre
Et abstinence moult a saige/
Bien semblez estre dung couraige
Que mordonnez vous que ie face.
  ¶Faulx semblant a malle bouche.
¶Confes serez en ceste place
Et ce peche sans plus direz
De cestuy vous repentirez
Car ie suis dordre et si suis prestre
De confesser le plus grant maistre
Qui soit tant que le monde dure.
Jay de tout le monde la cure
Quoncques neuf prestre ne cure
Tant fust a son prelat iure/
Et si ay par la haulte dame
Cent fois pitie plus de vostre ame
Que voz prestres parrochiaulx

Persua
sion de
faulx
blant se
mallea
bouches

D iii

❡ Le rommant de la Rose.

Tant vous soient especiaulx.
Et si ay vng grant auantaige
Car oncq prelat ne fut si saige
Ne si lettre comme ie suis/
Car par dieu tout faire ie puis
Car le createur ma esleu
Pour confesser ce don ay eu.
Si vous vous voulez confesser
Et ce peche tantost laisser
Sans plus en faire mention
Vous aurez absolution.

❡ Coment la langue fut couppee
Dung rasouer non pas despee
Par faulx semblat a malle bouche
Dont il cheut mort come vne souche.

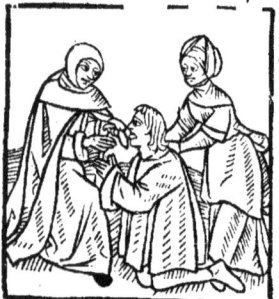

Male bouche tantost sabesse
Il sagenoille et se confesse
Comme contrict et repentant/
Et cil par la gorge le prent
A deux poinctz lestrainct et lestrangle
Et luy a tiree la langue
Laquelle du tout il luy oste
Ainsi cheuirent de leur hoste
Aultrement ne sont en oste
Puis le tumbent en vng fusse
Sans deffence la porte cassent
Cassee lont puis oultre passent/
Et lors trouuerent seans dormans
Trestous les souldoyers normans
Tant ilz auoient beu a garsay
Du vin que pas ie ne versay/

pures et dormans les estranglent
Affin que iamais ilz ne genglent.

❡ Coment faulx semblant q coforte
Maint amant passa tost la porte
Du chastel auecques sa mye
Aussi largesse et courtoisie.

Donc courtoisie & largesse
La porte passent sans paresse
Si sont la tous quatre assemblez
Et bien secretement emblez.
La vieille qui ne sen gardoit
Et qui bel acueil seans gardoit
Ont tous ses quatre ensemble veue
De la tour estoit descendue
Et sesbatoit parmy le boelle
Dung chapperon en lieu de voelle.
Sur la gible eut couuert sa teste
Contre elle coururent en feste
Et la saluerent tous quatre/
Et doubta quon ne lallast batre
Quant ainsi les eit assemblez.
❡ La vieille
❡ Drapement dit elle vous semblez
Vne gent vaillant et courtoise/
Or me dictes sans faire noise
Si ne me tiens ie pas pour prise
Que querez en ceste pourprise.
❡ Les quatre respondent
❡ Pourprise doulce mere tendre
Nous ne venons pas pour vous prendre

Larges/
se & cour
toysie
amis de
faulx se
blant.

Fueillet. lxxxvii.

Et sil vous plaisoit sans meschoir
Noz corps offrons tout plainement
A vostre doulx commandement
Et quen que nous auons vaillant
Sans estre a nul iour deffaillant/
Et sil vous plaisoit doulce mere
Qui oncques ne fustes amere

persua-
sion de
faulx sē-
blāt & sa
compai-
gnie a la
vieille
po⁹ bel
acueil
prisons-
nier.

Nous vous requerrions quil vous pleust
Sans ce que point de mal y eust
Que plus la dedans ne languist
Bel acueil aincois en yssist
Et vint auecques vous iouer
Et vng peu ses piedz embouer
Pour le moins voules quil parolle
A ce varlet vne parolle
Et que lung lautre reconfort
Et ce leur sera grant confort
Qui guere ne vous coustera
Et il vostre homme lige sera
Et vostre serf dont vous pourrez
☞ Faire tout ce que vous vouldrez
Du pendre/ou vendre/ou me hainer
Bon faict vng tel amy gaigner
Voyez cy de ses ioyaulx
Qui sont dor nouuelletz fermeaulx
Quil vous donne et aultre present
Donne vous sera en present
Moult est franc cueur courtois et large
Et sil ne vous faict pas grant charge/
Ces ioyaulx icy vous enuoye
Recepuez les donc a grant ioye/
Car point vous nen serez blasmee.
De luy vous estes fort aymee
Faictes luy doncques quelque bien
Et dame vous ny perdrez rien
Quant par vous il sera cele.
Pour dieu tenez le recele
Du sen aille sans villenie
Et ainsi luy rendrez la vie.
☞ Encor autrez ce chapelet
De par luy de fleur nouuelet
Affin que vous le presentez
A bel acueil et confortez
En lestrenant dung beau salut

Qui mieulx luy vauldra que vng salut
⸿La vieille respond.
Certes ce faire ne se peust
Que ialousie ne le sceust
Si aulcun blasme ie nen eusse
Dist la vieille faire le deusse/
Mais trop est mallement gengleur
Malle bouche et mauuais flateur
Et ialousie qui cy guette.
Cest celluy qui tous nous aguette.
Il brait/il crye sans deffense
Et gengle trestout ce quil pense
Et controuue du mal le pire
Quant il ne scet dequoy mesdire
Sil en debuoit estre pendu
Point ne luy sera deffendu
Si le disoit a ialousie
Ce larron bien mauroit trahie.
⸿Les quatre respondent.
De ce disent ne fault doubter/
Car il nen peult rien escouter
Ne veoir en aulcune maniere.
Mort gist dehors en sieu de biere
En ces fossez gueulle bee.
Saichez si nest chose faee
Iamais deulx deux ne genglera/
Car pas ne ressuscitera
Si le dyable ne faict miracle
Du par venin ou par triacle
Iamais ne se peult accuser.
⸿La vieille aux quatre.
Dont ne quiers ie ia reffuser
Mes chiers amys vostre requeste/
Mais dictes luy que tost sapreste
Et ne demeure longuement
Puis sen vienne bien celeement
Quant ie luy feray assauoir
Et garde son corps et auoir
Que nully ne sen apperceuue
Ne ne face rien qui ne doyue/
Tresbien die sa voulente toute.
⸿Les quatre.
Dame ainsi sera il sans doubte/
De cela chascun la mercie

Malle
bouche
& ialou-
sie gra-
tres a la-
mant.

De trop
de la vi-
eille a
faulx sē-
blāt & sa
compai-
gnie po⁹
lamant

Ainsi ont ceste oeuure bastie.
L'acteur.
¶ Mais comment que la chose soit
Faulx semblant qui ailleurs pensoit
A voix basse dit a luy mesme.
Faulx semblant apart soy.
¶ Si celluy pour qui ie suis blesme
Ceste oeuure de chose me creust/
Mais que damer ne se recreust
A ce ne vous accordissiez
Ja guere vous ny gaingnissiez/
Car ie scay bien a escient
Quil y viendroit bien espiant
Nota. Sil en eust le temps et le lieu.
On ne voit pas tousiours le leu
Ains prent on bien tost la brebis
Tant soit bien gardee es herbis
Une heure allissiez au monstier
Vous vous y monstriez moult hier.
Jalousie qui tousiours quille
Bien pourroit aller hors de ville/
Ou que soit comment quil en aille
Il reuinst lors en repostaille
Ou par nuyt deuers les courtilz
Et sans chandelle et sans tortilz
Tant au leun de leans le guettast
Espoir si sen admonnestast
Par confort tost le conduisist/
Mais que la lune ne luysist/
Car la lune par son cler luyre
Scet aux amans maintesfoys nuyre/
Ou il entrast par les fenestres
Car il scet de lhostel les estres/
Par une corde saualast
Ainsi y venist et allast.
Bel acueil ainsi descendist
Es iardins ou il entendist
Ou sen fouist hors du pourpris
Ou tenu sauez maint iour pris
Et venist au varlet parler
Si deuers luy pouoit aller/
Ou quant bien endormy vous sceust
Si le temps et lieu auoir peust
Les huys entrouuers luy laissast

Le rommant de la Rose.

Ainsi du bouton sapprochast
Le fin amant qui tant y pense
Et le recueillist lors deffense
Si pourroit bien par aultre tire
Les aultres portiers desconfire.
L'amant.
¶ Encor guere loing ie nestoie
Je pensay quainsi le feroie
Si la vieille me veult conduyre
Qui ne me veult greuer ne nuyre
Tout ainsi comme elle a promis
Aux quatre qui sont mes amis/
Et sel ne veult ie y entreray
Par la ou mieulx mon bon verray
Comme faulx semblant la pense
Du tout me tiens a son pense.
La vieille illec plus ne seiourne
Le cours a bel acueil sen tourne
Qui tout oultre son gre regarde
Et bien se souffrist de tel garde.
Tant va quelle vint a lentree
De la tour ou tost est entree
Les degrez monte lyement
Plustost quel peult hastinement
Et luy trembloient trestous les membres
Bel acueil quiert parmy les chambres
Qui est aux carreaux appuye
De la prison tout ennuye.
Pensif se treuue triste et morne
Et de le conforter satorne.
La vieille a bel acueil.
¶ Beau filz dit elle ie mesmoy
Quen vous trouue si grant esmoy
Dictes moy tout vostre penser
Si de rien vous peulx auancer
Ja ne my verrez ung iour faindre.
L'acteur.
¶ Bel acueil ne ose complaindre
Ne luy dire quoy ne comment/
Il ne scet sel dit vray ou ment
Trestout son penser luy nya/
Car point de seruice ny a.
De riens en luy ne se fioit
Mesme son cueur sen deffioit

fueillet.lxxviii.

Qui auoit paoureux et tremblant/
Mais nen osoit faire semblant
Tant lauoit tousiours deboutee
La pute vieille radoubtee
Garder se veult de mesprison/
Car il a paour de trahison.
Pas ne luy compte sa malaise/
Mais en soy mesme se rapaise
Par semblant et ioyeuse chiere.

℄ Bel acueil a la Vieille.

Certes ma doulce dame chiere
Combien que sus mys le mayez
Je ne suis de rien esmaiez
Fors sans plus de Vostre demeure/
Car enuis sans Vous ie demeure
Veu quen Vous grant amour ya/
Je le congnois bien de pieca.
Ou auez Vous tant demeure
Je Vous pry quen soye asseure.

℄ La Vieille.

Par mon chief tantost le scaurez
Et de scauoir grant ioye aurez.

℄ Comment la Vieille a bel acueil
Pour le consoler en son dueil
Luy dit de lamant tout le fait
Et le dueil que pour luy il faict.

Sire tant doulx courtois et saige/
Dz en lieu destrange messaige
Le plus courtois varlet du monde

Qui de toutes graces abonde
Plus de mille fois Vous salue/
Car ie lay Veu en Vne rue
Ainsi quil trespassoit la Voye
Par moy ce chapeau Vous enuoye/
Voulentiers se dit Vous Voirroit
Et or plus Viure ne querroit
Vng seul iour naura de sante
Sinon par Vostre Voulente.
Si dieu le gard et saincte foys/
Mais que Vne toute seulle fois
Parler a Vous ce dit il peust
A loysir/mais que bien Vous pleust
Pour Vous sans plus aymer sa Vye
Tout nud Vouldroit estre a pauye
Par tel couuenant quil sceust faire
Chose qui tresbien Vous peust plaire
Ne luy chauldroit quil deuenist/
Mais que pres de luy Vous tenist.

℄ Lacteur.

Bel acueil enquiert toute Voye
Qui est cil qui celluy enuoye
Ains quil recoyue le present
Pource que doubtable se sent
Et quil peult de tel lieu Venir
Quil ne le Vouldroit retenir
Et la Vieille sans aultre compte
Toute la Verite luy compte.

℄ La Vieille.

Cest le Varlet que Vous scauez
Dont tant ouy parler auez
Qui pieca tant Vous agrea
Que le blasmit Vous esleua
Feu malle bouche de iadis.
Ja naille il en paradis/
Car maint homme a desconforte.
Or est il du dyable emporte
Il est mort eschappez nous sommes
Sa langue ne prisedeux pommes
A tousiours en sommes deliure/
Et sil pouoit encor reuiure
Si ne Vous pourroit il greuer
Tant Vous sceust il blasme esleuer/
Car ie scay plus quil ne fit oncques

Adula-
tiō de la
Vieille
a bel a-
cueil.

Or me croyez et prenez doncques
Ce chappelet et le portez
De tant au moins se confortez
Il vous ayme nen doubtez mie
De bonne amour sans villenie
Et a aultre chose ne tent
Je ne men souciroye tant
En luy nous pouons bien fier.
Vous luy sçaurez bien denier
Sil requiert chose qui ne doyue
Sil fait follye si la boyue.
Si nest il pas fol/mais tant saige
Que iamais il ne fit oultraige
Dont mieulx ie le prise du tout.
Point nest si villain ne si glout
☞ Que sa voulente ne se affiere
A toute chose quon requiere.
Loyal est sur tous ceulx qui viuent
Car ceulx qui sa personne suyuent
Ont tous de luy porte tesmoing
Et ie mesme vous le tesmoing.
Moult est de meurs bien ordonne
Et nest homme de mere ne
Qui de luy nul mal entendist
Fors tant que malle bouche en dist.
Si la on tout mis en oubly
Et ie mesmes par moy l'oublye
Pas ne me souuient des parolles
Fors quilz furent faulses et folles
Car le larron les controuua
Qui iamais bien ne les prouua.
Certes bien sçay que mourir leust
Fait/le varlet si rien en sceust
Qui est preux et hardy sans faille
En ce pais nest qui le vaille
Tant a le cueur plain de noblesse
Qui surmonteroit de largesse
Le roy artus voire alexandre
☞ Sil auoit autant a despendre
Dor et dargent comme ceulx eurent/
Car oncques tant donner ne sceurent
Que luy trop bien plus ne donnast.
Certes tout le monde estonnast
Tant a bon cueur en luy plante/

Sil eust de sauoir a plante
De largesse sceust bien aprendre
Ce chapelet vueillez doncq prendre
Dont les fleurs sentent mieulx q̃ basme.
¶ Bel acueil a la vieille.
¶ Ha certes ien craindroye le blasme
Dit bel acueil qui tout fremist
Et tremble et tressault et gemist
Rougist pallist par contenance
Et la vieille en ses mains luy lance
Et luy veult faire a force prendre/
Car il ny osoit sa main tendre/
Mais dit pour soy mieulx excuser
Que mieulx luy vauldroit reffuser
Si le vouldroit il ia tenir
Quoy qui luy en deust aduenir.
Moult est bel et gent le chappeau/
mais mieulx me vauldroit ung chasteau
Auoir tout ars et mis en cendre
Que de par luy losasse prendre/
Mais suppose que ie le prenne
Ialousie la griffaine
Que pourrions nous adoncques dire
Bien scay quel entaigera dire
Et sur moy le deffitera
Piece a piece et puis moccira
Sel scet quil soit de la venu.
Lors seray prins et puis tenu
Quoncques ie ne fuz en ma vie.
Et si ieschappe et que fuye
Quelle part pourray ie fouyr
Tout vif me verrez enfouyr
Si ie suis prins apres la fuyte/
Car ie crois moy que lauray suyte
Et or seray prins en fuyant
Tout le monde me iroit huant
Ne le prendray.   ¶ La vieille.
¶ Si ferez certes
Ia nen aurez blasmes ne pertes.
     ¶ Bel acueil.
¶ Et selle menquiert dont il vint.
     ¶ La vieille.
¶ Responces aurez bien plus de vingt
   ¶ Bel acueil a la vieille.

fueillet. lxxxiiii.

Touteffois felle me demande
Que puis ie dire a sa demande
Si ien suys blasme ne reprins
En quel lieu diray ou lay prins/
Car il me couient luy respondre
Ou aulcunement songe escondre.
Sel le scauoit ie vous pleuis
Mieulx vauldroit estre mort que vis.

¶ La Vieille a Bel acueil.
¶ Que vous direz/que ne scauez
Si aultre responce nauez.
Dictes que ie le vous donnay/
Bien scauez que tel renom ay
Que naurez blasme ne vergongne
De prendre riens que ie vous donne.

¶ Comment tout par lenhortemēt
De la Vieille ioyeusement
Bel acueil receut le chappel
Pour estre de vendre sa pel.

Nauoit que eulx deux tant seullement
Pres luy sassiet tout bellement
Et adonc commence a prescher.
¶ La Vieille a bel acueil.
¶ Ha Bel acueil tant vous ay cher/
Tant estes bel et tant ballez.
Mes iolis temps sen sont allez
Et le vostre est a aduenir.
A peu me pourray soustenir
Fors a baston ou a potence
Et vous estes encor en enfance.
Si ne scauez que vous ferez/
Mais bien scay que vous passerez
Quoy que ce soit ou tost ou tard
Parmy la flamme qui tout ard
Et vous baignerez en lestuue
Du Venus les dames estuue.
Bien scay que son feu sentirez
Si voulons que voz attisez
Ains que la vous allez baigner
Comme vous mostrez enseigner/
Car perilleusement se baygne
Ieune homme si ln̄a qui lenseigne/
Mais si mon conseil ensuyuez
A bon port estes arriuez.

Les cō-
uikatiōs
dē Vieil-
les maq̄
relles
pour se=
duire les
femmes

nota.

Bel acueil sans dire aultre chose
Prent le chappel et puis le pose
Sur ces cris blōcs & puis sasseure
Et la Vieille luy rit et iure
Son ame/son corps/et sa peau
Quoncq si bien ne luy fit chappeau
Bel acueil souuent se remire
Et en son mirouer se mire
Pour veoir si luy est bien seans/
Et quant la Vieille voit que seans

Sote de
Bel ac-
cueil.

Aichez si ie fusse aussi saige
Que quant iestoye de vostre aage
Que les ieux damoᵉ fisse escore/
Car de trop grant beaulte fuzore/
Mais or me fault plaindre et gemir
Quant mon vis efface remir/
Et voy que froncer le couient
Quant de ma beaulte me souuient
Or que varlets faisoye triper
Tant les faisoye desfriper
Que ce nestoit que plaisir/non
Iestoye lors de grant renom
Par tout alloit ma renommee
De ma grant beaulte renommee
Telle allee eut en ma maison
Quoncques telle ne vit mes hom.
Moult fut mon huys la nupt heurte/
Trop leur faisoye de deurte

❦ Le rommant de la Rose.

Quant ie leur failloye au conuent
Et ce maduenoit bien souuent/
Car iauoye aultre compaignie
Faicte en estoit mainte follye
Dont iauoye courroux assez
moult de Souuent estoient mes huys cassez
maulx Et faictz maintes telles meslees
viennent Aincois quelz fussent desmeslees
de folle Maintz y perdoient membres et vies
amour. Par grans haines et par enuies
Tant la aduenoit de contens
Si maistre argus le bien contens
Y voulsist bien mettre ses cures
Et venist en ses dix figures
Par lesquelles tout il denombre
Si ne sceust il mye le nombre
Des grans contens certifier
☞ Tant les sceust il multiplier/
Car mon corps estoit a deliures.
Jeusse lors plus de mille liures
De blancs estarlins que ie nay/
Mais trop nicement me menay
Belle fuz/ieune/nice et folle
Oncq damours ne fuz a lescolle
Du son me leust de theoricque/
Mais ie scay tout par la practique
Experience ma faict saige/
Expe- Car iay tout hante en mon aage.
rience Or en scay iusqua la bataille
maistresse de Dont nest pas droit que ie vous faille
toutes Des biens aprendre que ie scay
choses. Puis que tant esprouuez les ay
Nota. Bien faict qui ieunes gens conseille
Sans faulte ce nest pas merueille
Se nen scauez quartier ny aulne/
Car vous auez le bec trop iaulne/
Mais tant ya quant ne finay
Que la science en la fin ay
Par quoy ie peulx en chaire lire
Et quelque chose de bon dire.
Tous ceulx q̃ sont en moult grãt aage
☞ Ont meilleur sens & plus du saige
Que aultres/ce est prouue de maint/
Que au moins en la fin vous remaint

Vsaige et sens pour lachate
Quelque pris quil soit achapte.
Et puis que iay sens et vsaige
Non pas obtins sans grant dommaige
Jay maint vaillant homme deceu note les
Quant en mes las lay trouue cheu/ ditz des
Mais auant fuz de maintz deceue macque-
Que ie men fusse or apperceue/ relles.
Ce fust trop tard lasse dolente/
Car iestoye ia hors de iouuente.
Pensant en moy lasse chetiue
En tristesse fault que ie viue/
Car le cueur me cuida partir.
Du pays me voulus partir
Quant ie me vis en tel repos
Et que mon huys a ce propos
Nestoit plus hurte ne batu
Frape de nuyt ne combatu
Dont ne peuz la honte endurer
Comment y puisse ie durer
Quant tous si chiere me tenoient La viel
Les varletz qui a moy venoient le regret
Tant quilz ne sen pouoient lasser te sa ieu-
Et ie les voyois trespasser nesse.
Qui me regardoient par decostes
Qui au premier estoient mes hostes.
Loing de moy sen alloient saillant
Sans me priser vng ail vaillant/
Et cil qui iadis plus maymoit
Vieille ridee me clamoit
Et pis disoient encor assez
Plusieurs ains quilz fussent passez.

Aultre part mon enfant iolis
Aulcun sil nest bien ententis
Les grans/dueilz essaiez nauroit
Ne penser nullement scauroit
Quel douleur estoit en mon cueur
Du souuenir et creuecueur Beaulte
Des beaux dons plaisans et legiers est tost
Des doulx desirs des doulx baisiers passee.
Et des plaisantes acollees
Qui sen furent tantost allees/
Allees voire sans retour.

fueillet. lxxviij.

Mieulx me vaulsist en une tour
Estre a tousiours emprisonnee
Que dauoir este si tost nee.
Dy en quel soucy me mettoient
Les beaulx dons qui failliz mestoient
Et ce qui laisse leur estoit
En quel tourment me remettoit/
Lasse pourquoy si tost nasquj/
A qui men dois ie plaindre a qui
Fors a vous filz que iay tant cher.
Pas ne men peulx bien despescher
Sinon en monstrant ma doctrine/
Pource beaulx filz vous endoctrine/
Et quant endoctrine serez
Des ribaudeaulx me vengerez/
Car si dieu plaist quant la viendra
De ce sermon vous souuiendra/
Et saichez que du souuenir
Si quil vous en puist souuenir
Aurez vous moult grant auantage
A raison de vostre bas aage
Car platon dit cest chose voire
Que plus tenable est la memoire
De ce quon apprent en enfance
Ne men chault dont soit la science.
Certes chier filz tendre iouuente
Si ma ieunesse fust presente
Si comme est la vostre orendroit
Escript ne pourroit estre en droit
La vengeance lors que ie prinse
Car tous a grant honte les tinse
Et lors fisse tant de merueilles
Quoncques nouystre les pareilles
Des ribaulx qui si peu me prisent
Et me vengent et desprisent
Et villement pres de moy passent/
Ceulx la et aultres comparassent
Leur grant orgueil et leur despit
Sans auoir pitie ne respit/
Car au sens que dieu ma donne
Comme ie vous ay sermonne
Scauez vous en quel point les misse/
Tant les plumasse et deulx tãt prisse
Du leur a tort et a trauers

Que denoier les fisse aux vers
Et gesir tous nudz en fumiers
Et mesmement ceulx les premiers
Qui de plus loyal cueur maymassent
Et plus loyaulment se penassent
Et me seruir et honnorer
Ne leur laissasse demeurer
Vaillant ung ongnon si ie peusse
Que tout en ma bourse ie neusse.
A grant pourete tous les misse
Et trestous apres moy les fisse
Par vive raige tripeter/
Mais rien ny vault le regreter
Qui est alle ne peut venir
Iamais nen pourray nul tenir/
Car tant ay ridee la face
Quilz nont garde de ma menace.
Pieca/or bien se me disoient
Les ribaulx qui me desprisoient
Dont ie aprins a pleurer ore.
Par dieu/si me playst il encore
Quant ie my suis bien pourpensee
Et moult me soups en pensee
Et se rebauldissent mes membres
Quant de mon bon temps me remembre
Et de la ioliette vie
Dont mon cueur a si grant enuie
Tout me reiouuenist le corps
Quant ie y pense bien et recorz/
Tous les biens du monde me faict
Quant me souuient de tout le faict
Aumoins ay ie lors ma ioye eue
Combien quilz mayent fort deceue
Ieune dame nest pas oyseuse
Quant elle tient vie ioyeuse
Et mesmement celle qui pense
Dacquerre a faire sa despence.

Or mes vins en ceste contree
Du iay vostre dame encontree
Qui cy ma mis en son seruice
Pour vous garder en la pourprice/
Dieu qui est tousiours a tout garde
Doint que ien face bonne garde/

p j

Lauarice des vieilles macquerelles.

Nota:

La sentence de platon.

Nota:

Les vieilles macquerelles regrettent le plaisir du temps passe.

nota.

❧Le Rommant de la Rose.

Si feray ie certainement
par Voftre bel contenement.
Mais la garde fut perilleuse
pour la grant beaulte merueilleuse
Que nature a dedans Vous mise
Selle ne Vous euft tant aprise
prouesse sans Valeur et grace.
Et pource que temps et espace
Nous est or Venu cy a point
Quant lui destourbier nya point
A dire ce que nous Voulons
Ung peu mieulx que nous ne soulons
Ie Vous doy or bien conseiller.
Vous ne Vous deuez merueiller
Si ie Vous dys doulce parolle
pour Vous aduertir et parolle/
pas ne Vous Veulx en amour mettre

La sub-
tilite de
macque-
relles
pour des-
ceuoir
les ieu-
nes fem-
mes.

Mais si cela Voulez permettre
Ie Vous monftreray Voulentiers
Tous les chemins et les sentiers
par lesquelz ie deusse estre allee.
Ains que ma beaulte fust hallee.

❧Lamant.

❧Lors se taift la Vieille et souspire
pour ouyrce quil Vouldra dire/
Mais guere nalla attendant
Car quant elle Vit entendant
A escouter et a soy taire
A son propos se peut attraire
Et se pense sans contredit
A escouter treftout son dit.
Lors elle commence sa Verue
Et dift com faulse Vieille et serue
Qui me cuida par ses doctrines
faire lescher miel sur espines
Doulant que fusse amy clame
Sans estre par amours ayme
Sicomme il me racompta
Qui tout se retenu compta/
Car sil fuft or tel quil la creuft
Certainement moult trahy leuft/
Mais pour nulle rien quelle dit
Sa trahison ne me meffit
Quoy quel fiancoit et iuroit

Et auftrement ne maffuroit
❧La Vieille a bel acueil.
❧Beau tresdoulx filz bel lecher tēdre
Des ieulx damours Vo9 Vueil appr̄ēdre
Quant Vous les aurez bien receuz
Croyez que ne serez deceuz
Selon mon art Vous conformez
Car nul sil nest bien informez
Ne peuft passer sans beste Vendre
Or pensez doncques bien dentendre
Et de mettre tout en memoire
Car ien scay tresoute lhistoire.

❧Comment la Vieille sans tanson
Lit a bel acueil sa lecon
Laquelle parle bien des femmes
Qui sont dignes de tout diffames.

Beau filz qui Veulx toupz daimer
De chascun mal qui eft amer
Les cōmandemēes damo9s saiche
Mais gardq̄ amours a luy ne saiche/
Et aussi treftous les Vous deisse
Certainement si or ie Veisse
Que Vous en eussiez par nature/
De chascun a comble mesure
Ceft autant quen deuez auoir.
Si ces motz Vous Voulez scauoir
Dix en ya qui bien les nombre
Mais moult est fol cil qui sencombre
Des deux lesquelz sont au dernier
Qui ne Valent Ung faulx denier.
Bien Vous abandonne les huyt

Mais qui les aultres deulx ensuit
Il pert son estude et saffolle/
On nen doit pas lire a lescolle.
Trop mallement les amans charge
Qui veult quamant ait le cueur large
Et quen vng seul lieu se doit mettre
Cela est faulx/cest faulce lettre
Apinant amours le filz venus
De ce ne le dois croire nulz/
Qui sen croit chier le comperra
Ainsi comme a la fin perra.

Les conditions que doit auoir la mant.

Oh beau filz auers ne soyez
En plusieurs lieux le cueᵣ ayez
En vng seul lieu ne le mettez
Ne le donnez ne le prestez
Mais vendez le bien chierement
Et tousiours par enchierement/
Et gardez que nul qui lachate
Nen puisse faire bonne achate
Sur toutes riens gardez ces poins
A donner ayez clos les poings
Et a prendre les mains ouuertes/
Car donner est folie certes/
Fors quelque peu pour gens atraire
Quant on en cuide son bien faire
Du pour le don tel chose attendre
Quon ne la puisse pas moins vendre.
Tel donner ie vous abandonne
Bon est donner/car cil qui donne
Multiplie son don et gaigne
Quant il est certain de sa gaigne/
De ce ne se peult repentir
Tel don vueil ie bien consentir.

Apres de larc et des cinq fleches
Qui sot plaines bonnes & fresches
Et faictes tant subtillement
Vous tirrerez si saigement
Quoncques amours le bon archier
Des flesches que tire larc chier
Ne tira mieulx beaulx filz que faictes
Qui maintesfoie les auez traictes/
Mais vous nauez pas tousiours sceu

fueillet. lxxxvi.

En quel lieu chascun coup est cheu/
Car quant lon traict a la vollee
Tel coup receuroit la collee
Que larchier ne sen doubteroit garde.
Mais qui vostre maintien regarde
Si bien traire scauez estandre
Que riens ne vous en peulx apprendre/
Et telz pourront estre naurez
Que grant paour si dieu plaist aurez.
Il ne fault ia que ie matour
Pour vous or apprendre le tout/
Des robes et des ornemens
Dont vous ferez voz paremens
Pour sembler aux gens mieulx valoir.
Il ne vous en peut ia chaloir
Quant par cueur la chanson scauez
Que tant ouy chanter auez
Ainsi comme bien nous dison
De lymaige pigmalion.
Vous prendrez garde a vous parer
Plus en scauez que beuf darer/
De vous apprendre ce mestier
Besoing ne vous est ie mestier.

Et si ce ne vous peult suffire
Aulcune chose mourez dire
Puis apres se voulez entendre
Du bien pourrez exemple prendre.
Bien vueil que vostre amour soit mise
En beau varlet qui tout vous prise/
Mais pas ne soit trop fermement
Ame des aultres saigement
Et ie vous enquerray assez
Dont grans biens seront amassez
Bon acointer faict les gens riches
Silz nont les cueurs auers et chiches/
Sil est qui bien plumer les saiche/
Bel acueil ce quil veult en saiche
Mais quil donne a chascun entendre
Quil ne vouldroit aultre amy prendre
Pour nul marcz de fin or moulu
Et iusques la sil eust voulu
Souffrir que la rose fust prise
Par vng aultre qui la requise.

Les enseignemens de la vieille.

Nota.

p ii

❡Le rommant de la Rose.

Charge fust dor et de ioyaulx
Mais tant sont ses desirs loyaulx
Que aulcun ia la main ny mettra
Fors celluy qui seul la tiendra.

Les fines-
nesses d
Bel ac-
cueil en
amours

Ilz sont mil a chascun dois dire
La rose auez tout seul beau sire
Iamais aultre ny aura part
Faisse dieu a qui la depart.
Iure hardiment et foy luy baille
Sil est pariure ne luy chaille
Car dieu se rit de tel serment
Et le pardonne liement.

On ne
doit
croire ri-
ault
pour iu-
rer.

Iupiter et les dieux crioient
Quant les amans se pariuroient
Et mainteffois se pariurerent
Les dieux qui par amours aymerent/
Car quant iupiter asseuroit
Iuno sa femme et luy iuroit
Par les eaux denfer haultement

Les poe-
tes et di-
eux iu-
roient
par les
eaues
denfer.

En se pariurant faulcement
Deuoient ilz pas bien asseurer
Les fins amans de pariurer
Sainctz et sainctes monstiers & temples
Puis que les dieux en font exemples/
Mais moult est fol certainement
Qui pour iurer croit nul amant

Le piur-
rement
damou-
reur.

Deu quilz ont les cueurs trop muables
Ieunes gens ne sont pas estables
Les dieux aussi souuenteffois
Ainsi se pariurent en leur fois.
Et saichez vne chose voire
Que le maistre et chief de la foire
Doit par tout prendre son toulin/
Et qui ne peult a vng moulin
Hay a laultre tout son cours.
Moult a sourie poure recours
Et met en grant peril la druge
Qui na que vng pertuis a refuge.

Compa-
raiso du-
ne sou-
ris.

Tout ainsi est il de la femme
Qui de tous ses marchiers est dame/
Qui chascun faict pour luy auoir
Prendre doit par tout de sauoir
Car moult auroit folle pensee

Quant bien se seroit pourpensee
Sel ne vouloit amys fors vng/
Car par sainct liefroy de mung
Qui samour en vng seul lieu liure
Son cueur na pas franc ne delivre/
Ains la mallement asserup.
Bien a tel femme desserup
A auoir grant ennuy et paine
Qui dung seul homme aymer se pene/   *Nota.*
Point nen sçet a bon point venir.

❡Comment la royne de cartaige
Dido par le vilain oultraige
Que eneas son mary luy fit
De son espee tost soccit/
Et comment phillis se pendit
Pour son amy quelle attendit.

Oncq ne peut eneas tenir
Dido la royne de cartaige
Qui tant luy eut fait dauantaige
Luy fugitif de son pays
De troye dont il fut naiz.
Ses compaignons moult honnora
Car en luy moult grant amour a
Et fit ses nefz toutes reffaire
Pour se seruir et pour luy plaire
Luy donna pour samour auoir
Ses citez son corpse son auoir
Et celluy qui bien lassura
Luy promit or et luy iura
Que sien seroit toute sa vie
Et iamais ne la larroit mie

samour
de dido
enuers
eneas.

Mais dido gueres ne iouit
De son corps/car il senfouit
Sans conge par mer non sopie
Dont la belle perdit la vie

Dido se tua par amour.
Et soccit des le lendemain
Dune espee a sa propre main
Quelle auoit de luy en sa chambre
Dido qui son amy remembre
Et voit que samour est perdue
Lespee prent et toute nue
La dresse en contremont la poincte
Sur ses deux mammelles la poincte
Et sur le fer se laissa cheoir
Dont ce fut grant pitie a veoir.
Qui vng tel coup faire luy vist
Dur seroit qui pitie nen prist
Quant ainsi fut dido la belle
Sur la poincte de la lumelle
Quelle par le corps se ficha
Pource que eneas la tricha.

Phillis se pēdit pour las mour de demo phon.
Phillis aussi tant attendit
Demophon quelle se pendit
Pour le terme quil trespassa
Dont son serment et foy cassa.
Que fit paris de zenone
Qui cueur et corps luy eut donne.
Si samour il luy redonna
Tantost retire le don a
Si en eut elle lors escriptes
De son cousteau lettres petites
Dessus la riue en lieu de carte
Qui ne vallurent vne tarte.
Ces lettres en lescorce estoient
Dung poupier et representoient
Que pantus sen retourneroit
Si tost comme il sa laisseroit.

Paris amou reux de enone.
Dr va pantus a la fontaine
Qui la laissa puis pour helene.

Mais que fit iason de medee
Si tresfaulcement democquee
Qui luy a lors sa foy menty
Combien quelle seust garenty

Des toreaulx qui le feu iectoient
Par leurs gueulles et qui venoient
Bruster iason ou despecer.
Sans feu sentir et sans blecer
Par ses charmes le deliura
Et les serpens luy endura

Medee amou reuse de iaso ma gicie̅ne.
Quilz ne se peussent esueiller
Tant les fit forment sommeiller.
Des cheualiers nezde la terre
Trop forcenez a mener guerre
Qui lors iason vouloient occire
Et mettre du tout a martire.
Elle fit tant quilz sentreprirent
Et eulx mesmes tous sentreoccirent/
Et luy fit auoir la toison

La toisõ dor.
Par son art et par sa poison/
Puis fit ezon resiuuenir
Pour mieulx iason entretenir
Et rien de luy plus ne vouloit
Fors quil laymast comme il souloit
Et ses merites regardast
Affin que mieulx sa foy gardast/
Puis la laissa le mal tricherre
Le faulx desloyal et fierre/
Dont ses enfans quant elle sceut
Pource que de iason les eut

Medee tua ses enfãs q̃l le auoit euz de ia son.
Estrangla par dueil et par raige
Dont elle ne fit pas que saige
Laissant ainsi pitie de mere/
Et fit pis que marastre amere.
Mil exemples dire en scauroye
Mais trop grāt compte a faire auroye.
En brief tous sont mocqueurs & trichēt
Tous ses ribaulx qui la saffichent
Et on les doit aussi tricher
Non pas son cueur en eulx ficher.
Bien fol est qui ainsi la mis

Nota.
Ains doit auoir plusieurs amys
Et faire sel peut que tant plaise
Que tost les mette a grant malaise.
Selne les a si les acquiere

Cautel le de fem me en a/ mours
Et soit tousiours vers eulx plus fiere/
Car plus pour samour desseruir
Se peneront a la seruir/

p iii

❡ Le Rommant de la Rose.

Et de ceulx acueillir sefforce
Qui de samour ne feront force.
Face souuent ieux et chancons
En fuyant noyses et tancons
Et si el nest belle se cointe
De beau maintien sans aultre cointe,
Et si or elle doit decheoir
Dont ce seroit grant dueil a veoir
Des beaulx crins de sa teste blonde
Ou sil failloit quon les luy tonde
Par aulcune grant maladie
Dont beaulte est tost enlaidie/
Ou sil aduient que par courroux
Les ait aulcun ribault destroux
Tant que diceulx ne puisse ouurer
Pour ses gros tressons recouurer
Face tant que lon luy apporte
Cheueulx de quelque femme morte

Le fard des vieil les maquerelles.

Ou de soye blonde en fuseaulx
Et boute tout en ses fourreaulx.
Sur les oreilles ait telz cornes
Quaulcuns serfz ne beufz ne licornes
Se deussent ilz lors efforcer
Ne puissent semblables porter/
Et selles ont mestier destre taintes
Taigne les en iust dherbes painctes
Car grant forces ont en medecines
fruit fueilles escorces et racines.

E Selle perdoit sa couleur
Dont molt auroit au cueur douleur
face quel ait ointures moistes
En sa chambre dedans ses boistes
Toustours pour soy farder repostes
Mais garde que nul de ses hostes
Ne les puisse sentir ne veoir
Car trop luy en pourroit mescheoir/

Vieille musse au frain dore.

Selle a beau col et gorge blanche
Gard que cil qui sa robe tranche
Si tresbien la luy escollette
Que sa chair pare blanche et nette
Demy pied derrier et deuant
Si en sera plus deceuant.
Et selle a trop grosses espaulles

Pour plaire a dances et a baules
De drap de sie robe porte
Mieulx luy aduiendra celle sorte.
Selle na mains belles et nettes
Plaines de cirons ou bubettes
Gard que laisser ne les y vueille
face les oster a leguerlle
Ou ses gans dedans ses mains mette
Et ne perra nulle bubette.
Et selle a trop grosses mammelles
Prenne couurechief ou touelles
Dont sur le pis se face estraindre
Et tout autour ses costes fraindre/
Puis atacher coudre et nouer
Lors pourra bien aller iouer.

E T comme bonne bachelette
Tienne la chambre venus nette
Selle est saige et bien enseignee
Ny laisse entour vne yrangnee
Quelle ne arrache ne arde ou housse
Si que ne si cueille la mousse.
Selle a les piedz estroict se chausse
Et grosses iambes et tendre chausse.
Brief selle scet sur son nul vice
Couurir le doit si moult nest nice/
Et selle auoit mauuaise alaine
Estre ne luy doit grief ne paine
De se garder que point ne ieusne
Ne quelle ne parolle ieune/
Et si garde si bien sa bouche
Que pres du nez aux gens ne touche
Et si luy prent de rire enuie
Si bien et si saigement rie
Quelle descouure deux foucettes
Des deux costez de ses iouettes
Et par ris nenfle trop ses ioues
Ne ne restraingne pas ses moues.
Ses leures point par ris ne souurent
Mais repoignent les dens et couurent.
femme doit rire a bouche close
Car ce nest mie belle chose
Quant elle rit bouche estandue
Car trop semble large et fendue.

Instruction de lacteur aux pucelles et dees es punses damours

Les conditions dune femme en ses goffies.

Sel n'a les dens bien ordonnees/
Mais leures et sans ordres nees
S'el les monstroit par sa risee
Moins en pourroit estre prisee.
A son pleurer affiert maniere/
Mais chascune est bien coustumiere
De pleurer en chascune place/
Car iacoit ce qu'on ne leur face
Ne grief/ne honte/ne molestes
Tousiours ont elles larmes prestes/
Toutes pleurent/et pleurer seullent
En telle guise qu'elles veullent/
Mais homme ne se doit mouuoir
S'il voit telles larmes plouuoir
Aussi espesses qu'oncques plut/
Oncq a femme tel cueur ne plut/
Ne tel dueil ne tel martirmens
Que ce ne fussent conchimens.
Cueur de femme n'est fors quaguet/
Car barat n'est qu'elle n'aguet/
Mais gard que par faict ne par oeuure
Riens de son penser ne descoeuure.

Il affiert bien qu'el soit a table
De contenance conuenable/
Mais ains qu'elle se vueille seoir
Se face a tous par l'hostel veoir
Et a chascun entendre donne
Qu'elle faict la besongne bonne
Aille et vienne auant et arriere
Et si se sie la derniere
Et se face ung petit attendre
Ains qu'elle puisse a eulx entendre.
Quant el sera a table assise
Serue a chascun par sa deuise/
Deuant les aultres doit tailler
Et du pain entour leur bailler/
Et doit pour grace desseruir
Deuant le compaignon seruir
Qui doit menger en son escuelle
Deuant luy mette ou cuisse ou esse
Du beuf ou porc deuant luy taille
Selon ce qu'ilz auront vitaille
Soit de poisson ou soit de chairs.

N'ayt ia faim de seruir eschars
S'il n'est que souffrir de luy vueille
Et bien se garde qu'el ne mouille
Ses dois au brouet iusques aux ioinctes
Ne qu'elle n'ayt ses leures oinctes
De souppe/dauly/ne de chair grasse
Ne que trop de morceaulx n'entasse
Ne trop gros ne mette en sa bouche.
Du bout des dois le morceau touche
Qu'el deura mouiller en sa sausse
Soit vert ou camelne ou iausse/
Et si bien prenne sa bouchee
Que sur son pis goutte ne chee
De souppe ne de sausse noire/
Et si doit si saigement boire
Que sur soy n'en espande goutte.
Car pour trop rude ou po' trop gloute
La pourroit bien aulcun tenir
Qui ce luy verroit aduenir
Et garde qu'au hanap ne touche
Tant qu'elle ait morcel en la bouche
Laquelle elle doit si bien terdre
Que point n'y laisse gresse adherdre
Aumoins en la leure de sa tasse/
Car quant gresse en elle demeure
Du vin il gaste les maillettes
Qui ne sont ne belles ne nettes/
Et boiue petit a petit
Combien qu'elle ait grant appetit/
Ne boyue pas a une alaine
Sa hanap plain/ne couppe plaine/
Mais boyue petit et souuent
Que chascun ne soit esmouuant
A dire que trop en engorge
Et que trop boit a plaine gorge/
Mais tresbellement le coulle
Le bort du hanap trop n'engoule
Sicomme font maintes nourrices
Qui sont si gloutes et si nices
Quelz versent vin en gorge creuse
Tout ainsi comme en vne heuse
Et tant a grans gors en entonnent
Quelz se desuoient et estonnent.
Bien se garde qu'elne senyure/

p iiii

❧ Le Rommant de la Rose.

Car en femine ny en homme pure
Ne peult estre chose celee/
Car puis que femme est empuree
Point na en elle de deffense/
Mais dit du tout ce quelle pense
Et est a tous abandonnee
Quant a tel meschief est donnee
Se garde de dormir a table
Trop en seroit moins agreable.
Moult de laides choses aduiennent
A ceulx qui telz dormir maintiennent/
Il nest pas bel de sommeiller
Es lieux establis a veiller/
Plusieurs en ont este deceuz
Et maintesffois or en sont cheuz
Deuant ou derriere ou de coste
Culx brisans bras ou teste ou coste.
Ung tel dormir point ne la tienne
De palinurus luy souuienne
Qui gouuernoit la nef enee
Veillant lauoit bien gouuernee/
Mais quant dormir leut enuahi
Il rcheut en mer et fut trahi
Et ses compaignons noya pres
Qui moult le pleurerent apres.

Si doit la dame prendre garde
Que trop a louer ne soit tarde
Car elle pourroit tant attendre
Que nul ny vouldroit la main tendre.
Querir doit damour le deduit
Tant que ieunesse la deduit/
Car quant vieillesse femme assault
Damours pert la ioye et lassault.
Le fruit damours si femme est saige
Cueillir doit en fleur de son aage/
Car tant de son temps pert la lasse
Comme sans ioyr damour se passe.
Selle ne croit point mon conseil
Que pour commun prouffit conseil
Saiche quel sen repentira
Quant vieillesse la flatrira/
Mais bien scay quelles me croiront
Celles aumoins qui saiges seront

Le temps daymer tost se passe.

Et se tiendront aux reigles nostres
Et diront maintes patenostres
Pour mon ame quant seray morte
Qui bien les enseigne et conforte/
Car bien scay que ceste parolle
Leue sera en mainte escolle.

Beau tresdoulx filz si vous viuez
Car bien scay q̃ vous escripuez
Au liure du cueur voulentiers
Tous mes commandemens entiers
Quant de moy or departirez
Sa dieu plaist encor en lirez
Si en serez maistre com ie/
Du lire vous donne congie
Malgre trestous les chanceliers
Et par chambres et par celliers
En prez/en iardins/en gaudines
Soubz pauillons et soubz courtines/
Mais que ceste lecon soit leue
Quant vous laurez bien retenue
Gardez que trop ne soit enclose/
Car quant a lhostel se repose
Moins est de toutes les gens veue
Et sa beaulte trop moins congneue
Moins couuoitee et moins requise
Souuent aille a la maistre eglise
Et face visitations
Aux nopces et processions/
Aux ieux/aux festes/aux carolles/
Car en telz lieux tient ses escolles
Et chante a ses disciples messes
Le dieu damours et les deesses/
Mais bien se soit aincois miree
Pour veoir selle est bien attiffee.
Et quant apoint se sentira
Et par les rues sen yra
Quelse marche de belle alleure
Non point trop molle ne trop dure
Trop esleuee ne trop courbe/
Mais bien plaisant en toute tourbe
Les espaulles les coustez menue
Si noblement que lon ne treuue
Nulle de plus bel mouuement

Nota.

Femes en partie appetit estre re gardees chascun

fueillet. lxxxix.

Et marche iolietement
En pantoufles ou souliers petis
Qui luy seront faictz si faitis
Quilz ioindront au pied si apoint
Que de fronce ny aura point.
Sa robe longue traine en terre
Pres du paue par moult belle erre
La tiene au coste ou deuant
Comme pour prendre ung peu de vent
Pour auoir le pas plus deliure.
Se gard que si le pas deliure
Que chascun qui passe la voye/
La belle forme du pied voye.

Et si telle est que mantel porte
Porter le doit de telle sorte
Que point trop la veue nencombre
Du gent corps a qui il faict vmbre.
Et affin que le corps mieulx pare
Et le tissu dont el se pare
Qui nest ne trop gros ne trop gresles
Dargent doré a menues perles
A deux mains doit le manteau prendre
Les bras eslargir et estandre
Soit par belle voye ou par boe
Et luy souuienne de la roe
Que le paon faict de sa queue
Face aussi du mantel la seue
Si que la penne noyre ou grise
Du telle quon y aura mise
Et tout le corps en appert monstre
A ceulx qui sont de belle monstre.

nota.

Elle nest belle de visaige
Plus se doit tourner pme saige
Ses belles tresses longues chieres
Blondes et nettes et entieres
Par derriere se tout faisant
Cest vne chose moult plaisant
Que la beaulté de cheueleure
Tousiours doit femme mettre cure
Quel puisse la louue sembler
Quant el veult la brebis embler/
Laquelle pour paour de faillir

Pour vne en va mil assaillir
Et ne scet laquelle el prendra
Deuant que prinse la tiendra.
Ainsi doit femme par tout tendre
Ses retz pour tous les hommes prendre
Car pource quel ne peult scauoir
Desquelz elle peult grace auoir
Aumoins pour vng a soy ficher
A tous doit le croc attaicher.
Lors ne deura pas aduenir
Quel nen doyue aulcuns prins tenir
Des folz entre tant de milliers
Qui luy frotera ses pilliers
Voire plusieurs par aduenture/
Car art aide fort a nature.

note la compaison des femmes bie parees.

note bie

Si elle plusieurs en accroche
Qui mettre la veullent en broche
Garde comment la chose queure
Que les deux ne mette a vne heure/
Car pour deceuz moult se tiendroient
Quant plusieurs ensemble viendroient
Lesquelz la pourroient bien laisser.
Ce la pourroit bien abaisser/
Car aumoins luy eschapperoit
Ce que chascun emporteroit
Et ne leur doit ia rien laisser
Dont ilz se puissent engraisser/
Mais venir a telz pouretez
Quilz meurent las et endebtez
Dont el sera riche manans/
Car perdu est le remanans.
Daymer poure homme ne luy chaille
Car rien nest que poure homme baille
Et fut il ouidé ou horiere/
Il ne vauldroit pas vne poire
Ne ne luy chaille daymer hoste/
Car ainsi comme il met et oste
Son corps en diuers hebergeages
Ainsi leur est le cueur volaiges.
Dhoste aymer ne conseille pas/
Mais touteffois en son trespas
Si deniers ou ioyaulx luy offre
Prenne tout et mette en son coffre

nota.

En folz le amor tout se consome.

❡ Le rommant de la Rose.

Et face lors cil son plaisir
Tout en haste ou tout a loysir/
Et se garde quelle ne prise
Nul homme de trop grant cointise
Ne qui de sa beaulte se vante/
Car cest orgueil qui ung tel tempte.
Lor- Telz sont en lyre dieu boutez
gueil- fiers et mauuais point nen doubtez/
leux na Car ainsi le dit ptholomee
talent par qui fut moult science aymee.
daymer Tel na pouoir de bien aymer
Tant a mauuais cueur et amer
Et ce quil aura dit a lune
Autant en dira a chascune
Et plusieurs en pra lober
Pour les despouiller et rober.
Maintes complaintes ien ay veues
Et maintes pucelles deceues.

T sil vient aulcun prometteur
Soit loyal homme ou hoqueteur
Qui la vueille damours prier
Et par promesse a soy lier
Et elle aussi luy repromette
Lors garde bien quel ne se mette
Pour nulle riens en sa fourmoye
Sel ne tient premier la monnoye.
Et sil mande riens par escript
Voye si faintement escript
Du sil a bonne intention
De fin cueur sans deception.
Apres luy rescripue en peu dheure/
Nota. Mais ne soit pas faict sans demeure
Demeure les amans attise/
Mais que trop longue ne soit prise.
Et quant elle orra la requeste
De lamant face quel soit preste
De samour du tout octroyer/
Point ne la doit du tout nyer/
Mais se doit tenir en balance
Subtili- Si quil ait paour et esperance.
te des fe- Et quant tel plus la requerra
mes en Et elle ne luy offrera
amours Samour qui si tresfort lenlace

Quel se garde bien qu'et tant face
Par son engin et par sa force
Que son esperance renforce
Et petit a petit sen aille
La paour tant que toute deffaille/
Et or face paix et concorde
Celle qui plus a luy sacorde
Et qui tant scet de choses fainctes
Doit iurer dieu et sainctz et sainctes *Nota.*
Quonques ne se vuelt octroyer
A nul tant la scet il prier
Et dire sire cest la somme
Foy que doy sainct pierre de romme
par fine amour a vous me don/
Car ce nest pas pour vostre don
homme nest pour qui ie le fisse
Ne pour present tant grant le veisse/
Maint vaillant homme ay reffuse
Et plusieurs ont a moy muse
Si croy que mauez enchantee/
Car la lecon quauez chantee.
Lon se doit estroict acoler
Et baiser pour mieulx la foler
Mais sel vuelt mon conseil auoir
Ne tende a riens fors a sauoir
Folle est qui son amy ne plume
Iusques a la derniere plume/
Car qui mieulx plumer le scaura
Cest celle qui meilleur laura
Et plus chiere sera tenue *Nota*
Quant plus chier se sera vendue/
Car la chose quon a pour neant
Va lhomme trop avillenant
Et prisee nest vne escorce
Si lon la pert on nen fait force
Aumoins si grant ne si notee
Que qui lautroit chier achetee.

D plumer affiert bien maniere
De varlet et de chambriere
Sa seur aussi et sa nourrice
Et sa mere se moult est nice
Puis quilz consentent la besongne
Tous facent tant qua donner songne

Fueillet .pc.

Robe foxcintz ou gans ou moufles
Et or tauissent comme escouffles
Ce quilz en pourront attraper
Et que nul ne puisse eschapper
De leurs mains en nulle maniere
Tant quil ait faicte sa derniere
Comme cil qui ioue aux nopaulx
Tant leur donne argent ou iopaulx/
Moult est plustost croix acheuee

persua-
sion des
macque-
reaulx et
macque-
relles.

Quant par plusieurs mains est leuee.
A vne fois luy disent sire
Puis quil se vous conuient a dire
A madame vne robe fault/
Comment souffrez vous tel deffault.
Sel vouloit faire par sainct gille
Tel homme est dedans ceste ville
Par qui el seroit bien vestue
De robe richement tissue.

Nota.

Dame pourquoy tant attendez
Que vous ne la luy demandez/
Trop estes vous vers luy honteuse
Quant vous tenez si souffreteuse/
Et elle combien quilz luy plaisent
Leur doit commander quilz se taisent/
Car si grant plet en ont leué
Que trop mallement lont greué.
Et selle voit quil sapercoyue
Quil luy baille plus quil ne doyue
Et que forment greué cuide estre
Des grans dons dont il la scet paistre/
Et sentira que de donner
El nosera plus sermonner

Manie-
re de ex-
coguiter
ingens dos
fais as
mans.

Lors luy doit prier quil luy preste
Et el iurera quelle est preste
De se luy rendre a iour nommé
Tel comme il y aura nommé/
Mais bien est par moy deffendu
Que iamais rien nen soit rendu.

¶ Or vng aultre amy reuient/
Car bien plus dvng si lentretient/
Mais en nul deulx son cueur na mis
Tant les dit elle ses amys
Si se complaigne comme saige

Que sa meilleure robe est en gaige
Chez ceulx qui prennent a vsure
Dont elle est en si grant arsure
Et tant est son cueur a malaise
Que rien ne fera qui luy plaise
Sil ne rachepte tous ses gaiges
Dont elle aura moult grans dommaiges
Cellui qui dargent a la source
Mettra la main tost a la bourse
Du fera quelque cheuissance
Pour des gaiges auoir deliurance
Qui nont de deliurer raison/
Car ilz sont en quelque maison
Pour le bachelier enserrez
En aulcuns coffres bien barrez
Dont point ne luy chault or si cherche
Dedans sa huche ou a la perche
Pour estre de luy tant mieulx creue
Tant quelle ait pecune tenue.
Le tiers reserue telle lobe
Du sainture dargent ou robe
Du pelice vueil quel demande
Et puis que deniers el despende.
Et si tel na que luy porter
Et iure pour la conforter
Et promet de pied et de main
Quil luy apportera demain
Face luy les oreilles sourdes
Rien nen croye/car ce sont bourdes
Veu que tous ceulx sont grans menteurs
Plus mont menti ribaulx flateurs
Et faulsez leur serment iadis
Quil nest de sainctz en paradis.
Aumoins puis quil na que payer
Face au vin son gaige enuoyer
Pour deux deniers pour trois ou quatre
Et sen voise hors ailleurs esbatre.

Nota.

Qui na
argēt si
laisse
gaige.

¶ A femme doit sel nest musarde
Faire semblant destre couarde
De trembler et destre paoureuse
Destre dolente et angoisseuse
Quant son amy veult deceuoir
Et luy faire entendre de voir

℅ Le Rommant de la Rose.

Quen trop grant plaisir le recoit
Quant son mary pour luy decoit
Ou ses gardes ou ses parens/
Et que sil estoit apparens
Quel voulut mettre en repostaille
Morte seroit sans nulle faille.
Jure quelne peult demeurer
Son la denoit viue escorcher/
Puis demeure a sa voulente
Quant elle laura enchante.

Il luy doit tresbien souuenir
Quant son amy deura venir
Sel voit que nully lappercoiue
Par la fenestre le receiue/
Car entrer ne peult par la porte/
Jure quelle est destruicte ou morte
Et que delle seroit neans
Si lon scauoit quil fust leans
Ne len garderoient herbes molues
Ne beaulmes/haubers/ne massues
Ne huches/ne clotes/ne chambres
Que fendue ne soit par membres.
Puis doit la dame souspirer
Et faire semblant soy yrer
Lassaillir et luy courir sure
Et dire que si grant demeure
Na il pas faicte sans raison
Et quil tenoit en sa maison
Aultre femme ou se desduisoit
Dont le soulas mieulx luy plaisoit/
Et quelle est ores bien trahye
Quant il a pont aultre enhaye
Et doit estre lache clamee
Quant elle ayme sans estre aymee.
Et quant orra ceste parolle
Cil qui la pensee aura folle
Bien cuidera certainement
Que ceste layme loyaulment
Et que plus soit de luy ialouse
Quoncq ne fut de Venus espouse
Vulcanus quant il sceut trouuee
Auecques mars toute prouuee
En ses chaines darain forgees

note de
la mati-
ce des
mauuai
ses fem-
mes.

Qui les tenoient moult bien serrees/
Car ilz estoient ioingz et liez
Alors qui les eut espiez.

℅ Comment Vulcanus espia
Sa femme et moult fort la spa
Dung latz auec mars ce me semble
Quãt couchez les trouua ensemble.

Aussi tost que ce Vulcanus sceut
Et que prins eulx deulx il les eut
Es latz quautour le lict posa
Dont fut fol quant cela osa/
Car cil a moult peu de scauoir
Qui cuide tout seul femme auoir
Les dieux en haste fit venir
Qui moult rirent sans eulx tenir
Quant en tel point les apperceurent.
De la beaulte venus sesmeurent
Tous les plusi[eur]rs des dames dieulx
Qui moult faisoient plaintes et deulx
Comme honteuse et fort courroucee
Quant ainsi se vit enlassee
Si quoncq ne fut honte pareille.
Si nest ce pas trop grant merueille
Si Venus ou mars se mettoit/
Car Vulcanus si lait estoit
Et si charbonne de sa forge
Aux mains au visaige a la gorge
Que sa femme point ne laymoit
Combien que mary le clamoit
Point ne seut ayme fut ilores
Absalon a ses tresses sores

nota

fueillet.xci.

Du paris filz du roy de troye/
Et ne seusi maintenu en ioye/
Car bien scauoit la debonnaire
Ce que les femmes scauent faire/
Daultre part elsont franches nees
Et par leurs conditions orees
Qui les oste de leurs franchises
Du nature les auoit mises/
Nota. Car nature nest pas si sotte
Quelle face mettre marotte
Tant seullement pour robichon
Si la sentendement fichon
Ne robichon pour mariette
Ne pour agnesse vne perrette/
Ains nous faict beau filz poit ne doubtes
Toutes pour tous et tous pour toutes.
Nota. Chascune pour chascun commune
Et chascun commun pour chascune
Si que quant ilz sont affiees
Par loy prinses et mariees
Pour oster dissolutions
Tous contens et occasions
Et pour ayder les nourritures
Dont ilz ont ensemble les cures
Et sefforcent en toutes guises
De retourner a leurs franchises
Et les dames et damoiselles
Tant soient or laides ou belles.
Femme appette fort a estre maistresse. Franchise a leur pouoir maintiennent
Dont trop de maulx viendront et viennent
Et si vindrent plusieurs iadis
Dont ien nommeroye ia dix
Voire cent/mais ie les trespasse
Car ien seroye toute lasse
Et en seriez tous encombrez/
Ains que ie les eusse nombrez/
Car quant chascun iadis vouloit
La femme qui plus luy souloit
Maintenant rauir la vouluft
Si vng plus fort ne luy tollust
Et la laissast si luy plaisoit
Ainsi que son desir seroit/
Si que iadis sentretuoient
Et les nourritures laissoient

Ains que lon fist nulz mariages
Par le conseil des hommes sages.
Et qui vouldroit orace croire
Parolle nous en dit tresvoire/
Car moult bien sceut lire et diter
Comme cy vous veulx reciter
Car saige femme na pas honte
Quant bonne auctorite racompte. Le dit d Orace.

Iadis au temps de helene furent
Batailles q̃ les coups esmeurent
Dõt ceulx en grãt douse² pointrent
Qui pour eulx les batailles firent/
Mais les mors nen ont point rien sceu/
Car en escript na este leu.
Ce ne fut mye le premier
Aussi ne sera le dernier
Par qui gueres viendront et viennent
Entre ceulx qui tiendront et tiennent
Leurs cueurs mis en amour de femmes
Dont maintz ont perdu corps et ames
Et perdront si le siecle dure
Mais prenez bien garde a nature
Car pour bien plus clerement veoir
Elle a vng merueilleux pouoir/
Maintz exeples vous en peulx mettre
Qui bien sont a lire par lettre.

¶ Cy nous est donne par droicture
Exemple du pouoir de nature.

Oyseau du iolp verboscaige
Quãt il est prins et mis en caige
Et nourry ententiuement
Leane et delicieusement
Il chante tant quil sera vis
De cueur gay se vous est aduis.
Si veult il bien les bois ramez
Que par nature il a aymez
Et vouldroit sur les branches estre
Qu si bien ne se scet on paistre/
Tousiours il pense et estudie
A recourter sa franche vie
Et la viande a ses piedz marche

Compa-
raison
dung oy
seau au
vouloir
de natu
re.

D i

Pour lardent qui a son cueur fiche
Et va par sa caige trassant
En grant angoisse pourchassant
Pour trouuer pertuis ou fenestre
Pour au bois reprendre son estre.
Aussi saiche que toutes femmes
Soient damoyselles ou dames
De quelconque condition
Ont naturelle intention
Quelles chercheroient voulentiers

femme ne dmā de quelī berte et frāchise

Par quelz chemins par quelz sentiers
A franchise venir pourroient/
Car tousiours auoir la vouldroient/
Aussi dis ie sans fiction
Que cil qui en religion
Se met et puis il sen repent
A peu que de dueil ne se pent/
Et se complainct et se demente
Si que tout en soy se tourmente
Tant luy prent grant desir douurer
Pour sa franchise recouurer
Et se repent que oncques se y mist
La fault que sa vie finist
Sans quil sen ose reuenir
Car honte la le faict tenir
Et contre son gre y demeure.
La vit en grant malaise et pleure
La franchise quil a perdue
Qui ne luy peult estre rendue
Sinon que dieu grace luy face
Et sa malaise luy efface
Et le tienne en obedience
Par la vertu de pacience/
Car quant il se met la en mue
Sa voulente point ne se mue
Pour nul habit quil puisse prendre
En quelque lieu quil saille rendre.
Cest le fol poisson qui sennasse
Parmy la gorge de la nasse/
Et quant il sen veult retourner

Cōpas raisō du poissō a frāchise

Malgre luy la fault seiourner
A tousiours mais en prison leans
Car plus du retourner nest neans.
Les aultres qui dehors demourent

Quant ilz le voyent si acourent
Et cuident que cil se esbanoye
A grant deduit et a grant ioye
Quant la le voyent tournoyer
Et par semblant esbanoyer/
Et pour la cause mesmement
Quilz voyent bien apertement
Quil ya leans assez viande
Telle comme chascun demande.
Moult voulentiers y entreroient
Ilz vont autour et espioient/
Tant y heurtent tant y aguettent
Que le trou trouuent et se y gettent/
Mais quant ilz sont dedans venus
Ilz sont tous prins et retenus
Et puis ne se peuent tenir
Quilz ne sen vueillent reuenir/
Car la les conuient en dueil viure
Tant que la mort les en deliure.

Dut telle vie va querant
Le ieune hōme quant il se rent/
Car ia si grant soulier naura
Ne ia tant faire ne scaura
Grant chapperon ne grant aumuce
Que nature au cueur ne se muce.
Alors il est mal acueilly
Quant franc estat luy est failly
Sil ne faict de necessite
Vertu par grant humilite/
Mais nature ne peult mentir
Qui franchise luy faict sentir
Car orace si nous racompte
Qui bien scet que tel chose monte
Que qui vouldroit la force prendre
Pour soy de nature deffendre
Et la bouteroit hors de soy
Elle reuiendroit bien le scay.
Tousiours nature recouurra
Ja pour habit ne demourra.
Que vault si toute creature
Veult retourner a sa nature/
Ja ne verra sa violence
De force ne de conuenance.

Nota.

Le dit d orace.

Nature veult tousiours re tourner en son premier estat.

Fueillet.pcii.

Ce doit moult Venus excuser
Qui vouloit de franchise vser
Et toutes dames qui se iouent
Combien que mariage vouent/
Car ce leur faict nature faite
Qui a franchise les faict traire.
Trop est forte chose nature
Car elle passe nourriture.
Qui prendroit beau filz vng chaton
Qui oncques rate ne raton
Deu nauroit et puis fust nourry
Sans point veoir ne rat ne soury
Long temps par ententiue cure
De delicieuse pasture
Et vist apres soury venir
Chose nest qui le peust tenir
Si on le laissoit eschapper
Quil ne lassast tantost happer.
Tous ses metz il en laisseroit
Ja si familleux ne seroit/
Et nest qui la paix entre eulx fist
Pour quelque paine quil y mist.

nota.
compa-
raison du
chat et
du rat.

nota.

Di vng poulain nourrir scauroit
Qui point iument veue nauroit
Jusq a tãt quil fust grãt destrier
Pour souffrir selles et estrier
Et apres vist iument venir
Vous le verriez tantost hennir
En voulant encontre elle courre
Sinon que lon luy peust resourre/
Non pas morel contre morelle
Seullement/mais contre fauuelle
Contre grise ou contre liarde
Si frain ou bride ne sen garde
Qui ney a nulles espiees
Fors quil les trouue destiees
Du sus elles puisse saillir.
Toutes les vouldroit assaillir.
Et qui morelle ne tiendroit
Par grant courte a morel viendroit
Voire a fauueau ou a liart
Comme sa voulente luy art.

note la
compa-
raison du
cheual
quant a
nature.

Le premier quelle trouueroit
Cest cil qui son mary seroit/
Car point aultre na espie
Mais quel le treuue deslie.
Et ce que ie dis de morelle
Ou de fauueau ou de fauuelle
Et de liard ou de morel
Dis ie de vache et de thorel
De la brebis et du mouton/
Car de ceulx mye ne doubton
Quilz ne veullẽt leurs femmes toutes
Et ia de ce beau filz ne doubtes
Que toutes ainsi ne le vueillent
Toutes voulentiers les recueillent.
Ainsi est il aussi par mame
De tout homme et de toute femme
Quant a naturel appetit
Dont loy les refrainct vng petit/
Vng petit/mais trop ce me semble/
Car quant loy les a mis ensemble
El veult soit varlet ou pucelle
Qui cil ne puisse auoir que celle
Aumoine tant comme elle soit vine
Ne celle aussi tant comme il vine/
Mais touteffois ilz sont temptez
Du feu des franches voulentez/
Car bien scay que tel chose monte.
Si sen gardent aulcuns pour honte
Et les aultres pour paour de paine/
Mais nature ainsi les pourmaine
Comme les bestes que ie dis
Je le scay bien notez mes dis/
Car ie me suis tousiours pensee
Destre des hommes tous aymee.
Et si ne craignois pour la honte
Qui refrene maint cueur et dompte
Quant par ses rues men alloye/
Car tousiours aller y vouloye
Dornemens bien enueloppee
Proprement comme vne poupee.
De ces varletz qui me plaisoient/
Quant leur doulx regard me faisoient
Doulx dieu quel pitie men prenoit
Quant tel regard a moy venoit/

nota.

note de
folle a-
mour.

D ii

❡ Le Rommant de la Rose.

Tous ou plusieurs diceulx receusse
Si bien me pleust et ie leur pleusse/
Tous les vouluffe tire a tire
Si a tous puisse bien suffire
Aussi me sembloit que silz peussent
Tous tresvoulentiers me receussent.
Ja nen metz hors prelatz ne moynes
Cheualiers bourgeoys ne chanoines
Ne clerc ne lay ne fol ne saige
☞ Silz eussent este de fort aage
Et des religions saillissent
Silz ne cuidassent quilz faillissent
Quant requise damour ou meussent/
Mais si bien noz pensees sceussent
Et noz conditions trestoutes
Ilz nen fussent pas en telz doubtes
Et croy que si plusieurs osassent
Leurs mariages en laississent
Et de foy ne leur souuenist
Se nul a priue les tenist.
Nul ne gardast condition
Foy ne veult ne religion
Sinon au laux tout forcene
Aulcūs Qui damours fust enchi frere
sont en/ Et loyaulment samye amast.
chantez Son espoir oncque ne clamast.
en a/ Car il penseroit a lauoir
mours. Quil ne donroit pour nul auoir
Mais il est peu de telz amans
Or maide dieu et sainct amans
Comme ie croy certainement
Sil parlast a moy longuement
Quoy quil men dist mensonge ou voir
Ie le fisse bien esmouuoir
Quel quil fust seculier ou dordre
Fust ceint de cuir rouge ou de corde
nota du Quelque chapperon quil portast/
pouoir d A moy ce croy se deportast
nature. Sil cuidast que ie le voulsisse
Ou que sans plus ie le souffrisse.
Ainsi nature nous aduise
Qui noz cueurs a delict attise/
Parquoy Venus de mars aymer
Moins a desseruy le blasmer.

Insi comme en telz pointz estoiēt
Mars et Venus q̄ sentreamoient
Des dieux y eut maitz q̄ voulsissēt
Affin que mieulx ilz sesiouyssent
En tel point estre comme mars.
Mieulx vaulsist puis dix mille mars
Auoir perdu cil Vulcanus
Que de leurs oeuures sceust la nulz/
Car ces deux eurent telle honte
Que les dieux en tindrent leur compte
Et tant publierent la fable
Quel fut par tout le ciel notable/
Et fut Vulcanus plus yre
Que le faict estoit empire
Quoncque puis ny peut conseil mettre
Ainsi que tesmoigne la lettre.
Mieulx luy vaulsist sestre souffert
Nauoir au lit le latz offert/
Et que point tant ne sen esmeust
Mais q̄l eust fainct que rien nen sceust
Sil voulsist auoir belle chiere
De Venus quil tenoit tant chiere.
Bien se deuroit cil prendre garde
Qui sa femme et samye garde
Et par son fort agait tant oeuure
Quil la prent en faisant son oeuure/
Car saichez que pis en fera
Quant prinse prouuee sera/
Ne nul qui du mal felon art
Qui or la prise par son art
Jamais nen aura puis la prise
De beau semblant en quelque guise/
Trop est vng grant mal iausie
Qui les ta loux art et soucie/
Mais ceste iausie fainte
Qui faintement faict tel complaincte
Et amuse ainsi le musart
Tant plus lamuse et cil plus art.

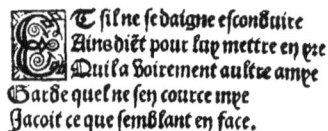

T sil ne se daigne esconduire
Ains diet pour luy mettre en pre
Qui la voirement aultre amye
Garde quel nen source mye
Jacoit ce que semblant en face.

L hōme
aage ne
se doibt
trop en
q̄rir du
gouuer
nement
de sa fē
me.

nota de
iausie

fueillet. xciii.

Si tel aultre amye prouchasse
Compte ne face dung bouton
De la ribaulde au vil glouton/
Mais face tant que cil recroye
Affin que damour ne recroye
Quel veult aultre amye pourchasser
Et ne fait ce fors pour chasser
Hors cellui dont veult estre estrange/
Car droit est quelle sen estrange/
Et die trop mauez meffait
Venger me fault de ce meffait/
Car puis que vous mauez fait couppe
Je vous feray de telz pain souppe.
Lors il sera en pire point
Quoncques ne fut sil layme point
Ne ne se scaura desporter
Car nul na pouoir de porter
Grant amour ardamment au pis
Sil na grant paour destre acoupis.
Lors reçoiue la chamberiere
Et face paoureuse sa chiere
En disant lasse mortes sommes
Mon seigneur on ne scet quelz hommes
Sont entrez dedans nostre court.
Or adoncques la dame court
Et delaisse toute besongne/
Mais le varlet or se repongne
Et court en estable ou en huche
Jusques a tant quelle le huche.
Quant de rechief sera venue
Cil qui desire sa venue
Vouldroit ailleurs auoir espoir
De grant paour et de grant despoir.

nota.

notes
tousio's
les pro-
pos das
mours.

S I cest ung aultre des amys
A qui la dame terme a mis
Dont elle naura este saige
Quel nen a porte le musaige
Combien que de lautre remembre
Mener le doit en quelque chambre
Et face lors ce quil vouldra
Cil qui demeurer ny pourra
Dont moult aura douleur et pre/
Car la dame luy pourra dire

Du demeurer est ce neans
Puis que monseigneur est ceans
Et quatre miens cousins germains/
Ainsi maist dieu et sainct germains
Quant aultreffois venir pourrez
Je feray ce que vous vouldrez/
Mais souffrir vous conuient a tant
Je men reuois/car on matent
Mais aincois le doit hors bouter
Si que rien ne puisse doubter.
Lors doit la dame retourner
Si quel ne face seiourner
Trop longuement lautre a mal ayse
Affin que trop ne luy desplaise/
Et affin quil nait desconfort
Donner luy doit nouuel confort.
Il fault que de prison il saille
Et que coucher auec luy aille
Entre ses bras dedans sa couche
Mais face que sans paour ny touche.
Face luy entendre et or die
Quelle est trop folle et trop hardie
Et iure par lame son pere
Que lamour de luy chier compere
Se mettant en telle auanture/
Jacoit ce quelle soit plus sure
Que ceulx qui sont a leur talant
Par champ et par vigne balant/
Car delict en seurete pris
Moins est plaisant moins est de pris.
Et quant aller doiuent ensemble
Garde que cil a luy nassemble
Combien quil la tienne a seiour
Quel ne voye soleil ne iour
Et quelle cloue la fenestre
Et que bien soit umbraieux lestre
Affin que son amy ne sache
Selle a sur elle aulcune tasche
Et nulle ordure la ne voye/
Car tantost se mettroit en voye
Et sen fuyroit que ne seuee
Qui seroit grant honte et greuee
Et quant ilz seront mis en oeuure
Chascun deulx si saigement oeuure.

nota.

M iii

Et si bien a point quil conuienne
Que le delict ensemble vienne
De lune et de lautre partie
Ains que loeuure soit departie/
Car ilz se doiuent entreattendre
Pour ensemble a leur delict tendre.
Lung ne doit pas lautre laisser/
De nagier ne doiuent cesser
Tant quilz viennent ensemble au port
Lors ilz auront entier desport.

ET selle na au faict delict
Plaindre doit se trop si de sict
Et faigne et face tous les signes
Quelle scet estre au delict dignes
Si quil cuide quen gre el praigne
Ce quel ne prise vne chastaigne.
Et si tel pour en ly assurer
Peust bien la dame procurer
Quelle vienne a son propre hostel
Or ait la dame propos tel
Nota   Le iour quil deura lheure prendre
Quelse face vng petit attendre
Si que celluy ait grant desir
Ains quil la tienne a son plaisir.
Jeu damour et longue demeure
Plus agreable est et demeure.
Ceulx en sont moins entalentez
Qui les ont a leurs voulentez.
Quant elle est a lhostel venue
Du tout sera chiere tenue
La bon- Lors luy iure et luy face entendre
ne fictiō Quau ialoux se faict trop attendre
des fem- Quelle en fremist et tremble toute
mes.   Et que trop durement se doubte
Destre bedangee et batue
℣   Quant a lhostel sera venue.
Mais comment quelle se demente
Combien quelle die vray ou mente
Prendre doit la paour seurement
Et seurete paoureusement/
Et facent en leur priuete
Effect de leur ioliuete.

ET selle na loysir daller
En son hostel a luy parler
Ne receuoir elle ne lose
Tant la tient le ialoux enclose
Adonc elle doit enyurer
Si mieulx ne sen peult deliurer
Et si de vin ne peult estre yure
Dherbes peult auoir vne liure
Du plus ou moins/dont sans dangier   Nota.
Luy peult faire boire et mangier.
Adonc dormira si forment
Quil luy lairra faire en dorment
Toute chose quelle vouldra/
Car destourner ne sen pourra.
De sa mesgnie selle en a
Enuoye ca lung/lautre la
Du par legier don les decoiue
Et son amy par eulx recoiue
On les peult bien tous abbruuer   Nota.
Si le secret veult asseurer
Ou si luy plaist au ialoux die
Sire me scay quel maladie   nota
Du goute fieure ou apostume
Mesprent tout le corps et allume/
Jl conuient que voyse aux estuues
Combien que ceans ayons des cuues/
Rien ne me vault baing sans estuue
Pource fault il que ie mestuue.
Quant le vilain aura songe
Jl luy donra adonc conge
Combien quil face laide chiere
Mais quelmene sa chamberiere
Du aulcune sienne voysine
Qui scaura toute sa conuine/
Et son amy aussi aura
Sa voysine qui tout scaura.
Lors sen yra sur lestuuier
Mais ia ne cuue ne cuuier
Par auanture my querra/
Mais auec son amy gerra.
Que baigner se veullent ensemble/   Nota
Car la dedans la peut attendre
Sil scet quel doit celle part tendre.
Nul ne peult mettre en femme garde

fueillet. pciiii.

nul ne peult fe me garder fi elle mefme ne fe garde.

Si delle mefme ne fe garde
Et fut argus qui la gardaft
Et de fes cent yeulx regardaft/
Dont lune des moytiez veilloit
Et lautre moytie fommeilloit
Quant iupiter luy fit trancher
Le chief pour po reuencher
Qui auoit en vache muee
De forme humaine defnuee.
Mercurius la luy trancha
Quant de ce la reuencha/
Riens ny vauldroient tous chafcuns biens
Fol eft qui garde telz mefliens.

nota.

Regarde quelne foit fi fotte
Pour riens q̃ clerc ou lay luy notte
Que chofe denchantement croye
Ne forcerie ne chatoye
Ny helenus ou fa fcience
Ne magicque auffi nigromance
Du par ce fe puiffe efmouuoir
Affin quil fait par efcouuoir/
Ne que pour luy nul aultre hee
Oncques ne peut tenir medee
Iafon par nul enchantement
Circes auffi femblablement
Vliffes quil ne fenfuift
Pour quelque fort qui auenift.
Garde femme qua nul amant
Tant laille fon aing clamant
Ne donne don qui gueres vaille/
Bien donne chemife ou touaille
Du oreillier ou aulmofniere/
Mais quelle ne foit pas trop fiere/
Efguillettes lacz ou faintures
Dont bien peu vallent les ferrures/
Du vng bel petit couteflet
Du de fil vng bel lincelet
Comme font nonnaines par couftume/
Mais fol eft qui les acouftume.
Mieulx vault femme du ciecle aymer/
Car lon nen eft fort a blafmer
Et vont mieulx a leur voulentez
Leurs amys et leurs parentez

nots de enchâte mens.

Bien fcauent de parolles paiftre
Et iacoit que ce ne puiffe eftre
Que lung et lautre trop ne coufte
Si font nonnains de plus grant coufte/
Mais lhomme qui faige feroit
Tous dons de femmes doubteroit/
Car dons de femme a dire voir
Ne font fors las a deceuoir
Et contre fa nature tafche
Femme qui de largeffe ataiche.
Laiffons les largeffes aux hommes/
Car nous femmes larges ne fommes
Des liberalles ne font gueres
Qui de dons foient conftumieres.
De telz dons que iay dit deuant/
Mais que ce foit en deceuant
Beaulx filz pouez vous bien vfer/
Pour mieulx les mufars amufer/
Et gardez bien que on vous donne
Et vous fouuienne de la bonne
Du treftoute ieuneffe tend
Si chafcun pouoit viure tant
Quil vift vieilleffe qui ne ceffe
Si que de chafcun nous faprefle/
Tant que quant la ferez venus
Ne foyez pas pour folz tenus/
Mais foyez dauoir fi garny
Que point ne foyez efcharny/
Car acquerir celluy na garde
Qui eft vieil feul grain de mouftarde/
Mais certes ce nay ie pas faict
Dont fuis poure par mon meffaict.

nota.

nota.

nota de folles mét donner.

Les grãs dõs q̃ ceulx me dõnoiẽt
Qui tous a moy fabandonnoient
Au mieulx ayme abandonnoye
Lon me donnoit et ie donnoye
Si que ie nay rien retenu/
Donner ma mis au pain menu
Sans me fouuenir de vieilleffe
Qui ma mis en telle deftreffe
De pourete ne me tenoit
Le temps ainfi comme il venoit
Laiffoie aller fans prendre cure

M iiii

❧ Le rommant de la Rose.

De faire despens sans mesure.
Si saige fusse par mon ame
Jeusse este par trop riche dame/
Car de moult grans gens fuz acointe
Quant iestoie mignotte et cointe
Et bien en tenoye aulcun pris/
Mais quant iauoye des ungs pris
For qua dieu doy et sainct thibault
Trestout donnoye a ung ribault
Qui trop de honte me faisoit/
Mais sur tous aultres me plaisoit
Les aulttes sous amps clamoye/
Mais luy tant seullement aymoye
Nota.   Et saichez quil ne me prisoit
Ung pois et bien le me disoit/
Mauuais estoit/oncq ne vis pire
Oncq ne cessa de moy despire
Pute commune me clamoit
Les bies Le ribault qui point ne maymoit
q̃ pcedẽt femme a trop poure iugement
de folle Et ie suis femme droictement/
amour.   Oncq naymay homme qui maymast/
Mais si ce ribault mentaynast
Lespaule ou ma teste eust cassee
Saichez que ma douleur passee
Fust/et ie len remerciasse
Tant damour iaymoie la trasse/
Car ia il ne me sceust tant batre
Que sur moy ne le fisse abatre.
Il scauoit trop bien sa paix faire
Ja tant ne meut il faict contraire
Ne ia tant ne meut mal menee
Ne fort batue ne trainee
Ne mon vis blecce ne noircy
Que aincois ne me criast mercy
Que de la place ia se meust.
Ja tant de honte dit ne meust
Que de paix ne me madmonnestast
Et qualors ne me refaistast/
Et puis paix auions et concorde
Nota.   Ainsi mauoit prise a sa corde/
Car trop estoit fort a ffaicteur
Le faulx traistre larron menteur/
Mais sans luy ie neusse sceu viure/

Parquoy tousiours le voulois suyure.
Sil fuyoit ie lalloye querre
Jusques a londres en angleterre.
Son plaisir tant ma embelly
Qua honte me mit et moy luy/
Car il portoit les grans anneaulx
Des dons quil eut de moy tant beaulx   Notes
Et nen mettoit rien en espergnes/   vsitées.
Mais tout aux dez et aux tauernes
Noncques naprist aultre mestier
Car il nen auoit lors mestier
Assez luy siuroye a despendre/
Car ie le scauoye bien ou prendre.
Tous les gens estoient mes rentiers
Et il despendoit voulentiers/
Car tout alloit en ribauldie
En lescherie et gourmandie.
Il auoit tant la bouche tendre
Quil ne vouloit a nul bien tendre/
Oncques vie ne semblesit
Sinon oyseuse et beau delict/
Mais en la fin tresfinal le viz
Quant les dons nous furent failliz.   Dissen-
Lors il deuint son pain querant   tion de
Et ie neuz vaillant ung serant   folle
Et nauois aulcun espouse.   amour.
Lors manint comme dit vous ay
Par ses buissons gratant mes temples nota.
Cest estat prenez pour exemples
Beau doulx filz et le retenez
Si saigement vous demenez/
Affin quayez bonne industrie
Quant la rose sera flaistrie
Et les vieulx criz: vous assauldront/   Nota.
Car la tous les dons vous fauldront.

❧ Lacteur.

Ainsi la vieille a sermonne
Bel acueil qui mot na sonne.
Tres voulentiers tout escouta
Pour la vieille moine ne doubta
Quil nauoit faict oncques deuant
Or quant il va apperceuant

Que ce nestoit par ialousie
Et ses portiers ou tant se fye
Au moins les trois qui luy demeurent
Et tousiours par le chasteau queurent
Tous forcenez pour le deffendre.
Legier fut le chastel a prendre/
Mais nompas comme cellay cuide
Tant y mette ilz grant estuide.
De malle bouche qui mort fut
Nul diceulx desplaisir nen eut/
Car il nestoit point la ayme.
Ung chascun mauoit diffame
Vers ialousie et tous trahis
Si quil estoit si fort hays
Quil neut point este rachapte
Par aulcun qui leans eut este/
Sinon espoit de ialousie
Qui aymoit trop sa ienglerie.
Voulentiers luy prestoit loreille
Si estoit triste a grant merueille
Quant le larron chalumeloit
Qui nulle rien ne luy celoit
Dont il luy peut bien souuenir
Que mal en peust bien aduenir/
Mais de ce trop grant tort auoit/
Car plus disoit quil ne scauoit
Et tousiours par ses flateries
Adioustoit aux choses ouyes.
Tousiours acroissoit les nouuelles
Tant ne fussent bonnes ne belles
Et les bonnes apetissoit.
Ainsi ialousie atissoit
Comme cil qui toute sa vie
Vsoit de mensonge et enuie.
Oncques messes chanter nen firent
Tant furent beaulx quãt mort le virẽt/
Rien nont perdu comme il leur semble/
Car quant mis se seront ensemble
Bien cuident garder sa pourprise
Si quel nait garde destre prise
Et y eust il seize mille hommes.
    ¶ Les trois portiers.
¶ Les portiers dirent peu fors sommes
Si sans ce larron ne scauons

fueillet. xcv.

Garder tout ce que nous auons.
Ce faulx traistre ce faulx truant
Soit en enfer au feu puant
Qui le puisse ardoir et destruyre/
Car onc ne fit ceans que nous nuyre.
    ¶ Lacteur.
¶ Ce sont les trois portiers disans/
Mais quoy quilz aillent deuisans
Chascun en est afforbloye.
Quant la vieille eut tant veoye
Bel acueil reprent la parolle
A tant commence et peu parolle
Et dit comme bien enseigne.
    ¶ Bel acueil a la vieille.
¶ Dame vous mauez enseigne
Vostre art et debonnairement
Dont ie vous mercye humblement/
Et quant parle mauez dAymer
Le doulx mal ou tant a damer
Ce nest trop estrange matiere/
Rien nen scay sinon en derriere
Ne iamais plus nen quiers scauoir
Quant vous me reparlez dauoir
Aulcuns biens par moy amassez/
Ce que iay me suffit assez.
Dauoir belle maniere et gente
La bien veulx mettre mon entente/
Mais de magicque lart du dyable
Je nen crois rien soit vray ou fable/
Mais du varlet que vous me dictes
Qui tant sont bontez et merites
Que toutes graces y acourent
Si telz dons ainsi luy demourent
Telles graces ne soient moyes
Je le quicte/mais toutes suoyes
Point ne le hay certainement
Ne ne layme si finement
Tant aye ie pris son chapel
Que pource mon amy lappel
Sinon par parolles communes
Comme chascun dit a chascunes
Bien puissiez vous venir amy/
Amy de dieu soyez beny.
Point ne lame ne son honneur

Nota:

❧Le Rommant de la Rose.

Sinon en bien sans deshonneur/
Mais puis quon se ma presente
Et que receu mon present ay
Ce me doit bien complaire et seoir
Sil peust or quil me vienne veoir
Si de ma veue il a talent.
Il ne me trouuera ia lent
De le receuuoir voulentiers/
Mais que ce soit en dementiers
Que ialousie soit hors ville
Qui forment le hait et auille.
Si doubte comme quil aduienne
Sel estoit hors quel ne reuienne/
Car puis quel a faict emmaller
Tous ses harnois pour hors aller
Et de remaindre auons congie
Quant sur le chemin a songie.
Souuent de my chemin retourne
Et tous nous tempeste et bestourne
Et selle reuient dadueuture
Tant est a moy si felle et dure
Que selle se peust ceans trouuer
Sans point aultrement le couuer
Crains quel ne me face mourir
Sans quon men puisse secourir.
❧La Vieille a bel acueil.
❧Vrayement de ce soye assure
Garde nauez ie prens la cure/
Car de le trouuer est ce neans
Et fust or ialousie ceans/
Car ie scay trop de repostailles
Et cachetz en monceaulx de pailles
Si qua paine par sainct temps
Lon ne trouueroit loeuf dung formys
Quant musse ung cop ie lauroye
Comme ie scay et en que? soye.
❧Bel acueil a la Vieille.
❧Donc veille bien dame qui vienne/
Mais que saigement se contienne
Et se garde de tout oultraige.

❧La Vieille.
❧Certainement tu fais que saige
Comme preux et tresbien sensez

filz qui tant vaulx et qui tant scez.

❧Lacteur.
❧Leurs parolles a tant faillirent
Et dillecques se departirent/
Bel acueil en sa chambre va
Et la vieille aussi sen reua
Pour besongner en la maison.
Quant vint le lieu temps et saison.
Que la vieille peut seul choisir
Bel acueil si que par loisir
Peust on a luy tresbien parler
Les degrez prent a deualler
Tant que de la tour est issue/
Oncques ne cessa puis lissue
Iusques vers lamant de troter
Pour la besongne luy noter
Vers luy sen vint lasse et saignantz.

❧La Vieille a lamant.
❧Je viens dit elle a temps aux gans)
Mais quaporte bonnes nouuelles
Toutes fresches toutes nouuelles.

❧Lamant a la Vieille.
❧Aux gans dame/ains vous dy sans lobe
Que vous aurez mantel et robe
Chaperon et pelice grise
Et argent a vostre deuise
Se me dictes chose qui vaille.
Lors me dist la vieille que iaille
Seul au chasteau ou lon mattent
Qui ne se veult partir a tant
Ains mapprint dentrer la maniere.

❧Comment la vieille la maniere
Dentrer au fort par lhuys derriere
Enseigna lamant a baston
Par ses promesses sans nul don
Et linstruisit si saigement
Quil y entra secrettement.

Nota.

Fueillet.xcvi.

Vng grant auantaige me firent
Les vassaulx qui les desconfirent/
De dieu et du bon sainct Benoist
Puisse ilz estre tous benoist.
Ce firent faulx semblant le traitre
Filz de barat et faulx ministre
Comme ypocrisie sa mere
Qui tant est aux vertus amere
Et dame abstinence contrainte
Qui de faulx semblant est accointe
Preste denfanter lantecrist
Comme ie treuue au liure escript.
Ceulx la desconfirent sans faille
Ie prie pour eulx vaille que vaille/
Le seigneur qui traistre veult estre
Face de faulx semblant son maistre
Et contraincte abstinence preigne
Double soit et humble se faigne.

Dus enterez par lhuys derriere
Dit elle et ie vous vois ouurir
Pour mieulx la besongne couurir
Celluy passaige est moult couuert
Saichez que lhuys ne fut ouuert
Passez sont deux moys et demy.
       ¶ Lamant a la vieille.
¶ Dame par le corps sainct remy
Coustast laubne dix frans ou vingt/
Car moult bien dames me souuint
Qui me dit que bien ie promisse
Combien que payer ie ne puisse
Son drap aurez ou pers/ou vert
Si ie puis trouuer lhuys ouuert.
La vieille a tant de moy se part
Et ie men vois a lautre part
Derriere a lhuys que dit mauoit
Priant dieu qua bon port menuoit
A lhuys menuoye sans mot sonner
Que la vieille fut deffermer
Le tenant encor entreclos.
Quant ie fuz leans ie le recloz
Dont bien fusmes plus seurement
Et aussi de ce mesmement
Que ia malle bouche estoit mort
Duquel neu nul dueil ne remort.
Allec by sa porte cassee
Et ne feuz pas plustost passee
Quamours trouuay dedans la porte
Et son ost qui confort mapporte.

Quant celle porte que iay dicte
Veis ainsi prise et desconfite
Ie trouuay lost arme leans
Pres dassaillir mes yeulx veans/
Si ie eu ioye nul nen dement
Lors pensay fort profondement
A la beaulte que ie voye
Si que parler ie ne ponoye.
En tel point elle mauoit mis
Que presque perdis mon aduis
De lost que veis tant bel et gent
Et de si amoureuse gent.
Quant ie les veis tant mesiouy
Qua peu que ne mesuanouy/
Moult fut ioyeulx de ma venue
Doulx regard quant il la congneue
Tantost a bel acueil me monstre
Qui saulk dessus et me rencontre
Comme courtois et bien apris/
Car sa mere lauoit apris.

¶ Coment lamant en la chambrette
De la tour qui estoit secrette
Trouua par semblant bel acueil
Tout prest daccoplir tout son vueil.

Le rommant de la Rose.

Je le saluay de venue
Et il aussi me ressalue
Et de son chapel me mercye.
Sire dis ie vous prise mye
Pas ne me devez mercier/
Mais ie vous dois regracier
Par cent mille fois quant me fistes
Si grant honneur que vous se pristes.
Saichez si vous vient a plaisir
Du tout suis a vostre desir
Et veulx faire vostre vouloir
Quel qui sen veult plaindre et douloir
Recueil Tant me veulx a vous asservir
de lamāt Pour vous honnorer et servir.
a bel   Se me voulez rien commander
acueil. Du sans commandemens mander
Du saultrement le puis scauoir
Je mettray le corps et lauoir
Voire certes lame en balance
Sans nul remors de conscience.
Et que plus certain en soyez
Je vous pry que vous le ssayez/
Car si ie faulx ie naye ioye
De corps ne de chose que iaye.

Bel acueil a lamant.

Vostre mercy dit il beau sire/
Je vous veulx bien lors aussi dire
Si lya ceans rien qui bone plaise
Que vueil que vous en ayez saise/
Prenez ce que pouez choisir
Et en faictes vostre plaisir.

Lamant a bel acueil.

Sire dieu vous doint bonne vie
Cent mille fois ie vous mercie
Quant puis ainsi voz choses prendre
Parquoy ie ne quiers plus attendre
Quant auez la chose si preste
Dont mon cueur fera moult grant feste
Plus que du tresor dalexandre
Lors mauancay pour sa main tendre
A la chose que tant desir
Pour acomplir tout mon desir/
Si cuiday bien a noz parolles
Qui tant estoient doulces et molles
Et noz plaisantes acointances
Pleines de belles contenances
Que tout fust faict apertement/
Mais il maduint bien aultrement.

Coment lamāt se voulut ioindre
Au rosier pour sa rose attaindre/
Mais dangier qui bien lespia
Lourdement et hault escria.

Oult reste de ce que fol pense/
Car trop y trouuay de deffense. Nota.
Quant celle part mon bras tēdit
Dangier le pas me deffendit/
Le vilain que mau soup lestrangle.
Il sestoit musse en vng angle
Par derriere et nous agaitoit

Fueillet.xcvii.

Et mot a mot toutes mettoit
Noz parolles en son escript
Et nattent plus quil ne me script
    ¶ Dangier a lamant
¶ Fuyez vous en fuyez fuyez
Fuyez dicy trop mennuyez
Diables vous ont cy amene
Et lucifer le forcene.
Mais qui esse qui vient icy
Qui sont ceulx la par quel mercy
Qui en ce beau seruice partent
Et prennent tout ains quilz sen partent
Ja ny vienne saincte ne sainct.
Vassal vassal si dieu me sainct
A peu que ie ne vous effronte.
paour & honte nuisent alamãt Adonc sault paour et acourt honte
Quant ilz ouyrent le plaisant
Fuyez fuyez fuyez disant.
Encor pas a tant ne se teut
Mais les diables il tarmenteut
Et sainctz et sainctes en osta.
He dieu qui si felon hoste a.
Ilz se courroucent et forcenent
Et tous trois par accord me prennent
Et me boutent derriere les mains
Ja nen aurez dirent ilz mains
Ne plus quen present en aurez
Mallement entendre scauez
Ce que bel acueil vous offrit
Quant parler a luy vous souffrit.
Son bien vous offrit liement
Mais que ce fust honnestement.
De lhonnestete cure neustes
Mais loffre simple receustes
☞ Non pas au sens quon la doit prendre
Car sans dire est il a entendre
Que quant lhomme offre son seruice
Que ce nest quen bonne police
Ainsi sentent pour bien enquerre.
Mais or nous dictes damp tricherre
Quant ces parolles vous ouystes
Pourquoy en droit sens ne les prystes
Les prendre si vilainement
Vous vient de rude entendement

Du vous anez aprins du saige
A contrefaire le fol saige.
Il ne vous offrit pas la rose
Car ce nest mie honneste chose
Que tant requerir luy deussiez
Quelque amoureux que vous fussiez.
Et quant tel offre luy offristes
Ainsi comme vous lentendistes
Ce fut pour le venir lober
Affin de sa robe rober.
Bien le trassiez et le bouliez
Quant ainsi seruir le vouliez
Pour estre priue ennemys.
Ja nest il pas en liure mis
Que tant peust nuyre ne greuer.
Si vous deuiez de dueil creuer
Il ne vous conuient pas cuider
Mais vous fault du pourpris vuider
Diables vous y font reuenir.
Vous deust il pas bien souuenir
Quaultresfois en fustes chassez
Or tost ailleurs vous pourchassez.
Certes selle ne fut pas saige
Qui quist a tel musart passaige
Mais pas ne scay vostre penser
Ne la trahison pourpenser.
Sachez que ia quise ne leust
Si vostre desloyaulte sceust.
Moult a este certes deceu
Bel acueil et bien despourueu
Quant vous receut en sa pourprise
Seruir vous cuidoit a sa guise
Et vous tendez a son dommaige.
Vous naurez cy nul auantaige
Quant tel oustraige vous desuoye
Querez donc ailleurs vostre voye
Et hors de ce pourpris allez.
Noz degrez tantost deuallez
Debonnairement et de gre
Ou ia ny compterez degre
Car tel pourroit si tost venir
Sil vous peust trouuer et tenir
Quil les vous fera mescompter
Et vous y deust il effronter.

Menasses de dangier a lamant.

R i

℃ Le Rommant de la Rose.

Nota.

Sire fol trop oultrecuide
De toutes loyaultez vuide
Que vous a bel acueil forfait/
Pour quel peche pour quel forfait
Commencez vous tant a hair
Que ainsi vous le voulez trahir
Et maintenant vous luy offriez
Trestous les biens que vous auiez.
Est ce pource quil vous receut
Et luy et nous pour vous deceut.
Vous offrit pas le damoiseaux
Tous ses chiens et ses oyseaux
Dont follement se demena/
Et de tant comme faict en a
Pour ores et pour aultreffois
Me garde dieu et saincte fois
Quil sera mis en tel prison
Duen si forte nentra prins hom

Nota.

En telz anneaulx sera riue
Que iamais tant que ie viuray
Ne le verrez aller par voye
Puis quainsi vous trouble et denoye/
Mal sauez vous oncques tant veu
Car par luy maint homme est deceu.

℃ Lacteur.

Adonc le prent et tant le batent
Que fuyant en la tour labatent
Et luy ont dit trop de laidures.
Dessoubz trois paires de serrures
Sans le mettre en fers ne en cloz
En la tour lont tout seul encloz
Et alors plus ne le greuerent
Ce fut pource quilz se hasterent
Et luy promirent de pis faire
Quant venus seront au repaire

Lamāt
enclos
en la
tour.

℃ Cōment honte paour et dangier
Prindrent lamant a sedangier
Et le batirent rudement
Leur criant mercy humblement.

As ne se font a tant tenus
Surquoy sont tous trois reuenus
Qui dehors estoient demeurez
Tristes dolens et espleurez.
Ilz me ressaillent et tormentent
Or vueille dieu quilz sen repentent
Pensant loultrage quilz me font
A peu tient que mon cueur nen font
Car ie me souffisse bien rendre
Mais tout vif ne me vouliēt prendre.
Dauoir leur paix moult mentremis
Et voulsisse bien estre mis
Auec bel acueil en prison
Dangier dis ie beau gentil hom
Franc de cueur et vaillant de corps
Plus piteux que ie ne recors
Vous aussi honte & paour les belles
Tressaiges courtoises pucelles
En faictz et dictz bien ordonnees
Et du lignaige raison nees
Souffrez que vostre serf deuienne
Par conuenant que prison tienne
Auec bel acueil en la tour
Sans en faire iamais retour
Car loyaulment vous veulx promettre
Que si ou luy me voulez mettre
Que ie vous y feray seruice
Qui vous plaira comme propice.
Certes si iestoye larron
Rauissant en bois ou quarron
Du daulcun meurtre achoisonne
Ne voulsisse estre emprisonne/

Supplicatio de
lamant
a dāgier
paour &
honte.

Fueillet.xcviii.

Parquoy la prison ie requisse/
Ne cuidez pas que ie le fisse
Voire certes tost sans requerre
My mettroit on en quelque terre
Que ce fust sans se trauailler.
Son me deuoit tout destailler
Ne me laisseroye eschapper
Si lon me deuoit entraper.
La prison pour dieu vous demande/
Auec luy selon ma demande
Et si tel puis estre trouue
Bien soit par preuue ou pris trouue
Que de bien seruir il se faille
Hors de la prison tousiours aille.
Si nest il pas bon qui ne peche
Tousiours a chascun quelque teche/
Mais si par moy ya deffault
Pour moy pugnir de ce deffault
Faictes moy mes peneaulx trousser
Et tous mes drapeaulx desfrousser
Car si iamais vous fais courroux
Pugny soye et tout de coupz roupz
Vous mesmes en soyez le iuge
Mais que nul fors vous ne me iuge/
Hault et bas sur vous me retrais
Mais que nous ny soyons que trois
Et soit auec vous bel acueil/
Car celluy pour le quart iacueil.
Le faict luy pouons recorder/
Et se ne pouons accorder
Aumoins souffrez quil nous accorde
Et vous tenez a sa concorde
Car pour batre ne pour tuer
Ne men vouldroye remuer
Tantost dangier si fescria.

¶Dangier a lamant.
¶Ha dieu quel requeste cy a
De vous mettre en prison ou luy
Vous qui auez cueur tant ioly
Et le sien est tant debonnaire.
Mais nest il aultre chose a faire
Fors que par amourettes fines
Mettre le coq ou les gelines.
Or tost ailleurs vous pourchassez

Car bien pert que vous ne chassez
Fors a nous faire honte et laidure
De tel seruice nauons cure.
Vous estes bien de sens vuidez
Quant iuge faire se cuidez/
Iuge par le doulx roy celeste
Comment peut il iamais iuge estre
Et prendre sur luy nulle mise
Personne ia iugee et prise
Bel acueil est prins et iuge
Et tel estat luy as iuge
Quil puisse estre arbitre et se iuge/
Plustost viendroit or le deluge
Quil sorte iamais de la tour.
Destruit sera par mauluais tour
Car il la moult bien desseruy/
Pource sans plus quil a seruy/
Ainsi en vous offrant ses choses.
Par luy pert on toutes les roses
Chascun musart les veult cueillir
Quant il se voit bien acueillir/
Mais qui bien le tiendroit en caige
Nul ny feroit iamais dommaige
Ne nen porteroit nul viuant
Nemplus quen emporte le vent
Sil nestoit tel que tant mesprist
Que villennie force fist
Dont il pourroit bien tant despendre
Quil sen feroit bannir ou pendre.

¶Lamant a dangier paour a honte.
¶Certes dis ie moult se meffait
Qui destruit lhomme sans me ffait
Et qui sans raison lemprisonne.
Et quant vous si vaillant personne
Que bel acueil est si honneste
Qui faict a tout le monde feste
Pource quil me fit belle chiere
Et quil eut macointance chiere
Sans aultre achoison prins tenez.
Mallement vers luy mesprenez
Car par grant raison estre deust
Hors de la prison si vous pleust/
Ie vous prie doncq quil en ysse
Et de la besongne cheuisse/

R ii

Le rommant de la Rose.

Trop auez vers luy ia mespris
Gardez quil ne soit iamais pris.

Dangier paour & Honte a lamant
Dz dirent ilz ce fol nous truffe
Et bien nous va paissant de truffe
Quant il le veult desprisonner
Et nous trahir par sermonner.
Il requiert ce qui ne peult estre
Jamais par huys ne par fenestre
Hors ne mettra iamais le chief.

Lamant.
Lors massaillent tous de rechief
Chascun a hors bouter me tend/
Et ne me greuast mye tant
Son me voulsit crucifier.
Je leur commencay a crier
Mercy non pas a trop hault cry
Mais a voix basse a lassault cry
Vers cerlx qui secourir me deurent
Tant que les guettes mapperceurent
Qui lost deurent eschauguetter
Quant si mal me ouyrent traicter.

Coment tous les barons de lost
Si vindrent secourir tantost
Lamant que les portiers batoient
Quasi si fort quilz lestrangloient.

UR sus or sus font ilz barons
Si tantost armez napparons
Pour secourir ce fin amant
Perdu est mon dict point ne ment.

Les portiers le fustent et lient
Batent tuent et crucifient
Deuant eulx brait a voix serie
A si bas cry mercy leur crie
Qua paine on entendoit le brait/
Car si bassement crie et brait
Quauis nous est si vous louez
Que de braire il est enrouez
Du que la gorge luy estraingnent
Si quilz lestranglent ou contraingnent
Ja tant luy ont la voix enclose
Que crier hault ne peut ou nose
Et ne scauons quilz veullent faire
Mais trop luy font chose contraire.
Mort est sil na en brief secours
Car foux sen est tout le cours
Bel acueil qui le confortoit/
parquoy fault quaultre confort ait
Tant quil se puisse recouurer
Des or conuient darmes ouurer.

Lamant.
Ceulx la sans faille tue meussent
Si ceulx de lost venus ny fussent.
Les barons aulx armes saillirent
Quant ilz entendirent et virent
Que ieuz perdu ioye et soulas
Je qui estoye prins aux las
Du amours les amans enlasse
Sans me remuer de la place.
Regarday ce tournoyement
Qui commenca trop asprement/
Car si tost que les portiers sceurent
Que si tresgrant ost contre eulx eurent
Ensemble eulx tous sentrealient
Et sentreuirent et a ffient/
Par leur pouoir sentreayderont
Et ia ne sentrelaisseront
Jour de leur vie a nulle fin.
Et ie qui de regarder eux fain
Leur semblant et leur contenance
Suis moult dolent de laliance.
Et ceulx de lost quant ilz veirent
Que ceulx telle aliance firent
Si sassemblent et sentreioignent

Fueillet. xcix.

Sans que point oz ilz sent refloignoient/
Mais iurent que tant ilz feront
Que mors en la place gerront
Ou desconfis seront et pris
Ou de lestour auront le pris
Tant sont entragez de combatre
Pour lorgueil des portiers abatre
Qui aux amans font trop mal traire
Tant leur est tout chascun contraire/
Car par ces trois sont moult souuent
Amans a grant dueil et torment
Des or viendzons a la bataille
Pour veoir comment chascun bataille.

¶ Comment lacteur mue propos
Pour son honneur et son bon los
Garder/en priant quil soit quicte
Des parolles quil a cy dictes.

Ntendez cy loyal amant
Que le dieu damours soit amã[t]
Et doint de voz amours iouir.
En ce lieu cy pouez ouir
Chiens glatir se mentendez
Du connins prendre ou vous tendez
Et le furet qui sans faillir
Les doit faire aux ressaulx saillir.
Notez ce que vous voiz disant
Damours autez art suffisant/
Et si vous y trouuez rien trouble
Ie esclarcizay ce qui vous trouble
Quant le songe mozrez escondze

Nota.

Lors scaurez bien damours respondze
Si aulcun y scet opposer
Quant le texte mozrez gloser
Et scaurez lors par cest escript.
Ce que iauray deuant escript
Et ce que ie tendz a escripze
Sans que plus vous men oyez dire.
Ailleurs vueil vng petit entendze
Pour des malles gens me deffendze
Non pas pour vous faire muser
Mais pour moy contre eulx excuser.

¶ Cy dit par bonne intention
Lacteur son excusation.

IE vous pry seigneurs amoureux
Poz les ieux damours sauoureux
Que si vous y trouuez parolles
Semblans trop baufdes et trop folles
Des choses a dire ou la dictes
Que courtoisement les desdictes/
Et quant vous y orrez fais dictz
Cela retardez par desdictz.
Si mes dictz sont de tel maniere
Par droit soit que pardon en quiere
Ie pry que se me pardonnez
Et que par moy leur responnez
Que ce requeroit la matiere
Qui vers telz parolles me tire/
Pour les proprietez de soy/
Et pourtant ainsi escript ay
Car ceste chose tres stroicte et iuste
Par lauctorite de saluste
Qui nous dit par sentence voire
Que tout nest pas semblable voire
De celluy qui la chose faict
Et de lescripuain qui le faict
Veult mettre proprement en liure
Pour mieulx la verite descripze.
Si nest pas la chose legiere
Ains est de moult fort grant maniere
Mettre les fais bien en escript/
Car quiconque la chose escript
Si du vray ne se veult embler

Lauctorite de Saluste

R iii

❡ Le Rommant de la Rose.

Le fait doit le dit ressembler
Car les voix aux choses voysines
Doiuent estre a leurs faitz cousines
Si me conuient ainsi parler
Puis que par le droit vueil aller.

❡ Coment lacteur moult humblement
Sexcuse aux dames du rommant.

Je vous prie toutes vaillãs femmes
Soient damoiselles ou dames
Amoureuses ou sans amis
Que si vous trouuez motz la mis
Qui semblent mordans es chemins
Encontre les meurs feminins
Que ne men vueillez pas blasmer
Ne ce que lescriptz diffamer/
Car tout est pour enseignement.
Je ne dis rien certainement

Excusa-
tion de
lacteur.
Ne nay pas voulente de dire
Soit par puresse ou soit par pre
par haine aussi ou par enuye
Contre femme qui soit en vie/
Car nul ne doit femme despire

nota.
Silna le cueur de tous le pire
Mais ie lay par escript reduit
Affin que chascun soit induit
Et pense congnoissance auoir
Car il fait bon du tout scauoir.
Daultre part dames honnorables
Sil vous semble que die fables
Pourtant menteur ne me tenez
Mais aux acteurs vous en prenez
Qui en leurs liures ont escriptes
Les parolles que ien ay dictes
Auec celles que ien diray/
Car ia de riens nen mentiray
Si les preudhommes ne mentirent
Qui les anciens liures firent/
Lesquelz a ma raison sacordent
Quant les meurs feminins recordent.
Ilz ne furent ne folz ny sures
Quant ilz les mirent en leurs liures.
Ceulx les meurs feminins scauoient

Car tous esprouuez les auoient
Et telles femmes les trouuerent
Qui par temps bien les esprouuerent
parquoy mieulx men deuez quicter.
Chose ny metz fors reciter
Si par mon ieu qui peu vous couste
Quelque parolle ny adiouste
Comme font entre eulx les poetes
Dedans leurs matieres bien traictes.
Les choses mettent par escript
Ainsi que voyez quon escript
Selon quon si veult entremettre/
Car comme tesmoigne la lettre
Prouffit et delectation
Est toute leur intention.

Si les gens encontre moy grouceront
Qui se troublent & se courroucent
Qui semble que ie les remorde
Par ce chapitre ou ie recorde
Les parolles de faulx semblant
Et pource sallent assemblant
Que blasmer ou pugnir me veullent
Pource que de mon dit se deullent
Je fais bien protestation
Que oncques ne fut mention
De parler contre homme viuant
Saincte religion suyuant
Ne qui sa vie vse en bonne oeuure
De quelque chose quil se coeuure
Aine prins mon arc et sente soye
Quelque grant pecheur que ie soye
Et fis ma saiette voller
En general pour uffoller
Pour affoller/mais pour congnoistre
Fusse seculier ou de cloistre
Les gens desloyalles mauldites
Que Jesus appelle ypocrites
Dont maintz pour sembler plus honnestes
Laissent a manger chairs des bestes
Tout temps au nom de penitence
Et font ainsi leur abstinence
Comme quant en karesme sommes/
Mais tout vifz ilz mangent les hommes

nota.

note des
ypocri-
tes.

Par les dens de detraction
Et venimeuse intention.
Oncq dan lstre sang ne fiz bersault
La voix/et veulx que mon fer sault.
Sur eulx tiray a la volee
Et si pour auoir la colee
Aduient que dessoubz la saiette
Aulcun homme de son gre se mette
Lequel par orgueil se decoiue
Qui dessus soy le coup recoiue
Puis se plaint que ie lay naure

Nota.

Coulpé nen ay ne ia nauray
Nompas sil en deuoit perir/
Car ie nen peulx nulli ferir
Qui du coup se vueille garder
Sil scet son estat regarder/
Mesme cil qui naure se sent
Par le fer qui luy est present
Gard que plus ne soit ypocrite
Et de la playe sera quicte.
Et non pourtant quel qui sen plaigne
Combien que preudhomme se tiengne
Rien nen die a mon escient
Combien quil mest contrariant
Qui ne soit en escript trouue
Ou par experiment prouue
Ou par raisons au moins prouuable

☞ A qui quil soit desagreable.
Et sil y a nulle parolle
Que saincte eglise tienne a folle
Prest suis qua son vouloir lamende
Si ie peulx suffire a lamende.

 ¶ Cy reprent son propos sans faille
Lacteur et vient a la bataille
Du dame franchise combat
Contre dangier qui fort la bat.

Ranchise vint premierement
Côtre dangier moult humblemēt
Qui trop est fol et couraigeux
Par semblant fier et oultraigeux.
En son poing tient vne massue
Fierement la paulmoye et rue

Entour soy par coups perilleux
Si bien quonc escu merueilleux
Ny resista quel ne pourfende
Et que cil vaincu ne se rende
Qui contre luy se met en place
Sil est bien attaint de la masce.
Il la print au bois de refus
Le lait villain que ie refus.
Sa targe fut descoutoyer
Bordee de gent victoyer.
Franchise fut moult bien armee
A paine sera entamee/
Mais quie bien se saiche couurir.
Franchise pour la porte ouurir
Contre dangier auoit silence
En sa main tenant forte lance

Nota.

Quel apporta belle et polie
De la forest de cheneriere/
Il nen croit nulle telle en biere.
Le fer fut de doulce priere

Des armures dont franchise se côtre dangier

Et eut par grant deuotion
De toute supplication
Escu/quonques nen fut du mains
Bordé de ioincture de mains/
De promesses et conuenances
Par grans fermens et grans sciences
Couloure trop mignottement.
Vous peussiez dire vrayement
Que largesse le luy bailla
Et le paignit et entailla/
Bien sembloit estre de son oeuure.
Franchise qui moult bien se coeuure
Esbrandist adoncques sa lance
Et contre le vilain la lance
Qui nauoit pas le cueur couart/
Mais sembloit estre remouart
Du tinel sil fust reuestu.
Tant fut pourfendu son escu/
Mais tant fut fort a desmesure
Quil ne craignoit aulcun armure
Si que si bien il se couurit
Que sa panse point nen ouurit.
Le fer de la lance brisa
Parquoy le coup moins en pulsa/

R iiii

Moult fut fort darmes angoisse
Le vilain felon aourse.
La lance print si la despiece
A sa massue piece a piece/
Puis leua ung coup grant et fier/
Qui me tient que ie ne te fier
Dit il/orde grasse ribaulde/
Comment as tu este si baulde
Doser tel preudhomme assaillir.
Sur son escu fiert sans faillir
La preuse et belle tant courtoise
Qui le fit saillir dune toise
Dangoisse et a genoulx labat
Moult le ledange moult le bat
Et trop que ce coup mortel fust
Selle eut faict son escu de fust
Aultresfois vous ay ie trop creue

Dägier dompte frāchise
Dame orde et trop grasse recreue
Dit il/noncq bien ne men cheuy/
Voftre losenge ma trahy.
Or vous souffis ie le baiser
Pour le ribaudeau a aiser
Bien me trouua fol debonnaire/
Les dyables le me firent faire
Certainement mal y venistes
Quant nostre chastel assaillistes
Dont vous conuient perdre la vie.

¶ Lacteur.
¶ Et la belle mercy luy crie
Pour dieu qui ne la isse creuant
Quant elle ne peust en auant/
Et le vilain crosle la hure
Et sur les sainctz et sainctes iure
Quil loccira sans nul respit.
Moult en eut pitie grant despit
Qui pour sa compaigne secourre
Au vilain se haste de courre.

Pitie qui a tous biens sacorde
Tenoit vne misericorde/
En lieu despee en piteux termes
Decoulant de pleurs et de larmes.
Ceste cy si lacteur ne ment
Perceroit la pierre dayma̅t

Pourtant quelle fut belle pointe/
Car elle a moult ague pointe.
Son escu est dalegement
Borde de doulx gemissement
Plain de souspirs et de complaintes.
Pitie qui pleuroit larmes maintes
Poinct le vilain de toutes pars
Qui se deffend comme liepars/
Mais quant elle eut bien arrouse
De larmes lort vilain house
Si luy conuint amoloyer/
Aduis luy fut quil deust noyer
En ung fleuue tout estourdis/
Oncques ne par faictz ne par dis
Ne fut si lourdement heurte
Du tout deffailloit sa durte/
Foible et vain trembloit et chancelle
Fuyr sen veult honte lappelle.

¶ Honte a dangier.
¶ Lors dit dangier vilain proune
Si recreant estes trouue
Que bel acueil puisse eschapper
Vous nous ferez tost attraper/
Car tantost baillera la rose
Que nous tenons cy dedans close/
Et tant vous dis ie bien sans faille
Que si aux gloutons il la baille
Saichez quelle en pourra tost estre
Blesme passe ou molle ou tout flestre/
Et si me puis ie bien vanter
Que tel vent pourroit ceans venter
Si sentree trouuoit ouuerte
Quen aurions grāt dommaige et perte/
Ou qui trop la graine esmouuroit
Aucune aultre graine y plouuroit
Dont la rose seroit chargee
Dieu doint que iel graine ny chee
Par trop nous en pourroit meschoir/
Car deuant que lon peust eschoir
Tost en pourroit sans ressortir
La rose du tout admortir
Ou si dad mortir eschappoit
Et le vent tel coup y frappoit
Que les graines sentremessassent

Que de leur fais la fleur greuassent
Qui des fueilles en son descendre
Fist aulcune/ou que la fist fendre
Et par la fente de la fueille
Laquelle chose dieu ne vueille
Parust dessus le vert bouton
Lon diroit par tout que glouton
Lauroit demy en sa saisine.
Nous en aurions grande ruine/
Jalousie qui le scauroit
Trop grant dueil et martire auroit
Tant que a la mort serions liurez
Dyables vous ont bien enyurez.

Lacteur.
Dangier crie secours secours
Tout prestement honte le cours
Vint a pitie qui la menasse
Que trop redoubte sa menasse.

Honte.
Trop auez dit elle vescu
Je vous froisseray cest escu
Et tomberez tantost a terre
De malle heure emprinstes la guerre.

Lacteur.
Descrip- Honte porte vne grande espee
ptiō des Qui clere estoit et bien trempee
armures Quelle forgea doubteusement
de hôte. De soucy dappercoiuement.
La targe auoit qui fut nommee
Doubte de malle renommee
De tel fust lauoit elle faicte/
Mainte langue eut au bort pourtraicte
Pitie fiert qui trop fort sa ruse
Lors elle fut presque confuse/
Mais adonc est venu delict
Bel gentil et sur tous elict
Qui fit a honte vne enuahie/
Espee auoit de gaye vie/
Lescu dayse donc point nauoye
Cause de soulas et de ioye.
Cōbat Honte fiert/mais elle se targe
hôte ē Si bien et si fort de sa targe
delict. Quoncques le coup ne luy greua
Et honte requerre la va.

Si fiert delict par telle angoisse
Que sur le chief lescu luy froisse
Et labat ius tout estandu
Jusques aux dens leust pour fendu/
Mais dieu guida vng bachelier
Que lon appelle bien celer.
En sa main tenoit vne espee   *Bi̇ē ce-*
Ainsi que de langue couppee   *ler se-*
Qui lesbranla sans faire noyse   *cours de*
Si quon ne soyoit dune toyse/   *delit.*
Car hault sonner ne redondie
Ja si fort ne sera brandie
Que iamais on le puisse entendre
Cela vous conuient tous entendre.
Son escu de lieu musse fut
Oncques geline en tel ne geut.   *Notai*
Bordee fut de feurres alees
Et de reuenue celees.
Lespee haulsa et puis fiert honte
Tel coup quasi que il effronte
Dont elle fut toute estourdie.

Bien celer a honte.
Honte dit il/ia ialousie
La douloureuse la chetiue
Ne le scaura iour quelle viue.
Bien ie vous en assureroie
Et de ma main fianceroie
Et en feroie grans sermens
Plus que tous aultres iuremens
Puis que tue est malle bouche
Tu es prise comme en ta couche.

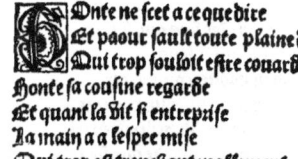
Comment bien celer si surmōte
En se combatant dame honte
Puis apres cueur et hardement
Se combatent moult fierement.

Honte ne scet a ce que dire
Et paour fault toute plaine dire
Qui trop souloit estre couarde
Honte sa cousine regarde
Et quant la vit si entreprise
La main a a lespee mise
Qui trop est trenchant mallement.

Le rommant de la Rose.

Cōbat d honte et bien celer.

Souspeccō de nbousissement
Eut nom/car de ce lauoit faicte.
Quant elle sent du fourreau traicte
Plus fut clere que nul beril.
Escu de doubte et de peril
Borde de trauail et de paine
Auoit paour qui forment se paine
De bien celer tout detrancher
Pour sa cousine reuencher
Sur son escu la va ferir
Tel coup quil ne se peult garir
Dont tout estourdi chancella.
Adonc hardement atella
Qui sault/car celle recouurast
Laultre coup massement outrast/
Mort: fust bien celer sans retour
Sel luy donnast dung aultre tour.

Descri ptiō des armu res de harde ment.

Hardement fut preux et hardis
En appert par fais et par dis.
Espee eut bonne et bien fourbie
De lacier de forcenerie.
Son escu fut moult renomme
Despit de mort estoit nomme
Bien borde dabandonnement
A tous perilz trop follement.
A paour vient et si luy escrye
Pour le ferir par sa furye.
Le coup abat et lors se coeuure/
Car elle scauoit moult de leuure
Qui affiert a cest escarmie
Bien fut de son coup effremie.
Puis le fiert vng coup si pesant
Quelle le verse tout gisant
Son escu ne le garentit.
Quant hardement ius se sentit
Ioinctes mains luy requiert, et prie
Pour dieu quelle ne loccist mie/
Mais paour dit lors que si fera.
Seurete dit qui se leua
A par dieu paour icy mourrez
Faictes du pis que vous pourrez.
Auoit souhez les blanches sieures
Cent fois plus couarde que lieures

Di estes de sacouardie.
Les dyables vous font si hardie
Que vous prenez a hardement
Qui ayme tant le tournoyement
Et tant en scet que sil luy pleust
Tous a la mort mettre nous peust.
Depuis que sur terre marcheastes
Fors en ce cas ne tournoyastes
Ne ne fistes ailleurs voz tours
Ailleurs dis ie en tous aultres estours
Vous fuyez ou vous vous rendez
Vous qui icy vous deffendez.
Auec cacus vous enfuistes
Quant venir hercules vous vistes
Courant a son col sa massue.
Done fustes lors toute esperdue
Et luy mistes es piedz ses esles
Quil nauoit oncques eues telles
Pource que cacus eut emblez
Ses beufz et trestous assemblez
En son recept qui moult fut long.
Par les queues nous reculons
Que la trasse ne fust trouuee/
La fut vostre force esprouuee/
La monstrastes vous bien sans faille
Que rien ne vallez en bataille/
Car puis que hantee ne lauez
Bien petit ou neant en scauez.
Il vous conuient nompas deffendre/
Mais fuyr ou voz armes rendre
Du chief se voittrez comparer
Puis que a luy vaus fault comparer.
Seurete auoit lespee dure
Bien forgee de toute cure
Bon escu de paix sans doubtance
Borde de toute concordance.
Lors fiert et occire la cuisse
En soy couurir met son estuide
Paour/et lescu tecte a lencontre
Qui seullement le coup rencontre
Si que point il ne se greua.
Le coup cheut quant il sassena
Et paour adonc tel coup luy donne
Sur lescu que toute lesionne/

note de seurete.

fueillet.c.ii.

Bien peu sen fault quil ne laffolle
Son espee et escu luy volle
Des poings tant fort ya heurte.

¶ Comment adonc paour et seurte
Ont par bataille fort heurte
Et les aultres pareillement
Sentreheurtent subtillement.

Cauez vous que fit seurete
Po᷑ dōner aux aultres exēples
Elle prit paour parmy les tēples
Et les deux tresfort sentretiennent
Et tous les aultres entreviennent
Lung se lye a lautre et se couple
Oncq en estour ne vis tel couple.
force renforcea le chappleis
Et fut si fort le trepignis
Quoncques en nul tournoyement
Ne furent coups de tel payement.
Torment deca/torment dela
Chascun sa famille appella
Tous y acourent pelle melle
Oncques plus espes ne vis gresle
Voller en laict que les coups vollent
Tous sentrerompent et affollent
Jamais ne vistes telz mestees
De tant de gens ainsi messees/
Mais ie ne vous mentiray ia
Lost qui le chastel assiegea
Bien auoit adoncques du pire.
Le dieu damours de paour souspire
Que sa gent ne soit toute occise/
Sa mere manda par franchise
Par doulx regard que bien tost vienne
Et que nulle essoyne la tienne
Prenant treues en dementiers
Pour dix ou douze iours entiers
Du plus ou moins ta recite
Ne vous sera certainete/
Voire a tousiours les eussent prises
Si a tousiours les eussent quises
Comment quil fust de les casser
Ne quiconques les deust passer/

Mais si lors son meilleur y fust   Les treu-
Ja les treues prises il neust/   ues da-
Et si les portiers ne cuidassent   mours.
Que les aultres ne les cassassent
Puis quelles estoient abandonnees
Point ne fussent adonc donnees
De bon cueur ains sen courrouceassent
Quelque semblant qīlz en monstrassent
Ne ny eut ia eu treue prise
Si Venus sen fust entremise/
Mais sans faillir ce conuint faire
Tant quon ait congie se retraire
Ou pour treue ou pour quelque fuyte
A chascune fois que lon fuyte   Nota:
A tel quon ne peult surmonter
Tant quon le puisse mieulx dompter.

¶ Commēt les messaigiers de lost
Damours/chascun de cueur deuost
Vindrent a venus pour secours
Auoir en lost au dieu damours.

DE lost se partent les messaiges
Qui tant ont erre comme saiges
Quilz sont a cyteron venus
Et la a grant honneur tenus.   la descri-
Cyteron est vne montaigne   ptiō du
Dedans vng bois en vne plaine   mont de
Si haulte que nulle arbaleste   cyterō.
Tant forte de traire bien preste
Ny trayroit matelat ne vire.

❡ Le Rommant de la Rose.

Venus qui les dames empire
La fit son principal manoir
Cyterõ est cha/bitation d'Venus Et en ce lieu voulut manoir/
Mais si tout lestre descripuoye
Je spoir que trop vous ennuyroye
Et si men pourroye lasser
Pource men vueil au brief passer.
Venus est au bois deualee
Pour chasser en vne valee/
Bel adonis est auec luy
Son doulx amy au cueur ioly.
Cestoit vng enfant ententif
Adonis amou/reux de Venus. A la chasse non repentif
Enfant en ieunesse venant
Qui moult fut bel et aduenant.
Midy estoit pieca passe
Et chascun de chasser lasse.
Soubz vng puplier en lherbe estoient
Pres dung viuier/la se vmbroient
Leurs chiens qui las daller furent
Taisans au bort du viuier beurent
Leurs dars leurs arcs et leurs curees
Au pres deulx auoient apposees.
Ioliement se desduysoient
Et les oysillons escoutoient
Par les rainceaux tout enuiron.
Apres leurs ieux en son giron
Venus embrasse le tenoit
Et encore luy aprenoit
De chasser en bois la maniere
Sicomme elle estoit coustumiere.

❡ Comment Venus a adonis
Qui estoit sur tous ses amis
Deffendoit quen nulle maniere
Nallast chasser a beste fiere.

Vant vostre mente sera preste
Et vous prez querant la beste
Chassez la quãt elle est en fuye
Si vous trouuez beste qui fuye
Courez apres hardiement/
Mais encontre elles fierement
Nefforcez par trop vostre corps

De ce la soyez bien recors.
Couart soyez et pareusseux
Vers les hardis/car contre ceulx
Du cueur hardy sest aheurte
Nulcun hardement na seurte/
Aine faict perilleuse bataille
Hardy quant a hardy bataille/
Cerfz et biches cheureulx et chieures
Rengiers et dains connins et lieures
Ceulx la vous pouez bien chasser
Et en tel chasse sou lasser.
Ours/loups/sangliers/et elephans
Ne chasse la/ie le deffens/
Car telles bestes se deffendent
Et les chiens tuent et pourfendent
Et si font ilz les veneurs mesmes
Moult souuent faillir a leurs esmes/
Maintz en ont occis et naure
Iamais de vous ioye nauray
Ains men pesera maintenant
Si vous le faictes aultrement.

Insi Venus le chastioit
Et en chastiant moult prioit
Que de ses loix luy souuenist
En tous lieux ou chasser venist.
Adonis qui petit prisoit
Ce que sa mye luy disoit
Fust de mensonge ou fust de voir
Tout octroyoit pour paix auoir/
Mais rien ne prisoit le chasty
Que sa dame luy a basty.
Le chastie tant quel vourra
Sil sen part plus ne le voirra
Point ne la creut dont il mourut
Venus point ne le secourut/
Car elle ny estoit presente/
Puis le pleura fort la dolente/
Car il chassa a vng sanglier
Quil cuida prendre et estrangler/
Mais onques point ne le trencha/
Car le sanglier se reuencha
Comme orgueilleuse et fiere beste
Contre adonis branle la teste

Fueillet.c.iii.

adonis
que par
vng san
glier.

Ses dens en laigne luy flatit
Et de son groing mort labatit.

Bau seignr quoy qͥl vo⁹ aduiēne
De ceste epēple vous souuienne
Vous qui croyez voz amyes.
Saichez que faictes grans folies
Car bien les deussiez toutes croire
Quant leur parler est chose voire.
Quant elz iurent quelles sont vostres
Croyez les comme patenostres.
De les croire ne recrees
Sans raison point ne les croyez
Se lvous apportoient crucifix
Ne les croyez comme ie fis.
Si cestuy eust sampe creue
Il eut sa vie moult acreue.
Vng seigneur a lautre deduit
Prent quant luy aduient le deduit
A cyteron sont retournez
Et ceulx qui ne sont seiournez
Aincois que Venus se despouille
Luy compte de fil en esguille
Tout ce que bien leur appartient.
Certes ce dit Venus mal tient
Jalousie chastel et casse
Contre mon filz/si ie nembrasse
Les portiers et tout leur atour
Ou les clefz rendront de la tour
Ne ne prisez vng seul larron
Moy ne mon arc ne mon brandon.

nota.

Cōmēt six ieunes coulōbeaulx
En chariotz riches et beaulx
Meinent Venus en lost damours
Pour luy faire tresbref secours.

Or fit sa famille appeller
Et son chariot asteller
car pas ne veult marcher es boes
Beau fut le char a quatre roes
Dor et de perles estellees
En lieu de haquenees attellees.
Au limon sont six coulumbeaulx
Pris en son coulombier moult beaulx.
Toute leur chose est apprestee
Et Venus en son char montee
Celle qui chastete guerroye
Nul desoyseaulx ne se guerroye
Ains batent leurs esles et partent
Lair deuant eulx rompent et partent/
Jusques en lost/Venus venue
Tost est de son char descendue.
Contre elle saillent a grant feste
Son filz qui le premier sappreste
Et qui auoit treues cassees
Deuant quelles fussent passees/
Oncques ny garda conuenance
De iurement ne de fiance.

Le cha-
riot d̓ Ve
nus me
ne p si⁹
coulum
beaulx
en signe
de luxu
re.

Cest lassault deuant le chastel
Si grant que pieca ne fut tel
Mais amours ne sa compaignie
A ceste fois ne leurent mye
Car ceulx de dedans resistance
Luy firent par leur grant puissance.

S i

Le rommant de la Rose.

Chastete en femme vivant
Tant soit ialousie estriuant/
Trop souuent en grant paine sommes
Beau filz ainsi iurez des hommes
Quilz sauldront tous par voz sentiers.

Venus contre chastete

¶ Le dieu damours.
¶ Certes ma dame voulentiers
Il nen sera nul respite
Aumoins iamais par verite
Ne sera preudhomme clame
Si or nayme ou sil na ayme.
Grant douleur est quant telz gens viuent
Qui les deduitz damours eschiuent
Sans quilz les veullent maintenir/
A malchief puisse ilz venir.
Tant les hays que se ie peusse
Confondre tous faire le deusse
Deulx me plains et tousiours plaibray
Et de plaindre ne me faindray.
Com cil qui nuyre leur vouldray
En tous les cas que ie pourray
Tant que ie soye si venge
Que leur orgueil soit estrange/
Du quilz soient tous condempnez.
Mal ont este tous dadam nez
Quant ilz pensent de me greuer/
Au corps puisse leur cueur creuer
Quant mes desduictz veullent abatre
Certes qui me devroit bien batre
Voire effronter a quatre pis
Il ne me pourroit faire pis.
Dieu ie suis/non mie mortel
Mais courroux en recoy or tel
Que si ie mortel estre peusse
Du dueil que ien ay most receusse/
Car si mon ieu va deffaillant
Iay perdu tant que iay vaillant
Fors que mon corps et ses vestures
Et mon chappel et mes armures.
Pour le moins silz nen ont puissance
Ilz deussent auoir la pesance
Et leurs cueurs en douleur presser
Si les leur conuient il laisser.
Du peut on querre meilleur vie

Nota

Dieu a fort guerroyer entendent
Ungs assaillent autres deffendent
Ceulx contre le chastel adressent
Pierres et eschelles quilz dressent
Pour rompre les murs et sembloient/
Et les portieres les murs bourdoient
De fortes clayes reffusisses
Tissues de verges pleisses
Quilz auoient par grandes maistries
En haye de dangier cueillies.
De grans saiettes barbelees
Et de promesses empennees
Et de seruices et de dons
Pour plustost auoir leurs guerdons
Car il ny entra onques fust
Que de promesse tout ne fust
De fer ferrees fermement
De toute fiance et serment.
Sur eulx tirent et ilz se targent
Et de deffendre ne satargent/
Car targes ont fortes et fieres
Trop pesantes ne trop legieres
De tel fust comme celles clayes
Que dangier cueilloit en ses hayes/
Si que traire rien ny valoit.
Comme la chose ainsi alloit
Amours vers sa mere se trait
Tout son estat luy est retrait
Suppliant quelle le seqneure.
Malle mort dit elle maquerelle
Qui tantost me puisse atourer
Si iamais laisse demourer

Lassault du chastel

fueillet. c. iiii.

Que destre entre les bras saincte.

Dés en lost firent le serment
Et pour le tenir fermement
En lieu de reliques ont traictes
Leurs cuirasses et leurs saiettes
Leurs dars leurs arcz et leurs bourdons
Et disoient nous ne demandons
Aultres reliques a ce faire
Ne qui tant bien nous puissent plaire.
Si de cecy nous parturions
Jamais de riens creuz ne serions.
Sur aultre chose point ne iurent
Et les barons sur ce les creurent
Autant que sur la trinite
Pource quilz iurent verite.

¶ Comment nature la subtile
forge tousiours ou filz ou fille
Affin que lhumaine lignie
Par son deffault ne faille mie.

Apres que faict le serment eurent
Et que tous entendre le peurent
Nature qui pensoit des choses
Qui sont dessoubz le ciel encloses
Dedans sa forge entree estoit
Ou toute science mettoit
A forgier singulieres pieces
Pour continuer les especes/
Car les pieces tant les font duire
Que mort ne les peult aconsuiure
Ia si fort ne courra apres/

Car nature tant va de pres
Que quant mort auec sa massue
Des pieces singulieres tue
Ceulx a soy treuue redeuables
Quoy que chascus soient corrompables
Qui ne doubtent la mort de neant
Et touteffois vont decheant
Et meurent en temps et pourrissent
Dont aultres choses se nourrissent.
Quant toutes les cuide attraper
Ensemble ne les peult happer
Car quant lune par deca happe
Lautre par dela luy eschappe
Car quant elle a tue le pere
Demoure il filz fille ou mere
Qui sen fuyent deuant la mort
Quant ilz virent celluy ia mort/
Puis reconnient iceulx mourir
Ia si bien ne scauront courir
Medicine ny vault ne veulx
Dont saillent niepces et nepueux
Qui fuyent pour les deporter
Tant que les piedz les peult porter/
Dont lung senfuyt lautre carolle
Lautre au monstier lautre a lescolle
Les aultres a leurs marchandises
Et aultres a leurs ars apprises
Et les aultres a leurs delictz.
De vins de viande de lictz.
Les aultres pour plustost fuyr
Que mort ne les face enfuyr
Montent dessus les grans destriers
A tout leurs dorez estriers.
Lautre met en vng fust sa vie
Et senfuyt par mer en tharsie
Et mene au regard des estoilles
Ses nefz ses auirons et voilles/
Lautre qui par veu se humilie
Prent vng mantel dypocrisie
Dont en fuyant son penser oeuure
Tant quil appert dehors par oeuure.

Ainsi fuyent tous ceulx qui vinent   Nota
Qui bouletiers la mort eschiuent   la diuerse condition des gens.

S ii

❦ Le Rommant de la Rose.

Mort quide noir le bis a taint
Court apres tant quel les ataint
Si quil ya trop fiere chasse.
Ceulx sen fuyent et mort les chasse
Dix ans ou vingt trente ou quarante
Cinquante soixante ou septante
Voire octante nonante cent.
Lors va ce quil tient despecant/
Et silz peuent oultre passer
Et court apres sans se lasser
Tant quel les tient en ses liens
Malgre tous les phisiciens
Les phisiciens mesmement
Nul nen eschappe vrayement
Soit ypocras ou galien
Du quelque aultre phisicien.
Rasis constantin auicenne
Y ont laissee la contienne
Et ceulx qui ne peuent tant courre
Nul ne les peut de mort rescourre
Ainsi mort qui point ne se saoule
Gloutement les pieces engoule
Tant les suit par mer et par terre
Quen la fin toutes les aterre/
Mais toutes ne les peut tenir
Ensemble ne a chief en venir
Des especes du tout destruire
Tant scauent bien les pieces fuire/
Car sil nen demouroit fors vne
Si viura la forme commune/
Et par le phenix tresbien semble
Quilnen peut estre deux ensemble.
Dusiours est il vng seul phenix
Et vit aincois quil soit finis
Par cinq cens ans/et au dernier
Il faict vng feu grant et planier
Despines/la se boute et art
Ainsi faict de son corps esart.
Mais pource que sa forme garde
De sa pouldre combien quil sarde
Vng aultre phenix en reuient
Ou cellup mesme se reuient
Que nature ainsi ressuscite

Qui tant a espece prouffite
Car elle perdroit tout son estre
Sel ne faisoit cestuy or naistre/
Touteffois fault que phenix meure/
Phenix touteffois vif demeure/
Selle en auoit mil deuore
Si seroit phenix demoure
Le phenix est commune forme
Que nature en pieces reforme
Qui du tout perdue seroit
Qui lautre viue ne sauroit.
Ceste maniere mesines ont
Trestoutes les choses qui sont
Dessoubz le cercle de la lune
Si quil sen peut demeurer vne/
Tant en luy icelle viura
Que ia mort ne laconsupura.
¶ Mais nature la trespiteuse
Quant elle voit que mort haynneuse
Entre luy et corruption
Viennent mettre a destruction
Tant quel trouue dedans sa forge
Tousiours martelle tousiours forge
Tousiours ses pieces renouuelle
Par generation nouuelle
Quant aultre conseil ny peut mettre.
Emprint taille de telle lettre
Quelle leur donne formes vrayes
En coinges de diuerses monnoyes
Dont art faisoit ses exemplaires
Qui ne faict pas choses si voires/
Mais par mon ententiue cure
A genoulx est deuant nature
Et prie requiert et demande
Comme mandiante truande
Poure de science et de force
Qui de lensuyure moult sefforce
Que nature luy vueille apprendre
Comment elle puisse comprendre
Par son engin et ses figures
Proprement toutes creatures.
Art regart que nature oeuure
Car bien vouldroit faire tel oeuure
Et la contrefait comme singes/

Mort prent et occist vng cha scun en diuers aages.

Nota la condition du phe nix q̄ se buisse.

Le phe nix re tourne en vie merueil leuse na ture.

Art en suit na ture tãt quil luy est possi ble.

fueillet. c.x.

Mais tant sont ses sens nuz et linges
Quel ne peut faire choses viues
Car point ne sembleroient naiues/
Car art combien quelle se paine
☞ Par grant estude et par grant paine
De faire choses quelz quilz soient
Quelques figures quelles ayent
Paigne taigne forge ou entaille
Cheualiers armez en bataille
Sur beaulx destriers trestous couuers
Darmes vndes iaulnes ou vers
Ou dauttres couleurs piolez.
Si plus piolez les voulez
Beaulx oyseletz en vers buissons
par art De toutes eaues les poissons
toutes Et toutes les bestes sauluaiges
choses Qui pasturent par les boscaiges/
sont for Toutes herbes toutes fleurettes
mees cō Que valetons et pucellettes
trefai- Dont en printemps es bois cueillir
ttes et Que fleurir voyent et fueillir/
paittes. Oyseaulx priuez bestes dommesches
Salieres dances et treches
De belles dames bien parees
Bien pourtraictes bien figurees
Soit en metal bois ou en cire
Ou aultre matiere a suffire
Choses Soit en tableaulx ou en paroles
cōtrefai Tenans beaulx cheualiers arrois
ctes par Bien figurez et bien pourtraictz
art sont Point pour figures ne pour traictz
sans au Ne les fera par eulx aller
cū sens Viure mourir sentir parler.
tement.

☞ DR darcquemie tant empraignent
q̄ to⁹ metaulx en couleˀ taignēt.
Et se pourroit aincois tuer
Que les especes transmuer
Si tant ne faict quel les ramaine
A leur nature primeraine.
Dautre tant comme elle viura
note des Sa nature naconsuiura
subtili- Et si tant se vouloit pener
tez d lar Quelle les y sceust ramener
quemie.

Si luy fauldroit auoir science
De venir a celle attrempence
Quant el feroit son elixir
Dont la forme deuroit yssir
Qui deuise entre eulx les substances
Par specialles differences
Comme il appert au diffinir
Qui bien en scet a chief venir.
Non pourtant cest chose notable
Darquemie et art veritable/
Qui saigement en ouureroit
Grans merueilles y trouueroit
Car comment quil soit des especes
Aumoins les singulieres pieces
En sensibles oeuures soubzmises
Sont muables en tant de guises
Quelz peuent leurs complexions
Par diuerses digestions
Tant changer entre eulx q̄ ce changes
Les met soubz especes estranges
Et leur toult lespece premiere.
Doit on pas com de la fougiere
En cendre on voit le voirre mettre La sub
Bien le congnoist qui est bon maistre tilite a
Par depuration legiere/ faire les
Si nest pas le voirre fougiere voirres
Ne la fougiere nest pas voirre/ de fou-
Et quant esclair vient ou tonnoirre giere.
Ne peult on pas bien souuent veoir
Des grans vapeurs les pierres cheoir
Qui ne monterent mie pierres. Pierres
Ce peult scauoir qui scet les estres en lair
De la cause qui tel matire engen-
A ceste espece estrange tire. drees de
Si sont les especes changees vapeˀs.
Et leurs pieces deulx estrangees
Et en substance et en figures
Vnes par art aultres par natures.

☞ Ainsi pourroit des metaulx faire
Qui biē en scauroit loeuure traire
Et tollir aulx orbz leur ordure
Et les mettre en forme trespure
Par leurs complexions voysines
S iii

Le rommant de la Rose.

Lune vers lautre assez enclines/
Car ilz sont tous dune matire
Comment que nature les tire/

La matniere de confire les metaulx.
Car tous par diuerses manieres
Dedans leurs terrestres minieres
De souffre et de vif argent naissent
Comme les liures le confessent

La naissance des metaulx en terre par soufre et argẽt vif.
Qui bien les scait subtilier
Et aux esperitz appareillier/
Si que la force dentrer neussent
Et que voller point ne sen peussent
Quant dedans les corps ilz entrassent
Mais que bien purgez les trouuassent
Et fust le souffre sans ordure
Pour blanche ou pour rouge taincture.
Son vouloit des metaulx feroit
Qui ainsi faire le scauroit

Lor est fait par gent fin subtille
Car dargent fin: fin or sont naistre
Ceulx qui darquemie sont maistres/
Et pois et couleur y abioustent
Par choses qui gueres ne coustent
Et dor fin pierres precieuses
Font ilz cleres et gracieuses/
Et les aultres metaulx desnuent
De leurs formes si quilz les muent

Transmutation desme taulx de vngs en aultres.
En fin argent par medecines
Blanches trespercentes et fines.
Mais iceulx or ne feront mie
Qui ouurent de sophisterie
Trauaillent tant comme ilz vourront
Ja nature naconfuyuront.

Nature qui est tant subtiue
Combien quelle fut ententiue
Aux oeuures que tant el aymoit
Lasse dolente se clamoit
Et si parfaictement pleuroit
Quil nest cueur qui peint damour ait
Ne qui en pitie le gardast
Qui de plourer se retardast/
Car tel douleur au cueur sentoit
Dung faict dont moult se repentoit
Que ses oeuures vouloit laisser
Et du tout son pouoir cesser

Mais quelle tant seullement sceust
Que conge de son prestre en eust.
De cela le vouloit requerre
Tant luy destraint le cueur et serre
Bien la vous voulsisse descrire
Mais mon sens ny pourroit suffire/
Mon sens quay ie dit/cest du mains
Non feroient pas tous sens humains
Ne par voix viues ne par notes
Fust or platon ou aristotes
Algus euclides tholomee
Qui tant sont de grant renommee
Dauoir este bons escripuains
Leurs engins seroient par trop vains
Silz osoient la chose entreprendre
Laquelle ilz ne pourroient entendre.
Pigmalion pour sentailler
En vain se pourroit trauailler
Parrasius ou appelle
Qui fut moult bon paintre appelle.
Ce que ie dis pour bien descripre
Nul deulx pourroit tant peut il viure
Ne mirto ne posicletus
Jamais ny scauroient estre veuz.

¶Comment le bon painctre zensis
fut de contrefaire pensis
La tresgrant beaulte de nature
Et a la paindre mit grant cure.

Le nõs des bõs paintres anciens

Ensis mesine p̃ son beau paindre
Ne peut a telle forme ataindre
Qui pour faire limaige au tẽple

fueillet. c.vi.

Des cinq pucelles fit exemple
Les plus belles que lon peust querre
Et trouuer en toute la terre
Qui denant luy se sont tenues
Bien constantes et toutes nues
Affin quil print garde a chascune
Sil trouueroit deffault en lune
Du fust sur corps ou fut sur membre
Ainsi comme tulle remembre
Au liure de sa rethoricque
Qui moult est science autenticque/
Mais en ce ne peut oncq rien faire
sensis   sensis tant sceut il bien pourtraire
voulut   Ne coulourer sa pourtraicture
paindre si   Tant est de grant beaulte nature/
maige de   sensis nompas ung chascun maistre
nature   Que nature fit oncques naistre/
mais il   Car or soit que bien entendissent
ne sceut   Sa beaulte toute et tous bouillissent
                A tel pourtraicture muser
Ilz pourroient tous leurs mains vser
A si tresgrant beaulte pourtraire/
Nul fors dieu ne le pourroit faire.
Et pource que si ie cheuisse
Moult voulentiers y entendisse
Voire et escripte la vous eusse
Si or cela faire ie peusse.
Mon mesmes y ay ie bien muse
Tant que mon sens y ay vse
Comme fol et oultrecuidez
Cent fois plus que vous ne cuidez/
Car trop fis grant presumption
Quant ie mis mon intention
A si treshaulte oeuure acheuer.
Mieulx me pourroit le cueur creuer
Tant ie trouuay noble et exquise
Celle beaulte que tant ie prise.
Que par penser ie la comprisse
Pour quelque trauail que ie y misse
Ne que seullement en osasse
Vng mot tinter tant y pensasse/
Si suis ie du penser recreu
Pource ie men suis a tant teu
Et tant que plus y ay pense

Tant est belle que plus nen scay/   Nota.
Car dieu le bel oultre mesure
Quant la beaulte mit en nature
Aleu yssit vne fontaine
Tousiours courant et tousiours plaine
De qui toute beaulte descriue/
Mais nul nen scait ne fons ne riue.
Pource droit nest que compte face
Ne de son corps/ne de sa face
Qui tant est aduenant et belle
Que fleur de lys en may nouuelle
Rose sur rain ne noix sur branche
Nest si vermeille ne si blanche/
Mais dequoy sert le comparer
Quant ne la peu ly equiparer
Puis que sa beaulte et son pris
Ne peult estre dhomme compris.

Dant ellentendit ce serment
Moult luy fut grant alegement
Du grãt dueil quelle demenoit/
Car pour deceue el se tenoit/
Et disoit lasse quay ie faict
Oncq ne me repenti de faict
Qui or maduint deflors en ca
Que ce beau monde commenca
fors dune chose seullement
Du iay mespris trop mallement/
Dont ie me tiens a trop musarde.
Et quant ma follie regarde
Bien est droit que ie men repente
Lasse folle lasse dolente
Lasse dis ie cent mille fois.
Du seront plus trouuees fois/
Ay ie bien ma paine employee
Suis ie bien du sens desuoyee
Qui tousiours ay cuide seruir
Mes amps pour vray desseruir   Les cõ-
Et qui ay tout mon trauail mis   plain-
A expaulcer mes ennemys/   tes de
Ma debonnairete ma folle.   nature.
Lors son prestre mit a parolle
Pour celebrer en sa chapelle/
Mais ce nest pas messe nouuelle/
                                  S iiii

❡ Le commant de la Rose.

Car tousiours eut faict le seruice
Des quil fut prestre en son office.
Haultement en lieu dhaulte messe
Deuant nature la deesse
Le prestre qui bien sentendoit
En audience recordoit
Les figures representables
De toutes choses corrumpables
Qui estoient escriptes en son liure
Sicomme nature les liure.

❡ Comment nature la deesse
A son bon prestre se confesse
Qui moult doulcement luy enhorte
Que de plus pleurer se deporte.

Genius dit elle beau prestre/
Qui des lieux estes ducz maistre
Et selon leurs proprietez
Trestous en oeuure les mettez
Et bien acheuez la besongne
Ainsi que chascun lieu besongne/
La confession de nature.
Dune follye que iay faicte
Dont ie ne me suis pas retraicte/
Mais repentance moult me presse
A vous men vueil faire confesse.

❡ Genius a la deesse nature.
❡ Dame du monde royne fine
A qui chascun se chief encline
Sil est rien qui vous greue en tant
Que vous en allez repentant
Du quil vous plaise le me dire

De quelconque pris soit le dire
Soit de ioupr ou de douloir
Bien men pouez vostre vouloir
Confesser tout a bon loisir
Et ie tout a vostre plaisir
Dit genius mettre y vourray
Tout le conseil que ie pourray
Et cellerap bien vostre affaire
Si cest chose qui soit a faire
Et si mestier auez dabsouldre
Ce ne vous dois ie mye tout loldre/
Mais vueillez cesser vostre pleur.

❡ Nature a genius.
❡ Certes dist elle si ie pleur
Beau genius pas nest merueille.

❡ Genius a dame nature.
❡ Or touteffois ie vous conseille
Que vous deuez ce pleur laisser
Si bien vous voulez confesser
Et bien entendre la matiere
Que ne lairrez en derriere/
Car ie croy que grant soit soustraige
Pourtce que le noble couraige
Ne se meut pas de peu de chose
Cil est fol qui troubler vous ose/
Mais sans faillir vray est que femme
Legierement dyre senflame/
Vergille mesme le tesmoigne
Qui moult congneut de leur besoigne
Que la femme nest tant estable
Quel ne soit diuerse et muable
Et est trop pire hideuse beste.
Salomon dit quoncq ne fut teste
Sur beste de serpent crueuse
Que plus que femme soit ireuse
Et na chose si grant malice/
Car en femme gist tant de vice
Que nul ne peult ses meurs peruers
Compter par rime ne par vers.
Et si dit titus liuius
Qui congneut bien quelz sont les ve
Des femmes aussi leurs manieres
Quenuers leurs meurs nulles prieres
Ne valent tant comme blandices

La sentence de Virgille de la muable te des femmes.

Salomon.

Titus liuius.

Fueillet.c.vii.

Tant sont decepuables et nices
Et de flechissable nature.
Oultre dit ailleurs lescripture
Que de tout le feminin vice
Le fondement est auarice/
Et quiconque dit a sa femme

Note de ne dire son secret a sa femme.

Ses secretz il en fait sa dame.
Aulcun qui soit de mere ne
Sil nest trop pure ou forcene
Ne doit a femme reueler
La chose qui est a celer
Mieulx vauldroit du pays fuyr
Que son secret pour bien iouyr
Dire a femme qui est a faire
Tant soit loyalle et debonnaire.
Point ne fault quaulcun secret face
Sil voit femme venir en place/
Car sil auoit peril de corps
Elle dira bien le recors
Combien que longuement attende.
Et si aulcun ne luy demande

Les femmes ne se peuēt taire.

Si le dira elle vrayement
Sans estrange admonnestement
Pour nulle rien ne sen tairoit.
A son aduis morte seroit
Sil ne luy sailloit de la bouche
Soit aulcun peril ou reprouche
Et cestuy qui dit luy aura

Nota.

Sil est tel puis quil le scaura
Sil lose apres ferir ne batre
Vne foys non pas trois ne quatre
Ja si tost ne luy touchera
Que celle luy reprochera/
Mais ce sera tout en appert
Qui se fie en femme il se pert
Et est chetif qui la se fye
Scauez vous quil faict/il se lye
Les mains/et se couppe la gueulle/
Car si vne foys toute seulle
Jamais ose vers luy groucer
Ne chastoyer ne courroucer
Il met en tel peril sa vie
Si la mort de faict desseruie
Que par le col se fera pendre

Si se iuge le pouoit prendre
Du meurtrir par amy priue
Tant est a mal port arriue.

¶ Cy dit a mon intention
La meilleure introduction
Que lon peult aux hōmes apprēdre
Pour eulx bien garder et deffendre
Que nulles femes leu^{rs} maistresses
Ne soient quant sont iangleresses.

Ainsi le fol quant au soir se couche
Et gist pres sa femme en sa couche
Du reposer ne peult ou nose
Esperant faire aulcune chose
Ou veult par auenture faire
Quelque meurtre ou quelque contraire
Dont il craint la mort receuoir
Si lon le peult apperceuoir
Et se tourne plaint et souspire
Et sa femme vers soy le tire
Qui bien voit quil est a malaise
Et lacolle aplanist et baise
Et se couche entre ses mamelles.
¶ La femme a son mary.
¶ Sire dist elquelz nouuelles
Vous font ainsi tant souspiter
Et tressaillir et reuiter.
Nous sommes ore priuement
Icy nous deux tant seullement
Les personnes de tout le monde
Vous le premier/moy la seconde
Qui nous deuons mieulx entramer
De fin cueur loyal sans amer
Et de ma main bien men remembre
Ay ferme lhuys de nostre chambre
Et les parois qui sont sans noyse
Sont especes plus dune toyse
Et si haultz en sont les cheurons
Quassurez bien estre deuons
Et si sommes loing des fenestres
Dōt moult plus seurs en sont les estres
Quant a noz secretz descouurir.
Pas na pouoir de les ouurir

Curiosite de feme est scauoir le secret de son mary.

❡ Le Rommant de la Rose.

Sans corrumpre nully vinant
Semblablement aussi le vent
Pour brief ce lieu na point douye
Vostre voix ne peult estre ouye
Fors que de moy tant seullement/
Pource vous requiers doulcement
Par amour que tant vous fiez
En moy que vous le me diez.
  ❡ Le mary.
❡ Dame dit il si dieu mauoye
Pour nulle riens ne le diroye/
Car ce nest mye chose a dire.
  ❡ La femme.
❡ Ha dea dit elle beau doulx sire
Vous mauez donc souspeconneuse
Qui suis vostre espouse amoureuse.
Quant nous deux nous nous assemblasmes
Iesucrist que pas ne trouuasmes
De sa garde auers ny eschar
Nous fit deux estre en vne chair/
Et puis que nous auons chair vne
Par le droict de la loy commune
Donc ne peult en vne chair estre
Fors vng seul cueur a la fenestre/
Tout vng sont donc que les cueur nostre
Le mien auez et iay le vostre.
Riens ne veult donc le vostre auoir
Que le mien ne puisse scauoir/
Pource vous pry que le me dictes
Par quelques guerdons et merites/
Car iamais ioye au cueur nauray
Iusqu'a tant que ie le scauray.
Et si dire ne le voulez
Ie scay bien que vous me voulez
Et que tant ne quant ne mamez
Combien que amye me clamez
Doulce seur et doulce compaigne
A qui pelez vous te chastaigne
Si vostre secret ne me dictes
Bien appert que vous me trahytes/
Car tant me suis en vous fiee
Puisque vous meustes affiee
Que ie vous ay dit toutes choses
Qui sont dedans mon cueur encloses

Iay laisse pour vous pere et meres
Oncles et seurs nepueux et freres
Et tous amys et tous parens
Comme les faictz sont apparens/
La ou iay faict tresmauuais change
Puis qua moy estes si estrange.
Plus vous ayme que rien qui viue/
Mais ce ne me vault vne ciue
Qui cuidez que tant ie mesprisse
Vers vous que vostre secret disse/
Cest chose qui ne pourroit estre
Par iesucrist le roy celeste   Nota.
Qui vous doint mieulx que moy garder
Plaise vous a moy regarder
Si de loyaulte rien scauez.
La foy que de mon corps auez
Ne vous suffist pas bien ce gaige
En voulez vous meilleur ostaige.
Donc suis ie des aultres la pire
Quant voz secretz ne mosez dire.
Ie vois toutes ces aultres femmes
Qui sont de leurs hostelz si dames
Que leurs maris en eulx se fient
Tant que tous leurs secretz leur dient
Tous a leurs femmes se conseillent
Quant en leurs lictz ensemble veillent
Et bien priueement se confessent
Tant que riens a dire ne laissent
Et sont plus souuent assurez
Quilz ne sont deuant les curez/
Car deulx mesmes de vray le scay/
Car maintesfois ouy les ay
Qui le tout bien mont recongneu
Et ce que ilz ont ouy et veu
Et aussi tout ce quelles cuident
Et ainsi se purgent et vuident.
Si ne suis ie pas leur pareille
Ne deuers moy ne sappareille/
Car ie ne suis pas iengleresse
Dissoluete ne tanceresse/
Mais suis de mon corps preude femme   Nota.
Comment quil soit vers dieu de lame.
Iamais vous nouystes point dire
Que dadultere fusse piec.

Si les folz qui le vous comptent
Par leur ma l ne le controuuerent.
Or mauez vous bien esprouuee
Et nullement faulse prouuee.

Nota.
Apres beau sire regardez
Commēt vostre foy me gardez/
certes tresmallement mesprises
Quant lanneau au doy vous me mistes
De vostre foy me fiancastes
Ne scay comment faire lo sastes
Qui vous fit a moy marier
Sen moy ne vous osez fier
Pource vous pry que vostre foy
☞ Tenez et conseruez a moy
Et loyallement vous asseure
Et prometz et fiance et iure
Par le tresbieneure sainct pierre
Que ce sera secret soubz pierre
Ie seroye pire que folle
Si de ma bouche yssoit parolle
Dont eussiez honte ne dommaige
Honte seroit a mon lignaige
Quoncques nul iour ne diffamay
Et tout premierement a moy.
On dit et il est vray sans faille
Que trop est fol qui son nez taille/
Car sa face en a deshonneur
Nota.
El nya pas trop grant honneur
En chascun temps saison et heure:
Dictes moy si dieu vous sequeure
Ce dont le cueur vous desconforte
Du sinon tenez moy pour morte
Lors luy rebaise piedz et chief
Et le rembrasse de rechief
Et pleure sur luy larmes faintes
En le baisant faisant ses faintes.

¶ Comment le fol mary couart
Se met dedans son col la hart
Quant son secret dit a sa femme
Dont son corps pert et elle lame.

Donc le malheureux luy compte
Son grant dōmaige sa grāt hōte
Et par sa parolle se pent
Quant il la dit il sen repent/
Mais parolle vne fois vollee
Ne peult plus estre rapellee
Lors luy prie quelle sen taise
Comme cil qui plus a malaise
Quoncques deuant este auoit
Quant sa femme rien nen scauoit.
Et elle luy respond sans faille
Quel sen taira vaille que vaille/
Mais le fol que cuide il faire
Il ne peult pas sa langue taire
Et veult les aultres retenir
A quel chief tend il aduenir
Or se voit la dame au desseure
Et scet bien adonc quen nulle heure
Plus ne losera courroucer
Na lencontre delle groucer.
Muet se tiendra et tout quoy
Elle a bien matiere dequoy.
Conuenant espoir luy tiendra
Tant que courroux luy reuiendra
Encore selle tant attent/
Mais enuis attendra ia tant
Que moult ne luy soit en greuance
Tant aura le cueur en balance.
Qui bien les hommes aymeroit

mauuai
se parol
le ne
peult re
tourner
en la
bouche.

❡ Le rommant de la Rose.

Ce sermon leur sermonneroit
Qui est bon en tous lieux a dire
Affin que chascun sa se mire
Pour eulx de grant peril retraire
Et par cela pourra desplaire
Aux femmes qui trop ont de tengles/
Car verite ne quiert nulz angles.
Nota. Beaux seigneurs gardez vous des femmes
Si voz corps aymez et voz ames
Aumoins que ja si mal nourrez
Que voz secretz leur descouurez.
Fuyez enfans de telle beste
Je vous conseille et admonneste
Sans deception et sans guille
Et notez ces vers de Vergille/
Mais quen voz cueurs vous les aurez
note le Quilz nen soient iamais separez
dit d'Ver Enfans qui cueillez les florettes
gille. Et les freses fresches et nettes
Gardez le serpent qui est soubz lherbe
Fuyez ce qui est soubz lagerbe.
Il empoisonne et enuenime
Tout homme qui de luy sapproime.
Enfans qui les fleurs allez querre
Et framboises croissant par terre
Gardez vous du refroidissant
Serpent quiest la tapissant
Et de la mauuaise couleuure
Qui son venin demusse et couure
Et se tapist soubz lherbe tendre
Jusqua tant quelle puisse estendre
Pour vous decepuoir et greuer
Pensez enfans de lescheuer.
Ne vous y laissez pas happer
Si de mort voulez eschapper/
Car tant est venimeuse beste
Par queue/par corps/et par teste
Que si delle vous approchez
Vous vous trouuerez encochez/
mauuai Car elle mort en trahison
ses fem Ce quelle attaint sans garison
mes sōt Et de cestuy venin larduré
a blas Jamais par triacle na cure/
mer. Rien ny vault herbe ne racine

Seul fuyr en est la medicine.

Je ne dis ie pas toute voye
Ne nest pas lintention moye
Que les femmes chieres nayez
Ne que cy fuyr les doyez
Quauec elles vous ne gisez/
Mais commande que les prisez
Et les epauléez par raison
Vestez/chaussez/toute saison
Et tousiours a ce labourez
Que les seruez et honnorez
Pour continuer vostre espece
Si que la mort ne la despiece/
Mais ja tant ne vous y fiez
Que chose a taire leur diez.
Souffrez quelles voyent et viennent
Par lhostel/et lhostel maintiennent
Si a cela mettent leur cure.
Et sil aduient par auenture
Quelz sachent achapter ou vendre
A ce peuent elles entendre
Du selz scauent aulcun mestier
Le facent selz en ont mestier
Et sachent les choses apertes
Qui nont besoing destre couuertes
Mais si tant vous abandonnez
Que trop de pouoir leur donnez
A tard vous en repentirez
Quant leur malice sentirez
Lescripture si nous escrie
Que si la femme a seigneurie
Elle est a son mary contraire
Quant elle luy doit dire ou taire.

Prenez vous garde toute voye
Que lhostel naille en malle voye
car on pert bien en meilleˀ garde
Qui est saige sa chose garde
Et si vous auez voz amyes
Portez leur bonnes compaignies
Bien affiert que sachent aulcunes
Assez des besongnes communes/
Mais si preux estes et scauez
Quant entre voz bras les tenez

Nul ne
die a fe
me cho
se a tay
re.

L'hom
me dōne
a feme
trop d'ti
berte et
poˀ cau
se.

fueillet.c.lp.

Nota. Et les acolez et baisez
Je vous pry que vous vous taisez/
Pensez de voz langues tenir
Car rien nen peut a chief venir
Quant des secretz sont parsonnieres
Tant sont orgueilleuses et fieres
Et tant ont les langues nuysantes
Et venimeuses et accusantes.
Mais quant les folz sont la venuz
Et sont entre leurs bras tenuz
Et les acolent et les baisent
Entre les ieux qui tant leur plaisent/
Lors ne peut estre rien celé/
La est le conseil revelé/
La se descouurent les maris
Dont apres ilz en sont marris.
Tous accusent lors leurs pensees.
Sinon saiges gens bien sensees.
Dalida la malicieuse

Dalida deceut Sanson sans son.
Par flaterie venimeuse
A sanson qui tant fut vaillant
Tant fort tant preux tant bataillant
Ainsi quel le tenoit forment
Dedans son giron en dormant
Ses cheueulx couppa de ses forces
Dont il perdit toutes ses forces
Et de ses crains le despouilla
Quant ses secretz luy reuela
Car le fol luy avoit compté
Son secret dont il fut dompté

Salomon. Salomon aussi en parolle
Dont ie vous diray sans friuolle
Tantost pource que ie vous apue
La sentence qui est sans blasme/
Garde les portes de ta bouche

Nota. Pour souffrir peril et reprouche
Ce sermon bien deuroit prescher
Quiconques auroit son bonnet cher
Que tous de femmes se gardassent
Si que iamais ne si fiassent.
Si nay ie pas pour vous ce dit
Car vous avez sans contredit
Tousiours esté loyalle et ferme
Lescripture mesme lafferme

Car tant vous donne dieu sens sans fin
Que vous estes saiges sans fin.

Ainsi la conforte
Et de ce qui peut luy enhorte
Quelle laisse son dueil ester
Car nul ne peut rien conquester
En dueil comme il dit et tristesse/
Cest vne chose qui moult blesse
Et qui de rien point ne proffite.
Quant il eut sa volenté dicte
Sans vous faire longue priere
Il sassit en vne chayere
Decoste son autel assise
Et nature tantost sest mise
A genoulx deuant le prouoire
Mais sans faulte cest chose voire
Que son dueil ne peut oublier
Il ne len peut aussi prier/
Il y perdroit sa paine toute/
Mais se taist et la dame escoute
Qui dit par grant devotion
En plourant sa confession
Que vous ay apportée escripte
Mot a mot comme elle la dicte.

Remon strance de genius a nature.

Entende cy par grande cure
La confession de nature.

Elluy dieu ou tout bien abonde
Quant il composa cestuy monde
Dont il portoit en sa pensée
La belle forme pourpensée
Tousiours en parduirablete
Deuant quelle eust dehors esté/
Car la print il son exemplaire
Et ce qui luy fut necessaire/
Car si aillenrs la vousist querre
Trouué ny eust ne ciel ne terre
Ne chose dont ayder se peust
Comme nulle dehors riens neust/
Car de riens fit il tout saillir
Luy a qui riens ne peut faillir
Donc riens ne le meut a ce faire

Toutes choses sōt en sa pē see de dieu et ternelle mēt aīs q̄ les fussent faictes et crees de rien.

T i

fors sa voulente debonnaire
Large courtoise sans envie
Qui fontaine est de toute vie.
Elle fut au commencement
Une masse tant seullement
Qui fut toute en confusion
Sans ordre et sans division/
Puis la divisa par parties
Qui puis ne furent departies
Et le tout par nombre somma
Et bien scet combien la somme a/
Car par raisonnables mesures
Termina toutes leurs figures
Et les fit en rondesse estandre
Pour mieulx mouuoir et plus comprendre
Selon ce que muables furent
Et comprenables estre deurent/
Les legieres en hault vollerent
Et pesans en terre aualleerent
Et les moyennes au meillieu/
Ainsi fut ordonne leur lieu
Par droit compas et droicte espace.
Cellup dieu mesme par sa grace
Quant il eut or par ses divises

Note la belle narration de nature

Ses aultres creatures mises
Tant me honnora tant me tint chere
Quil men establit chamberiere/
Servir my laisse et laissera
Tant que sa voulente sera/
Nul aultre droit ie ny reclame
Ains le mercy quant tant il mayme
Que ie trespoure damoiselle
Ay si grant maison et si belle.
Cellup grant sire tant mesprise
Quil ma pour chamberiere prise/
Pour chamberiere cette voire
Pour connestable ou pour vicaire
Dont ie ne fusse mye digne
Se nestoit sa grace benigne.

La description des quatre elemens.

Je garde tant ma honnoree
Celle belle chaine doree
Qui les quatre elemens enlace
Trestous enclins deuant ma face/

Et me bailla toutes les choses
Qui en la chaine sont encloses/
Et commanda que les gardasse
Et leurs formes continuasse
Voulant que toutes mobeissent
Et que mes reigles ensuyuissent
Si que point ne les oubliassent/
Mais tousiours tinssent et gardassent
A tousiours parduraablement/
Ainsi le font communement
Toutes choses y mettent leur cure
fors une seulle creature.
Du ciel ne me dois ie pas plaindre
Qui tousiours tourne sans se faindre
Et porte en son cercle poly
Estoilles toutes avec luy
Stincellentes et vertueuses
Sur toutes pierres precieuses.
Or va le monde dediant
Commencant son cours dorient
Et vers occident sachemine
Et de tourner arrier ne fine
Toutes ses roes rauissant
Qui vont contre luy grauissant
Pour son mouuement retarder/
Mais tant ne sen peuent garder
Que ia pour eulx selon ses rencs
Quil naille en trente six mil ans
Pour venir au point droictement
Du dieu le fit premierement.
Ung cercle accomplist tout entier
Selon la grandeur du sentier
Du zodiaque a la grant roe
Que sur luy dune forme roe/
Cest le ciel qui court si apoint
Que derreur en son cours na point/
Aplanos pource lappellerent
Ceulx qui point erreur ny trouuerent/
Car aplanos vault en gregois
Chose sans erreur en francois/
Si nest il pas veu par nul homme
Entre ceulx cy que ie vous nomme/
Mais raison ainsi nous le prouue
Qui les demonstrances y trouue.

Les elemens obeyssent a dieu ca nature austres choses sensibles.

Le cours du soleil en trente six mil ans.

La description du ciel e des estoilles.

fueillet.c.xi.

Ne ne me plains des sept planettes
Cleres reluysantes et nettes
Par tout leur cours une chascune.
S'il nous semble il que la lune
Ne soit pas bien nette ne pure
Entant que par lieux est obscure/
Mais c'est par sa nature double
Quel pert ainsi espece et trouble
D'une part luyt et d'autre cesse
Pource qu'elle est clere et espesse
Qui luy faict sa chaleur perir
Ce que ne peut pas referir
La clere pert de sa substance
Des rais que le soleil luy lance/
Ains or passe parmy tout oultre/
Mais l'espesse part leur demonstre

la description de la lune.

Que bien peult aux rops contrester
Pour sa lumiere conquester.
Et pour faire entendre la chose
Bien en deust on en lieu de glose
En briefz motz une exemple mettre
Pour mieulx faire entendre la lettre.

Exemple de la lune.

Comme le voirre tresparans
Ou les beaulx rais passent parans
Qui par dedans ne par derriere
N'est rien espes qui ne les fiere
Ne peut les figures monstrer
Quant rien ny peuent contrester
Les rais des yeulx qui les retiennent
Par qui la forme aux yeulx reuiennent
Mais plomb ou quelque chose espesse
Qui les rais transpasser ne laisse
Qui d'aultre part mettre vouldroit
Tantost la forme recourroit/
Ou s'aulcun corps poly y ere
Qui bien peult referer lumiere
Fust il espes d'aultre ou de soy
Elle retourroit bien le scay.
Ainsi la lune en sa part clere
Dont elle ressemble a l'esphere
Ne peult pas les rais retenir
Par qui lueur luy peult venir
Ains passent oultre/mais l'espesse

Qui oultre passer ne les laisse
Mais les reffiert forment arriere
A la lune donne lumiere/
Dont par lieux elle est lumineuse
Et par lieu semble tenebreuse.

Elle part de la lune obscure
Nous represente la figure
D'une tresmerueilleuse beste
C'est d'ung serpent qui tient sa teste
Vers occident assez encline.
Vers orient sa queue affine/
Sur son dos porte ung arbre estant
Ses rains vers orient portant
Mais en les estandant bestourne
Et en ce bestourner seiourne
Ung homme sur l'arbre appuyez
Qui vers occident attiniez
Ses piedz ses cuisses embedeux
Comme il appert au semblant deulx.

figure de la lune en ung serpent.

Toust sont les planetes bonne euure
Car chascune d'elles tant oeuure
Que toutes sept point ne seiournet.
Par leurs douze maisons s'en tournent
Et par tous les degrez s'en courent
Et tant qu'ilz veullent y demourent.
Et pour bien la besongne faire
Tournent par mouuemens contraire
Sus le ciel chascun iour acquierent
Les parties qui leur affierent
Pour leurs cercles enteriner/
Puis recommencent sans finer
En regardant du ciel le cours
Pour faire aux elemens secours/
Car s'il pouoit courre a desfaire
Rien ne pourroit dessoubz luy viure.

Le beau soleil qui le iour cause
Qui est de toute clarte cause
Se tient au meillieu comme roy
Tout resflamboyant de son ray

la description du soleil.

T ii

ℂ Le rommant de la Rose.

Au meillieu de luy en sa maison
Et ce nest mye sans raison/
Car dieu le bel le fort le saige
Veult que soit illecq son estaige/
Car cil plus lassement courust
Rien nest qui de chault ne mourust
Et sel courust plus haultement
Le froit mist tout a dampnement.
La depart sa clarte commune
Aux estoilles et a la lune
Et les faict apparoir si belles
Que la nuyt en faict ses chandelles
Au soir quant elle met sa table
Pour estre moins espouentable
Deuant acheron son mary
Qui moult en a le cueur marry/
Car mieulx voulust sans luminaire
Estre auec la nuyt toute noire
Comme iadis ensemble furent
Quant au premier sentrecongneurent
Quant la nuyt en leure desueries
Conceut les trois forcenneries
Qui sont en enfer iusticieres
Grasses felonneuses et fieres.
Mais touteffois la nuyt or pense
Quant el se mire en sa despense
En son celier ou en sa caue
Que moult seroit hideuse et haue.
La face auroit trop tenebreuse
Sel nauoit la clarte ioyeuse
Des corps du ciel ressflamboyans
Parmy lair obscurcy rayans
Qui tournoyoient a leur espere
Comme lestablit dieu le pere.
La sont entre eulx leurs armonies
Qui sont causes de melodies
Et de diuersitez de tons
Que par concordances mettons
En tous genres de chanterie/
Tout par elle change et varie
Et muent par leurs influances
Les accidens et les substances
Les choses qui sont soubz la lune
Par leur diuersite commune/

Espessent le cler element/
Cler sont ilz lespee ensement
Et froit et chault et sec et moiste
Tout ainsi comme en une boiste/
Ilz sont a chascun corps venir
Pour leur paix ensemble tenir
Tant soient ilz fort differens.
Ilz les sont ensemble lians
Et font paix de quatre ennemis
Quant ilz les ont ensemble mis
Par attrempance conuenable
A complexion raisonnable
Pour former en meilleure forme
Toutes les choses que ie forme.
Et sil aduient quilz soient pires
Cest du deffault de leurs matires.
Mais qui bien garder y scaura
Ia si bonne paix ny aura
Que sa chaleur lhumeur ne succe
Et sans cesser gaste et mengusse
De iour en iour tant que venue
Soit la mort qui luy en est deue
Par mon droit establissement.
Si la mort y vient aultrement
Comme par aultres cas hastee
Ains que lhumeur soit degastee/
Que iacoit ce que nul ne puisse
Par medicine que lon fisse
Ne par riens quon puisse manger
La vie du corps abreger
Si scay ie bien que de legier
La se peult chascun abregier
Car mains abregent bien leur vie
Ains que lhumeur soit deffaillie
En eulx faisant noyer ou pendre
Ou par quelque peril emprendre
Dont ains quilz sen puissent fuyr
Ardoir se font ou enfouyr
Ou par quelque meschief destruire
Pour le fais follement conduire/
Ou par leurs priuez ennemys
Qui mains en ont en coulpe mis/
Par glaiues poysons et venins
Tant ont les cueurs faulx et chenins

Ou par tomber en maladies
Par faulx gouuernemens de vies
Par trop dormir par trop veiller
Trop reposer trop trauailler
Trop engraisser et trop seicher
Car en tout ce peult on pecher
Et par trop longuement ieusner
Par trop de delictz aduner
Par trop de ses plaisirs vouloir
Trop esiouyr et trop douloir
Par trop boire et par trop mangier
Par trop les qualitez changier
Sicomme il appert mesmement/
Quant ilz se font soubdainement
Trop chault auoir trop froit sentir
Dont trop tard font a repentir/
Ou par leurs coustumes muer
Qui font beaucoup de gens tuer
Quant soubdainement les remuent
Maintz sen griefuct a maintz sen tuent
Car les mutations soubdaines
Sont trop a nature greuaines
Si quilz ne font en vain pener
Ceulx a mort naturel mener.
Et iacoit ce que moult meffacent
Quāt cōtre moy tel mort pourchassent
Si me poise fort toutes voyes
Quant ilz demeurent entre voyes
Comme chetifz et recreans
Vaincuz par mort comme meschans/
Dont moult se pensent bien garder
En eulx voulant contregarder
Des oultraiges et des folies
Qui leur font abreger leurs vies
Ains quilz ayent attaincte et prise
La borne que ie leur ay mise.

Note la diuersite despassiōs qui aduienēt aux corps humains p accidēs z vyces.

¶ Comment nature se plaint cy
Des dueilz quilz firent contre luy.

Empedocles mal se garda
Qui tant en liures regarda
Et tant ayma philosophie/
Plain espoir de melancolie

fueillet. c. vi.

Quoncques la mort ne redoubta/
Mais tout vif au feu se bouta
Et ioinctz piedz au feu fut sailly
Pour monstrer que cueurs ont failly
Ceulx qui mort veullent redoubter/
Pource se veult de gre bouter
Dedans le feu nen doubtez mie
Sans point attendre maladie.
Point ne print aulcun miel ne sucre
Mais esleut illec son sepulcre
Entre les sulphureux bouillons.
Origenes qui les couillons
Se couppa, bien peu me prisa
Quant a ses mains les incisa
Pour seruir en deuotion
Les dames de religion
Si que nully soupesson eust
Que gesit auec elles peust/
Si dit lon que les destinees
Mors telles auoient destinees
Et tel heur or leur ont esmeuz
Des le iour quilz furent conceuz
Et quilz prirent leurs nations
En telles constellations/
Et par dioictes necessitez
Sans oultre possibilitez
Cest sans pouoir de lescheuer
Combien quil leur en deust greuer
Leur conuient tel mort recepuoir/
Mais ie suis certaine de voir
Combien que les cieulx y trauaillent
Et les meurs naturelz leur baillent
Qui les inclinent a ce faire
Et les font a ceste fin traire
Par la matiere obeissant
Qui leur va le cueur flechissant
Si peuent ilz bien par doctrine
Pour nourriture nette et fine
Pat suyuir bonnes compaignies
De sens et de vertus garnies
Ou par aulcunes medicines
Qui soient tresbonnes et fines
Et par bonte denseignement
Procurer quil soit aultrement

Empe-docles se iecta dans le feu.

Origenes se couppa les genitoires.

Les constellatiōs ne peuent cōtrain-dre a faire biē ou mal.

T iii

Mais quilz ayent comme sçavez
Leurs meurs naturelz refrenez
Car quant de sa propre nature
Contre bien et contre droicture
Se veult homme ou femme atourner
Raison sen peult bien destourner
Mais quil la croye seullement.
Lors yra la chose aultrement
Car aultrement peult il bien estre
Quoy que face le cours celeste
Qui moult a grant povoir sans faille
Mais que raison encontre naille/
Car nous navons contre raison
Povoir en chascune saison/
Et silz nen sont il mye maistre
Et ne la firent oncques naistre.

Nota.

De divine predestinatiō

Mais de fouldre la question
Comment predestination
Et la divine prescience
Plaine de toute pourveance
Peut estre a voulente delivre
Fort est aux gens lais a descripre/
Et qui vouldroit la chose emprendre
Trop leur seroit fort a entendre
Qui leur auroit mesme solues
Les raisons alencontre meues/
Mais il est vray quoy quil leur semble
Quilz sentresouffrent bien ensemble/
Aultrement ceulx qui bien feroient
Ja loyer avoir ne devroient.
Ne cil qui de pecher se paine
Jamais nen devroit avoir paine
Si telle estoit la verite
Que ce vint par necessite/
Car cil qui bien faire vouldroit
Aultrement faire ne pourroit
Et cellui qui mal vouldroit faire
Ne sen pourroit mye retraire
Voulsist ou non il le feroit
Puis que destine luy seroit.

On disoit en la maniere
Pour disputer de la matiere

Que dieu nest point en riens deceuz
Des faictz quil a par devant sceuz
Dont ilz adviendront sans doubtance
Sicomme ilz sont en sa science/
Mais bien sect comme ilz adviendront
Comment et quelz chiefz ilz tiendront/
Car si aultrement estre peust
Que dieu par avant ne le sceust
Il ne seroit pas tout puissant
Ne tout bon ne tout congnoissant
Ne ne seroit pas souverain
Le bel le doulx le primerain
Ains seroit pareil que nous sommes
Qui cuideroit avecq les hommes
Qui sont en doubteuse creance
Sans certainete de science.
Mais telle erreur en dieu retraire
Seroit diablerie a reffaire
Homme ne le devroit ouyr
Qui de raison voulsist iouyr/
Doncq convient il a vive force
Quant vouloir dhomme a rien sefforce/
De quant quil faict quainsi le face
Pense die vueille ou pourchasse/
Dont est la chose destinee
Quine peult estre destournee/
Donc se doit il ce semble ensuyvre
Que rien nest voulente delivre.

La sapience de bon té d dieu est infinie.

Et si les destinees tiennent
Toutes les choses q̄ adviennent
Comme cest argumēt le preuve
Par lapparence quil y treuve
Cil qui bien faict ou mallement
Quant faire ne peult aultrement
Quel gre luy en doit dieu sçavoir
Ne quel paine en doit il avoir
Sil avoit iure le contraire
Aultre chose ne peult il faire
Dont ne seroit bonne iustice
De bien rendre et pugnir le vice.
Mais comment faire le pourroit
Qui bien regarder y vouldroit/
Il ne feroit vertu ne vice

Nota.

fueillet.c.xli.

Ne sacrifice ne calice/
Ne prier dieu rien ne vauldroit
Quant le vice et vertu fauldroit/
Du si dieu iustice faisoit
Comme vice vertu ne soit
Il ne seroit pas droicturiers
Ains clameroit les vsuriers
Les larrons et les meurtriers quictes
Et les bons et les ypocrites/
Car tous seroient a pois vnis
Et ainsi seroient bien honnis
Ceulx qui da pmer dieu se trauaillent
Quant a la fin a samour faillent
Et faillir les y conuiendroit
Puis que la chose ainsi viendroit
Que nul ne pourroit recouurer
La grace dieu pour bien ouurer/
Mais il est droicturier sans doubte/
Car en luy relupt bonte toute
Aultrement seroit en deffault
Cil a qui nulle rien ne fault.
Doncques il rent soit gaing ou perte
A chascun selon sa desserte.
Donc toutes oeuures sont meries
Et les destinees peries
Aumoins comme gens lais le sentent
Qui toutes choses leur presentent
Bonnes/malles/faulses/et voires
Par aduenances necessaires
Et franc vouloir est en estant
Que telz gens vont si maltraictant/
Mais qui se vouldroit opposer
Pour destinees aloser
Et casser franche voulente/
Car maint en a este tempte
Et disoit de chose possible
Combien quil puisse estre fallible
Aumoins quant elle est aduenue
Si aulcun lauoit deuant veue
Et deisse tel chose sera
Et rien ne sen destournera
Si nauroit il dit verite/
Donc seroit ce necessite/
Car il sensuit si chose est voire

Doncques quelle est bien necessaire
par la conuertibilite
De voir et de necessite.
Donc conuient il quel soit a force
Quant necessite sen efforce.
Qui sur ce respondre vouldroit
Ne scay seschapper en pourroit
Certes il diroit chose voire/
Mais non pas pour ce necessaire/
Car comment quil ait deuant veue
Si nest pas la chose aduenue
par necessaire aduenement/
Mais par possible seullement/
Car si lest qui bien y regart
Cest necessite en regart
Et non pas necessite simple
Si que ce ne vault vne guimple.
Et si chose aduenir est voire
Donc est ce chose necessaire/
Car telle verite possible
Ne peult pas estre conuertible
Auec simple necessite
Sicomme simple verite/
Et ne peult tel raison passer
Sans franche voulente casser.

Aultrepart qui garde y prendroit
Jamais aux gens ne conuiendroit
De nulle chose conseil querre
Ne faire besongnes en terre/
Et pourquoy se conseilleroient
Et besongne pourquoy feroient
Si tout fut or predestine
Et par force determine/
pour conseil pour oeuure de mains
Ja nen seroit ne plus ne moins
Ne mieulx ne pis ne pourroit estre
Fust chose nee/ou chose a naistre
Fust chose faicte ou chose a faire
Fust chose a dire ou chose a taire
Nul dapprendre besoing auroit
Sans estude des artz scauroit
Ce quil scaura par estudie
En trauaillant toute sa vie/

T iiii

note bien

dieu rend a chascū selō qͥl a desserui

dieu est dispesa teur de toutes choses.

Le Rommant de la Rose.

Mais ce nest pas a octroyer
Donc on doit plainement nyer
Les oeu-
ures
dhuma-
nite ad-
uiennent
par vou-
loir hu-
main.
Que les oeuures dhumanite
Aduiennent par necessite
Ains font bien ou mal franchement
Par leur vouloir tant seullement
Quil nest riens fors eulx a voir dire
Qui tel vouloir leur face eslire
Que prendre ou laisser ne le puissent
Si de raison vser vouxsissent.

Ais ce seroit fort a respondre
Pour tous les argumens confondre
Que lon peult encontre amener/
☜ Mais se vouldrent a ce pener
Et dirent par sentence fine
Que la prescience diuine
Ne met point de necessite
Sur les oeuures dhumanite/
Car bien sen vont apperceuant
Pource que dieu les scait deuant
Ne sensuyt il pas quilz aduiennent
Par force que telle fin tiennent/
Mais pource quelles aduiendront
Et tel chief et tel fin tiendront/
Pource les scet ains dieu se dient/
Mais telz mauuaisement destient
Le neu de ceste question/
Car qui voit leur intention
Et se veult a raison tenir
Les faictz qui sont a aduenir
Silz produysent vraye sentence
De dieu causent la prescience
Et la font estre necessaire/
Mais moult grant folye est a croire
Que dieu si follement entende
Que son sens daultruy faict despende
Et ceulx qui telz sentences suyuent
Contredieu mallement estriuent
Voulant par leur beau fabloyer
Sa prescience afforbloyer
tout est
possible
a dieu.
Ne raison ne peult pas entendre
Que lon puisse lors rien apprendre
Ne nul pourroit certainement

Estre saige parfaictement
Sil fust en tel deffault trouue
Que ce cas fust sur luy proue.
Dont ne vault rien ceste responce
Qui la dieu prescience absconse
Et musse sa grant pouruyeance
Soubz les tenebres dignorance
Qui na pouoir tant est certaine
Dapprendre rien doeuure mondaine
Et sil se pouoit sans doubtance
Ce luy viendroit de non puissance
Qui est douleur du recenser
Et moult grant peche dy penser.

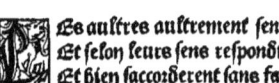
Es aultres aultrement sentirent
Et selon leurs sens respondirent
Et bien saccorderent sans faille
Que des choses comment quil aille
Qui sont par voulente deliure
Sicomme election les liure
Scet dieu ce quil en aduiendra
Et quel fin chascune tiendra
Par vne condition legiere/
Cest assauoir en tel maniere
Comme elles sont a aduenir
Et veullent par ce soustenir
Quil nya point necessite
Ains vont par possibilite
Si quil scet quel fin ilz feront
Et silz feront ou ne feront
Tout ce scet il bien de chascune
Que de deux voyes tiendra lune/
Ceste yra par negation
Celle par affirmation
Nompas si termineement
Quil naduienne bien aultrement/
Car bien peult aultrement venir
Si franc vouloir se veult tenir.

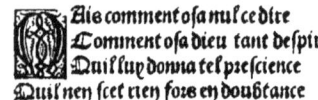
Ais comment osa nul ce dire
Comment osa dieu tant despite
Quil luy donna tel prescience
Quil nen scet rien fors en doubtance
Quant il nen peut aperceuoir

fueillet.c.viii.

Determinablement le veoir/
Car quant du faict la fin scaura
Ja si bien sceue ne laura
Quant aultrement peult aduenir
Sil luy voit aultre fin tenir
Que celle que ia aura sceue.
Sa prescience est bien deceue
Comme mal certaine et semblable
A oppinion decepuable
Sicomme auant monstre lauoye.
Aultres allerent aultre voye
Et maintes encor a ce tiennent
Qui disent des faictz qui aduiennent
Ca bas par possibilite
Quilz sont tous par necessite
Quant a dieu nompas aultrement/
Car il scet terminement

Dieu voit & congnoist tout.

Des tousiours et sans nulle faille
Comment que de franc vouloir aille
Les choses ains que faictes soient
Quelconques fins que celles ayent
Et par science necessaire.
Sans faulte ilz disent chose voire
Dautant que tous a ce saccordent
Et pour verite bien recordent
Que la necessaire science
Et des tousiours sans ignorance
Dieu scet comment yra le faict/
Mais contraignance pas ny faict
Ne quant a soy ne quant aux hommes/
Car scauoir des choses les sommes
Et les particularitez
De toutes possibilitez
Ce luy vient de la grant puissance
De la bonte de sa science
Vers qui rien ne se peult escondre.
Et qui vouldroit pource respondre
Et mettre es faictz necessite
Il ne diroit pas verite/
Car pourtant quil les scet deuant
Si ne sont ilz pas ie men vant
Ne pource quilz sont puis ia veoir
Ne luy feront deuant scauoir/
Mais pource quil est tout puissant

Et tout bon et tout congnoissant
Pource scet il de tout le voir
Si quon ne le peult deceuvoir/
Rien ne peult estre quil ne voye.
Et pour tenir la droicte voye
Qui bien vouldroit la chose emprendre
Qui nest pas legiere a entendre/
Ung gros exemple en pourrois mettre
Aux gens laitz qui nentendent lettre/
Car telz gens veullent grosse chose
Sans grant subtilite de glose.
Si lhomme de grant cueur faisoit
Une chose quelle quel soit
Du du faire se retardast
Pource que si lon regardast
Il en auroit honte et vergongne
Tel pourroit estre sa besongne/
Et ung aultre ia riens nen sceust
Deuant que celluy faicte leust
Du quil leust delaissee a faire
Si se veult mieulx du faict retraire
Cil qui la chose apres scauroit
Ja pource mise ny auroit
Necessite ne contraignance
Et si en eust eu la science
Aussi bien par le temps deuant/
Mais que plus ne lallast greuant
Ains quil le sceust tant seullement.
Cela nest pas empeschement
Que celluy nayt faict ou ne feist
Ce qui bien luy pleust ou feist
Du que du faire necessast
Si la voulente ia laissast
Quil a si franche et si deliure
Quil peut le faict fuyr ou suyure.

Exemple de sa puissance et bonté de dieu

Aussi dieu et plus noblement
Toutes determinablement
Scet les choses a aduenir
Ainsi quelles doiuent tenir
Comment que la chose puisse estre
Par la voulente de son maistre
Qui tient en sa subiection
Le pouoir de dilection
Et sencline a lune partie

Nota.

❡ Le rommant de la Rose.

Par son sens et par sa follie
Et scet les choses trespassees
Comme faictes et compassees
Et de ceulx qui les faictz cesserent
Scet si a faire les laisserent
Pour honte ou pour quelque achoison
Soit raisonnable ou sans raison
Comme leur voulente les mene
Car ie suis bien seure et certaine
Quaucunes gens sont a grant plantez
Qui a mal faire sont temptez
Toutesfois a faire se laissent
Dont aulcunes en ya qui cessent
Pour viure vertueusement

Nota.
Et pour lamour dieu seullement
Et sont de meurs bien acesmez
Mais iceulx sont bien cler semez
Laultre qui de pecher se pense
Sil ny cuidoit trouuer deffense
Toutesfois son couraige dompte
Pour crainte de paine ou de honte
Tout ce voit dieu tresclerement
Deuant ses yeulx apertement
Et toutes les conditions
Des faictz et des intentions
Rien ne se peult de luy garder
Ia tant ne scaura regarder

Toutes choses sont a dieu presentees.
Car ia chose nest si loingtaine
Que dieu deuant soy ne la tienne
Ainsi que selle fust presente
De dix ans ou de vingt ou trente
Voire cinq cens voire cent mille
Soit a faire en champ ou en ville
Soit honneste ou desauenant
Si la voit dieu des maintenant
Comme selle estoit aduenue
Et des deuant la il bien veue
Par demonstrance veritable
En son mirouer pardurable
Que nul fors luy ne scet pollir
Sans rien a franc vouloir tollir.

Son mirouer est il mesmement
De qui prefinces commencement
En ce bel mirouer polly
Qui tint et tient tousiours a luy
Tousiours voit ce qui auiendra
Et tousiours present le tiendra.
Il voit ou les ames yront
Qui loyaulment le seruiront
Et de ceulx aussi qui nont cure
De loyaulte ne de droicture
Et leur promet assez souldees
Des oeuures quilz auront ouurees
Sauluement ou dampnation
Cest la predestination
Et la prescience diuine
Qui tout scet et riens ne deuin e
Qui scet aux gens la grace estandre
Quant il les voit a bien entendre.
Ne na pas pource supplante
Paour de franche voulente.
Tout homme oeuure de franc vouloir
Soit pour iouer ou pour douloir
Cest la presente vision
Car qui la diffinition
De pardurablete deslie
Cest la possession de vie
Qui par fin ne peult estre prise
Trestoute ensemble sans diuise.

Ais de ce monde lordonnance
Que dieu par sa grant pourueance
Deust establir et ordonner
Cela conuient a fin mener
Quant aux causes vniuerselles
Celles seront par force telles
Comme elles doyuent toutes estres.
Tousiours feront les cours celestes
Selon leurs reuolutions
Toutes leurs transmutations
Et vseront de leurs puissances
Par necessaires influences
Sur les particulieres choses
Qui sont es elemens encloses
Quant sur eulx leurs rays receuront
Comme receuoir les deuront
Car tousiours choses engendrables

Nota.

ffueillet.c.viiii.

Engendreront choses semblables
Du feront leurs commiſſions
Par naturelz complexions
Selon ce quilz auront chaſcunes
Sur eulx proprietez aulcunes
Et qui deuura mourir mourra
Et viura tant comme il pourra
Et par leur naturel deſir
Douldroient les cueurs des vngs geſir
En oyſeuſes et en delices
Vngs en vertus aultres en vices.

Nota.
Mais par aduenture les faictz
Ne ſeront touſiours ainſi faictz
Comme les corps du ciel entendent
Si les choſes deulx ſe deffendent
Qui touſiours leur obeyroient
Si deſtourneees nen eſtoient
Du par cas ou par voulentez
Touſiours ſeront ilz tous temptez
De ce faire ou le cueur senclîne.
Nul de traire a tel fin ne fine
Si comme a choſe deſtinee/
Ainſi octroye ie deſtinee.

Diffini-
tion et p
deſtina-
tion.
Pource ſoit diſpoſition
Soubz la predeſtination
Adiouſtee aux choſes muables
Selon ce quilz ſont inclinables.

¶ Ainſi peult eſtre home fortune
Pour eſtre des lors quil fut ne
Preux et hardy en ſes affaires
Prudent et large et debonnaires
Dampz garny et de richeſſes
Et renomme de grans proueſſes
Du pour fortune auoir peruerſe/
Mais bien regarde ou il conuerſe/
Car tout bien peult eſtre empeſche
Du par vertu ou par peche
Nota.
Sil ſent quil ſoit auers ne chiche/
Car tel home ne peult eſtre riche
Contre ſes meurs a raiſon vienne
Et ſuffiſance a ſoy retienne
☞ Preingne bon cueur donne et deſpenſe
Deniers et robes et viande

Mais de ce ſon bon nom ne charge
Quon ne ſe tienne pour fol large/
Car garde naura auarice
Auarice
cõtraire
a liberte
Qui dentaſſer les gens atice
Et les faict viure a tel martyre
Que rien neſt qui leur peut ſuffire
Et ſi les aueugle et compreſſe
Que nul bien faire ne leur laiſſe/
Et leur faict toutes vertus perdre
Quant a luy ſe veullent adherdre.
Ainſi peult lhomme ſil neſt nice
Se garder de tout aultre vice
Du ſoy de vertu deſtourner
Sil ſe veult a mal atourner/
Car franc vouloir eſt ſi puiſſant
Sil eſt de ſoy bien congnoiſſant
notable
ſinguli-
er.
Quil ſe peult touſiours garantir
Sil peult dedans ſon cueur ſentir
Que peche veult eſtre ſon maiſtre
Comment quil ſoit du cours celeſte/
Car qui deuant ſcauoir pourroit
Quelz faictz le ciel faire vourroit
Il les pourroit bien empeſcher/
Car ſi lair vouloit tant ſecher
Que toutes gens de chault mouruſſent
Et les gens par auant le ſceuſſent
Ilz edifieroient maiſons neufues
Aux moiſtes lieux et pres des fleues
Du grans cauernes creuſeroient
Et ſoubz terre ſe muſſeroient
Si que de chault ilz nauroient garde
Du ſil aduenoit quoy quil tarde
Que par les eaux vinſent deluges
Ceulx la qui ſcauroient les refuges
Delaiſſeroient tantoſt les plaines
Et ſenfuiroient ſur les montaignes
Du feroient nefz ſi bien vnies
Que la tous ſaulueroient leurs vies
Par la grant inundation
Ainſi que fit deucalion
Deuca
lió & py-
rra euad
rēt le de
luge.
Et pyrra qui ſen eſchapperent
Par la naſſelle ou ilz entrerent
Quilz ne fuſſent des flocz happez
Et quant ilz furent eſchappez

❡ Le Rommant de la Rose.

Quilz vindrent au port de salus
Et veirent plaines de palus
Parmy le monde les valees
Quant les mers sen furent allees
Et quil ny eut sire ne dame
Fors deucalion et sa femme
Ilz sen allerent a confesse
Au temple themis la deesse
Qui eut des sors les destinees
De toutes choses destinees.

❡ Comment par le conseil themis
Deucalion tous ses amys
Luy et pyrra la bonne dame
Fit revenir en corps et ame.

A Deux genoulx illec se mirent
Et conseil a themis requirent
Comment ilz pourroient loreouurer
Pour leur lignaige recouurer.
Quant themis ouyt la requeste
Qui moult estoit bonne et honneste
Elle leur dit quilz sen allassent
Et derriere leur dos iectassent
Tantost les os de leur grant mere.
Tant fut ceste response amere
A pyrra quil la recusoit
Et contre le sort sepcusoit
Quelle ne deuoit despiecer
Les os de sa mere et blecer

Jusq a tant que deucalion
Luy en dit lexposition
Aultre sens dit il ne fault querre
Nostre grant mere cest la terre
Et les pierres si sont les os
Quil fault iecter derrier noz dos
Apres nous les conuient iecter
Pour noz lignaiges susciter
Ainsi quil dit / ainsi le firent
Et maintenant hommes saillirent
Des pierres que deucalion
Iectoit par bonne intention /
Et des pierres de pyrra les femmes
Saillirent en corps et en ames
Tout ainsi que dame themis
Leur auoit en loreille mis
Oncques ne quirent aultre pere
Iamais ne sera que nen pere
La deurte en tous leurs lignaiges
Ainsi ouurerent comme saiges
Ceulx qui garentirent leur vie
Du grant deluge par nauye.
Ainsi ceulx eschapper pourroient
Qui tel deluge auant scauroient.

D O si herbout deuoit saillir
Qui tant fist les biés deffaillir
Q les gés de faim mourir deussent
Pource q ung seul grain de ble neussent
Tant en pourroit on retenir
Auant que ce deust aduenir
Par deux ans ou par trois ou quatre
Que bien pourroit la faim abatre
Au peuple tant gros que menu
Quant au herbout seroit venu
Comme fit ioseph en egipte
Par son sens et par son merite
Et faire si grant garnison
Que bien en pourroit garison
Sans faim et sans mal aise auoir
Du sitz pouoyent deuant scauoir
Que faire deust oultre mesure
En yuer estrange froidure
Auant mettroient toute leur cure

Expositi-
on de
la pro-
phetie.

Hõmes
& fēmes
furēt en
gendrez
des pier-
res ap̃s
le delu-
ge selon
les fa-
bles.

nota.

fueillet. c.pb.

A eu ly bien garnir de besture
Et de busches a grans chartees
Pour faire feu es cheminees/
Et si ioncheroient leurs maisons
Quant froides seroient les saisons
De belle paille nette et blanche
Que prendre pourroiët en leur granche
Et si clorroient huys et fenestres
Si en seroient plus seurs leurs estres
Ou ilz seroient estuues chauldes
☞ Parquoy leurs bateries bauldes
Eulx tous nudz pourroient demener
Quant ilz verroient lair forcener
Et iecter pierres et tempestes
Qui tuassent aux champs les bestes
Et grans fleuues prendre et glacer.
Ia tant ne scauroient menacer
Ne de tempestes ne de glaces
Quilz ne rississent des menasses/
Et si carolleroient leans
Des perilz quietes et rians.
Bien or pourroit lair escarnir
Et si se pourroit bien garnir/
Mais si dieu ny faisoit miracle
Par vision ou par oracle
Il nest nul ie nen doubte mie
Sil ne scauoit dastronomie
Les estranges complexions
Et diuerses positions
Des cours du ciel et quel regard
Sur quel climat ilz ont regard
Qui puisse ce deuant scauoir
Par science ne par auoir.

E quāt le corps a tel puissance
Quil fuit declenchy la dettrepāce
Et leur destourbe ainsi leꝰ oeuure
La Ber- Quant encontre eulx si bien se coeuure
tu de la Et plus puissant bien se recors
me plus Et force dame que de corps
forte ꝗ le Car elle meut le corps et porte/
corps. Et sel ne fust chose fust morte
Mieulx donc et plus legierement
Par lusaige dentendement

Pourroit escheuer franc vouloir
Ce qui se peult faire douloir
Garde na que de riens se dueille
Pour qui consentir ne se vueille.
Et saiche par cueur ceste clause
Quil est de sa malaise cause/
Foraine tribulation
Nen peult fors estre occasion
Ne na des destinees garde
Si sa natiuite regarde
Et congnoist sa condition
Que vault tel predication
Il est sur toutes destinees
Ia tant ne seront destinees.
Des destinees plus par lasse
Fortune et cas determinasse
Et bien voysse tout espondre
Plus opposer et plus respondre
Et moult dexemples en diroye
Mais trop longuement y mettroye
Ains que ie leusse tout fine.
Bien est ailleurs determine/
Qui nen scet aux clercz le demande
Affin que le vray il entende.

Encore se taire men deusse
Ia certes mot parler nen eusse
Mais il affiert en ma matire
Car mon ennemy pourroit dire
Quant ainsi morroit de luy plaindre
Pour ses desloyaultez estaindre
Et pour son createur blasmer
Que le vueille a tort diffamer/
Car luy mesme bien souloit dire
Quil na pas franc vouloir deslire
Car dieu par sa prouision
Le detient en subiection
Qui tout par destinee maine
Et loeuure et la pensee humaine
Si que sil veult a vertu traire ☞
Ce luy faict dieu a force faire/
Et si de malfaire sesforce
Ce luy faict dieu faire par force
Qui mieulx le tient que par le doit

Des de
stinees &
predesti
nations

D i

❦ Le rommant de la Rose.

Si quil fait ce que faire doit/
De tout peche de toute aumosne
De bel parler et de campostre
De loz et de detraction
De larrecin doccision
Et de paix et de mariages
Soit par raison soit par oultrages
Ainsi dit quil conuenoit estre.
Ceste fit dieu pour cestuy naistre
Ne il ne pourroit aultre auoir
Par nul sens ne pour nul auoir
Destinee luy estoit ceste.
Et puis si la chose est malfaicte
Que cil soit fol ou elle folle
Quant aulcun en touche et parolle
Et mauldit ceulx qui consentirent
Au mariage et qui le firent
Il respond lors le mal tenez
A dieu dist il vous en prenez
Qui veult que la chose ainsi aille
Tout ce fit il faire sans faille.
Et lors conferme par serment
Nota. Quil ne peut aller aultrement/
Non non/ceste responce est faulce
Ne sers plus les gens de tel saulce
Le vray dieu qui ne peult mentir
Ne les faict a mal consentir/
Deulx vient le fol appensement
Dont naist le fol consentement
Qui les esmeult aux choses faire
Dont du tout se deussent retraire/
Car moult bien retraire sen peussent
Mais q̃ sans plus bien se congneussent
Et leur createur reclamassent
Qui bien les aymast silz aymassent/
Car celluy ayme saigement
Nota. Qui se congnoist entierement.

Sans faille toutes bestes mues
Dentendement vuidees et nues
Se mescongnoissent par nature
Car selz auoient en eulx parlure
Et raison pour leur faict entendre
Et quelz sentrepeussent apprendre

Mal fust aux hommes aduenu
Jamais nul beau destrier crenu
Ne laisseroit sur luy monter
Ne par nulz cheualiers dompter
Jamais beuf sa teste cornue
Ne mettroit en ioug de charrue/
Asnes muletz chameaulx pour lhõme
Jamais ne porteroient la somme/
Ne ne priseroient vng glistel.
Jamais ne porteroit chastel
Lelephant sur sa haulte eschine/
Qui de son nez trompe et buccine
Et sen paist aux soirs et matin
Comme vng homme faict de sa main/
Ja chiens ne chatz ne seruiroient
Car sans homme bien viueroient.
Ours/loups/liepars/et sanglier
Tous hommes viendroient estrangler
Les ratz mesmes lestrangleroient
Quant au seau le trouueroient.
Jamais oyseau par mal appel
Ne mettroit en peril sa pel
Ains pourroit moult lhomme greuer
Et en dormant les yeulx creuer
Et sil vouloit a ce respondre
Qui les cuideroit tous confondre
Pource quil fait faire darmures
Heaulmes/haulbers/espees dures
Et scet faire arcz et arbalestres
Aussi feroient les aultres bestes.
Ont ilz pas cinges et marmottes
Qui leur feroient de bonnes cottes
De cuir de fer voire pourpoins/
Il ne demourroit ia pour poins/
Car ceulx qui ouureroient de mains
Ja pourtant nen vouldroient ia moins
Et pourroient estre escripuains
Car ilz ne seroient ia si vains
Que tous ne se subtiliassent
Comment es armes contraictassent/
Et puis aulcuns engins feroient
Dont moult aux hommes greueroient/
Puces mesmes et orillees
Selles fussent entortillees

Les bestes se mescongnoissent par nature.

nota.

feuillet. c.vi.

En dormant dedans leurs oreilles
Les molesteroient a merueilles/
Les poux aussi sirons et lentes
Tous leurs luroient sounēt ententes
Et feroient leurs oeuures laisser
Et eulx flechir et abaisser
Gauchir tourner saillir tripet
Et de grater et de froter/
Mousches aussi a leur manger
Leur mainent souuent grant danger
Et les assaillent aux visaiges
Ne leur chault silz sont roys ou paiges)
Fourmis et petites vermines
Leur feroient aussi grant ruynes

nota.   Silz auoient d'iceulx congnoissance.
Mais vray est que ceste ignorance
Leur vient de leur propre nature
Mais raisonnable creature
Soit homme mortel ou soit ange
Qui tous donnent a dieu louange
Sil se mescongnoist comme nice
Le deffault luy vient de son vice
Qui le sens luy trouble et empire/

Diffini- Car il peult bien raison ensuyure
tion de   Et de son franc vouloir vser
franc   Rien n'est qui s'en puisse excuser.
vouloir   Et pource tant dit vous en ay
Et telles raisons amene
Que leur iangle vueil estancher.
Rien ne les en peut reuencher.

☞ Alis pour mō pēsemēt pour sauure
Dont ie vouldrois estre a deliure
Pour ma douleur que cy recors
Qui me trouble l'ame et le corps
N'en vueil ie plus dire a ce tour/
Vers les cieulx la hault m'en retour
Qui bien font ce que faire doiuent
Aux creatures quilz recoiuent
Les celestiaulx influences
Selon leurs diuerses substances.
Les vens sont ilz contraires
L'air enflammer bruire et crier
Et esclarcir en maintes pars

Par tonnerres et par esclars
Qui tabourent timbrent et trompent
Tant que les nuees se derompent
Par les vapeurs quilz sunt leuer
Et dedans leurs ventres creuer/
La chaleur et les mouuemens
Par horribles tournoyemens
Et tempester et ietter fouldres
Et par terre esleuer les pouldres
Voire tours et clochiers abatre
Et maintz vieulx arbres tant debatre
Que de terre sont arrachez
Sans sont si fort atachez
Que leurs racines rien leur valent
Et qu'en terre tous enuers naillent/
Du que des branches n'ayent rouptes
Au moins vne partie ou toutes.
Si dit on que ce sont les diables
A tout leurs grās crocz et leurs chables
A leurs ongles a leurs hauetz/
Mais tel dit ne sçait deux nauetz
Ilz en sont a grant tort mescreuz
Car nulles riens ny sont esmeuz
Fors les tempestes et le vent
Qui les vont ainsi consuyuant.
Ce sont les choses qui leur nuysent/
Ilz versent bledz et vignes cuisent
Et fleurs et fruictz d'arbres abatent   note des
Tant les tempestent et debatent   fouldres
Que es branches ne peuent demeurer   et tēpe-
Tant que bien se peussent meurer/   stes.
Voire pleurera grosses larmes
Refont ilz l'air en diuers termes/
Et si ont grant pitie les nues
Quilz s'en despouillent toutes nues
Ne ne prisent lors vng festu
Le noir manteau quilz ont vestu
Car a tel dueil faire satirent
Que tous par pieces la dessirent
Et si luy aydent a pleurer
Comme son les deust acourer
Et pleurent si parfondement
Si fort et si espessement
Quilz sont les fleuues descriuer
D ii

❡ Le Rommant de la Rose.

Et contre les champs estriuer
Et contre les forestz voisines
Par leurs oultrageuses bruynes
Dont il conuient souuent perir
Les bledz et le temps encherir/
Dont les poures qui les labeurent
Lesperance perdue pleurent.
Et quant les fleuues se destriuent
Les poissons qui les fleuues suyuent
de linū-　Comme les droitz sont et raisons
datiō de　Car ce sont leurs propres maisons
eaues.　Sen vont comme seigneurs et maistre
Par prez par chāps par vignes paistre
Et sacourcent contre les chesnes
Contre les pins contre les fresnes
Et ostent aux bestes sauuaiges
Leurs manoirs et leurs heritaiges
Et vont ainsi par tout nageant
Dont tous vifz en vont enrageant
Bacus ceres pan cybele
Quant ilz sen vont a trupele
Les poissons par leurs grans mouuentes
Par les delectables pastures
Et les satires et les fees
Sont moult doulans en leurs pensees
Quant ilz perdent par telz cretines
Leurs delicieuses gaudines.
Les nimphes pleurent les fontaines
Quant des fleuues les treuuēt plaines
Surhabondantes et couuertes
Comme dolentes de leurs pertes/
Et les fannes et les driades
Ont les cueurs de dueil si malades
Quilz se tiennent trestous pour pris
Quant ilz voyent leur bois surpris
Et se plaignent des dieux des fleuues
Qui leur font villenies neufues
Tout sans dessertes et sans forfaict
Comme riens ne leur ont forfaict/
Et des prochaines besses villes
Quilz tiennent chetiues et viles
Ne sont les poissons hosteliers
Ny reste granche ne celiers
Ne lieu si vaillant ne si chier

Que par tout ne saillent seicher
Ilz vont aux temples et eglises
Et tollent aux dieux leurs conquises
Et chassent des chambres obscures
Les dieux priuez et leurs figures.

E t quāt ce dict au chief de piece
que le beau tēps se lait despiece
quāt aux cieulx desplaist a enuie
Tant de tempeste et tant de pluye
Lair oste de toute son yre
Et le faict rebauldir et rire/
Et quant les nues appercoyuent　Nota dē
Que lair si rebauldir recoiuent　nuees.
Adonc se resiouyssent elles
Et pour estre aduenans et belles
Font robes apres leurs douleurs
De toutes leurs belles couleurs
Et mettent leur toison seicher
Au beau soleil plaisant et cler
Et les vont par lair charpissant
Au temps cler et resplendissant
Puis fillent/quant ilz ont fille
Si font volander leur fille
Es esguillees de fil blanches
Ainsi que pour couldre leurs manches.
Et quant il leur reprent courage
Daller loing en pelerinaige
Ilz font ateler leurs cheuaulx
Montent et passent mons et vaulx
Et senfuyent comme desuans
Car eolus le dieu des vens　Eolus
Ainsi est ce dieu appellez　dieu des
Quant il les a bien attelez　vens.
Car ilz nont nul aultre chartier
Qui saiche leurs cheuaulx traicter
Leur met aux piedz si bonnes esles
Que nul oyseau neut oncques telles.
Adonc prent lair son mantel vnde
Quil vest trop voulentiers en vnde
Et sen affuble puis sappreste
De soy cointir et faire feste
Et dattendre en ce point les nues
Tant quelles soient reuenues

Fueillet.c.xviii.

Qui pour le monde solasser
Ainsi que pour aller chasser
Ung arc en leur poing prendre seullent
Du deux ou trois quant elles veullent
Qui sont appellez arcz celestes
Dont nul ne scet sil nest bon maistre.
Pour tenir des regardz escolle
Comme le soleil les piolle
note des Quantes couleurs ilz ont ne quelles
couleurs Ne pourquoy tant ne pourquoy telles
de larc   Ne la cause de leur figure
celeste. Il luy conuiendroit prendre cure
Destre disciple daristote
Qui mien ly a mis nature a note
Que nul homme puis le temps cayin
Athetam le myen lucain
Qui ne fut pas ne sol ne gars.
Cil fit le liure des regars
De ce doit il science auoir
Qui veult de larc du ciel scauoir/
Car de ce doit estre iugeur
Clerc naturel et regardeur
Et sulche de geometrie
Dont necessaire est la maistrie
Aux sture des regars prouuer/
Lors pourra les causes trouuer
Et les forces des mirouers
nota du Qui tant ont merueilleux pouoir
mirouer Qui toutes choses trespetites
Lettres greffes tresloing escriptes
Et pouldres de sablon menues
Si grans et si grosses sont veues
Et si apparans aux mirans
Que chascun les peut choisir ens
Que lon les peut lire et compter
De si loing que qui racompter
Le vouldroit et qui lauroit veu
Si ne pourroit il estre creu
Dhomme qui point veu ne lauroit/
Ou qui les causes nen scauroit.
Si ne seroit ce pas creance
Puis quil en auroit la science.
Mars et venus lesquelz prins furent
Ensemble au lict ou ilz se geurent

Si ains que sur le lict montassent
En tel mirouer se mirassent
Mais que le mirouer tenissent   nota.
Si que le lict ou dedans vissent
Ia ne fussent prins ne liez
Les latz subtilz et desliez
Que vulcanus mis y auoit
De quoy nul deulx rien ne scauoit
Car sil les eust faict dountreraigne
Plus subtille que fil daraigne
Si eussent ilz bien les latz veuz
Et fust vulcanus fort deceuz
Et ny fust lung ne lautre entre/
Car chascun las plus dung grant tre
Leur parust estre gros et longs
Si que vulcanus le felons
Ardant de ialousie noire
Ia ne prouuast leur adultaire
Ne ia tous les dieux rien nen sceussent
Si eulx de telz mirouers eussent
Car de la place sen fuissent/
Quant les latz tous tendus y vissent
Et courussent ailleurs gesir
Ou mieulx celassent leur desir/
Ou ilz fissent quelques cheuances
Pour eschever leurs mescheances
Sans estre blasmez ne greuez/
Ie dis vray soy que me deuez
En ce que vous manez ouy.

℣ Genius a dame nature.
Certes ce dit le prestre ouy
Ce mirouer cest chose voire
Leur fust adonc bien necessaire/
Car ailleurs assemble se fussent
Quant le grant peril y congneussent
Ou a lespee qui bien taille
Espoir mars le dieu de bataille
Tant se fust du ialoux venge
Que ses latz eust moult dommage
Adoncques se peust en honneur
Esbatre avec sa femme asseur
Au lict sans aultre place querre
Ou pres du lict dessus la terre/
Et si par aulcune aduanture

h iii.

Le rommant de la Rose.

Qui felonneuse fust et dure
Damp Vulcanus y suruenist
A lheure que mars la tenist
Venus qui trop est saige dame
Car trop de barat est en femme
Dz quant lhuys luy ouyt ouurir
Bien peust a tant ses talus couurir
Ou eust eu excusation
Par quelque cauillation
Et controuuast tost achoison
Pourquoy mars vint en sa maison
Et iurast tant que lon voulsist
Tant que ses preuues luy touilsist
Et lors luy fist a force acroire
Quoncques la chose ne fut voire
Car ia fust ce quil eust bien veue
Si eut elle dit que la veue
Luy fut obscurcie et troublee
Tant eust sa langue bien doublee
En diuerses plications
A trouuer excusations
Car riens ne iure ne ne ment
Que femme ne plus hardiement
Si que mars sen allast tout quittes.

Nature a genius.

Certes sire preste bien dictes
Comme preux et courtoys et saiges
Trop ont femmes en leur couraiges
De subtilitez et malices
Qui ce ne scet fol est et nices
Ne de ce ne les excusons.
Trop plus franchement que nul homs
Certainement iurent et mentent
Mesmement quant elles se sentent
De quelque chose en oultrees/
Ja point ne seront attrapees
En ce cas specialement
Dont bien peult on dire loyaulment
Qui cueur de femme apperceuroit
Jamais fier ne si deuroit
Non feroit il certainement
Quil nen mescherroit aultrement.

Lacteur.

Ainsi accordent ce me semble

Nature et genius ensemble
Et dit salomon toutesuoyes
Puis que par la verite voyes
Que bien eureux lhomme seroit
Qui bonne femme trouueroit.

Nature.

Encores ont miroueres dit elle
Mainte aultre grant force et fort belle
Car grant choses et grosses mises
Bien pres semblent loing estre assises
Et fust cela plus grant montaigne
Qui soit entre france et sardaigne
Car bien y peuent estre veues
Si petites et si menues
Quennuis les pourroit on choisir
Tant regardast lon par loisir.

Oultres miroueres pour verites
Monstrent les vrayes quantitez
Des choses que lon y regarde
Sil est qui bien y preigne garde.
Aultres miroueres sont qui ardent
Les choses quant ilz les regardent
Quant on les scet droit compasser
Pour les rais ensemble amasser
Qui dessus les miroueres roient
Quant par le soleil resflamboient.
Aultres font diuerses ymaiges
Apparoir en diuers estaiges
Besongnees droittes et enuerses
Par compositions diuerses
Et dune en font ilz plusieurs naistre
Ceulx qui des miroueres sont maistre/
Et font quattre yeulx en une teste
Si a cela sa forme est preste
Et font fantosmes apparans
A ceulx qui regardent dedans
Et les font dehors apparoir
Tout difz soit par eaux ou par air
Et les peut on bien veoir iouer
Entre loeil et le miouer
Par les diuersitez des angles
Soient les moyens compostz ou sangles
Dune nature ou de diuerse

fueillet. c.xviii.

En quoy la forme se reuerse
Qui tant sera multipliant
Par le moyen obediant
Qui vient aux yeulx apparoissans
Selon les rays ressortissans
Que si diuersement recoyt
Que les regardans il decoit.

Aristote aussi nous tesmongne
Qui bien sceut de ceste besongne/
Car toute science auoit chiere
Dug homme estant de malle chiere
Dit il estoit en maladie
Par la veue fort affaiblie
Lors l'air estoit obscur et trouble
Dont il dit que par raison double
Il vit en l'air de place en place
Aller par deuant luy sa face
Qui s'met mirouers si z'uōt obstacles
Font apparoir trop de miracles
Et aussi diuerses distances
Sans mirouer grans deceptions
Sembler choses entre eulx vingtaines
Estre conioinctes et prochaines
Et sembler d'une chose deux
Selon la diuersité d'eulx
Du six de trois ou sept à quatre
A qui se veult au voir esbatre
Du plus ou moins en peult on veoir
Si peult il bien les yeulx asseoir
En plusieurs choses sembler une
Qui bien les ordonne et adiune/
Mesmes dung si trespetit homme
Que chascun ung nayn se venomme
Se font paroir aux yeulx voians
Quil soit plus grant que nul geans
Et pert par sus les doys passer
Sans branche ployer ne casser
Si que tous de grant peour en tremblet
Et le geant nayn il ressemblent
Par les yeulx tant fort les desuoye
Tant si diuersement les voye.

Et quant lors ainsi sont deceuz
Ceulx q̃ telles choses ont veuz
Par mirouer ou par distances
Qui leur ont faict telles monstrances
Puis au peuple vont et s'en vantent
Et ne disent pas vray/mais mentent
Quilz ont tous les grans dyables veuz
Tant sont en leurs regars deceuz.
Et font bien l'oeil enferme et trouble
De chose simple sembler double
Et paroir au ciel double lune
Et deux chandelles aussi pour une
Il n'est nul quant bien y regarde
Que souuent ne faille en tel garde
Dont maintes choses sont iugees
Destre aultres quelz ne sont prouuees
Mais ie ne vueil or mettre cures
A en declarer les figures
Des mirouers/ne me dicay
Comment est reflexi le ray
Ne leurs angles ne vueil descripre
Tout est ailleurs escript en liure
Ne pourquoy des choses mirees
Sont les ymaiges retirees
Aux yeulx de ceulx qui là se mirent
Quant vers les mirouers se virent/
Ne les yeulx de leurs apparances
Ne les causes des deceptions
Ne vous vueil declarer beau prestre
Du ces choses ont leur estre
Du es mirouers ou dehors
Ne ne racompteray pas fors
D'aultres visions merueilleuses
Soient doulces au douloureuses
Que l'on voit aduenir soubdaines
C'est assauoir selz sont foraines
Du sans plus a la fantasie/
Ce ne declaireray ie mie
Car expedient il n'est pas
Ains ie le laisse et le trespas
Auec les choses deuant dictes
Qui ne seront par moy descriptes/
Car il seroit trop long a dire
Et n'y pourroit le temps suffire

nota.

D iiii

Le rommant de la Rose.

Et aussi moult fort a entendre
Si aulcun le vouloit comprendre
Aux gens laiz specialement
Qui ne diroit generaulment
Si ne pourroient ilz pas bien croire
Que la chose fust ainsi voire
De ces myrouers mesmement
Qui tant oeuurent diuersement
Ne des visions les manieres
Tant sont merueilleuses et fieres
Ilz ne pourroient le vray trier
Qui le leur vouldroit desployer
Ne croire les deceptions
Qui viennent par diuisions
Soit en veillant soit en dormant
Dont maintz sesbahissent forment
Pource les vueil cy trespasser
Et si ne vueil or plus laisser
Moy de parler/et vous douyr
Bon faict proliuite fouyr.

Il sont femmes moult enuieuses
Et de parler contrarieuses
Dont vous pry q̃lne vo͛ desplaise
Pource que du tout ne men taise
Pour le present a ceste fois
Tant en vueil dire touteffois
Que plusieurs en sont si deceuz
Que hors de leur lictz se sont meuz
Et se chauffent et si se vestent
Et de tous leurs habitz sapprestent
Nota. Comme les sens communs sõmeillẽt
Et tous les particuliers veillent.
Les mer- Ilz prennent bourdons et escharpes
ueilles Faulcilles coignees ou sarpes
des sens Et vont cheminant longue voyes
interi- Et ne scauent ou toute suoyes
eurs de Et aussi montent sur cheuaulx
l'hõme. Et passent ainsi monts et vaulx
Par seiches voyes et par fanges
Tant quilz viennent en lieux estrãges
Et quant ces sens communs sesueillent
Moult sesbahyssent et merueillent
Quant puis en leur droit sens reuiẽnẽt

Et quant auec les gens se tiennent
Lors tesmoignent nompas par fables
Quainsi les ont portez les dyables
Que de leurs hostelz les osterent
Et par eulx mesmes si porterent.

Souuent cela est aduenu
Quant aulcun est prins et tenu
Par aulcune grande malice
Sicomme il appert par notice
Quant on na garde suffisans
Du sont ceulx en lhostel disans
Quilz saillent sus et puis cheminent
Et de tant cheminer ne finent
Quilz trouuẽt ãlques lieux sauuaiges
Du pretz ou vignes ou boscages
Et se laissent illecques cheoir
La les peult on bien aller veoir
Si lon veust/combien que trop tarde
Pource quilz neurent point de garde
Fors gens de voulente mauuaise
Morte de faim et de malaise
Ou quant on est en sa sante
On voit des gens a grant plante
Qui maintesfois sans ordonnance
Par naturelle coustumance
De trop penser sont curieux
Silz sont trop melencolieux
Du trop paoureux oultre mesure
Qui maintes diuerses figures
Se font en eulx mesmes apparoir
Aultrement que ne disines veoir
Quant des mirouers nous parlions
Dont si briefuement nous passions
Et de tout ce leur sembloit lors
Quil soit ainsi pour vray dehors.

Eulx qui par grant deuotion
En trop grant contemplacion
font apparoir en leurs pensees
Les choses quilz ont pourpensees
Et les cuident tout proprement
Veoir par dehors apertement
Sont truffez en ceste mensonge

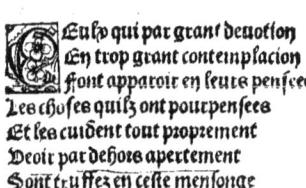
Note tousio͛s des se-cretz de nature.

fueillet.c.xix.

Ainsi que de l'homme qui songe
Qui voit ce cuide en ses presences
Les spirituelles substances
Comme fit scipion iadis
note du songe de scipion. Qui vit enfer et paradis
Et ciel et aer et mer et terre
Et tout ce que lon y peult querre.
Estoilles voyoit apparoir
Et les oyseaulx voler par laer
Et les poissons par mer nouer
Et les bestes au bois iouer
Et faire tous tresbeaulx et gentz
Et grant diuersite de gens
Les vngs en chambre solacer
Les aultres vont par bois chasser
Par montaignes et par riuieres
Par pretz vignes et cheneuieres
Et songe plainctz et iugemens
Et guerres et tournoyemens
Les danceries et carolles
Diuerses visi ons & fa tasies. Dupz vielles et cytolles/
Et sentent espices ioyeuses
Et toutes choses sauoureuses
Et sont auecques leur ame
Iacoit ce quelle ny soit mye
Lung voit la lousie venant
Vng baston a son col tenant
Que prouuez ensemble les treuue
Par malle bouche qui contreuue
Les choses ainsque faictes soient
Dont tous amans par iour seffroient/
Car ceulx qui vrays amans se clament
Quant damours ardemment sentreament
Dont maintz ont trauaulx et ennuytz
Quant ilz sont endormis les nuytz
En leurs lictz ou moult ont pense/
Car les proprietez en scay
Or songent les choses aymees
Quilz ont tant par iour reclamees
Ou songent de leurs aduersaires
Qui leur font ennuytz et contraires.
Ceulx qui sont en trop mallee haines
Courroux songent et les ataines
Et contens a leurs ennemys

Qui les ont en la haine mys
Et choses a guerres ensuyuables
Par contraires ou par semblables. Diuers songes aduien nent par causes diuerses
Du silz sont boutez en prison
Par aulcune grant mesprison
Ilz songent de leur deliurances
Silz ont en eulx bonnes esperances
Ou songent au gibet ou corbe
Que le cueur par tout leur recorde
Ou quelques songes desplaisans
Qui hors ne sont mye / mais ens
Si cuident ilz pour vray des lors
Que ces choses soient dehors
Et de ce font ou dueil ou feste/
Et ce portent dedans leur teste
Qui les cinq sens ainsi decoit
Par les fantosmes quon recoit
Dont maintes gens par leur follies
Cuident veoir par la nuyt estries
Errans auec dame abonde/
Et disent que par tout le monde Nota.
Les tiers enfans de nation
Sont de ceste condition
Quilz vont trois fois en la sepmaine
Comme destinee les maine
Et par tous les hostelz se boutent/
Car clef ne barre ne redoubtent/
Mais sen entrent par les fandaces
Par arcieres et par crenaces
Et se partent les corps des ames
Et vont auec les bonnes dames Nota.
Par lieux forains et par maisons
Et se preuuent par telz raisons/
Car ces diuersitez quont veues
Ne sont pas en leurs lictz venues
Mais sont leurs ames qui labourent
Et parmy le monde sen courent
Et tant comme ilz sont en tel erre
Sicomme ilz font aux gens acroire
Qui leurs corps bestourne auroit note de la follye des sorcier̃s.
Iamais lame entrer ny scauroit/
Mais trop ce est folet horrible
Et chose qui nest pas possible/
Car corps humain est chose morte

❡ Le Rommant de la Rose.

Corps ſãs ame ceſt choſe ſe morte
Apres que l'ame en ſoy ne porte.
Doncques eſt ce choſe certaine
Que ceulx qui trois fois la ſepmaine
Ceſte maniere derrer ſuyuent/
Trois fois meurent et trois fois viuent
Meſmes dedans vne ſepmaine.
Sil eſt ainſi ſans choſe vaine
Donc reſuſcitent moult ſouuent
Les diſciples de tel conuent.

L'hõme ne reſſuſciteque vne foiſ cõmunement.
Mais ceſt bien terminee choſe
Que ioſe reciter ſans gloſe
Que nul qui doiue a mort courir
Na que dune mort a mourir
Ne la ne reſuſcitera
Tant que ſon iugement ſera
Que par miracle ſpecial
De par le dieu celeſtial
Comme du lazare liſons
A luy point ne contrediſons.
Et quant l'on dit daultre partie
Que quant l'ame ſeſt departie
Ainſi du corps de aornee
Se treuue le corps deſtourne
Elle ne peult en lieu venir
Qui peult tel fable ſouſtenir.
Il eſt vray et bien ſe recors
Que l'ame deſioincte du corps
Plus eſt aperte et ſaige et cointe
Que quant elle eſt au corps conioincte
Dont el ſuyt la complexion
Qui luy trouble l'intention
Dont eſt mieulx lors par elle ſceue
L'entree que ne fut l'iſſue
Parquoy pluſtoſt la trouueroit
Ia ſi beſtourne ne ſeroit.

Aultre part que le tiers du mõde
Aille ainſi auec dame abonde
Cõme folles vieillee ſe preuuẽt
Par les viſions quilz y treuuent
Dont il conuient ſans nulle faille
Auſſi que tout le monde y aille/
Qui neſt nul ſoit vray ou menſonge

Qui maintes viſions ne ſonge
Non pas trois en la ſepmaine/
Mais quinze fois en la quinzaine
Du plus ou moins par aduenture
Comme la fantaſie dure.

Nota.

Si ne vueil ie dire des ſonges
Silz ſont vrays ou ſilz ſont menſonges
Et ſon les doit du tout eſlire
Ou ſilz ſont du tout a deſpire
Et pourquoy les vnges ſont horribles
Les aultres plus beaux et paiſibles
Selon leurs apparitions
Aux diuerſes complexions
Et ſelon les diuers couraiges
Des meurs differens et des aages/
Ou ſi dieu par telz viſions
Enuoye reuelations
Ou ſi les malings eſperitz
Pour mettre les gens en perilz
Font ſonger/de ce me tairay
Et a mon propos me mettray.

Sõges predictz diuers moyens

Ie vous dis doncques que les nues
Quant laſſees ſont et recrenes
De traire par l'air de le²s fleches
Et plus de moiſtes que de ſeiches/
Car de pluyes et de rouſees
Les ont treſtoutes arrouſees
Si chaleur aulcune n'en ſeiche
Pour traire aulcune choſe ſeiche
Bien deſtendent leurs rays enſemble
Quant ont trayt tãt que bõ leur ſemble
Mais trop ont eſtrangiers ameres
Ces arcz dont tyrent ces archieres/
Car toutes leurs couleurs ſen fuyent
Quant en deſtandant les eſſuient
Ne iamais puis de ceulx la meſmes
Ne tiairont elz ne ſont a meſmes/
Mais ſelz veulent aultre fois traire
Nouueaulx arcz leur conuient refaire
Que le ſoleil peut proſer
Quil fault non aultrement doler.
Encor oeuure plus ſinfluance
Des cieulx qui tãt ont grant puiſſance

Nota.

Nota.

fueillet.c.xx.

Par mer/et par terre/et par air
Les comettes font apparoir
Qui ne sont pas au ciel posees
Ains sont parmy lair embrasees
Qui peu durent puis quelz sont faictes
Dont maintes fables sont retraictes.
Les motz aux princes en deuinent
Ceulx qui deuiner ne finent/
diuina- Mais les comettes plus nagettent
tiōs par Ne plus espessement ne gettent
aulcūes Leurs influences ne leurs rays
comettes Tant sur poures hōmes que sur roys
Ne sur roys que sur poures hommes
Aincoys oeuurent certaine en sommes
Au monde sur les regions
Selon les dispositions
Des climatz des hommes des bestes
Qui sont aux influences prestes
Des planettes et des estoilles
Qui plus grant pouoir ont sur elles.
nota. Et pour tout les signifiances
De ces celestes influences
Et les complexions esmeuuent
Sicomme obeissans les treuuent.

Je ne dis pas ne nafficque
Que le roy doyue estre dit riche
Plus q̄ les personnes menues
note de Qui vont a pied parmy les rues/
suffisan- Car suffisance faict richesse
ce & cou- Et couuoitise faict pouresse.
uoitise. Soit roy ou nayt vaillant deux chiches/
Qui plus couuoitent moins sont riches
☞ Et qui croyroit les escriptures
Les roys resemblent les painctures
Dont tel exemple a appreste
note le Cil qui escript leur maieste
exemple Si bien y sauoit prendre garde
les roys Cil qui les painctures regarde/
aux pain- Qui plaisent quant on ne sapresse/
ctures. Mais de pres la plaisance cesse.
De loing semblent delicieuses/
Mais de pres tant ne sont ioyeuses.
Ainsi va des amys puissans

Doulx sont a leurs mescongnoissans
Leur seruice et leur acointance
Par le deffault dexperience/
Mais qui bien les esprouueroit
Tant damertume y trouueroit
Quil craindroit a soy y bouter
Tant est leur grace a redoubter.
Ainsi nous en assure grace
De leur amour et de leur grace/
Ne les princes ne sont pas dignes
Que les cours du ciel donnent signes
De leur mort plus q̄ dung aultre hōme/
Car leur corps ne vault vne pomme
Oultre le corps dung charruyer
Du dung clerc ou dung escuyer/
Car ie les fais semblables estre
Sicomme il appert a leur naistre.
Par moy naissant semblables nudz La condi
Fors/foybles/gresles/et menus tiō des
Tous les metz en equalite humains
Quant a lestat dhumanite/ est tous
Fortune y met le remanent te sem-
Qui ne peult estre permanent blables
Qui ses biens a son plaisir donne
Sans prendre garde a quel personne
Et tout retoult et retouldra
Toutes les fois quelle vouldra/
Car elle est si fort variable
Que dung varlet curant estable
Fait elle a foys aussi grant compte Les condi
Comme dung roy dung duc ou conte tions de
Ainsi quil est monstre dessus fortune
Du grant neron et de cresus.

¶ Comment nature proprement,
Deuise bien certainement
La verite dont gentillesse
Vient et en enseigne la vresse.

❧ Le rommant de la Rose.

Il est nul contredire chose
Qui de gentillesse se lose
Et die que le gentil homme
Comme le peuple se renomme
Est de meilleur condition
Par noblesse de nation
Que ceulx qui la terre cultiuent
Ou qui de leur grant labeur viuent
Je respons que nul nest gentilz
Sil nest aux vertus ententifz
Et nest vilain que par ses vices
Dont il est oultraigeux et nices.
Noblesse vient de bon couraige
Car gentillesse de lignaige
Nest pas gentillesse qui vaille
Quant la bonte du cueur y faille
Parquoy en luy soit apparens
La prouesse de ses parens
Qui la gentillesse conquirent
Par les grans trauaulx quilz y mirent
Et quant du siecle trespasserent
Toutes leurs vertus emporterent
Et laisserent aux hoirs lauoir/
Car plus nen peurent ilz auoir/
Lauoir ont ne plus nya leur
Ne gentillesse ne valeur
Sil ne font tant que gentilz soient
Par sens ou par vertus quilz aient
Les clercz ont bien plus dauantaiges
Destre gentilz courtois et saiges
Et la raison vous en diray
Que nont les princes ne les roy

Qui ne scauent de la lecture/
Mais le clerc voit en lescripture
Auec les sciences prouuees
Raisonnables et demonstrees
Tous maulx dont lon se doit retraire
Et tous les biens que lon peult faire.
Les choses voit du monde escriptes
Comme elles sont faictes et dictes/
Il voit es anciennes vies
De tous vilains les villenies
Et tous les faictz des courtois hommes
Et des courtoisies les sommes.
Briefment il voit escript en liure
Ce que lon doit fuyr ou suyure/
Parquoy tous clercz disciples & maistr.
Sont gentilz et le doyuent estre.
Sachez que ceulx qui ne le sont
Cest par le cueur mauuais quilz ont
Et en ont trop plus dauantaiges
Que ceulx qui vont aux cerfz sauluaiges
Dont pis valent que nulle gent
Clercz qui nont le cueur noble et gent
Quant les biens congneuz ilz eschiuent
Et les vices veuz ilz ensuyuent/
Trop plus pugnis en debuoient estre
Par deuant lempereur celeste.
Clercz qui sabandonnent a vices
Que les gens lais simples et nices
Qui nont pas les vertus escriptes
En leurs cueurs grandes ne petites
Et si les roys sceussent la lettre
Tant ne sen peuent entremettre
De tant lire et de tant aprendre/
Car trop ont a ailleurs entendre/
Parquoy pour gentillesse auoir
Ont les clercz ce peuent scauoir
Plus dauantaiges et greigneurs
Que nont les terriens seigneurs
Et pour gentillesse conquerre
Qui moult est honnorable en terre
Tous ceulx qui la veulent auoir
Doiuent ceste reigle scauoir.
Quiconque tant a gentillesse
Dorgueil se gard et de paresse/

Fueillet.c.xxi.

Aiſſe aux armes ou a ſeſtuide
Et de villenie ſe vuide.
Humble cueur ait courtois et gent
En tous lieux et vers toute gent
Fors ſans plus vers ſes ennemys
Quant accord ny peult eſtre mis.
Honnore dames et damoiſelles

nota. Mais ne ſe fie trop en elles
Car bien luy en pourroit meſchoir
Cela eſt aſſez bon a veoir.
Homme tel doit auoir le pris
Sans eſtre blaſme ne repris

L'hōme Et de gentilleſſe le nom
vertu- Doit receuoir les aultres non.
eux doit Cheualier aux armes hardis
eſtre pri Preux ſont en faictz couars en dis
ſe ſeulle Comme fut meſſire gauuain
ment. Qui ne fut oncq paoureux en vain

Le côte Et le conte dartoys roberts
dartoys Qui des quant il yſſit du bers
vertu- hanta tous les iours de ſa vie
eux. Largeſſe/honneur/cheualerie/
Noncq ne luy pleut oyſeux ſeiours
Ains deuint homme auant ſes iours.
Tel cheualier preux et vaillant
Large et hardy bien bataillant
Doit par tout eſtre bien venu
Loue/ayme/et chier tenu.
Moult doit on le clerc honnorer
Qui a bon ſens veult labourer/
Et penſe des vertus enſuyure
Quil voit eſcriptes en ſon liure.
Et ſi fit on certes iadis
Bien en nommeroye ia dix
Voire tant que ſi ie les nombre
Ennuy ſera doubx le nombre.
Jadis tout vaillant gentil homme
Comme le peuple les renomme
Empereurs/ducz/contes/et roys

Philoſo Dont ia cy plus ne compteroys
phes et Les philoſophes honnorerent
poetes Aux poetes meſme donnerent
urēt ia- Villes iardins lieux honnorables
dis hon Et maintes choſes delectables.
norez..

Naples fut donnee a Virgille
Qui plus eſt honnorable ville
Que amyens voire ou lauardins.
En calabre eut treſbeaulx iardins
En ce temps qui donnez luy furent
Des anciens qui le congneurent.
Mais pourquoy plus en nommeroye
Quant par pluſieurs le prouueroye
Qui furent nez des bas lignaiges
Et plus eurent nobles couraiges
Quonc les filz des roys et des contes
Dont ia cy ne vous feray comptes
Et pour gentilz furent tenus.
Or ſont les temps a ce venus
Que les bons qui toute leur vie
Trauaillent en philoſophie
Et ſen vont en eſtrange terre
Pour ſens et pour honneur conquerre
Et ſouffrent les grans pouretez
Com mendians et endebtez
Et vont tous deſchauſſez et nudz
Ne ſont aymez ne chier tenuz.
Princes ne les priſent deux pommes
Et ſi ſont ilz plus vaillans hommes
Si dieu me gard dauoir les fieures
Que ceulx qui vont chaſſer aux lieures
Et que ceulx qui ſont couſtumiers nota.
De prendre oyſeaulx aux eſperuiers.

Ellui qui daulcruy gentilleſſe
Sans ſa valeur et ſa proueſſe
Veult emporter los et renom
Eſt il gentil/ie dis que non
Mais doit eſtre vilain clame
Et vil tenu et moins ame
Que ſil eſtoit filz dung truant/
Je nen prys nulle huant
Et fuſt il or filz dalexandre
Qui tant oſa darmes emprendre
Et tant continua les guerres
Quil fut ſire de toutes terres.
Et puis que ceulx luy obeirent
Qui contre luy ſe combatirent
Et que iceulx ſe furent rendus

x i

❡ Le Rommant de la Rose.

Qui point ne seſtoient deffendus
Il diſt tant fuſt dorgueil deſtroict
Que ce monde eſtoit ſi eſtroict
Quil y pouoit ennuis tourner
Le dict orgueil leur bailla le paàdret
Ne plus ny vouloit ſeiourner/
Mais penſoit aultre monde querre
Pour commencer nouuelle guerre
Et ſen alloit enfer briſer
Pour ſe faire par tout priſer/
Si que tous de grant paour tremblerent
Les dieux denfer/car ilz cuiderent
Quant ie leur comptay que ce fuſt
nota. Cil qui par le bourdon de fuſt
Deuoit denfer briſer les portes
Pour les ames de peche mortes
Et leur grant orgueil atacher
Pour ſes amys denfer chaſſer.

Ale poſons ce qui ne peult eſtre
Que len face au leū gētil naiſtre
Et que des aultres ne me chaille
Quilz ſont appellans villenaille
Quel bien a il en gentilleſſe
Certes qui ſon engin adreſſe
A bien la verite comprendre
Il ny peult aultre choſe entendre
Fors quil ſemble que la proueſſe
De ſes parens fourment le bleſſe.
Sen telle ſorte ne veult viure
Quil vueille tous leurs faitz enſuyure
Qui gentil hom veult reſſembler
Sil ne veult gentilleſſe embler
Et ſans deſſerte los auoir
Je luy fais pour vray aſſauoir
Que gentilleſſe point ne donne
nota: Nulle choſe qui ne ſoit bonne
Fors que les faictz tant ſeullement.
Et ſaiches bien certainement
Quaulcun ne doit auoir louange
Par vertu de perſonne eſtrange
Auſſi droit neſt pas que ie blaſme
Nulle perſonne daultruy blaſme.
Cil ſoit loue qui ſe deſſert
Mais cil qui de nul bien ne ſert

En qui lon trouue mauuaiſtiez
Villenies et inimitiez
Et vanteries et bombans/
Du cil qui eſt double et lobans
Dorgueil farcy et de rampoſnes
Sans charite et ſans aumoſnes
Et negligent et pareſſeux
Car lon trouue bien peu de ceulx
Tant ſoient nez de telz parens
Du toutes vertus ſont parans
Pas neſt iuſte bien dire loz
Quil ait de ſes parens le loz/
Mais doit eſtre plus vil tenu
Que ſil fuſt de chetif venu.   nota

Aiche tout homme raiſonnable
Quil neſt mie choſe ſemblable
Dacquerre ſens et gentilleſſe
Et renommee par proueſſe
Et dacquerre grans tenemens
Grans deniers et grans aornemens
Pour en faire leurs voulentez/
Car ceulx qui ſont entalentez
Deulx trauailler pour moult acquerre
Grans deniers aornemens ou terre
Ayent ilz treſors amaſſez
Cent mille marcs ou plus aſſez
Tout pour laiſſer a leurs amys/
Mais ceulx qui leur trauail ont mis
Es autres choſes deſſuſdictes
Tant quilz les ont par leurs merites
Amours ne les peult tant plaiſſer
Quilz leurs en puiſſe rien laiſſer.
Peuent ilz laiſſer ſcience/non
Ne gentilleſſe ne renom/
Mais ilz leur en peuent apprendre   nota.
Silz y veullent exemple prendre.
Aultre choſe nen peuent faire/
Ne ceulx nen peuent riens plus traire/
Silz nen refont ilz pas grant force
Ne nen donneroient vne eſcorce/
Mais ne penſent fors que dauoir
Les poſſeſſions et lauoir
Et ſe dit chaſcun gentil homme

Fueillet. c.xvii.

Pource qu'ainsi on se renomme
Et que leurs bons parens se furent
Et tous itelz comme estre deurent
Et qu'ilz ont chiens et oyseaulx
Pour sembler gentilz damoiseaulx/
Et qu'ilz vont chantans par rivieres
Par champs par bois par cheneuieres/
Et qu'ilz se vont oyseux esbatre

Nota. Mais telz sont faulse vilenatte.
Qui d'aultruy noblesse se vantent/
Ilz ne dient pas vray/mais mentent/
☞ Car le nom de gentillesse emblent
Puis que leurs parens ne ressemblent
En leurs faictz et en semblable estre.
Ceulx veullent doncques gentilz estre
D'aultre noblesse que de celle
Que ie leur donne qui est belle
Et a nom naturel franchise
Que i'ay sur tous esgale mise

Note. Avec raison que dieu leur donne
Qui les faict par voulenté bonne
Semblables a dieu et aux anges
Si mort ne les en fist estranges
Qui par mortelle differance
Des hommes faict la desseurance
Et querent neufues gentillesses
S'ilz ont en eulx tant de prouesses/
Car si par eulx ne les acquierent
Jamais gentilz par aultruy n'ierent

Noblesse Je n'en metz hors ne duc ne conte.
se naist Dautrepart est ce plus grant honte
de Vertu. Dung filz de roy s'il estoit nice
Et tout plain d'oultraige et de vice
Que s'il estoit filz dung chartier
Dung porchier ou dung sauetier
Il seroit bien plus honnorable
A gauuain le bien combatable
Qui fut dung truant engendré

note bié De feu de charbon encendré
Qu'il ne seroit d'estre couart
Et son pere fust renouart.

Mais sans faulte ce n'est pas fable
La mort d'ung prince est plus notable

Que pas n'est la mort d'ung paisant
Quant on le treuue mort gisant/
Et plus loing en vont les parolles. Nota.
Et pource cuident les gens folles
Quant ilz ont veues les comettes
Quelz soient pour les princes faictes/
Mais si iamais ne roy ne prince
Par aulcun royaulme ne province
Et fussent tous pareilz en terre
Fussent en paix fussent en guerre
Si feroit or le cours celestre
En leur temps les comettes naistre
Quant ce regars se recentroient
Du ciel y oeuure faire deuroient/
Mais qui y eut en fait matiere Nota.
Qui leur peust bien a ce suffire.
Dragons volans et estincelles
Ilz sont par fait sembler chandelles
Qui des cieulx en tombant descendent
Comme les simples gens entendent/
Mais raison ne peult pas bien voir
Que rien puisse des haulx cieulx cheoir
Car en eulx n'a riens corrompables
Tant sont netz/fins/fors/et estables
Ne ne recoiuent pas emprintes
Qui par dehors soient empraintes
Ne rien ne les pourroit casser/
Et filz ne laisroient rien passer
Tont soit subtile ne passable
Si ce n'est chose espirituable.
Leurs rays sans faille bien y passent
Mais point n'empirent ne ne cassent.
Les chaulx estez les froitz yuers
Ilz font par leurs regars diuers
Et font les neiges et les gresles
Une heure grosses l'autre gresles Maistes
Et maintes aultres impressions impressi-
Selon leurs compositions ons au
Et selon ce qu'ilz s'entre esloignent ciel.
Du s'approchent ou se conioignent
Dont plusieurs fort souuent se smayent
Quant au ciel les esclipses voyent
Et cuident estre mal menez
Des regars qui leur sont finez

K ii

Le rommant de la Rose.

Des planettes quilz auoient beues
Dont si tost ilz perdent les veues.
Mais si les causes bien en sceussent
Ja de riens ilz ne sen esmeussent
Ne pour les murmures des vens
Les ondes de mer esleuans
Faisant flotz aux nues baiser
Puis apres la mer appaiser
Tant quelle nose plus grondir
Ne ses flotz faire rebondir
Fors celluy qui par son scauoir
Luy faict adez seaue mouuoir
Et la faict aller et venir
Rien nest qui sen peust detenir.

T q vouldroit plus bas enquerre
Des merueilles q sont en terre
Du cours du ciel et des estoilles
Tant y en trouueroit de belles
Que iamais nauroit tout escript
Qui tout vouldroit mettre en escript
Ainsi le ciel vers moy saquicte
Qui par sa bonte tant proffite
Que bien me peulx apperceuoir
Que tous font tresbien leur deuoir.
Ne ne me plains des elemens
Bien gardent mes commandemens
Bien font entre eulx leurs mixtions
Tournent en reuolutions
Car quanque la lune a soubz soy
Est corruptible bien le scay
Rien ne se peult si bien nourrir
Que tout ne conuienne pourrir
Tous ont de leur complexion
Par naturelle intention
Reigle qui ne fault ne ne ment
Tout est en son commandement
Si generale est ceste reigle
Quant nulz ne fault ne ne desreigle.

Ussi ne me plains ie des plantes
Que dobeir ne sont pas lentes
Bien sont a mes loix ententines
Et bien font tant quelles sont viues

Leurs racines et leurs fueillettes
Tronctz et branches fruictz et fleurettes
Chascune chascun en apporte
Tant quelle peut tant quelle est morte
Comme arbres herbes et buyssons.
Les oyseaulx aussi les poissons
Qui moult sont beaulx a regarder
Bien scauent mes reigles garder
Tous faoment a leur vsaige
Et font honneur a leur lignaige
Et point ne se laissent decheoir
Dont est moult grant son las a veoir.
Ne ne me plains des aultres bestes
A qui fais encliner les testes
Qui regardent toutes vers terre
Elz ne me firent oncques guerre
Toutes a ma cordelle tirent
Et font comme leur pere firent.
Le masse va a la femelle
Sil a couple aduenant et belle
Tous engendrent et vont ensemble
Toutes les fois que bon leur semble
Ne ia nul marche ne feront
Quant ensemble saccorderont
Ains plaist a lung pour lautre faire
Par courtoisie debonnaire
Et tous a bien payez se tiennent
Des biens qui de par moy leur viennent
Si font mes belles verminettes
Fourmis papillons et mouschettes
Vers qui de pourriture naissent
De mes commans garder ne cessent
Et mes serpens et mes couleuures
Tous estudient en mes oeuures.

Ais lhomme seul a qui iauoye
Tous les biens faitz q ie scauoye
Si bien forme a mon deuis
Que vers le ciel porte le vis.
Seul home que ie forme et fais naistre
En sa propre forme son maistre
Seul home pour qui paine et labeur
Est la fin de tout mon labeur
Qui na pas si ie ne luy donne

Quant a corporelle personne
Ne de par corps ne de par membre
Qui vaille une pommette dambre/
Ne quant a lame vrayement
Fors une chose seullement
Qui tient de moy qui suis sa dame
Trois forces tant de corps que dame/
Car bien peulx dire sans mentir
Je fais estre viure et sentir.
Moult a ce chetif dauantaige
Sil vousist estre preulx et saige.
De toute vertu surhabonde
Que dieu a mises en ce monde
Confors est a toutes les choses
Qui sont par tout le monde encloses
Et de leur bonté parsonnieres.
Il a son estre auec les pierres
Et vit auec les herbes drues
Et sent auec les bestes mues.
Encor peut il trop plus enfant
Quauec les anges est hantant.
Que vous puis ie plus recenser
Il a tout ce quon peult penser/
Cest ung petit monde nouueau
Qui me faict pis que nul louueau
Sans faulte de lentendement
Congnois ie bien que vrayement
Celluy ne luy donnay ie mie/
La ne sestent pas ma baillie
Saige ne suis ne assez puissant
De faire rien si congnoissant.
Oncques ne fis riens pardurable
Tout ce que fais est corrompable/
Platon moult bien si le tesmoigne
Quant il parle de ma besoigne.
Et des dieulx qui de mort nont garde.
Leur createur ce dit les garde
Et soustient pardurablement
Par son vouloir tant seullement/
Et si son vouloir ny tenist
Trestous mourir leur conuenist.
Mon faict ce dit est tout soluble
Tant ay pouoir poure et obnuble
Au regard de la grant puissance

Lhōme ioupt de toutes les choses du monde.

Les oeuures de nature sōt corrūpables.

Sentence de platon.

De dieu qui voit en sa presence
La triple temporalité
Soubz ung moment de trinité
Cest le roy et cest lemperiere
Qui dit aux dieux quil est leur pere
Ce sçauent ceulx qui platon lisent/
Car telles parolles y virent
Aumoins en est ce la sentence
Selon le langaige de france.
Dieu des dieux dont ie suis faiseur
Vostre pere vostre creeur
Et vous estes mes creatures
Et mes oeuures et mes figures
Par nature estes corrompables
Et par mes graces pardurables/
Car rien si nest faict par nature
Combien quelle y mette sa cure
Qui ne faille en quelque saison
Mais quelque par bonne raison
Veult dieu cohioindre et attremper
Fors et foibles saiges sans per
Ja ne vouldra ne na voulu
Que ce soit iamais dissolu/
Ja ny viendra corruption.
Donc fais telle conclusion
Puis que vous commencastes estre
Par la voulenté vostre maistre
Dont ung chascun est engendre
Parquoy ie vous tiens et tiendre
Nestes pas de mortalitez
Ne de corruption quictez
Du tout que une fois ne vous visse
Mourir si ie vous tenisse.
Par nature mourir pourrez
Mais par mon vueil ia ne morrez/
Car mon vouloir a seigneurie
Sur les liens de vostre vie
Qui les compositions tiennent
Dont pardurabletez vous viennent
Cest la sentence de la lettre
Que platon veult en liure mettre
Qui mieulx de dieu parler osa
Le prisa plus et alosa
Quoncques ne fit nul terrien

Toutes choses faillet p̄ nature.

Des philosophes anciens.
Si nen peut il pas assez dire
Car il ne peut pas bien suffire
A bien parfaictement entendre
Ce que oncq homme ne peut comprendre
Fors le ventre dune pucelle/
Mais il est vray que celle ancelle
Son tressainct ventre or estandit
Plus que platon ny entendit/
Car elle sceut des que l portoit
Dont au porteur se deportoit
Qui est le pere merueillable
Qui ne peult estre corrompable
Qui par tout lieu son sens transsance
Ny en luy na de transferance
Qui est le merueilleux triangles
Dont lunite faict les trois angles/
Ne les trois tout entierement
Ne font que lung tant seullement.
Cest le cercle triangulier
Et le triangle cerculier
Qui en la vierge se hostela
Dont platon ne sceut iusques la
Ne ne leut pas trine vnite
En celle simple trinite
Ne la deite souueraine
Affublee de pel humaine.

Plat3 a fort ple de la na ture di uine.

note des trois per sones de la trinite en vne es sences

Est dieu qui createur se nomme
Qui fit lentendement de lhôme
Et en le faisant luy donna.
Mais contre luy mal sordonna
Lhomme mauluais a dite voir
Qui puis cuida dieu deceuoir/
Mais de luy mesme se deceut
Dont le seigneur la mort receut
Quant sans moy il print chair humaine
Pour les chetifz oster de paine/
Sans moy/car ie ne scay comment
Fors quil peult tout par son commant
Ains suis trop forment esbaye
Quant en celle vierge marie
Fut pour le chetif et en hayne
Et puis pendu tout enchaine

Jesus christ en gendre sãs oeuu ure dhõ me na turelle.

Car par moy ne peut ce pas estre
Que rien de vierge puisse naistre/
Si fut iadis par maint prophete
Ceste incarnation retraicte
Et par iuifz et par payens
Affin que mieulx soyons croyens
Et mieulx nous efforcons de croire
Que la prophetie soit voire/
Car es buccolicques Virgille
Nous lison la voix de sibille
Du sainct esperit enseignee
Disant la nouuelle lignee
Nous est du ciel ius enuoyee
Pour rauoir la gent desuoyee
Dont les siecles de fer fauldront
Et ceulx dor au monde sauldront.

Albumasar aussi tesmoigne
Côment il sceust ceste besoigne
Que dedans le virginal signe
Naistroit vne pucelle digne
Qui sera dicte vierge et mere
Et si allaictera son pere/
Et son mary pres luy sera
Qui ia point ne latouchera
Ceste sentence peult scauoir
Qui veult albumasar auoir
Elle est au liure toute preste
Dont chascun en faict vne feste
Des gens crestiens en septembre
Qui tel natiuite remembre.
Mais tout ce que iay dit dessus
Bien scet nostre seigneur Jesus.
Ay ie pour homme laboure
Pour le chetif ce labour ay/
Cest la fin de toute mon oeuure
Il seul comme mes reigles oeuure
Et de riens point nest appaye
Le desloyal le renoye.
Rien nest qui luy puisse suffire
Quelque chose quon luy peut dire
Les grans graces que luy ay faictes
Ne pourroient point estre retraictes
Et il me reffait tant de honte

La pro phecie Dalbu masar.

Lhôme est la con sômatiõ d toutes oeuures

fueillet.c.xxiiii.

Que ce nest mesure ne conte
Beau doulx frere que tant reclame
Est il doncques droit que ie lame
Et que luy porte reuerence
Puis quil est de tel pourueance/
Or maide dieu le crucifis
Moult me repens que ie le fis/
Mais pour la mort que cil souffrit
A qui iudas baiser offrit
Et longis frappa de sa lance
Ie luy trancheray bien sa chance
Deuant dieu qui le me bailla
Quant a son semblant le tailla
Puis qua moy se faict tant contraire,
femme suis qui ne me peulx taire
Ains vueil ie son faict reueller/
Car femme ne scet rien celer
Iamais ne fust mieulx ledange
Puis que de moy sest estrange/
Ses vices seront recitez
Et ien diray les veritez.

Les vices de lhõme na turel.

Orgueilleux et meurtrier et lierre
Fier conuoiteux auers tricherre
Desespere glout mesdisant
Et haineux aultruy mesprisant
Mescreant enuieux menteur
Pariure et tresmauuais vanteur/
Inconstant fol et variable
ydolatre desagreable/
Traistre desloyal ypocrite
Trop paresseux et sodomite.
En brief trop est chetif et nice
Quant il est serf a chascun vice

Lhomme est sub, iect a tous vices.

Et tous dedans soy les heberge.
Voiez de quelz fers il sen ferge
Va il bien pourchassant sa mort.
Quant a tel mauuaistie samort.
Et puis que toutes choses doyuent
Retourner la dont ilz recoyuent
Le commencement de leur estre/
Quant lhõs viendra deuant son maistre
Qui tousiours en tant comme il peust
Seruir craindre et honnorer deust

Et de mauuaistie se garder
Comment losera regarder/
Et celluy qui iuge sera
De quel oeil le regardera
Quant vers luy sest si mal porte
Quen tous deffaulx sest comporte/
Et qui a eu le cueur si lent
Quil na de bien faire talent
Ains sont du pis grant et mineur
Quilz peuent saulner leur honneur
Et sont ainsi iure se semble
Par vng accord trestous ensemble
Si ny est elle pas souuent
A chascun saulue par conuent
Ains en recoyuent maintes paines
Du mort ou grant hontes villaines/
Mais helas que peult il penser
Sil veult ses pechez recenser
Quant il viendra deuant le iuge
Qui toutes choses poise et iuge
Et tout a droit sans faire tort
Que riens ny ganche ny estort
Quel guerdon peult il lors attendre
fors la hart a se mener pendre
Au douloureux gibet denfer
Du prins sera et mis en fer
Riue en anneaux pardurables
Auecques les princes des dyables
Du bouilli sera en chauldiere
Du rosty deuant et derriere
Du dessus charbons ou sur grilles
Du tournoye a grans cheuilles
Comme ixion a trauers roes
Que dyables tournent en leurs moes
Du moura de soif es palus
Ou de fain auec tantalus
Qui tousiours en leaue se baigne/
Et combien que soif le destraigne
Il napprochera de sa bouche
Leaue qui au menton luy touche/
Tant plus la suyt et plus sabaisse
Et puis ainsi fort se compresse
Quil nen peult estre ressaulnaige
Ains meurt de fain tout enraige/

la description des paines denfer.

x iiii

❡ Le Rommant de la Rose.

Et si ne peult la pomme prendre
Quil soit tousiours a son nez pendre/
Car dautant quil la veult menger
De luy plus se veult eslonger
Ou roullera sa meulle a terre
De la roche et puis sira querre
Et de rechief la roullera
Et iamais iour ne cessera
Comme faict le las sisiphus
Qui pource faire fut mis sus
Ung tonnel sans fons et sira
Emplir/et point ne semplira
Comme font les belles dianes
Par leurs follies anciennes.
Si sauez vous bien genius
Comme le iupiter ticius
Sefforcent vaultours de menger
Rien ne les en peult estranger.

Nature demande de vengeance des pechez des hommes.

Moult sont la bas aultres grās paines
Tresfelonneuses et villaines
Ou il fault ce sil homme offrir
Pour tribulation souffrir
A grant douleur et a grant raige/
Vengee seray de loultraige.
Certes le iuge devant dit
Qui tous iuge en faict et en dit
Sil fust tant seullement piteux
Son fust espoir et desiteux
Le prest que auroit lusurier/
Mais il est tousiours droicturier
Parquoy moult est a redoubter
Mal se faict en peche bouter.

Ans faulte de tous les pechez
Dont les chetifz sont entaichez
A dieu les laisse et sen chevisse
Or quant luy plaira les pugnisse/
Mais de ceulx dont amour se plaint/
Car ien ay bien ouy le plaint
Ge mesme tant comme ie puis
Men plains et men dois plaindre puis
Que de ce men vient le treu
Que trestous les hommes mont deu
Et tousiours doyvent et devront

Tant que mes oustis recepvront.

❡ Cy est comment dame nature
Envoye a amours par grant cure
Genius pour se saluer
Et pour maintz couraiges muer.

Enius le bien emparlez
En lost du dieu damours allez
Qui moult de me servir se paine
Et tant mayme ien suis certaine
Que par son franc cueur debonnaire
Plus veult vers mes oeuvres se traire
Que ne faict le fer vers laymant.
Dictes luy que salut luy mans
Et a dame venus mamye
Puis a toute la baronnye
Fors seullement a faulx semblant
Affin que mieulx saille assemblant
Avec les felons orgueilleux
Les ypocrites perilleux/
Desquelz lescripture repetes
Que ce sont les tresfaulx prophetes.
Aussi moult est souspeconneuse
Abstinence destre orgueilleuse
Et destre a faulx semblant semblable
Combien quel semble charitable.
Si faulx semblant est plus trouve
Avec ces faulx traistres prouve
Ia ne soit en ma salvance
Ne sampe aussi abstinence/
Trop sont telz gens a redoubter/

Fueillet.c.xx b.

Bien les deburoit amour bouter
Hors de son ost si bien luy pleust
Et que certainement ne sceust
Que bien luy fussent necessaire
Et quil ne peust sans eulx rien faire/
Mais silz sont aduocatz paoureux
En la cause des amoureux
Dont leur mal leur soit allege
Ce barat leur pardonne ie.
Amys allez au dieu damours

Nota. Porter mes plainctz et mes clamours
Nompas affin que droit men face/
Mais quil se conforte et soulace
Quant il orra ceste nouuelle
Qui moult luy deura estre belle
Et a noz ennemys greuaine.
Que trespasser ne luy soit paine
Le soucy que mener luy voy
Dictes luy que la vous enuoy
Pour tous ceulx excommunier
Qui le veullent contrarier.
Et pour absouldre les vaillans
Qui sont de bon cueur trauaillans
Aux reigles droictement ensuyure
Qui escriptes sont en mon liure
Et forment a ce sestudient
Que leur lignaige multiplient
Et quilz pensent de bien aymer/
Car tous les dois amys clamer
Pour leurs ames mettre en delices/

Conclu- Mais quilz se gardent tous des vices
sion de Que iay cy deuant racomptez
lamant Et ensuyuent toutes bontez.
Pardon qui soit bien suffisans
Donnez leur nompas de dix ans
Tel ne priseroient ung denier/
Mais a tousiours pardon planier
De tous les maulx que faictz auront
Quant bien confessez se seront.
Et quant en lost serez venus
Du tous serez moult chier tenus
Publiez leur en audience
Ce pardon et ceste sentence
Que ie vueil que cy soit escripte.

Lors escript cy et elle dicte
Puis a cele et le luy baille
Et luy prye que tost sen aille/
Mais quelle soit auant absoulte
De ce que son penser luy ouste.

Si tost queut este bien confesse
Dame nature la deesse
Comme la loy veult or sappreste
Genius le tresuaillant prestre
Qui tantost labsoult et luy donne
Penitance aduenant et bonne
Selon la grandeur du meffaict
Quil pourpensoit quelle eut forfaict.
Enioinct luy a quel demeurast
Dedans sa forge et labourast
Sicomme labourer souloit
Puis que de rien ne se douloit
Et que son seruice apres fist
Tant que ung aultre remede y mist
Le roy qui tout peult adresser
Et tout faire et tout despecer
Si luy dit adonc genius
Tout ce que iay dit cy dessus
Pensez de faire et retenir
Tant qua vous puisse reuenir.

¶ Nature a genius.
¶ Sire dit elle voulentiers.

¶ Genius a dame nature.
¶ Et ie men vois endementiers
En lost damours viste le cours
Pour faire aux fins amans secours/
Mais que desaffuble me soye
De ceste chasuble de soye
De cest aulbe et de ce rochet.

¶ Lacteur.
¶ Lors va tout pendre a ung crochet
Et vest sa robe seculiere
Qui estoit honneste et legiere
Comme sil allast caroller
Et print ses esles pour voller.

¶ Comment damoiselle nature
Se mist pour forger a grant cure
En sa forge presentement/
Car cestoit son entendement.

❡ Le rommant de la Rose.

De la ioye que tous ilz firent
Quant les nouuelles entendirent/
Mais vueil ma parolle abreger
Pour voz oreilles abreget/
Car maintesfois cellup qui presche
Quant briefuement ne se despesche
En faict les auditeurs aller
Par trop prolixement parler.

Nota.

❡ Coment le dieu damours bailla
A genius et octroya
Vne chasuble pour prescher
Et le fist en brief despescher.

Dee remaint nature en sa forge
pret ses marteaux & fiert & forge
Tout ainsi quelle fit deu ant/
Et genius plus fort que vent
Ses esles bat et plus natant
En loft sen est venu a tant/
Mais fau lp semblant ne trouua pas
Alle sen estoit le grant pas
Des lors que la vieille fut prise
Qui mourut lhaps de la pourprise
Et tant meust faict auant aller
Qua bel acueil meust faict parler.
Il ne voulut pas plus attendre/
Mais sen fupt sans congie prendre.
Ains sans faille cest chose attaincte
Trouua abstinence contraincte
Qui de tout son pouoir sappreste
De courir apres a grant feste
Quant el vit le prestre venir
Enuys la peut on retenir/
Car au prestre ia ne se mist
Pour paour que nul au ltre la vist
Qui lup donnast doz vng besant
Si fau lp semblant nestoit present.

Genius sans plus de demeure
Mesmes en icelle mesme heure
Comme il deuoit si les salue
A lachoison de sa venue.
Sans oublier nul mot leur compte
Ie ne vous quiers ia faire compte

Antost le dieu damours affuble
A genius vne chasuble
Annel lup baille & crosse & mitre
Plus clerz assez que nest le nitre
Assez suffist ce parement
Tant ont grant entalentement
Douyr ceste sentence lire
Venus qui ne cessoit de rire
Ne ne se pouoit tenir coye
Tant fort estoit iolie et gaye
Pour plus efforcer la mathesme.
Quant il eut or fine son thesme
Au poing lup met vng vaillant cierge
Qui pas nestoit de cire vierge
Genius sans plus terme mettre
Sest lors pour mieulp lire sa lettre
Pour mieulp se faict deuant compte
Sur vng grant eschauffault monte
Et les barons furent a terre
Aultre chose ne veullent croire.
Genius sa chartre desploye
De sa main entour soy tournoye
Et faict signe que tous se taisent.
Ceulp a qui les parolles plaisent
Sentreguinent et sentrehoutent
A tant se taisent et escoutent
Et adonc le prelat commence
Sa diffinitiue sentence.

fueillet. c. xxvi.

⁋ Coment presche par grande cure
Les commandemens de nature
Le vaillant prestre genius
En lost damours present venus
Et leur faict a chascun entendre
Tout ce que nature veult tendre.

E lauctorite de nature
Qui de tout le monde a la cure
Comme vicaire et connestable
De par lempereur pardurable
Seant en la court souueraine
De la noble cite mondaine
Dont il fit nature ministre
Qui tous les biens y administre
Par linfluence des estoilles/
Car tout est ordonne par elles
Selon les droictz imperiaulx
Dont nature est officiaulx
Qui toutes choses a faict naistre
Des que le monde vint en estre
Et leur donna terme ensement
De grandeur et daccroissement
Ne oncques ne fit riens pour neant
Soubz le ciel qui va tourneant
Entour la terre sans demeure
Si hault dessoubz comme desseure
Ne ne cesse ne nuyt ne iour
Et tousiours tourne sans seiour/
Soyent tous excommuniez
Les desloyaulx et regniez
Et condampnez sans nul respit

Qui les oeuures ont a despit
Soit de grant gent ou de menue
Par qui nature est soustenue
Et cil qui de toute sa force
De garder nature sefforce
Et qui de bien aymer se paine
Sans nulle pensee villaine/
Mais que loyaulment se trauaille
Florir en paradis sen aille/
Mais quil se face bien confes
Ien prens sur moy trestout le fes
De tel pouoir que ie peulx prendre
Sa pardon nen portera mendre.

Nota.

Bel heur ayt nature donne
Aux folz dont iay cy sermonne
greffes marteaulx tables escriptes
Selon ses loix et ses coustumes
Et socz et pointes bien agues
A lusaige de ces charrues
Et iachieres nompas pierreuses/
Mais bien plantiues et herbeuses
Qui darer et de ser fouyr
Ont besoing qui en veult fouyr
Quant ilz nen veullent labourer
Pour luy seruir et honnorer/
Mais veullent nature destruire
Quant ses enclumes veullent fuire
Et ses tables et ses iachieres
Quelle fit precieuses et chieres
Pour ses choses continuer
Que mort ne les puisse tuer.
Bien deussent auoir tresgrant honte
Ces desloyaulx dont ie vous compte
Quant ilz ne daignent la main mettre
Es tables pour escripre lettre
Ne pour faire emprainte qui pere/
Moult sont dintention amere/
Qui deuiendront toutes mousstues
Si en tel repos sont tenues
Quant sans coups de martel ferir
Les enclumes laissent perir
Or se peult le rot embatre
Sans ouyr martel er ne batre

tousio²s
fault la
bourer.

Les iachieres son ny refiche
Le soc etz demourront en friche.
Nota. Disz les puisse on enfouyr
Quant les oustis osent fouyr
Que dieu de ses mains entailla
Quant a madame les bailla
Qui lors les luy vouloit bailler
Affin que bien les sceust tailler
Pour donner estres pardurables
Aux creatures corrumpables.
Moult oeuure mal et bien se semble
Car si tous les hommes ensemble
Soixante ans fuyr les vouloient
Jamais hommes nengendreroient.
Et si se plaint a dieu sans faille
Dont on veult que le monde faille
Et les terres demeurent nues
A peupler a ses bestes mues.
Nota. Si nouueaulx hommes ne faisoit
Se refaire les luy plaisoit
Ou que ceulx fist ressusciter
Pour la terre arriere habiter
Et se iceulx vierges se tenoient
Soixante ans de rechief faulroient
Si que si ce luy deuoit plaire
Tousiours les auroit a refaire.
Et sil est que dire voulsist
Que dieu le vouloir leur toulsist
A lung par grace a laultre non
Pource quila si bon renom
Doncque ne cessa de bien faire
Doncques luy deburoit il bien plaire
Que chascun aultre ainsi le fist
Si que telle grace en luy mist.
☞ Si auray ma conclusion
Que tout aisse en perdition.
Je ne scay pas a ce respondre
Si foy ny veult creance escondre
Car dieu a leur commencement
Les ayma trestous viuement
Et donna raisonnables ames
Tant aux hommes comment aux femmes
Si croy quil vaulroit a chascune
Et non pas seullement a vne

Que le meilleur chemin tenist
Si que plustost a luy venist.
Sil veult doncques que vierges viuent nota.
Aulcune affin que mieulx le suyuent
Des aultres pourquoy ne vouldra
Quelle raison sen destourdra.
Semble donc quil ne luy chailist
Si generation faillist.
Qui vouldra respondre si chante
Plus nen scay ne ne men demente.
Dienne deuins qui se deuine
Et qui ce deuiner ne fine.

Mais ceulx q̃ degreffes ne escriuẽt
par q̃ les mortelz hõmes viuẽt
Les belles tables precieuses
Que nature pour estre oyseuses
Ne leur auoit pas apprestees
Ains leur auoit pour ce prestees
Que tous ilz fussent escripuans
Car tous et toutes en viuans
Ceulx qui les deux marteaux recoiuẽt
Et ne forgent si comme ilz doiuent
Droictement sur la droicte enclume
Ceulx qui cy leurs pechez enfume
Par leur orgueil qui les desuoye
Qui desprisent la droicte voye
Du champ tresbel et planturoux
Et vont comme folz malheureux
Arer en la terre deserte
Du leur semence va aperte nota.
Ne ia ny tiendront droicte rue
Mais vont destournant la charrue
Et conforment leurs reigles masles
Par exceptions enormasles
Quant orpheus veullent ensuyre
Qui ne scet arer ny escripre
Ne forger en la droicte forge.
Pendu soit il parmy la gorge
Quant telles reigles leur trouua
Vers nature mal se prouua.
Et ceulx qui tel maistrise suyuent
Quant au rebours les lettres lisent
Et qui pour le droit sens entendre

Orpheus hay
oit les
femmes
Voulãt
viure
en cha
sicte.

fueillet. c.xxviii.

Par le bon chief ne vueillant prendre
Ains peruertissent lescripture
Quant ilz viennent a la lecture
Du tout leur excommuniement
Doisent or a leur dampnement
Puis que sa se veullent aherdre.
Ains quilz meurent puissent ilz perdre
Et laumosniere et les escales

note les
maledic
tiōs de
ceulx q̄
nengen
dient.

Dont ilz ont signes destre masles.
Perte leur vienne des pendens
A quoy laumosniere est pendens/
Les marteaulx dedans ataichez
Puissent ilz auoir arrachez/
Les greffes leur soient tollu
Quant escripre nen ont voulu

Nota.

Dedans les precieuses tables
Qui bien leur estoient conuenables
Et des charrues et des socz
Silz nen arent a droit les oz/
Puissent ilz auoir despieces
Sans iamais estre radressez.
Tous ceulx q̄ telz vouldront ensuyure
A grant honte puissent ilz viure
Et leur peche ort et terrible
Leur soit douloureux et penible
Qui par tous lieux fuster les face
Si que lon les voye en la face
Pour dieu seigneur vous qui viuez
Gardez que telz gens nensuyuez
Soyez aux oeuures natureux
Plus vistes que nulz escureux.
Et plus legiers et plus mouuans
Que ne sont oyseletz volans.
Ne perdez pas ce bon pardon
Trestous voz pechez vous pardon
Mais que bien vous y trauaillez.
Remuez vous/trippez/saillez
Ne vous laissez pas refroidir
Ne trop voz membres entoidir
Mettez tous voz outilz en oeuure
Assez se chauffe qui bien oeuure.

¶Ce fort excommuniement
Met genius sur toute gent

Qui ne se veullent remuer
Pour lespece continuer.

ARez pour dieu barons arez
Et voz lignaiges reparez/
Se ne pensez darer brayement
Reparez ne sont nullement.
Recorsez vous tout par deuant
Ainsi que pour cueillir le vent/
Du sil vous plaist tous nudz soyez
Mais trop chault ne trop froit nayez.
Tenez a deux mains toutes nues
Les grans mencheons de voz charrues/
forment au bras les soustenez
Et du fer bouter vous penez
Droictement en la droicte roye
Pour mieulx enfoncer en la roye/
Et les cheuaulx deuant allans
Pour dieu ne les laissez ia lans
Mais asprement les esprouuez
Et les plus grans coups leurs donnez
Quoncques donner vous leur pourrez
Quant plus parfont arer vouldrez/
Et les beufz aux testes cornues
Accouplez au ioug des charrues
Et rcueillez par esguillons/
A noz bienffaictz vous acueillons
Si bien les picquez et souuent
Mieulx en arerez par couuent.

Nota.

ET quant are aurez assez
Tant que darer serez lassez
y. i

Le rommant de la Rose.

    Que la besongne a ce viendra
    Que reposer vous conuiendra/
Nota. Car trauail sans reposement
    Ne peult pas durer longuement
    Ne ne pourrez recommencer
    Tantost pour loeuure rauencer/
    Du vouloir ne soyez pas las.
Cadm9 Cadmus au dict dame palas
laboura De terre ara plus dung arpent
la terre. Et sema les dens dung serpent
    Dont cheualiers armez saillirent
    Qui tant entre eulx se combatirent
    Que tous en la place moururent
    Fors cinq qui ses compaignons furent
cadmus Et luy veullent secours donner
fōdateˀ Quant il deust les murs massonner
de the- De thebes cite de grant erres.
bes. Ceulx la luy assirent les pierres
    Et luy peuplerent sa cite
    Qui est de grant antiquite.
    Moult fit cadmus bonne semence
    Quant tout son peuple ainsi auance
    Vous aussi oz bien commencez
    Et voz lignaiges auancez,
    Si auez vous deux auantaiges
    Moult grans a sauluer voz lignaiges/
    Si le tiers estrene voulez
    Moult auez voz sens affollez.
    Vous nauez que vng seul nuysement
    Deffendez vous legierement/
    Dune part estes assaillis.
    Trois champions sont moult faillis
Nota. Sitz ne scauent le quart abatre.
    Trois secours sont bien le scauez
    Dont les deux a secours auez
    Et le tiers seullement vous griefue
    Qui toutes les vies abriefue.
    Saichez que moult me reconforte
    Cloto qui la quenoille porte
les trois Et lachesis qui le fil tire
deesses Mais atropos ront et deffire
dhumai Ce que ces deux peuent filer.
ne vie. Atropos vous veult aguiller

Celle qui parfont fouillera/
Tous voz lignaiges blessera
Et sen va espiant vous mesmes
Et puis de son dart frappe a mesmes.
Vous nauez ennemys greigneurs
Seigneurs mercy/mercy seigneurs
Souuienne vous de voz bons peres
Et de voz anciennes meres
Selon leurs faictz la vous lignez.
Gardez que vous ne forlignez
En ce quilz ont faict prenez garde
Si est qui leur prouesse garde. *Nota.*
Ilz se sont si bien deffendus
Quilz vous ont les estres rendus/
Se ne fust leur cheualerie
Vous ne fussiez pas or en vie.
Moult eurent de vous grant pitie
Par amour et par amytie.
Pensez des aultres qui viendront
Et voz lignaiges maintiendront.
Ne vous laissez pas desconfire
Greffes auez pensez descripre/ *Nota.*
Nayez pas les bras emmoufflez
Martelez forgez et soufflez
Aydane cloto et lachesis/
Si que si des filz couppe six
Atropos qui tant est villaine
Il en restgisse vne douzaine.
Pensez de vous multiplier
Et vous pourrez villanier
La felonnesse la riuesche
Atropos qui la vie empesche.

Este lasse ceste chetiue
Qui contre les vies estriue
Et des mors le cueur si bault
Nourrist cerberus le ribault
Qui tant desire leur mourir
Que tout en frit de lescherie/
Et de fain enrage mourist
Si elle ne la secourust/
Car se elle ne fust il ne peust
Jamais trouuer qui le repeust.
Ceste de luy paistre ne cesse/

fu eillet. c.xxviii.

Le chien cerberus a trois testes.
Et pource que foif le compresse
Le mastin luy pend aux mammelles
Quelle a triples non pas gemelles.
Les trois groins en son sain luy musse
Tire fort et grongnoye et suffe
Car daultre laict il ne demande
Estre repeu cest sa viande
Fors seullement de corps et dame/
Et luy gette lhomme et la femme
En morceaulx en sa triple gueulle
Ceste la le paist toute seulle
Et tousiours emplir la luy cuide
Mais tousiours el la trouue vuide
Combien qua semplir fort se paine.
De son relief sont en grant paine

Les trois furies denfer.
Les trois ribauldes felonnesses
Des felonnies vengeresses
Altheto et thesiphone
Car chascune ainsi es nomme
La tierce aura nom megera
Qui tous sel peult nous mangera.
Les trois en enfer nous attendent
Ceulx fustent/batent/lient/pendent
Hurtent/percent/escorchent/foulent/
Noyent/ardent/grillent/et bruslent/
Deuant les trois preuostz seans
En plain consistoire seans
Ceulx qui firent les felonnies
Lors quilz auoient es corps les vies.
Ceulx par leurs tribulations
Escoutent les confessions

Les trois iuges denfer.
De tous les maulx quldcques ilz firent
Des icelle heure quilz nasquirent/
Deuant eulx tout le peuple tremble/
Mais ie suis trop couart ce semble
Si ces preuostz nommer ie nose
Cest rhadamenthus et minose
Et le tiers eacus leur frere/
Jupiter fut de ces trois pere.
Ces trois comme ie les vous nomme
Furent vng chascun bon preudhomme
Qui iustice si bien maintindrent
Que iuges denfer en aduindrent/
Tel guerdon si leur en rendit

Pluto qui tant les attendit
Que leurs ames du corps partirent
Et telz offices desseruirent.

Pour dieu seigneurs q̃ la naissez
Contre les vices batailles
Que nature vostre maistresse
Me compta hier a ma messe/
Tous les me dist/onc puis ne sis
Vous en trouuerez vingt et six
Plus nuysans que vous ne cuidez.
Et si vous estes bien vuidez
De sordure de tous ces vices
Vous ne ntrerez iamais es lices
Qui tant ont malles renommees
Des trois garces deuant nommees
Ne des preuostz de damphement/
Vous ne craindrez le iugement
Ses vices compter ne vouldroye
Car doultraige mentremettroye
Assez briefment les vous expose
Le ioly romunant de la rose/
Sil vous plaist la les regardez
Affin que deulx mieulx vous gardez.

Pensez de mener bonne vie
Chascũ aille embrasser sam̃ye
Et son amy chascune embrasse
Et baise et festoye et soulasse.
Si soyaulinent vous entreaymez
Ja nen deuez estre blasmez.
Et quant assez aurez ioue
Comme ie vous ay cy loue
Pensez de bien vous confesser
Pour bien faire et pour mal laisser
Et reclamez le dieu celeste
Que nature reclame a maistre/
Cellup en fin vous secourra
Quant atropos vous acourra/
Il est salut de corps et dame
Cest le mirouer de madame/
Jamais nature rien ne sceust
Si ce tresbeau mirouer neust/
Cil la gouuerne cil la reigle

y. ii

Nature na point daultre reigle
Ce quelle scet il luy apprint
Quant a chamberiere la print.
Nota. Or vueil seigneurs que ce sermon
Mot a mot comme laffermon
Et madame aussi le vous mande
Ung chascun si tresbien lentende
Que par villes soit recite
Par bourgz par chasteaulx et cite
Soit en yuer ou en este
A ceulx qui point nont cy este.
Bon faict reciter la parolle
Quant elle vient de bonne escolle
Et meilleur la faict racompter
Moult en peult lon a prys monter.
Ma parolle est moult vertueuse
Et est cent foys plus precieuse
Que saphirs rubis ne aloy.
Beaulx seigneurs nature en sa loy
☞ A moult grant besoing des prescheurs
Pour chastier tous les pecheurs
Qui de ses reigles se desuoient
Que tenir et garder deuoient.
Et si ainsi vous le preschez
Vous nen serez ia empeschez
Selon mon dict et mon accord
Mais que le faict au dict saccord
Dentrer au parc du champ ioly
Ou ses brebis conduit ou suy
Et duit saillant par les herbis
Le filz de la vierge brebis
Auec sa tresblanche toison
Apres que non pas a foison
Mais a compaignie escherie
Par lestroicte sente serie
Nota. Qui toute est fleurie et herbue
Tant est peu marchee et batue
Sen vont les brebiettes blanches
Bestes debonnaires et franches
Qui lherbette broutent et paissent
Et les florettes qui tant naissent.
Mais saichez quelz ont la pasture
De si vertueuse nature
Que les delectables florettes

Qui la naissent fresches et nettes
Que cueillent au printemps pucelles
Plus sont fresches et plus nouuelles
Que les estoilles flamboyans
Par les herbettes verdoyans
Au matinet a la rousee
Tant ont toute iour adiournee
De leurs propres beaultez nayues
Fines couleurs fresches et viues
Quilz ne sont au soir enuieillies
Ains la peuent estre cueillies
Telles le soir que le matin
Qui au cueillir bien met la main
Car point ne sont trop seiches certes
Ne trop closee ne trop ouuertes
Ains flamboient par les herbaiges
Au meilleur point de leur doulx aages
Car le soleil leur luysant
Qui ne leur est mye nuysant
Point ne degaste les rousees
Dont elz sont toutes arrousees
Mais les detient en beaultez fines
Tant leur adoulcist leurs racines.

Ie vous dis que les brebiettes
Ne des arbres ne des florettes
Jamais tãt brouter ne pourront
Comme plus brouter nen vourront.
Tant ne scauent brouter ne paistre
Que tousiours nen voient renaistre.
Plus vous dis ne tenez a fables
Quelz ne sont mye corrompables
Combien que les brebis les broutent
Les pastures rien ne leur coustent
Car les peaulx ne sont pas vendues
Au dernier lot ne despendues
Leur toison pour faire drape langes
Ne couuerture a gens estranges.
Ja nen seront deulx estrangees
Ne les chairs a la fin mangees
Ne corrompues ne mal mises
Ne de maladies surprises.
Mais sans faille quoy que ie die
Du bon pasteur ne dis ie mye

fueillet.c.xxi iiij.

Qui deuant soy paistre les maine
Quil ne soit vestu de leur laine/
Cil pourtant point ne les plume
Et ne leur toust ne poil ne plume/
Mais il luy plaist et bon luy semble
Que sa robe la leur ressemble.

Le seul iour d la vie fu-ture est sãs nuit

Plus diray et ne vous ennuyt
Quonches ny virent naistre nuyt
Sinon que vng iour seullement
Mais il na point daueszrement
Ne ny peust matin commencer
Tant se saiche laube auancer/
Car le soir au matin sassemble
Et le matin le soir ressemble
Autant vous dy de chascune heure
Tousiours en vng estat demeure
Ce iour qui ne peust anupter

Les choses eter-nelles ne sont point nõ-brees p tempz.

Tant saiche a luy la nuyt iupter
Car pas na temporel mesure
Ce iour tant bel qui tousiours dure
Et de clarte presente rit.
Il na present ne preterit
Car qui bien la verite sent
Tous les trois temps y sont present/
Lequel present le iour compasse
Mais ce nest pas present qui passe
En partie pour desseruir
Ne dont soit partie aduenir/
Noncq preterit present ny fut/
Aussi vous dy que dieu voulut
Que le futur ny ayt presence
Tant est destable permanence/
Car le soleil resplendissant
Qui tousiours leur est paroissant
Faict le iour en vng point estable.
Ceulx sont en printemps parduzable/
Si bel ne vit ne si pur nulz

Satur-nus re-gnoit en laage do-ree.

Mesme quant regnoit saturnus
Qui tenoit les dorees aages
A qui iupiter fit oultrages
Son filz/et tant le tormenta
Que les coillons luy supplanta.

Ais certes qui le fait en compte
moult fait a preudhõe grãt hõte
Et grant dõmaige qui le scoille/
Car qui des coillons le despouille
Iacoit ce que ie cele et taise
Sa grant honte et sa grant malaise
Au moins de ce ne ne doubte mye
Lamour luy tollist de samye
Ia nest si bien a luy lie/
Du si a elle est marie
Puis que si mal vont ses affaires
Il pert tant ne sont debonnaires
Les femmes tout son consoler.
Grant peche est dhomme escoiller
Car mesmement cil qui le scouille   Nota:
Ne luy tolt pas sans plus la couille
Ne samye quil a tant chiere
Dont iamais naura belle chiere
Non certes/cela est du moins
Mais hardement et meurs humains
Qui doiuent estre en vaillans hommes/
Car escouillez certains en sommes
Sont peruers couars et chenins
Pource quilz ont meurs feminins.
Nul escouille certainement
Na point en luy de hardement   Nota:
Se nest espoit en aulcun vice
Pour faire aulcune grant malice/
Car a faire grans diableries
Sont toutes femmes trop hardies.
Escouillez en ce les ressemblent
Pource que lers meurs sentresemblent
En sorte que cil escouille
Ne soit daultre vie souille
Ne nait faict nul mortel peche
Au moins ail de tant peche
Quil a faict grant tort a nature
De luy tollir son engendzure/
Nul excuser ne len scauroit
Ia si bien penser ny scauroit
Au moins moy/car si ie y pensoye
Et la verite recensoye
Ains pourroye ma langue vser
Que le scouilleur ozexcuser

p. iii

De tel peche et tel forfait
Tant a vers nature meffait.
Mais quelque peche que ce soit
Jupiter compte nen faisoit/
Car ce faisoit si quil venist
☞ Et le regne en sa main tenist.
Et quant il fut roy devenu
Et sire du monde tenu
Il bailla ses commandemens
Ses loix et establissemens
Et fit tantost tout a delivre
Pour les gens enseigner a vivre
Son ban crier en audience
Dont ie vous diray la sentence.

¶ Comment iupiter fit prescher
Que chascun ce quavoit plus chier
Il print et en fist a son gre
Du tout et a sa voulente.

Jupiter qui le monde reigle
Commande et establit et reigle
Que chascun pense destre a ayse/
Et sil scet chose qui luy plaise
Quil le face sil le peult faire
Pour soulas a son cueur attraire
Onc aultrement ne sermonna
Communement abandonna
Que chascun en son bon droit fist
Tout ce que delectable vist/
☞ Car delict ainsi quil pensoit
Est la meilleur chose qui soit
Et le souverain bien en vie
Dont chascun doit avoir envie.
Et a affin que tous sensuyvissent
Et qua ses oeuvres se preniissent
Juppi- Exemple de vivre faisoit
ter hom A son corps ce qui luy plaisoit.
me volu Damp iupiter se renuoyse
ptueux. Par qui delict fut tant prise
Comme dit en ses georgicques
Cellus qui fit les Buccolicques
Comme es liures gregois trouva
Par son hault sens moult se prouva

Quant nestoit qui charroy tenist
Auant quen son regne venist.
Nul navoit oncques champ are
Ne serfouy ne repare
Et nauoient assises les bornes
Les simples gens paisibles et bonnes.
Communement entre eulx queroient
Les biens qui de leur gre venoient.
Il commanda partir la terre   Juppi-
Dont nul ne scauoit sa part querre ter pre-
Et la divisa par arpens.   mier di-
Il mit le venin es serpens   visa la
Et apprint les loups a ravir.   terre.
Tant fit malice en hault gravir.
Les chesnes au meillieu trencha
Et ruisseaulx courans estancha.
Il fit par tout le feu estaindre
Tant se sueilla pour gens destaindre
Et leur fit querir en la pierre
Tant fut subtil et baratierre.
Il fit diverses ars nouvelles   Les in-
Et mit nom/et nombre es estoilles uentiôs
Et latz et retz et ius fit tendre de iuppi
Pour les sauluaiges bestes prendre ter.
Et leur livra chiens premier
Dont nul devant fut coustumier
Il dompta les oyseaulx de proye
Par malice qui gens asproye.
Assaulx mit en lieux de batailles
Entre esperuiers perdris et cailles
Et fit tournoyement es nues
Dantours de faulcons et de grues
Et les fit au loirre venir.
Et pour leur grace maintenir
Quilz retournassent a la main
Souuent les prenoit soir et main. Nota.
Ainsi fit tant le damoiseaulx
Que lhomme est serf a maintz oyseaux
Et sest a leur seruaige mis
Qui devant estoient ennemis
Et comme ravisseurs horribles
Aux aultres oysillons paisibles
Quil ne pouoit par lair consuyure/
Mais sans leur chair ne vouloit vivre

fueillet.c.xxx.

Nota.

Ains en vouloit estre mangeur
Tant fut delicieux lecheur
Et eut les volatilles chieres.
Il mit les furetz es tanieres
Et fit les connins assaillir
Pour les faire es raiseux saillir.
Cellup fit tant eut son corps cher
Eschaulder/rostir/escorcher
Les poissons des mers et des fleuues
Et fit les saulses toutes neufues
Despices de diuerses guises
Du il a maintes herbes mises.

Ainsi sont ars auant venues/
Car toutes choses sont vaincues
Par trauail/par pourete dure/
Parquoy les gens sont en grant cure/
Car les maulx des engins esmeuuent
Par les angoisses quilz y treuuent
Comme dit ouide qui eut
Assez tout le temps quil vescut
De bien/de mal/dennuy/et honte
Comme luy mesme le racompte.
Drayement iupiter nentendit
Quant a terre venir tendit
fors muer sestat de lempire
De bien en mal/de mal en pire.
Il fut tresmauuais iusticier
Et fit prin temps apeticier

Lan en quatre parties diuise.

Et mit lan en quatre parties
Comme de present sont parties
Este/auton/prin temps/yuer/
Ce sont les quatre temps diuers/
Que prin temps tous tenir souloit/
Mais iupiter plus nen vouloit
Lequel au regne sadressa
Et les aages dor trespassa

Lespire ment des gens de nostre p se le chan gement des mes tauly.

Et or fit les aages dargent
Qui puis furent darain/car gent
Ne fina depuis dempirer
Tant se voulut a mal tirer.
Darain ilz sont en fer changez
Tant ont leurs estatz estrangez
Dont ioyeulx sont les dieux des sales

Tousiours tenebreuses et sales
Qui sur les hommes ont enuie
Tant comme ilz les voient en vie
Ceulx ont en leur raie attachees
Dont iamais ne sont attachees
Les noyres brebis douloureuses
Lasses chetiues morineuses
Qui ne veullent aller la sente
Que le bel aignel leur presente
Parquoy elz fussent toutes franches
Et leurs noyres toysons tresblanches
Quant le grant chemin ample tindrent
Parquoy la heberger se vindrent
A compaignie si plantiere
Quel tenoit toute la charriere.

Nota.

Mais ia nulbeste qui leans aille
Ny portera toyson qui vaille
Ne dont on puisse nul drap faire
Sinon aulcune horrible haire
Qui plus est aigue et poignant
Quant elle est au coste ioignant
Que ne seroit ung pelisson
De peaulx de velu herisson/
Mais que vauldroit charpir la laine
Qui est tresmolle souefue et p̄ ine
Pour veu quil en eust tel foiso,
Pour faire draps de tel toison
Qui seroit prinse es blanches bestes.
Bien sen reuestiroient aux festes
Empereurs et roys voire z anges
Silz se vestoient de drape z langes
Parquoy bien vous pouez scauoir
Qui tel robe pourroit auoir
Moult seroit vestu noblement/
Et pour la cause mesmement
Le deuroit il tenir plus chieres/
Car de telz bestes nest il gueres
Ne le pasteur qui nest pas nice s
Qui le tropeau garde et les lices
En ce beau lieu cest chose voire
Ny lairroit entrer beste noire
Pour rien que lon luy peut creer
Tant luy plaist les blanches trier

p. iiii

❡ Le rommant de la Rose.

Quelles sont ou luy heberger
Car bien congnoissent le bergier
Et tresbien sont par luy congneues/
Parquoy de mieulx en sont receues.

Note q̃
toutes
ces cho/
ses sont
dictes de
padis la
ĩtrodui/
ctes par
laignel
q̃ est iesu
crist sãs
macule.

Et vous dis que le plus piteux
Le plus bel le plus deliteux
De tout le bestial vaillant
Cest le bel aignelet saillant
Qui les brebis au parc amene
Par son traual et par sa paine/
Car bien scet si nulle en desuoye
Que le loup seullement la voye
Que nulle aultre chose ne trasse
Sinon quel sorte de la trasse
De laignel qui mener la pense
Qui lemportera sans deffense
Et la mengeroit toute vive
Garder ne len peult riens qui vive.
Seigneurs cest aignel nous attent/
Mais de luy nous taisons a tant
Fors que nous prirons dieu le pere
Que par la requeste sa mere
Leur doint si bien brebis conduyre
Que les loups ne leur puissent nuyre
Et que par peche ne faillez/
Si que iouer au parc naillez
Qui tant est bel et delectable
Dherbes et fleurs tant odorable
Des violettes et des roses
Et de trestoutes bonnes choses
Que qui du beau iardin carre
Clos au petit guichet barre
Du cest amant dit la carolle
Ou desduit et sa gent carolle
A ce beau parc que ie deuise
Tant precieux a grant deuise
Vouldroit faire comparaison
Il seroit trop grant mesprison
Si ne la faict telle ou semblable
Comme il feroit de drap a fable/
Car qui dedans ce parc seroit
Seurement iuger oseroit
Ou quil mist sans plus loeil dedans

Que le iardin seroit neans
Au regard de ceste closture
Qui nest pas faicte par quarrure/
Mais est si ronde et si subtille
Quoncques ne fut veri vne ville
De forme si bien arrondie.
Que voulez vous que ie vous die
Parlons des choses quil vit lors
Et par dedans et par dehors
Et en briefz motz nous en passons
Affin que trop ne nous lassons.
Il vit dillec des ymaigettes
Hors du iardin au mur pourtraictes.

Mais qui dehors ce parc querroit
Toutes figures y trouueroit
Enfer auecques toꝰ les dyables
Moult lays et moult espouentables
Et tous deffaulx et tous oultraiges
Qui sont en enfer leurs hostaiges
Et cerberus qui tout enferre
Et trouueroit toute la terre
Et ses richesses anciennes
Et toutes choses terriennes
Et voirroit proprement la mer
Et tous poissons qui ont amer
Et toutes les choses marines
Eaues doulces troubles et fines
Et choses grandes et menues
Toutes en eaues contenues
Et lair et tous les oysillons
Les mouschettes et papillons
Et tout ce qui par lair resonne
Et le feu qui tout enuironne
Les meubles et les tenemens
De tous les aultres elemens.
Il voirroit toutes les estoilles
En resplendeur cleres et belles
Soient errans soient fichees
En leurs especes attachees.
Qui la seroit toutes ces choses
Voirroit de ce beau parc forcloses
Aussi apertement pourtraictes
Que proprement apparent faictes.

Toutes
les plai/
sances
du mõ
ne sõt a
cõparer
aux
ioyes de
padis.

Note.

☞ ¶Or au iardin nous en allons
Et des choses dedans parlons.
Il dit ce dit sur lherbe fresche
Deduit qui demenoit sa tresche
Et ses gens ou luy carollans
Sur les florettes bien ollans/
Et dit ce dit les damoiseaux
Arbres/herbes/bestes/oyseaulx
Et ruisseletz et fontenelles
Bruyre et fremir sur les grauelles
Et la fontaine soubz le pin/
Et se vanta que puis pepin
Ne fut tel arbre/et la fontaine
Estoit de toute beaulte plaine.

Pour dieu seigneˀs pnez y garde
Qui bien la verite regarde
Des choses dedans contenues
Sont friuoles et fasseues/
Chose ny est qui soit estable
Tout ce quil vit est corrumpable.
☞ Il dit carolles qui faillirent
Et fauldront tous ceulx qui les firent
Ainsi feront toutes les choses
Quil dit par tout leans encloses/
Car la nourrice a cerberus
A qui ne peult eschapper nulz
Humains/quel ne face finer
Quant de sa force veult vser
Et sans cesser tousiours en vse
Atropos/ Atropos qui rien ne refuse
est la Par derrier vous les espioit
mort. Fors les dieux sil y en auoit/
Car sans faille choses diuines
Ne sont pas a la mort enclines.

Ais or par sones des belles choses
qui sont en ce beau parc encloses
Ie vous dis generalement/
Car taire men vueil erramment
Les iop Veu que de ce a droit aller
tes de pa Ne scay ie proprement parler.
dis mes Nul homme ne pourroit penser
narrab Ne nulle bouche recenser
bles.

fueillet.c.xxxi.

Les grans beaultez les grans salues
Des choses dedans contenues/
Ne les beaux ieux ne les grans ioyes
Qui sont pardurables et vrayes
Que les carolleurs y demainent
Et dedans la pourprise mainent.
Ce sont les choses delectables
Toutes vrayes et pardurables
Dont ceulx qui leans se desdupsent
Et est bien droit/car tous biens puyssent
A mesmes vne grant fontaine
Qui moult est precieuse et saine
Et belle et clere et nette et pure
Qui toute arrouse la closture.
De son ruissel les bestes boyuent
Qui la veullent entrer et doyuent
Quant des noires sont dessurees/
Car puis quelz en sont abreuues   Les iop
Iamais soif auoir ne pourront   es de pa
Et viuront tant comme ilz vourront   dis satis
Sans estre malades ne mortes   ent les
De bonne heure entrerent aux portes   bien eu=
De bonne heure saignelot virent   reux a
Que par estroict sentier suyurent   iamais.
En la garde au saige berger
Qui les veult ou luy heberger
Ne iamais aucun ne mourroit
Qui vne fois boyre en pourroit.
Ce nest pas celle dessoubz larbre
Qui sourt en la pierre de marbre
Lon luy deburoit faire la moue
Puisque celle fontaine soue.
Cest la fontaine perilleuse
Tant amere et tant venimeuse
Qui tua le beau narcisus
Quant il se myra par dessus
Et luy mesmes na pas vergoigne
De se recongnoistre ains tesmoigne   nota.
Et sa cruaulte pas ne cesse
Quant prisseux miracle lappelle
Et dit que quant il se myra
Maintesfois puis en souspira
Tant se trouua grief et pesant.
Telle odeur va celle eau querant

❧ Le Rommant de la Rose.

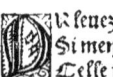

Dieux comme est la fontaine sade
Du se sain tost deuient malade
Comment si faict il bon myrer
Pour soy dedans leaue myrer.
Elle sourt ce dit a grans vndes

Toutes choses viennēt de dieu seullement.
Par deux dois grandes et profondes/
Mais elle na pas bien le scay
Ses dois et ses eaues de soy/
Nest nulle chose quelle tienne
Qui trestout daultruy ne luy vienne
Puis il redit que cest sans fin
Quelle est plus clere quargent fin
Oyez de quelz truffes ilz plaide.
Elle est si tres trouble et si laide

Volupte aueugle les gēs.
Que chascun qui sa teste y boute
Pour se myrer il ny voit goute.
Tous se forcement et angoissent
Pource que point ne si congnoissent.
Au fons ce dit sont cristaux doubles
Que le soleil qui nest pas troubles
Faict sus pre quant ses rays y gette/
Si cler que cilqui les agette
Voit tousiours la moytie des choses
Qui sont en ce vergier encloses.
Et pour le demeurant or seoit
Si daultre part il se veult seoir
Cleres ne sont ne lumineuses/
Mais troublees sont et tenebreuses
Si quelz ne font pas demonstrance
Quant le soleil son ray y lance
De toutes les choses ensemble/
Car ilz ne peuent ce me semble
Pour lobscurte qui les ennuble
Qui est si trouble et si obnuble
Quilz ne peuent par eulx suffire
A nully qui dedans se myre.
Quant leur clarte dailleurs acquierent
Si les rays du soleil ny fierent
Si quilz les puissent rencontrer
Ilz nont pouoir de riens monstrer/
Mais celle que ie vous deuise
Est de bien plus belle diuise.

Or leuez vng peu les oreilles
Si men orrez dire merueilles
Celle fontaine que iay dicte
Qui tant est belle et tant profite
Et garist tant est sauouree
Trestoute beste enlangouree
Rent tousiours par trois dois soubtiues
Les eaues doulces cleres et viues
Qui sont si pres a pres chascune
Que toutes sassemblent a vne.
Si que quant toutes les verrez
Et vne et trois y trouuerez
Si vous voulez au compte esbatre
Vous ny en trouuerez ia quatre/
Mais tousiours trois et tousiours vne
Cest leur prosperite commune.
Oncq fontaine neut tel ressourt/
Car hors de soy mesmes elsourt.
Ce ne font pas aultres fontaines
Qui sourdent par estranges vaines/
Car ceste par soy se conduict
Besoing na destrange conduict
Et se tient en soy toute viue
Plus ferme que roche nayue.
Mestier na de pierre de marbre
Ne dauoir couuerture darbre/
Car dune source vient si haulte
Leaue qui ne peult faire faulte
Que arbre ne peult si hault attaindre
Que sa haultesse ne soit moindre
Fors que sans faille en vng pendant
Comme elle se va descendant
La treuue vne oliuette basse
Soubz laquelle toute seau passe/
Et quant loliuette petite
Sent la fontaine que iay dicte
Qui luy tempere sa racines
Par ses eaues doulces et fines
Elle en prent tel nourrissement
Quelle en recoyt accroissement
Et de fueille et de fruict se charge
Dont el deuient si haulte et large
Quoncques le pin quil vous compta
Si hault de terre ne monta

La fontaine de diuine essence.

Dieu est eternel.

Dote en tout.

fueillet. c.xxxvi.

Ne ses rains si bien n'estendit
Ne si bel umbre ne rendit.
Ceste oliue tout en estant
Ses rains sur la fontaine estant
Et ainsi la fontaine seumbre
Et pour les raisons d'ung bel umbre
Les bestelettes la se muffent
Qui les doulces rousees suffent
Que le doulx ruisseau faict estandre
Par les fleurs et par l'herbe tendre.
La pendent a l'oliue escriptes
En ung rolet lettres petites
Qui disent a ceulx qui les lisent
Qui soubz l'oliue a l'ombre gisent.

La superscription d'la fontaine de vie.

Cy court la fontaine de vie
Par dessoubz l'oliue fueillie
Qui porte le fruict de salut
Qui est le pin qui la valut.

JE vous dis qu'en celle fontaine
Ce croyront folles gens a paine
Et le tiendront plusieurs a fable
Hupt ung charboucle merueillable
Sur toutes merueilleuses pierres
Trestous rayans a trois esquierres
Et siet dedans si haultement
Que l'on le voit apertement
Par tout le parc resflamboyer
Ne ses rais ne peult desuoyer
Ne vent ne pluye ne molesse
Tant est bel et de grant noblesse.
Et sachez que chascune quierre
Telle est la vertu de la pierre
Vault autant que les aultres deux
Telz sont entre eulx les forces d'eulx
Ne les deux ne valent que celle
Combien que chascune soit belle
Ne nul ne les peult diuiser
Tant les sache bien aduiser
Ne tant ioindre par aduisees
Qui ne les treuue diuisees/
Mais nul soleil ne l'enlumine
Tant soit d'une clarte si fine
Si bel et tresplendissant/

Car le soleil esclarcissant
En l'autre eaue les cristaulx doubles
Pres luy seroient obscurs et doubles.
He las que vous en compteroye
Aultre soleil dedans ne roye
Que ce charboucle flamboyans
C'est le bel soleil qu'ilz ont leans
Qui plus de resplendeur abonde
Que nul soleil qui soit au monde/
Car la nupt en exil enuoye
Et faict le iour que dit auoye
Qui dure perdurablement

Le sens diuin est eternel.

Sans fin et sans commencement
Et se tient en ung point degre
Sans passer signe ne degre/
Sans amendrir nulle partie
Parquoy puisse estre entrepartie.
Il a si merueilleux pouoir
Que ceulx qui la or se font veoir
Si tost que celle part se virent
Et leur vie en celle eaue mirent
Tousiours de quelque part qu'ilz soient

Toutes choses sont veues en dieu.

Toutes les choses du parc voyent
Et les congnoissent proprement
Et eulx mesmes pareillement
Et puis que dedans se font veuz
Iamais plus ne seront deceuz
De nulle chose qui puisse estre
Tant chascun deuient saige maistre.

AUltre merueille vous diray
Que de cestuy soleil liray
Point ne trouble ne ne retarde
Les yeulx de cil qui le regarde
Ne ne les faict pas esblouyr/
Mais renforcer et restouyr
Et or reuigorer leur veue
Par la belle clarte et veue
Plaine d'attrempee chaleur
Qui par merueilleuse valeur
Tout le parc de dieu replenist
Par la grant doulceur qui en est.
Et affin que trop ne vous tienne
D'ung brief mot vueil q̄ vous souuiēne

Nota.   C'est que qui la forme et matire
         Du parc verroit bien pourroit dire
         Quoncques en si bel paradis
         Ne fut formé adam iadis.
         ¶ Pour dieu seigneurs donc q̃ vo⁹ sẽble
         Du parc et du iardin ensemble
         Donnez en la vraye sentence
         Et daccident et de substance.
         Dictes par vostre loyaulte
         Lequel est de plus grant beaulte
         Et regardez des deux fontaines
         Laquelle rent les eaulx plus saines

Oliue   Plus vertueuses et plus pures/
tousiou's Et des droitz iuges les natures.
verte si- Iugez des pierres precieuses
gnifie ie Lesquelles sont plus vertueuses
suchst. Et puis du pin et de loliue
         Qui coeuure la fontaine viue.
         Ge men tiens a voz iugemens.
         Or sus selon les erremens
         Que dis vous ay cy en derriere
         Donnez sentence droicturiere/
         Car bien vous dy sans flaterie
         Hault et bas/de ce ne mens mie
         Que saulcun tort y voulez faire
         Dire faulx et verite taire
         Tantost ne vous le quier celer
         Ailleurs en vroie parler/
         Mais pour pluftoft vous accorder
         Ge vous vueil en brief recorder
         Selon ce que vous ay compte
         Leur grant valeur et leur bonte.
         Lune les vifz de mort enpure

Nota.   Et ceste faict de mort enuiure.
         Seigneurs saichez certainement
         Si vous vous menez saigement
         Et faictes ce que vous debures
         De ceste fontaine buurez.
         Et pour tout mon enseignement
         Retenir plus legierement/
         Car la lecon en briefz motz sue
         Plus est de bonne retenue
         Pource vous vueil en brief retraire
         Tout cela que vous deuez faire.

         Pensez de nature honnorer   Instruc-
         Seruez la par bien honnorer   ction de
         Et si de lautruy rien auez   lacteur
         Rendez le si vous le scauez   a bien ser
         Et si rendre ne le pouez   uir et ay
         Et les biens despendu ayez   mer dis
         Ayez du rendre voulente   eu.
         Si biens vous viennent a plante
         Doccision nulne saprouche
         Nettes ayez et mains et bouche
         Soyez loyaulx/soyez piteux
         Lors prez au champ deliteux
         Par traffes saignel ensuyuant
         En pardurablete viuant
         Voyre de la belle fontaine
         Qui tant est pure clere et saine
         Car iamais mort ne recepurez
         Si toft que leaue beu en aurez
         Ains prez par ioyeusete
         Chantant en pardurablete
         Mottez rondeaux et chansonnettes
         Par lherbe vert soubz les fleurettes
         Soubz loliuette carollant.
         Que vous pray ie flaiollant
         Droit est que mon fceteleftuye/
         Car beau chanter souuent ennuye.
         Trop vous pourroye cy tenir   Nota.
         Parquoy veu ly mon sermon finir.
         Or bien perra que vous ferez
         Quant en hault encore serez
         Pour bien prescher sur la breteche.

         ¶ Lacteur.
         Genius tout ainsi leur presche
         Et iecte en la place le cierge
         Qui ne fut pas de cyre vierge
         Dont la flamme toute enfumee
         Par tout le monde est allumee
         Dame nest qui sen sceust deffendre
         Tant le sceust bien venus estandre.
         Elle acueillit si hault les vens
         Que toutes les femmes viuans
         Leurs corps leurs cueurs a leurs pẽsees
         Sont de celle odeur enfensees.
         Amour de la chartre ainsi lue

fueillet.c.xxviii.

La nouuelle a si espandue
Que iamais nest homs de vaillance
Qui ne saccorde a la sentence.
Quant genius eust trestout leuz
Tous les barons ioye ont euz
Joyeulx furent communement/
Chascun se maintint liement
Car oncquesmais comme ilz disoient
Si bon sermon ouy nauoient
Ne depuis quilz furent conceuz
Si grans pardons ilz neurent euz
Ne nouyrent pareillement
Si droit excommuniement.
Affin que le pardon ne perdent
Tous a la sentence saherdent
Et respondent tost et viat
Amen amen fiat fiat
Comme la chose est en ce point
De demeuree ny a point
Chascun le sermon note bien
De mot a mot sur toute rien
Car il leur sembla moult saluable
Pour le bon pardon charitable/
Et moult sont voulentiers ouy.
Genius sest esuanouy
Quilz ne sceurent oncq quil deuint
Dont crient en lost plus de vingt
Or a lassault sans plus attendre.
Qui bien scet la sentence entendre
Moult sont noz ennemys greuez.
Lors se sont tous entiers leuez
Pres de continuer la guerre
Pour tout prendre et mettre par terre.

Venus or sabille deuant
Ainsi que pour cueillir le vent
Deuant elle sa robe leua
Et vers le chastel deualla
Et alla plus tost que le pas
Au lieu/mais elle ny entra pas.
Venus qui dassaillir est preste
Premierement leur admonneste
Quilz se rendent/scauez quilz firent
Paour et honte luy respondirent

Certes venus cest bien pour neans/
Car ia ne mettrez les piedz ceans
Nenny et ny eut isque moy
Dit honte point ne men esmoy.
Quant la deesse entendit honte
Ville orde garse qui vous monte
Dit elle de moy contrister/
Vous voirrez tantost tempester
Si le chasteau ne mest rendu
Par moy ne sera deffendu
Contre moy ne le deffendrez.
Certainement vous le rendrez
Ou ie vous ardray toute vine
Comme douloureuse et chetiue.
Tout le pourpris veulx embraser
Et tours et tournelles raser.
Je vous eschaufferay les naches
Je ardray pilliers murs et attaches
Et voz fossez seront conquis
Je les feray combles et emplis
Voz barbacanes adressees
Ja si hault ne seront dressees
Que ne les face a terre estandre.
A bel acueil lairray tout prendre
Boutons et roses a bandon
Vne heure en vente et lautre en don/
Ne vous ne serez ia si fiere
Que tout le monde ne si fiere
Tous yront a procession
Sans point faire deception
Par les rosiers et par les roses
Quant iauray les lices descloses.

Et pour ialousie bouler
Je feray par tout deffouler
Et les preaulx et les herbaiges.
Tant eslargiray les passaiges
Que tous y cueildront sans delay
Boutons roses et clerc et lay
Religieux et seculier
Nul ne sen pourroit reculer
Tous y feront leur penitance/
Mais nompas sans grant difference
Les vngs y viendront musseement

z. i

Paour ǧ
hōte en
gardent
de faire
plusic's
maulx

❡ Le Rommant de la Rose.

Et les aultres appertement/
Mais les secrettement venus
Seront a preudhommes tenus/
Les aultres seront diffamez
Et ribauldz bordeliers clamez/
Jacoit ce quilz nen ayent coulpe
Comme ont aucuns q̃ nul nen couppe.
Or est vray qual scut mauuais hõmes
Que dieu et sainct pere de rommes
Confonde et eulx par leur affaire
Lairront les roses pour pis faire
Et leur donra chappeau dortie
Les diables qui les enortie

Genius est le dieu de genera- tiõ pour bien en- tendre.

Car genius de par nature
Pour leur vice et pour leur ordure
Les a tous en sentence mis
Auec noz aultres ennemis.
Honte/si ie ne vous engin
Peu prise mon art et engin
Et iamais ne men clameray.
Certes ie ne vous armeray
Ne vous ne raison vostre mere
Qui tant est aux amans amere/
Qui vostre mere et vous croiroit
Jamais ce croy ioye naurott/
Venus a plus dire ne tent
Car bien luy suffisoit a tant.

Uenus sest adonc recorsee
Bien semblãt fẽme courroucee
Larc tent et le brandon encoche.
Quant la corde fut mise en coche
Jusq a lorcille larc entoyse
Qui nest pas plus long que vne toyse
Puis ainsi comme bonne archiere
Par vne bien petite archiere
Quelle vit en la tour reposte
Par deuant non pas par decoste
Que nature eut par grant maistrise
Entre deux beaulx piliers assise.
Les beaulx piliers diuoire estoient
Moult gens et dargent soustenoient
Vng bel ymaige en lieu de chasse.

☞ Qui nestoit trop haulte ne basse

Trop grosse trop gresle non pas/
Mais bien taillee par compas
De bras despaulles et de mains
Quil ny failloit ne plus ne moins.
Moult furent gentz les autres mẽbres
Et mieulx fleurans q̃ põmes dambres.
Dedans estoit vng sainctuaire
Couuert de precieux suaire
Le plus gentil et le plus noble
Qui soit iusq a constantinoble
Et sauleun vsant de raison
Vou soit faire comparaison
Dymaige a aultre bien pourtraire
Pareil la peu st de celle faire
Que fit iadis pigmalion
Comme dung chat a vng lion

❡ Si commence la fiction
De lymaige pigmalion.

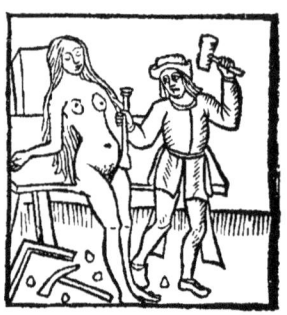

Pigmalion fut entailleur
Pourtrayant en fer le meilleur
Et en pierres semblablement
Bois et en aultres ferrement
En metaulx en or et en cyres
Et en toutes aultres matires
Quon peut en tel oeuure trouuer.
Et pour son engin esprouuer
Et aussi pour son corps deduite
Il fit vng ymaige dyuite
Et au faire mit telle entente

fueillet.c.xxviii.

Que si plaisante fut et gente
Quelle sembloit estre aussi viue
Que chose plus belle qui viue.
Oncques helaine ne lauine
Ne furent de couleur si fine
Ne de si belle facon nees
Tant fussent ilz bien faconnees
Ne de beaulte la disme neurent.
Tous ses sens esbays en furent
Quant de plus en plus la regarde/
Et luy qui ne sen donnoit garde
Amours en ses roseaulx enlace
Si quil ne scet comme il en face
Et a soy mesme se complaint
Mais ne peut estancher son plaint.
Las que fais ie dit il dors ie
Maint ymaige ay faict et forge
Quon nen scauoit dire leur pris
Donc deulx aymer ne fus surpris.
Or suis pour ceste mal bailly
Par luy mest tout le sens failly.
Las dont me vient ceste pensee
On fut prinse ne pourpensee/
Jayme une ymaige sourde et mue
Qui ne se croise ne remue

Pigmalion aymoureulx de son ymage de pierre.

Ne ia de moy mercy naura.
Telle amour comment me naura
Quil nest nul qui parler en oye
Qui tout esbays ne sen doye.
Or suis ie le plus fol du siecle/
Que puis faire a ceste article
Car saulcune royne iamasse
Toutesfois mercy esperasse
Pource que cest chose possible/
Mais cest amour est trop horrible
Car elle ne vient de nature
Trop mauuaisement my nature
Nature en moy mauuais fil a
Quant ne fit forment sauilla
Si ne la dois ie pas blasmer.
Si te vueil follement aymer/
Prendre ne men dois qua moy non
Puis que pigmalion ay nom.
Depuis que peuz sur piedz aller

De tel amour nouy parler.
Si nayme ie trop follement/
Car si lescripture ne ment
Maintz ont plus follement ayme.
Mais ayma pas/au bois rame
A la fontaine clere et pure
Narcisus sa propre figure
Quant cuida sa soif estancher
Oncques ne sen peut reuencher
Quil nen mourust selon lhistoire
Qui encore est de grant memoire/
Donc suis ie moins fol toutesfois/
Car quant ie veulx a elle vois
Et la prens et lacolle et baise
Parquoy mieulx souffre ma malaise
Mais cil ne pouoit auoir celle
Quil voyoit en la fontenelle
Daultrepart en maintes contrees
Ont plusieurs amans dames aymees
Et les seruirent comme ilz peurent
Et oncq ung seul baiser nen eurent
Si sen sont ilz forment penez
Dont amours mont mieulx assenez
Non ont/car a quelque doubtance
Ont ilz toutesfoie esperance
Et de baisers et daultre chose
Dont lesperance nest forclose
Quant au delict que ceulx attendent
Qui les deduictz damour demandent/
Car quant ie me veulx aherer
Et dacoler et de baiser
Je trouue mamye aussi roide
Comme est ung pal et aussi froide/
Et quant pour la baiser luy touche
Toute me reffroidist la bouche
Ha trop ay parle follement
Mercy doulce dame en demand
Et pry que lamende en prenez
Car de tant que vous me daignez
Doulcement regarder et rire
Ce me doit assez bien suffire/
Car doulx regars et ris piteux
Sont aux amans moult deliteux.

Nota.

z.ii

Le Rommant de la Rose.

¶ Comment pigmalion demande
pardon en presentant lamende
A son ymage des parolles
Quil dit de luy laides et folles.

Pigmalion lors sagenoille
Et de larmes sa face moille/
Son gaige tent si luy amende
Mais el na cure de lamende/
Car elle nentent ne ne sent
De luy ne de tout son present
Si quil craint bien perdre sa paine
Qui de tel chose aymer se paine.
Ne nen scet pas son cueur rauoir
Car amours toult sens et scauoir
Si que trestout sen desconforte
Ne ne scet selle est viue ou morte
Souuent va a luy/ si luy taste
Et croist ainsi que ce fust paste
Que ce soit sa chair qui luy fuye
Mais cest sa main quil luy appuye.
Ainsi pigmalion estriue
Et son estrif na paix ne triue/
En vng estat point ne demeure
Or layme/ or hait/ or rit/ or pleure
Or est ioyeulx or a mesaise
Or se tourmente or se rapaise/
Puis luy reuest en maintee guises
Robbes faictes par grans deuises
De beaulx draps de soye et de laine
Descarlate de tiretaine
De verd de pers et de brunette

De confeur fresche fine et nette
Ou moult a riches pennes mises
Hermines vairees et grises/
Puis les luy oste et si ressaye
Comme luy siet robbe de soye
Cendaulx mallequins mallebruns
Indes vermeilz iaulnes et bruns
Satins dyapres camelotz
Bien ressemble estre vng angelotz
Tant est de contenance simple.
Aultresfois luy met vne guimple
Et par dessus vng couurechief
Qui coeuure le guimple et le chief/
Mais ne coeuure pas le visaige
Qui ne veult pas tenir lusaige
Des sarrasins qui destamines
Coeuurent les vis des sarrasines
Quant ilz trespassent par la voye
Que nul trespassant ne les voye
Tant sont plains de ialousie rage.
Aultresfois luy reprent courage
Doster tout et de mettre guindes
Iaulnes vermeilles vert ou indes
Et les tressouz gentilz et gresles
De soye dor a menues perles
Et dessus la crestine atache
Vne moult precieuse atache
Et par dessus la crestinete
Vne coutronne dor greslete
Du moult sont precieuses pierres
Et beaulx chatons a quatre quierres
Et a quatre demy compas
Sans ce que ne vous compte pas
Lautre pierrerie menue
Qui siet entour espesse et drue
Et met a ses deux oreillettes
Deux belles verges dor greslettes
Et pour tenir sa cheuessaille
Deux fermeaulx dor au col luy baille.
Emmy le pis vng en remet
Et de luy saindre sentremet/
Mais cest dung si tresriche saint
Quoncques pucelle tel ne saint
Et pend au saint vne aumosniere

fueillet.c.xxxv.

Qui moult est precieuse et chiere
Et cinq pierres y met petites
Dung rinage de mer eslites
Dont pucelles aux marteaulx courent
Quant il leur plaist et elles pouent
Et par grant entente luy chausse
En chascun pied soulier et chausse
Et a deux doigz du pauement
Entaillez iolietement
De houseaulx nest pas estrenee
Car pas nestoit de saison nee/
Ce fut trop rude chaussement
A pucelle de tel iouuent.
Dune eguille bien affilee
Dor fin gentement enfilee
Luy a pour mieulx estre Vestues
Ses deux manches estroit cousues
Et luy portoit fleurs nouuellettes
Dont ces iolies pucellettes
Font en printemps leurs chappeletz
Et pommetes et oyseletz
Et diuerses choses nouuelles
Delectables aux damoyselles.
Puis chappelet de fleurs luy fait
Oncques nen Vistes nul mieulx fait
Car il met a science toute.
Annesletz dores doigz luy boute
Et dit comme loyaulx espoux
Doulce amye ie Vous espouz
Et deuiens cy Vostre et Vous moye
ymeneus et iuno moye
Bien Veullent a noz nopces estre/
Ie ny quiers plus ne clerc ne prestre
Ne des prelatz mittres ne croces
Car iceulx sont les dieux de nopces.

Ore chante a haulte Voix serie
Chãs plains de grãs reuoiserie
En lieu de messes chançõnettes
Des iolis secretz damourettes
Et fait ses instrumens sonner
Quon ny entent pas dieu tonner
Quil en eut de trop de manieres
Et meilleures et plus entieres

Quonques neust amphion de thebes
Harpes bien sonnans et rebebes
Il a aussi quiternes leuz
Quil a pour son depost esleuz
Et puis fait sonner ses orloges
Par ses sales et par ses loges
A roes trop subtillement
De pardurable mouuement.
Orgues auoit bien maniables
A Vne seulle main portables
Ou il mesme bien souffle et touche
Et chante hault a plaine bouche
Mottetz de trebles ou de tenente
Puis met en cymbaler sa cure/
Puis prent freteau ly et refretelle
Et chalemeaux et chalemelle
Et tabours et fleustes et tymbre.
Pour neant fut le tabour sur tymbre
Et citole et trompe et cheurie
Sicomme lon fait en surie
Et psalterion et Bielle
Dune ioliete nouuelle
Puis prent sa muse et se trauaille
Aux instrumens de cornouaille
Et espringue sautelle et bale
Et fiert du pied emmy la sale/
Puis la prent par la main et dance
Mais moult a au cueur grant pesance
Quel ne Veult chanter ne respondre
Ne pour prier ne pour semondre
Puis la rembrasse/si la couche
Entre ses bras dedans la couche
Et puis la baise et puis lacolle
Mais ce nest pas de bonne escolle
Quant deux personnes sentrebaisent
Et les baisiers aux deux ne plaisent
Ainsi soccit ainsi saffolle
Surpris en sa pensee folle
Pigmalion se bien deceu
Et pour sa sourde ymaige esmeu.
Tant quil peut la pare et tourne
Et tout a la seruir satourne
Nelle nappert quant elle est nue
Moins belle que quant est Vestue.

z. iii

❡ Le rommant de la Rose.

Dis aduint quen ceste contree
Eut vne feste celebree
Du mõst aduenoit d merueilles
Si y vint tout le peuple aux veilles
Au temple que Venus auoit
Le varlet qui moult si fioit
Pour soy de samour conseiller
Vint a ceste feste veiller.
Lors se plaint aux dieux et demente
De lamour qui cy le tourmente
Et leur dit en ceste maniere
A genoulx faisant sa priere.

Beaulx dieux dit il se tout pouez
Si vous plaist ma requeste oyez
Et toy qui dame es de ce temple
Saincte Venus de grace mexemple
Aussi es tu moult courroucee
Quant chastete est espaulsee
Dont iay grant paine desseruie
De ce que ie lay tant seruie.
Or men repens de cueur tresbon
Et ten pry men donner pardon/
Octroye moy par amytie
Par ta doulceur par ta pitie
Par conuenant qui mamour presse
Si chastete du tout ne laisse
Que la belle qui mon cueur emble
Qui si bien vng miroer ressemble
Deuienne ma loyalle amye
En ayant sentement et vie.
Et si de ce faire te haste
Si ie suis iamais trouue chaste
Ie veulx que ie soye pendu
Ou a grant haches pour fendu/
Ou que dedans sa gueulle trible
Trestout vif mengloutisse et crible
Ou me lie en corde en enfer
Cerberus le portier denfer.
Venus qui la spere ouyt
Du varlet forment se siouyt
Pource que chastete laissoit
Et de la seruir sauancoit
Comme de bonne repentance

Prest den faire la penitance
Tout nud entre les bras samye
Sil la peust tenir en sa vie.
A symaige enuoya lors ame
Qui deuint si tresbelle dame
Quoncques en toute sa contree
Nauoit nul si belle encontree.
Au temple na plus seiourne
A son ymaige est retourne
Pigmalion qui moult sappreste
Apres quil eut faict sa requeste/
Car plus ne se peut retarder
De la veoir ne de sen garder.
A luy sen court se sault menu
Tant quil est iusques la venu.
Du miracle riens ne scauoit
Mais es dieux grant fiance auoit/
Et quant de plus pres la regarde
Plus art son cueur et frit et larde.
Lors voit quelle est viue et charnue
Dont il manie sa chair nue
Et voit ses beaulx crins blondoyans
Comme vndes ensemble vndoyans
Et sent les os et sent les vaines
Qui de sang estoient toutes plaines
Et le poulx debatre et mouuoir/
Ne scet si cest mensonge ou voir.
Arrier se traict ne scet que faire
Delle pres ne sose plus traire/
Car il a paour destre enchante.
Quest ce dit il suis ie tempte
Veillay ie pas/nenny ie songe
Mais oncq ne vy si appert songe.
Songer/certes non fais/ie veille/
Dou vient doncques ceste merueille?
Sont ce fantosmes ou ennemys
Qui sont en mon ymaige mis.

Dis luy respondit la pucelle
Qui tant fut aduenant et belle
Et tant auoit blonde sa cosme
Ce nest ennemy ne fantosme
Doulx amy ains suis vostre amye
Preste de vostre compaignie

La requeste pigmalion a Venus.

Nota.

Lymaige pigmalion qui eut vie selõ la fable.

La respõce de lymaige pigmalion.

fueillet. c.xxxvi.

Receuoir/et mamour vous offre
Sil vous plaist receuoir tel offre.
Il voit la chose vraye certes
Et congnoist miracles appertes.
☞ Il se traist pres et si sasseure
Pource que cest chose bien seure.
A elles soctroit voulentiers
Comme cil qui cy est entiere.
A ces parolles sentretient
De leur amour sentremercient/
Joye nest quilz ne sentrefacent
Et par grant amour sentrebracent
Et comme coulombz sentrebaisent/
Mõlt sentreaymẽt mõlt sentreplaisent
Aux dieux tous deux graces rendirent
Qui tel courtoisie leur firent
Specialement a Venus
Qui leur a aydé mieulx que nulz.

Pigmalion est a son ayse
Et nest chose qui luy desplaise/
Car tout ce quil veult ne refuse
Sil oppose el se rend confuse
Selle commande il obeist
Pour chose ne la contredist
A luy acomplir son desir
Auec sampye peult gesir
Car el nen faict dangier ne plaincte.
Tant ont ioué quelle est ensaincte
Le nom Despafus dont lors fut nommee
de lisle ỡ Lisle pafos et renommee
pafos ỡ Dont le roy cynaras nasqui
epafus. Preudhomme fors en ung cas qui
Car tous bons faictz estoient en luy
Sil neust point esté esblouy
Par mirra sa fille la blonde
Que la vieille que dieu confonde
Qui de peché doubtance na
La nuyt en son lict amena.
La royne estoit a une feste
Et la fille qui estoit preste
Saisit le roy sans congnoissance
Quel fust sa fille sans doubtance.
Quant ensemble furent les deux

Pere et fille dont ie me deulx
Pour celluy cas mal amené
Le bel adonys en fut né/
Et la fille en arbre muee.
Mais le pere leust lors tuee
Quant le tripot il apperceut
Mais oncques aduenir ny peut
Lors quil fit apporter le cierge/ Mirra
Car celle qui nestoit pas vierge en ung
Eschappa par ysnelle fuyte mirre
Aultrement leust toute destruite. muee.
Mais cest trop loing de ma matire
Pource droit est que ie men tire.

Ie ne vous vueil plus cy tenir
A mon propos vueil reuenir ☞
Aultre champ me conuient arer.
Doncques qui vouldroit comparer
De ces deux ymaiges ensemble
Les beaultez cy comme il me semble
Tel similitude peut prendre
Dautant que la souris est mendre
Que le lion et moins tenue
De force de corps de value/
Autant sachez en loyaulté
A celle ymaige moins beaulté
Que na celle que tant ie pris.
Bien dit celle dame de pris
Celle ymaige que cy ie prise
Dessus les pillerets assise
Dedans la tour droit au meillieu.
Oncques encore ne vis lieu
Que si voulentiers regardasse
Voire a deux genoulx labourasse
Et le sainctuaire et larchiere/
Ia ne laissasse pour larchiere
Ne pour larc ne pour le brandon
Que ie ny entrasse a bandon
Tant mon pouoir au moins en fisse
A quelque chief que ien venisse
Si trouuasse qui le me offrist
Ou sans plus qui le me souffrist.
Si sommes nous par dieu vouez
Aux relicques que vous oyez

z. iiii

☙Le rommant de la Rose.

Que sa dieu plaist ie requerray
Si tost que temps et lieu verray
Descharpe et de bourdon garny.
Dy me gard dieu destre escharny
Et destourbe par quelque chose
Que ne iouysse de la rose.

Venus ne va plus attendant/
Le brandon plain de feu ardant
Tout empenne laissa voller
Pour ceulx du chastel affoller
Mais saichez quoncq nulle ne nulz
Tant trait subtilement venuz
Point neurent pouoir de choisir
Tant regardassent a loisir.

Comēt ceulx du chastel yssirent
Hors des aussi tost quilz sentirent
La chaleur du brandon venus
Dont aulcuns iousterent tous nus.

Dant les brandons furent vollez
Ceulx de leans furent affollez/
Le feu en prent tout le pourpris
Bien se doiuent tenir pour pris.
Tous se scrient trahy trahy
Tous sommes mors ay ay
Fuyons nous en hors du pays.
Iectons nuz clefz comme esbays.
Dangier cest horrible mauffe
Des quil se sentit eschauffe
Plus tost fuyt que cerf de lande

Et nest nul deulx qui lautre attende.
Chascun les mains a la sainture
Met/a fuyr prent toute cure.
Paour senfouyt/honte les laisse
Le chastel embrase delaisse
Donc plus ne veult rien mettre a pris
Ce que raison luy eut appris.
Apres arriua courtoisie
La preux et saige bien tolie
Quant el vit la desconfiture
Pour son filz oster de laidure/
Auec elle/pitie/franchise
Saillirent dedans la pourprise
Pour lardure point ne laisserent
Iusqa bel acusil sen allerent.

Courtoisie prent la parolle/
Premiere a bel acueil parolle
Car de bien dire nest pas lente.
Beau filz moult ay este dolente
Moult ay tristesse en mon cueur ene
Dont tant auez prison tenue
Mau feu et malle flambe larde
Qui vous auoit mis en tel garde.
Or estes dieu mercy deliures
Car la hors ou ces normans vtres
En bas fossez est mort gisant
Malle bouche le mesdisant/
Doit ne peult plus ny escouter
Ialousie ne fault doubter.
Lon ne doit pas pour ialousie
Laisser a mener bonne vie
Ne se solacer priueement
Auec son amy mesmement/
Quant a ce vient quil na pouoir
De la chose ouyr ne de veoir
Et nest qui dire la luy puisse
Ne na pouoir que il nous visse/
Et les aultres desconseillez
Sen sont fuys tous exillez/
Les felons et oustrecuidez
Ont trestous leur pourpris vuidez.
Beau tresdoulx filz pour dieu mercy
Ne vous laissez pas bruster cy

La suite des empesches mens de luxure.

courtoisie a bel acueil.

Nota.

Persuasiō dē courtoisie pr̄tie q̄ frā chise a bel acueil pour la mant.

fueillet.c.xxxbii.

Nous vous prions par amytie
Je franchise et aussi pitie
Que vous a ce loyal amant
Octroyez ce quil vous demant
Qui pour vous a long temps mal trait
Et oncq ne vous fit vng faulx trait/
Le franc qui onsques ne guilla
Recepuez et tout ce quil a
Voire lame mesine vous offre
Pour dieu ne refusez tel offre
Beau doulx filz ains le recepuez
Par la foy que vous me debuez
Icy est la sentence de Virgille. Et par amour qui sen efforce
Qui moult ya mise grant force.
Beau filz amour vainc toutes choses
Toutes sont soubz la clef encloses
Virgille mesme le conferme
Par sentence prouuee et ferme
Quant ses buccoliques verrez/
Amour vainc toutes choses. Amour vainc tout la le verrez
Et nous la debuons receptuoir.
Certes il dit et bien est voir
Et en vng seul vers nous le compte
Nul ne peult ouyr meilleur compte.
Beau filz secourez tel amant
Que dieu vous amene a claimant
Icy octroye bel acueil la rose a lamant. Octroyez luy la rose en don.
Dame ie la luy abandon
Dit bel acueil moult voulentiers
Cueillir la peult en dementiers
Que seulx sommes en ceste voye
Piecca recepuoir le deuoye/
Car bien voy quil ayme sans guille.
Je qui luy rendz mercys cent mille
Tantost comme bon pelerin
Hastif feruant et enterin
De cueur comme fin amoureux
Apres cest octroy sauoureux
Vers larchiere ie prens mon voyalge
Pour fournir mon pelerinaige
Et porte auec moy par effort
Escharpe et bourdon grant et fort
Tel qui na mestier de ferrer
Pour iournoyer ne pour errer

Lescharpe est de bonne festure
Dune peau souple sans couficture/
Mais saichez quelle nestoit vuide/
Car deux martelletz par estuide
Mis y auoit comme il me semble
Diligemment tousdeux ensemble
Nature qui les me bailla
Quant premierement les tailla,
En subtil forge les auoit
Com celle qui forger scauoit
Mieulx quoncques dedalus ne sceut
Et croy que pource faict les eut
En pensant que ien ferreroye
Mes palefrois quant ierreroye
Si feray ie certainement
Si ie peulx auoir laisement/
Car dieu mercy bien forger scay.
Et vous dis bien que plus cher ay
Note la comparaison des marteletz et de lescharpe. Mes deux marteletz et lescharpe
Que ma cytolle ne ma harpe.
Moult me fit grant honneur nature
Quant marma dune telle armure
Et men enseigna tant lusaige
Quel me fit ouurier et saige/
Car elle mesme le bourdon
Mauoit appareille pour don
Et veult au doler la main mettre
Ains que ie fusse mis a lettre/
Mais du ferrer ne luy chaloit
Pource que riens moins nen valoit.
Lors depuis que ie lay receu
De moy pres ie lay tousiours eu
Je ne le perdis oncque puis
Ne ne perdray pas si ie puis/
Car ie nen vueil estre deliures
Pour cinq cens fois cent mille liures
Beau don me fit pource le garde/
Moult suis ioyeulx quant le regarde.
Je la mercy de son present
Content suis de lauoir present.
Maintesfois ma puis conforte
En maintz lieux ou ie lay porte/
Bien me sert scauez vous de quoy
Quant ie suis en vng tel recoy

❡ Le rommant de la Rose.

Nota.
Et ie chemine le le boute
Les fosses ou ie ne voys goute
Ainsi que pour les guez tempter
Si que ie me puis bien vanter
Que garde nay de me noyer
Tant scet bien le que essayer
Et fiert par riues et par fons/
Mais ien treuue de si parfondz
Et tant fort ont large les riues
Quilz me greneroiet moins deux liures
Sur la marine esbanoyer
Que telz riuaiges costoyer
Et moins my pourtoye lasser
Que si perilleux que passer/
Car trop les ay grans essayez
Et si ny suis ie pas noyez/
Car si tost que ie les trouuoye
Et dentrer ens mentremettoye
note 63
ne feme
Si tres profondz les esprouuoye
Que iamais fondz ny auisoye
Par perches ne par auiron
Ge men alloye a lenuiron
Et pres des riues me tenoye
Tant que dehors en fin venoye/
Mais iamais yssir ie nen peusse
Si or les armures ie neusse
Que nature mauoit donnees/
Mais or laissons ces voyes sees
A ceulx qui la vont voulentiers
Et nous les deduisans sentiers
Nompas le chemin aux charrettes/
Mais les iolies sentelettes
Nota.
Belles et ioyeuses tenons
Nous qui ioliuetez menons.
Si sont bien plus de gaing au tiers
Dieulx chemins q̃ nouueaux sentiers
Et plus y treuue len dauoir
Dont len peult grant profit auoir
Lamor
de vieil
les enti
chit sou
uet lhõ
me.
Et iuuenal mesmes affiche
Que qui se met en vieille riche
Sil veult a grant estat venir
Ne peult plus brief chemin tenir/
Selle prent son seruice en gre
Tantost le met en hault degre.

E ouide mesmes afferme
Par sentence esprouuee et ferme
Que qui se veult a vieille predre
Moult en peult grant loyer attendre
Tantost a grant richesse acquise
Pour mener telle marchandise/
Mais bien se gard qui vieille prie
Quil ne face rien ne ne die
Qui puisse barat ressembler
Quant il luy veult samour embler
Du loyaulment mesmes acquerre
Quant amours en ses las lenserre
Car les dures vieilles chanues
Nota.
Quant de ieunesse sont venues
Du iadis ont este flatees
Et surprises et baratees
De tant plus quont este deceues
Et pluftost se sont apperceues
Des baratereses flauelles
Que ne font les tendres pucelles
Qui des agaitz point ne se doubtent
Quant les flateries escoutent
Ains cuident que barat et guille
Soit aussi vray que leuangille
Car onc nen furent eschauldees
Mais les dures vieilles ridees
Malicieuses et recuites
Sont en lart de barat si duites
Nota.
Quelles en ont toute la science
Par temps et par experience
Et quant les flaioleurs la viennent
Qui par flauelles les detiennent
Et aux oreilles leur tabourent
Quant de leur grace auoir labourent
Ilz souspirent et se humilient
Ioignent les mains et mercy crient
Et senclinent et sagenoissent
Et pleurent tant que tous se moillent
Et deuant eulx se crucifient
Affin que plus en eulx se fient
Et leur promettent par faintise
Cueur corps et auoir a deuise
Et leur fiancent et leur iurent
Nota.
Les faictz qui sont seront et furent

Fueillet. c.xxxviii.

Et les sont aussi deceptuant
Par parolles ou nest que vent
Tout ainsi que faict loyseleur
Prent loysel comme cauteleleur
Et lappelle par doulx sonnetz
Musse dedans les buissonnetz
Pour le faire a son cry venir
Tant que prins le puisse tenir.
Le fol oysel de luy saprime
Qui ne scet respondre au sophime
Comparai- Qui la mis en deception
son. Par figure de diction
Comme faict le cailleur la caille
Affin que deuant les retz aille/
Et la caille se son escoute
Qui sen approuche et puis se boute
Aucu- Dessoubz la retz qui est tendue
nes fem Sur lherbe en prin temps fresche & drue
mes se Si ce nest quelque vieille caille
laissent
prendre Qui na garde quau caillier aille
au cor- Tant est eschauldee et batue
caillet. Quel a ses retz aultrefois veue
Dont elle sest bien eschappee
Lors quant elle y deust estre happee
Par entre les herbes petites
Ainsi les vieilles deuant dictes
Qui iadis ont este requises
Et des requereurs fort surprises
Par les parolles quelles oyent
Et les contenances quelz voyent
De loing leurs agaitz apperçoiuent
Parquoy plus enuys les decoiuent.
Aussi leur sont tout ainsi certes
Pour auoir damours les desfertes
Comme ceulx qui sont prins aux latz
Dont tant plaisans sont les soulas
Et les trauaulx si delectables
Que riens ne leur sont engreuables
Comme est ceste esperance griefue
Qui tant leur plaist et tant leur griefue
Elles sont en grant souspecon
Destre prises a same sson
Et oreillent et estudient
Si voit ou fables ilz leur dient

Et vont parolles souspesant
Tant redoubtent barat pesant.
Pour ceulx qui sont iadis passez
Dont se remembrent fort assez.
Tousiours cuide chascune vieille   Les vieil-
Que chascun decepuoir la vueille/ les sont
Et sil vous plaist a ce flechir   fort sous
Doz cueurs pour plustost enrichir peçon-
Du vous qui de delict scauez   neuses.
Si regard au delict auez
Bien pouez ce chemin trasser
Pour vous deduyre et soulasser.
Et vous qui les iennes voulez
Par moy ne soyez ia foulez
Quoy que mon maistre me commande
Si est beau tout ce quil commande.
Bien vous dis et pour chose voire
Croye men qui men vouldra croyre
Quil faict bon de tout essayer
Pour soy mieulx es biens esgayer
Ainsi que faict le bon lescheur
Qui des morceaulx est congnoisseur
Et de maintes viandes taste
En pot/en rost/en saulse/en paste
En friture et en galatine   Nota.
Quant entrer peult en la cuysine
Et scet louer et scet blasmer
Lequel est doulx lequel amer/
Car de plusieurs en a gouste.
Ainsi saichez nen soit doubte
Que qui mal essaye maura
Ia du bien gueres ne scaura/
Et qui ne scet donner que monte
Ia congnoistre ne scaura honte/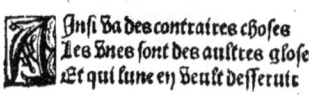
Moncq nul ne sceut quel chose est aise
Sil na deuant apris mal aise/
Ne nest pas digne daise auoir
Cil qui ne veult meschief scauoir/
Et qui bien ne le scet souffrir
Nul ne luy deuroit aise offrir.

A Insi va des contraires choses
Les vnes sont des aultres gloses
Et qui lune en veult desseruir

Le rommant de la Rose.

Choses oppositates mieulx apparoissent quant on les voit.

De lautre luy doit souuenir
Du ia par nulle intention
Ny mettra diffinition/
Car qui des deux na congnoissance
Il ny mettra la difference
Sans quoy ne peult venir en place
Diffinition que lon face.
Tout mon harnois tel que le port
Si porter le peulx a bon port
Aux relicques souldray toucher
Si ie men peulx tant approucher.
Lors ay tant faict et tant erre
A tout mon bourdon dos ferre
Quentre les deux beaulx pilleretz
Com vigoreux et legeretz
Magenouillay sans demeurer/
Car moult ay grant fain daourer
Le bel sainctuaire honnorable
De cueur deuot et pitoyable/
Car tout estoit tombe a terre
Qui contre feu riens ne peult querre
Que tout par terre tost mis neust.
Affin que riens la ne me neust
Vng peu retiray la courtine

Nota.

Qui les reliques encourtine
Et de limaige mapprochay.
Quant ie fuz pres ie me baissay
Et la baisay deuotement
Et pour estuier saultuement
Dois mon bourdon mettre en larchiere
Du lescharpe pendoit derriere.
Bien luy cuiday lancer le bout/
Mais il ressort et ie rebout.
Le riens ny vault tousiours recule
Entrer ny veult pour chose nulle/
Car vng palis deuant trouuay
Que ie sens bien pas ne le voy
Dont larchiere fut emboutee
Des lors que premier fut fondee
Qui estoit pres de la bordure
Plus en estoit forte et plus sure.
Souuent my conuint assaillir
Souuent hurter/ souuent faillir.
Si la bouhorder ne veissiez

Pourueu que bien garde y prissiez
Hercules pourroit remembrer
Quant cacus voulut desmembrer
Sa porte trois fois assaillit
Trois fois hurta trois fois faillit
Trois fois sassit en la valee
Tout las pour auoir sa lenee
Tant il souffroit paine et trauail
Et ie qui cy tant me trauail
Qui tressout tressue dangoisse
Quant ce palis tantost ne froisse
Autant ou plus sommes lassez
Comme hercules et plus assez
Tant ay hurte que toute voye
Mapperceuz dune estroicte voye
Par ou cuiday oultre passer/
Mais le palis conuint casser.

Nota.

Par la sentelle que iay dicte
Qui tant fut estroicte et petite
Par ou le passaige puis ay
Le palis au bourdon brise
Et lay dedans larchiere mis/
Mais ny entray pas a demis.
Dolent fuz que plus ny entroye/
Mais aultre chose ny pouoye
Ains pour nulle riens ne laissasse
Que le bourdon tout ne passasse
Hors le passaige sans demeure/
Mais lescharpe dehors demeure
Du les marteletz rebellans
Qui dehors furent pendellans
Et si men mys en grant destroit
Tant trouuay le passaige estroict/
Que largement ne fut ce pas
Que ie trespassasse le pas/
Et si bien lestre du pas scay
Nul ny auoit oncques passe/
Car ie y passay tout le premier.
Encores nestoit consuumier
Le lieu de receuoir passaige.
Ne scay sil fit puis auantaige
Autant aux aultres comme a moy/
Mais bien vous dis que tant laimay

Nota.

Que ie ne le peuz oncques croire
Nompas si ce fust chose voire/
Car nul de legier chose aymee
Ne mescroit tant soit diffamee
Ne si ne le croy pas encore/
Mais ie scay bien au moins que lors
Il nestoit ne frape ne batu
Et pource my suis embatu
Que daultre entree ny a point
Pour le bourdon cueillir a point
Si scauez comme my contins
Quant a mon gre le bouton tins
Le faict orrez et la maniere
Si quau besoing sil vous affiere
Quant la doulce saison viendra
Seigneurs galans quil conuiendra
Que vous allez cueillir les roses
Et les ouuertes et les closes
Que si saigement y allez
Que vous au cueillir ne faillez.
Faictes comme morrez retraire
Si mieulx nen scauez a chief traire
Car si trop plus legierement
Du mieulx ou plus subtillement
Pouez le passaige passer
Sans vous destaindre ne lasser
Si le passez a vostre guise
Quant vous aurez la moye apprise/
Tant auez au moins dauantaige
Que ie vous apprens mon vsaige
Sans riens prendre de vostre auoir
Dont men deburez bon gre scauoir.
Quant ie fuz illec empesche
Tant suis du rosier approche
Qua mon vouloir peuz la main tendre
Au rameau pour le bouton prendre
Bel acueil moult fort me prioit
Que nul oultraige faict ny ait
Et ie luy mis bien en conuent
Pourcequil men prioit souuent
Que ia nulle riens ny feroye
Fors sa voulente et la moye.

fueillet.c.xxvix.

⁋ La conclusion du rommant
Est que vous voyez cy lamant
Qui prent la rose a son plaisir
En qui estoit tout son desir.

Par les rains saisi le rosier
Qui plus fut franc que nul osier
Et quant aux deux mais my peuz ioindre
Trestout souef et sans moy poindre
Le bouton prins a esslochier/
Car enuys leusse sans hochier
Toutes en fis pour escouuoir
Les branches crouler et mouuoir
Sans ia nulsdes grans despecier/
Car ny vouloye riens blecier
Et si men conuint il a force
Entamer vng peu de lescorce
Quaultrement auoir ne scauoye
Ce dont si grant desir auoye.
⁋ A la parfin tant vous en dy
Dung peu de graine y respandy
Quant eu le bouton esslochie
Ce fut quant dedans leu touchie
Pour les fueillettes reuerchier
Car ie voullope tout cherchier
Iusques au fons du boutonnet
Comme me semble que bon est
Si fis lors tant mesler les graines
Quelles se desmellassent a paines

Le Rommant de la Rose.

Si que tout le boutonnet tendre
En fis eslargir et estandre
Decy tout quant que gy forfis/
Mais de tant feuz ie lors que fis
Quoncques nul malgre ne men sceut
Le donly qui nul mal ny penseut
Ains me conceut et seuffre faire
Quant quil scait qui me doye plaire
Si mappelle il de conuenant
Que ie luy fis desauenant
Et fuz trop oultraigeux ce dit/
Mais il ny met nul contredit
Qui ne preigne de baille et cueille
Rosiers et rames et fleurs et fueille.

Conclusion du rommant

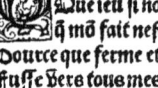
Dant en si hault degre me vy
Que ieu si noblement cheuy
Qu mō fait nestoit plus doubtable
Pource que ferme et agreable
Fusse vers tous mes bien faicteurs
Comme doiuent faire bons debteurs/
Car moult estoye a eulx tenu/
Car par eulx estoie deuenu
Si riche que pour voir affiche
Richesse nestoit pas si riche.

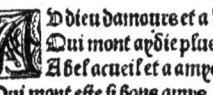
A dieu damours et a venus
Qui mont aydie plus que nulz
A bel acueil et a amys
Qui mont este si bons amys

Puis a tous les barons de lost
Dont ie prie dieu quil ne les ost
Du secours aux fins amoureux
Entre les baisiers sauoureux
Rendy grace dix fois ou vingt/
Mais de raison ne me souuint
Qui tant en moy gasta sa paine
Malgre richesse la villaine
Qui oncques de pitie nusa
Quant lentree me refusa
Du senteret quelle gardoit
De cestuy pas ne se gardoit
Par ou ie suis ceans venuz
Repostement les sauly menuz
Malgre mes mortelz ennemys
Qui tant meurent arriere mys
Especialement ialousie
A tout son chappel de soussie
Qui des amans la rose garde
Moult en faict ores bonne garde
Ains que dillec me remuasse
En mon vueil encor demourasse
Par grant ioliuette cueilly
La fleur du beau rosier fueilly
Ainsi euz la rose vermeille
A tant fut iour et ie mesueille.

Fin du Rommant de la rose veu & corrige & nouuellemēt īprime a paris

❧ Auec priuilege.

www.ingramcontent.com/pod-product-compliance
Lightning Source LLC
Chambersburg PA
CBHW050629170426
43200CB00008B/944